赵普光 著

書话與現代中國文學

人民出版社

序　言

　　放在我面前的赵普光博士的这部论著《书话与现代中国文学》，是在现代中国文学研究已经相当成熟的今天，独立发现的一个全新课题。本书是首次对历史传统悠久、内容丰富而驳杂的书话写作现象，予以自成体系的学理性文学史研究之重要成果。作者对书话问题的研究关注转眼已达十年之久。本书纵观历史与当下独特书话写作现象，以开阔的文学史研究视阈，探源书话文类之特征，辨析其变迁之原由，考察其背后深层的文学文化之内涵。作者始终坚持立足于大量原书原刊的深入细致阅读，查询旧籍新刊，搜索国内外网络资源，钩沉书话中人与事的史料为其立论的基点，才有了这样一部在现代文学研究领域开拓创新、突破显著的学术专著。

　　"书话"，泛言之，即话书，一切有关围绕书而述说的文字，都可能与书话沾边。有书即有书话。显然，这是大可言及社会文化的方方面面、林林总总，小可具体指向出版、文学特色明显的专业类别。在现当代文学研究中，"书话"是一个既熟悉又陌生的文化对象。赵普光博士是在自觉与不自觉间走进或曰闯进这一书海一样浩瀚的研究领域。前因是这位求知少年从中学学习直至攻读博士的一路前行中以书为伴，而水到渠成的结果；是他读书而养性、品味人生，进而追求文学与生命的相通。书话是非常特殊和复杂的文类，所以，作者真正进入书话研究领域，并非是顺畅的，在研究的初始阶段，更多受到书话的文学与文化之间、创作与学术之间的多重属性的困扰。书话在丰富创作实绩的历史长度和边界宽度上构成了文学史中不容忽视的特殊存在。一方面无论民间还是学院，大众还是精英，都存在一个广泛的读书爱书的群体；另一方面对书话的文体认知众说纷纭，几无定论。由此可见，这是一个具有巨大挑战性的学术领域。这种挑战反而更激起了赵普光博士的研究欲望和热情，于是最终收获了这本厚重的著作。

赵普光博士将本书定名为"书话与现代中国文学",包含着双向的努力:一方面,以边缘的书话文体为途径去探究现代中国文学的诸种问题;另一方面,将书话放置在现代中国文学的视野中进行考察。立足在现代中国文学语境中研究"书话",既意味深长又有不尽苦衷和无奈。庞大和复杂的话题有了明确的限定,吸引了我们细细品味作者多年饱含辛苦的学术追求和探索。

在本书中,"书话"作为被文学史怠慢的创作现象和学术史料,被系统地得到了历史的还原,极大丰富了现代中国文学的形态,为重新考察现当代中国文学的内涵与外延带来了新的参照视野。

本书首先发现了20世纪以来百年中国文学中有大批的作家及学者致力于书话的写作,不仅是一种丰富的文学史的创作现象,而且是具有文化意义的重要学术史料,还是一种与传统学术研究方式呼应的重要的述学体例。过去相当长的时间里,这几个方面的重要价值,在主流文学史和学术研究的领域是被遮蔽的。该书第一次系统地阅读和清理了这一文学史的宝贵资源,给我们爬梳出如此蔚为壮观的书话作家群体和特色各异的书话专集、书趣文丛,归理出一条现代书话文学与学术交相呼应的流变轨迹。比如,在论及书话的现代文学史料学意义时,作者明确指出其"包含两个层面的意思:第一,书话本身是一种文学史料,书话的发掘与整理工作本身就是史料的新发掘。对没有得到被研究者足够重视的书话进行检视,是文学史料的发现;对埋没在历史尘封下的书话重拾,也是文学史料的发掘。第二,书话的写作也是文学史料研究发掘的一种方式,其对新文学史料研究及史料学建构的方法论启示颇有意义。"在不断发掘新的有价值的文学资源中,"书话"确是极具典型的现当代文学个案。这对文学史料的细致甄别和史料学的建构,对文学文类划分的深入探究,乃至对文学史整体研究的突破,都将会有着十分有益的学术启迪。

"书话"的文学、学术、文化等多重性特质,使得她长期游弋于文学主流形态的边缘。面对百年来从数量和质量都属上乘的书话创作,面对书话作家群体的客观存在,不能不引发我们重新拷问现有的文学史,尤其文学史主体的作家作品的真实性和历史性何在?

本书另一个值得称道的地方是,作者并没有陷入"书话"文类的抽象理论的把玩,而是回到历史现场的文学史叙述,以书话为例还原文学史的真实与丰富。作者沉潜于现当代中国文学史的书话创作海洋中遨游,在与周作人、郑振铎、阿英、唐弢、曹聚仁、孙犁、黄裳诸位书话大家的心灵对话中,找寻文学史的真正意义和价值。

关于现当代中国文学大量丰富而复杂的书话创作,论著不是简单地梳理创作现象,或者对代表性作家作品案进行罗列。赵普光博士立足整体现代中国文学史的视阈,以文学史书写中的理论问题与书话写作的联系,深入发现文学史中一种独特的文学现象背后深层的意蕴,乃至重新绘制出文学史别样的立体的独特文学景观。论著对书话与文学批评、文学文献学、文学经典化、文学变革模式、域外文化典籍的引介及作家心态等诸多层次问题的思考,不仅仅完整丰富地呈现书话的文学史意义,更呈现出了书话写作的文化史意义,同时还挖掘出各具特色的现代书话作家,从而更具备了作家(学者、文人)精神史的意义。如五四时期,周作人"人的文学"观的构成对西方人道主义的改造、变异,传统文人精神气质的渗透和表现,是如何通过书话媒介传达的。其论述给人耳目一新的是,在文体自觉与文人精神重建中给予周作人思想以新解。论著中还有对唐弢的书话、黄裳的书话等细致解读,提供了过往文学史没有的新内容新信息,揭示了在更为个体化、私语性层面理解作家复杂思想文化精神的真实性丰富性的可能。

"书话与现代中国文学"这一话题,是论著贯穿始终的论述中心,旨在通过作为一个特殊的对象和视角的"书话",引发对于文学本体的重新思考和文学史研究方法论的启示。"书话"文体,具备文学文化、学术的杂糅、文学史边缘性的特征。当作者真正深入书话本体世界后,发现了其别有洞天的独特文体和文学史现象,打开了一个崭新的文学史窗口,获得了新的文学史研究视阈。论著正是在书话文体特征的巨大张力里,找到了文学与文化、文学与学术、创作与研究、作家与作品、文人与学者诸种文学史现象之间复杂的内在纠葛与互动。如果说书话的理论批评、文献学、文学经典化的学术价值挖掘，是对文学与文学史本体世界更为精细而独到的再清理的话，那么将书话作为文化"描述"的中介的意义，对其文学史的变革模式、域外文化选择与误读，以及隐含其中的现代文人学者丰富而矛盾的文化心理等问题的辨析，则是极大地拓宽了文学史研究的路径与视野。基于"书话"与现代中国文学的特殊关联，由此纵横开阔地深入探究，作者最终期待达到的学术目标十分明确，即"不仅使我们得以进一步反思五四以来主流的现当代文学研究中文体认知的狭窄，重新对现代中国文学的内涵、外延、边界等进行思考认定，更重要的是警示我们研究现代中国文学应该实事求是地着眼于中国文学的本土化建设和本土化研究，要充分认识到中国现当代文学中多元复杂的创作事实及其背后的文化意蕴和文学史意义。"这一研究目标，在本书中最终得以成功实现。

赵普光博士对这样一个宏大学术目标的自觉追求，始终立足于"书话"这一具体而务实的研究对象，所以在宏观与微观的高度结合中，本书研究扎实而深入，对中国现当代文学研究切实起到了推进作用。而在研究过程中，作者既经历过探索新领域的艰辛和迷茫，也享受着新成果的开拓推出不断得到学界首肯赞誉的喜悦。最初，确定"书话与现代中国文学"课题，赵普光博士是以硕士论文起步的，从选题到开题再到定题写作，中间可以说不仅伴随着对书话文类归属"剪不断理还乱"的纠结和烦恼，而且时时还要受到来自师辈或学界同仁尚在争论中的一些反问和诘难。作者具有刻苦钻研和学术探索的勇气，比如在硕士阶段，一篇类似课程作业的《论现代书话的概念与文体特征》长篇论文，针对学界长期困扰书话文类特征的模糊，大胆地做出了独到的开创性的论析。虽然文章投寄于并不有名的期刊上发表，但是很快就被2006年第6期《新华文摘》全文转载。这对当时还是硕士研究生的作者是极大的学术鼓舞，更坚定了他要将该选题不懈探究下去的信心。随后，赵普光攻读博士学位毅然决然地继续选择了这一论题，期待在中国现代文学研究领域对书话写作现象做出更大的研究突破。赵普光博士对该课题的痴迷和执着，所研读的专业书籍之多之广，远远地超出了现当代文学专业一般博士研究生的读书范围。用他的话说，在书话研究过程中"越陷越深"。写作博士论文时，作者将沉潜于书话研究的相关研究论文成果先期以自由投稿的形式邮寄出去，屡屡见诸报刊，其中就有一篇在《文学评论》上发表。正所谓功夫不负有心人，赵普光这篇博士论文完稿后，经历了学界同行专家、答辩委员会专家、优秀论文评审专家多方面的严格的双盲审读评议，均获得一致好评。这篇博士论文又先后获得南京师范大学优秀博士论文、江苏省优秀博士论文、全国优秀博士论文提名奖。

这部论著正是作者在博士论文的基础上不断修改完善的成果。论著的学术价值及其影响，由先期博士论文完成已经得到了突出显现。当然，这并不是讲，赵普光博士对该选题的研究就达到了尽善尽美的地步。且不说论著付梓出版后将要受到广大读者的严格评判，就课题目前研究的视阈和范围而言，也还是有拓展提升的空间。比如，围绕读书的书人、书事而写作的"书话"，她散发的传统文人气质、对其知识性的传导、学术的辨章考源等显在的特征，在现代作家身上究竟获得何种真正意义上的现代性转换？还不仅仅是一种创作文体显在的变异和作家精神文化心理的内在因素构成之现代性的发现。现代书话包蕴了非常复杂而丰富的传统历史和现代社会、文学与文化一系列杂糅互动的正负能量，应该有不同于一般现代中国诗歌、小说、戏剧，乃至大小散文概念在文学史演变中的特殊价值取向。从这个意义上说，赵普光博士的论著，最自觉最系统地导引我们关注现代书话的命题，开拓性地厘清了一系列书话与现代中国文学的内在线索，这只是研究的开始，课题还有许多学术难关亟待攻克。

当然，我并不担心作者知难而退，或满足于眼前。作为青年学者赵普光博士的导师，我与作者十余年亦师亦友的学术交往中，既十分了解作者坚实的专业基础、丰厚的学术积累与良好科研素质和能力，又与作者一样对这一充满学术诱惑的课题有着更高的期待。所以，我欣然地在作者论著出版之前写上几句话，更希望借此方式勉励和鼓舞作者能够克服困难勇往直前，以书话研究为起点，在今后的学术路上走得更远、更稳健，不断向

着新的学术高峰攀登、再攀登！

　　是为序。

杨洪承

2013 年仲夏草于金陵外秦淮河畔

目 录 CONTENTS

导 言

> 在人类使用的各种工具中，最令人惊叹的无疑是书籍。其他
> 工具都是人体的延伸。显微镜、望远镜是眼睛的延伸；电话是嗓
> 音的延伸；我们又有了犁和剑，它们是手臂的延伸。但书籍是另
> 一回事：书籍是记忆和想象的延伸。
>
> ——博尔赫斯

　　本书论题"书话与现代中国文学"包含着双向的努力：一方面，以边缘的书话文体为途径去探究现代中国文学的诸种问题；另一方面，将书话放置在现代中国文学的视野中进行考察。无论作为研究途径，还是作为研究对象，书话在此前的中国现当代文学研究中几乎无人涉及。这一课题注定是一个崭新的挑战。但是，必须首先声明的是：书话作为文体概念并非笔者的新创，而确实是一个独特的文体存在；书话作为文学问题，并非我们的主观臆想，而是百年中国文坛中一个具有庞大创作群体和丰富创作实绩的存在；书话作为文化现象，是一个有着悠久写作历史渊源和繁荣的现实实践的存在。

　　当然，书话之所以是崭新的充满挑战的课题，一是因为书话是一个边缘的存在，处于被研究者遗忘的角落；一是源于书话文体本身的庞杂繁复。这种庞杂不仅使研究者无法为其归类，难以把握其文体特性。在这个领域里有着更多的内容和复杂的关系，从而使得书话成为折射现代中国文学、文化、文坛、文人等等复杂网络的一个侧面。要清理这个复杂的网络，从书话文体这一侧面入手，不失为一种独特的选择。任何事物都是两面的甚至多面的，任何选择都是要付出代价的。选择书话入手

重识和研究现代中国文学历史本相，努力去解开这一个个复杂的缠绕，既是一个空白的领域，未被开垦的处女地，也很可能是一个陷阱而无法脱身。当然，要解开这一个个复杂的缠绕，需要耐心、细心，也需要勇气。

面对这一课题，让我们从书话开始。

一、书话作为现代中国文学重要的写作现象

近代以来百余年时间里，有大批的作家及学者致力于书话的写作，先后出版了大量的书话集。现代书话以专集形式出现，似应追溯到叶德辉。叶德辉的《书林清话》《书林余话》可以看作近现代书话形式之滥觞[①]，也是近现代书话成集出现之开端。30 年代周作人从《夜读抄》（上海北新书局 1934 年版）开始，就已建立了成熟的书话文体风格。关于这类文章写作的缘起、写作状态及风格，在《〈夜读抄〉小引》中周氏有说明："若从广义上说来，凡是拿着一本书在读，与那些不读的比较，也是读书人了，那么，或者我也可以说有时候是在读书……看了如还有工夫，便随手写下一点来，也并无什么别的意思，只是不愿意使自己的感想轻易就消散，想叫他多少留下一点痕迹，所以写下几句。因为觉得夜读有趣味，所以就题作《夜读抄》，其实并不夜读已如上述，而今还说诳称之曰夜读者，此无他，亦只是表示我对于夜读之爱好与憧憬而已。"[②] 随后的《苦茶随笔》（上海北新书局 1935 年版）、《风雨谈》（上海北新书局 1936 年版）等都继承了《夜读抄》的风格与写法。周氏《苦竹杂记》（上海良友图书印刷公司 1936 年版）后记中就说："一两年内所出的《夜读抄》和《苦茶随笔》的序跋其实都可以移过来应用"，可见此集依然与《夜读抄》一脉相承。包括"旧书回想记"、"桑下丛谈"、"看书偶记"的《书房一角》（北京新民印书馆 1944 年版）更可完全看作周

① 徐雁认为："（叶德辉的《书林清话》《书林余话》）以其适恰的体例和丰富的史料，总结并弘扬了中国书史独到的成就，同时也开创了'书话'的写作范例。"（见徐雁：《书话源流与文体风范》，《出版广角》1998 年第 1 期）

② 周作人：《〈夜读抄〉小引》，《夜读抄》，河北教育出版社 2002 年版，第 2 页。

作人的书话集。《秉烛谈》（上海北新书局1940年版）序言云："这《秉烛谈》里的三四十篇文章大旨还与以前的相差无几"，其实《秉烛谈》里"关于一种书"的文章很多，比此前的《瓜豆集》更接近于《夜读抄》写法。《秉烛后谈》（北京新民印书馆1944年版）中的文章除了《关于阿Q》外都是写于1937年间，也是"关于一种书的"，其意趣更显闲适。《药堂语录》（天津庸报社1941年版）所收文章更为短小些，在形式上更似传统笔记和题跋，内容也更多关于古书的谈论。另外《瓜豆集》（上海宇宙风社1937年版）、《苦口甘口》（上海太平书局1944年版）等自编文集中所收大部分都是典型的现代书话作品。即使30年代之前的文集，如《永日集》（上海北新书局1929年版）等也都收入大量的书话文章。

可以说周氏以丰富的创作为此后的现代书话创作树立了典范，开启了现代书话写作的流脉。周作人从30年代开始着力经营自己的文抄式读书笔记文体，从实验到最终成熟，这种"文抄体"作为周作人创作的重要组成部分，成为其招牌创作①。从周作人这些书话集子的序言或跋语可以看出，周氏对自己的这类文体有相当自觉的意识。

除了周作人外，最早有意识地进行书话创作的还有郑振铎、阿英、周越然、唐弢、曹聚仁等现代作家学者。早在1929年郑振铎以"西谛"为笔名在当年第1-5期的《小说月报》连续发表了20则《读书杂记》②，介绍国外文学经典及中国古代典籍。最迟至1931年，曹聚仁首先明确地以"书话"为名撰写的文章《书话二节》，发表在当年8月15日出版的《涛声》创刊号上。1937年阿英相继发表《红楼梦书话》《鲁迅书话》③等组文。至此，"书话"一词才得以正式出现，并用以命名那些谈书人书事、文坛掌故的随笔类文章。40年代周越然的《书书书》《版本与书籍》出版，两书所收

---

① 钟叔河编辑有《知堂书话》，此书由岳麓书社1986年初版，中国人民大学出版社2004年又出版了新版本，是周氏书话的集中展示，可以参看。

② 郑振铎用笔名"西谛"在1929年《小说月报》20卷的第一号发表8篇、第二号发表4篇、第三号发表3篇、第四号发表4篇、第五号发表1篇。

③ 《救亡日报》，1937年10月19日。

谈书刊典籍版本故事的文章实际就是相当成熟的书话。唐弢从 1945 年《万象》第四年第七期开始，发表署名"晦庵"的《书话》，共有 11 则。此外，40 年代中后期，唐弢还分别在《时与文》《文艺复兴》《文汇报》等登载书话。此时人们对书话这种文体再次产生了明显的兴趣，书话写作呈现出不容忽视的热潮，例如《时与文》周刊的副刊"艺文志"除了晦庵书话之外，还有多篇书话不时刊出：第 1 卷第 23 期（1947 年 8 月 15 日）在"艺文志"中，辟出"域外书市"一栏，此期收有署名"夏奈蒂"① 的两则书话《三十年文集》《茂反夫人的故事》；第 2 卷第 3 期（1947 年 9 月 26日）"艺文志"之"域外书市"发表《浮提》，亦署名夏奈蒂；第 2 卷第 7期（1947 年 10 月 24 日）刊出书话《吴雨僧与〈文学副刊〉》，作者署名"方兰汝"②。

50 年代中期开始，书话写作再次为作家、学者所重视。如 1956 年唐弢在《读书月报》第 10 期始辟"书话"一栏，只是连续发表了 4 期之后就无疾而终了。五六十年代的《人民日报》为书话的发表起到了重要的作用，在那段时期掀起了一阵书话写作的小高潮。50 年代中期郑振铎为《人民日报》副刊开辟了"书林漫步"专栏，登载的均是谈古籍的书话③。1960 年代初唐弢受《人民日报》副刊之约重辟"晦庵书话"专栏。从 50 年代中期到 60 年代中期，郑振铎、唐弢之外，《人民日报》还登载了阿英的"近代文学丛谈"、陈原的中外读书小品、赵家璧的"编辑忆旧"、钱君匋的"书籍装帧琐谈"、路工的"访书见闻录"等一系列的书话随笔。这在当时的知识分子中间引起了不小的影响。

---

① "夏奈蒂"应是作家何为的笔名。

② "方汝兰"是黄裳的另一笔名。案：之所以说是"另一笔名"，鉴于黄裳本来也是笔名，他的原名是"容鼎昌"。

③ 姜德明曾回忆说："50 年代中期，我由《人民日报》读者来信部调往文艺部，在袁鹰同志手下编副刊。……当时，袁水拍同志已请西谛先生为我们副刊开辟了《书林漫步》专栏，那当然是书话。这个专栏得到了知识界的好评，可惜所谈的都是古籍，距离一般读者的兴趣稍远。为此西谛先生有意避开冷僻的版本，分别写了买书、分书、整书、访书等接近生活的题目。……西谛先生为我们副刊刊载书话奠定了基础，功不可没。"（姜德明：《序言》，《黄裳书话》，北京出版社 1996 年版，第 2—3 页。此序言是姜德明为"现代书话丛书"作的总序，该丛书的每一册前都收有此文）

1962 年 6 月由北京出版社印行的唐弢《书话》，是首部明确以"书话"命名的文集。这是中国现代书话史上值得记住的一笔。半年之后，也就是 1962 年 12 月，陈原的书话集《书林漫步》由上海人民出版社出版。这两部集子为当代的书话出版开了先河。"文革"期间，在中国大陆，溢漫文人趣味洋溢个人性情的书话自然无法发表或出版，几乎成了空白。尽管有些文化人在私下仍然不断写作书话，但这些书话的发表与出版却已经是"文革"结束以后的事情了。

1978 年以后，书话集出版开始逐渐多起来。书话在 20 世纪 80 年代以来再次逐渐被人们关注。其间陈原《书林漫步》（三联书店 1979 年版）、唐弢《晦庵书话》（三联书店 1980 年版）、杜渐《书海夜航》（三联书店 1980 年版）、黄裳《珠还记幸》（三联书店 1983 年版）、孙犁《书林秋草》（三联书店 1983 年版）、谢国桢《江浙访书记》（三联书店 1985 年版）、路工《访书见闻录》（上海古籍出版社 1985 年版）、叶灵凤《读书随笔》（一、二、三集）（三联书店 1988 年版）等陆续出版或再版。另外，姜德明从 1981 出版了《书叶集》（花城出版社）开始，先后推出有近二十本书话专集，笔耕甚勤，他是当代文坛少有的多产书话作家①。

而众多出版社中，在读书类书籍方面，以生活·读书·新知三联书店出版成绩最著。该社相继推出书话系列及读书文丛等系列丛书，对书话创作的繁荣起到了很大的作用，产生广泛的影响。

大致从钟叔河编辑整理出版《知堂书话》（岳麓书社 1986 年版）始，近现代作家整理书话集的出版呈现热潮。1996 年和 1997 年姜德明主编的"现代书话丛书"两辑共十六册②将鲁迅等一批现代作家的书话文字重新整理出版。朱正编辑出版了《鲁迅书话》（海南出

① 具体论述参赵普光：《"文"、"学"合一传统的衍变——论姜德明的现代文学书话》，《现代中文学刊》2010 年第 2 期。
② 第一辑北京出版社 1996 年版，包括：《鲁迅书话》《周作人书话》《郑振铎书话》《阿英书话》《巴金书话》《唐弢书话》《孙犁书话》《黄裳书话》。第二辑北京出版社 1997 年版，包括：《夏衍书话》《曹聚仁书话》《胡风书话》《叶灵凤书话》《陈原书话》《姜德明书话》《倪墨炎书话》《胡从经书话》。

版社1998年版）①。脉望主编"书趣文丛"系列丛书更是周越然等近现代作家、学者书话较大规模的集中亮相②。1998年辽宁教育出版社出版邓之诚著《桑园读书记》、周越然等著《蠹鱼篇》③，颇有些旧文新刊的意味。1998年钱谷融主编浙江人民出版社出版的"近人书话系列"将梁启超、蔡元培、胡适、林琴南、刘师培等近现代学者作家的序跋、考叙及书话文字纳入其中④，这时候已经显示出书话概念泛化的倾向了。

除了对近现代作家学者的书话文字进行整理外，90年代中期以来有越来越多的当代作家学者出版书话集，一时间书话写作成为了众多学者文人的实验对象。诸如"今人书话系列"⑤、"华夏书香丛书"（第一辑、第

---

① 在此之前，也有以《鲁迅书话》为名的黄中海、张能耿合著的专著。该书是对鲁迅作品研究的专著，初版由《杭州文艺》编辑部1976印行，福建人民出版社1982年再版。这与后来的以《鲁迅书话》命名的书籍，如朱正、孙郁、林贤治等分别都曾编辑《鲁迅书话》不同（林氏编辑的《鲁迅：刀边书话》花城出版社2007年版），前者黄中海、张能耿的是关于鲁迅的研究专著，后者则是编辑整理鲁迅写的书话文字。

② 辽宁教育出版社从1995年到2000年间共出版了六辑"书趣文丛"56种，包括施蛰存《沙上的脚迹》、周越然《书与回忆》、黄裳《音尘集》、周劭《清明集》、谢国桢《瓜蒂庵文集》、金性尧《伸脚录》、谢兴尧《堪隐斋随笔》、金克木《蜗角古今谈》、邓云乡《水流云在琐记》等现代文人学者随笔书话外，还有更多当代的中青年学人的随笔集。

③ 1998年版的为新版本。《蠹鱼篇》原上海古今出版社1943年12月初版，为"古今丛书之二"。本书收文八篇：周越然《购书的经验》、周作人《旧书回想记》、陈乃乾《上海书林梦忆录》、纪果庵《白门买书记》、谢兴尧《书林逸话》、谢刚主《三吴回忆录》、庚持《四库琐话》、楮冠《蠹鱼篇》。按：庚持、楮冠为黄裳的化名。（可参陈青生《用复杂的思维解读历史——黄裳〈古今〉周黎庵》，《新文学史料》2005年第3期；田黄：《〈蠹鱼篇〉：珍贵的书林旧闻集锦》，《旧书信息报》2002年4月29日）另：周黎庵在《古今》杂志创刊一周年时说："他在《古今》所写文字的笔名很多，如南冠、楮冠、鲁昔达、何戡、吴詠、韦禽之类，都是他的，《古今》虽时有名角登场，但要说谁是主要的班底，使《古今》造成今日的风格，不用便是用着许多笔名的他了。"见周黎庵：《一年来的编辑杂记》，《古今》（周年纪念特大号）1943年3月刊。

④ 包括《胡适书话》《叶德辉书话》《梁启超书话》《林语堂书话》《周越然书话》《刘半农书话》《顾颉刚书话》《郁达夫书话》《王国维书话》《蔡元培书话》《林琴南书话》《刘师培书话》等12种。

⑤ 浙江人民出版社1997年版，包括《漫卷诗书：陈平原书话》《尚在旅途：吴方书话》《沉入词语：南帆书话》《被遗忘与被批评：朱学勤书话》《冬夜小札：刘绪源书话》《捞针集：陈子善书话》《第二壶茶：施康强书话》《酿一碗怀旧的酒：恺蒂书话》《终朝采绿：扬之水书话》《太阳消失之后：王晓明书话》《天地玄黄：葛剑雄书话》等。

二辑）①、"读书台笔丛"②、"经典丛话"③"六朝松随笔文库"④、"书友文丛"⑤、"书话与闲话丛书"⑥、"读书文萃丛书"⑦、"台港名家书话文丛"⑧、"书林清话文库"⑨、"书虫"系列⑩等等，纷纷涌现。但是，书话类图书出版存在明显的泛化倾向。典型的如三联书店出版的"读书文丛"，越来越倾向于刘小枫、朱学勤等思想性的文字，甚至经济学界等人的非书话文字也归入其中。"书话与闲话丛书"将许多书评文章也收入丛书里面。所以在保持书话必要的文体张力的同时，亟须甄别和辨清书话的概念与文体认识。

书话在 80 年代以来再次逐渐被人们重视，除了表现在越来越多的书话

---

① 蔡玉洗、徐雁主编，陕西师范大学出版社 1998 年版，收有周越然《言言斋书话》、薛冰《止水轩书影》、王辛笛《夜读书记》、王稼句《栎下居书话》、梁永《咏苏斋书话》、张放《叹凤楼枕书录》、黄俊东《克亮书话》、徐雁《雁斋书灯录》、高信《常荫楼书话》、徐鲁《黄叶村读书记》等。

② 秋禾、雷雨主编，江苏教育出版社 2001 年版，包括：徐雁《书房文影》、徐雁平《书海夜泊》、董健《跬步斋读思录》、韦明铧《醒堂书品》、陈学勇《浅酌书海》、周维强《书林意境》、薛冰《淘书随录》、王振羽《漫卷诗书》等。

③ 南昌江西教育出版社 1999 年版。其中包括《德国书话：悠悠莱茵河》《印度书话：倾听恒河天籁》《英国书话：泰晤士河畔的智慧》《日本书话：富士山风韵》《拉美书话：幽香的番石榴》《法国书话：塞纳河的沉吟》《苏俄书话：凝眸伏尔加》《美国书话：自新大陆放飞》等。

④ 秋禾、雷雨主编，东南大学出版社 2002 年版，包括：王余光《读书随记》、陈子善《海上书声》、徐重庆《文苑散叶》、于志斌《山海文心》、龚明德《昨日书香》、王振羽《书卷故人》、薛原《滨海读思》、薛冰《金陵书话》、潘树广《学林漫笔》、徐雁《开卷余怀》、白化文《承泽副墨》、王稼句《秋水夜读》等。

⑤ 倪墨炎主编，汉语大词典出版社 1996 年版。其中包括：夏衍《风雨故人情》、姜德明《梦书怀人录》、金性尧《不殇录》、蒋星煜《文坛艺林见知录》、贾植芳《暮年杂笔》、刘心武《边缘有光》、陈四益《瞎操心》、何满子《沙聚塔》、陈平原《书生意气》、陈思和《豕突集》、李辉《深酌浅饮》、于光远《朋友和朋友们的书初集》、邓伟志《人比雀儿累》、牧惠《且闲斋杂俎》、蓝英年《寻墓者说》、倪墨炎《现代文坛内外》、唐振常《俗轻集》。

⑥ 新疆人民出版社 1997 年版。其中只有李庆西《人间书话》集以谈书为主。

⑦ 钟敬文、季羡林、邓九平主编，中国友谊出版公司 1998 年版。其中包括《书苑雅奏》《书斋漫话》《书林独步》三册。

⑧ 陈子善主编，云南人民出版社 2002 年版。其中包括了陈黎《百科全书之恋》、黄碧端《书乡长短调》、黄俊东《猎书小记》、小思《书林撷叶》、庄信正《异乡说书》、吴兴文《书痴闲话》等。

⑨ 傅璇琮、徐雁主编，河北教育出版社。该文库从 2004 年起陆续出版了三辑共十八册，其中多为书话随笔集，如徐雁《苍茫书城》、来新夏《邃谷书缘》、林公武《夜趣斋读书录》、虎闱《旧书鬼闲话》、韦力《书楼寻踪》、沈文冲《毛边书情调》、胡应麟《旧书业的郁闷》、曹培根《书乡漫录》、朱金顺《新文学资料丛话》、王成玉《书话史随札》、谢灼华《蓝村读书录》、刘尚恒《二馀斋说书》等。

⑩ 山东画报出版社 2007 年版。其中包括王稼句《看书琐记》、陈子善《签名本物语》、谢其章《搜书记》、薛冰《纸上的行旅》、许定铭《醉书随笔》、止庵《相忘书》、李福眠《疏林陈叶》等。

集、读书类丛书的出版外，还有在杂志报纸上发表亮相，并越来越多的受到关注。《散文世界》于 1988 年和 1989 年分别开辟了"散文品书录"和"现代散文书话"专栏。1979 年创刊的《读书》杂志比较多地登载了关于谈书的随笔文章，①《书与人》《书城》《书屋》《博览群书》《中华读书报》《文汇读书周报》等也时有书话妙文出现，为文学界、读书界、学术界人士喜爱。除了有正式刊号公开出版的读书类刊物外，20 世纪 90 年代以来还有相当数量的民间书话类出版物，在读书界流传，共同构成了多层次极丰富的书话出版发表的景观。② 这些民间书话刊物，所刊文章都是极好的散文，给人以文学艺术的熏陶，同时上面多登载文化老人艺坛名家的逸闻旧事，具有很强的文学史料价值。

二、书话研究的历史、现状及问题

丰富的书话创作，必然带动研究的开展。如同其他的文类一样，书话也经过先有写作之事，继有书话之名，终有书话研究之学的过程。正如程千帆谈及校雠目录时有言："盖始有校雠目录之事，继有校雠目录之名，终有校雠目录之学。其始也相别，其继也相乱，其终也相蒙。"③ 此学术研究之通例也，书话研究亦然。目前为止，国内关于书话研究的历史、现状及其问题主要集中在以下几个方面：

首先，书话概念的争论与文体的辨析。

1. 文体意识的出现和辨析。前面已经谈到，在五四之后的文人学者中，最早有现代书话文体的自觉意识并产生广泛影响的，应是周作人。周

---

① 《读书》杂志从 1979 年创刊到 1996 年，前后刊登了很多作家学者文化人的读书随笔札记，其中相当部分是典型的书话作品。冯亦代、黄裳、陈原、金克木、谷林等都借助这个文化阵地不断地在文化界（包括思想界、文学界、读书界）发出自己的声音。

② 如《开卷》（南京凤凰读书俱乐部）、《崇文》（湖北省新华书店、长江出版集团）、《芳草地》（北京朝阳区文化馆）、《书脉》（北京市书脉文化传媒有限公司）、《书人》（湖南岳麓书社）、《文笔》（江西进贤文港区）、《书香》（安徽芜湖）、《藏书》（南京清凉山公园）、《文澜》（杭州图书馆）、《尔雅》（江苏太仓图书馆）、《水仙阁》（浙江海宁图书馆）、《今日阅读》（苏州图书馆）、《阅读时代》（东莞图书馆）等等（具体统计参聂凌睿：《寂寞书林里，凄寒犹自开：当代民间读写小杂志的自立与出路》，《悦读时代》2012 年第 4 期。也可参聂凌睿：《公共图书馆办"小杂志"调查与分析》，《国家图书馆学刊》2012 年第 6 期）。

③ 程千帆、徐有富：《校雠广义·典藏编》，齐鲁书社 1998 年版，第 3 页。

作人 1928 年闭户读书以后，开始着力经营他的读书随笔，亦即他自称的"读书录"、"看书偶记"，[①]并出版有《夜读抄》等，已经显示出他的文体自觉，尤其是他的"文抄体"的经营，开创了现代书话的重要体式之一。周氏的独特文体经营，引起了时人的关注。朱自清在给散文分类时就认为："这种散文的趋向，据我看，一是幽默，一是游记、自传、读书记。"[②]其实朱氏所说的读书记，实有明确的指向，即周作人当时着力经营的"看书偶记"。正因为此，朱氏接着就特别指出了周作人"读书记"体的创造贡献。朱自清之所以把读书记与其他文类并列提出，是由于他已经意识到了周氏的读书记不同于其他散文体的独特之处。阿英在《夜航集》中也谈及周氏的文体特点，并指出其与传统联系[③]。这些都可以看作是现代书话文体最初的意识。但由于人们将其置于当时兴起的小品风潮之中，书话搭上了文学列车的同时也淹没了自身特殊性，人们并未对其独特之处有深入的探究。

至 1962 年北京出版社印行《书话》单行本时，唐弢在序言中明确谈及"书话"体式的写法与特点："（书话——笔者注）我目前还是着眼在'书'的本身上，偏重于知识，因此材料的记录多于内容的评论，掌故的追忆多于作品的介绍。……作为调剂精神消除疲劳的一种方式，……我曾竭力想把每段《书话》写成一篇独立的散文：有时是随笔，有时是札记，有时又带着一点絮语式的抒情。"[④]唐弢后来在《晦庵书话·序》中再次强调书话文体因素[⑤]。尽管对书话文体开始有了明确的谈论，但是唐弢的文体认识，更多还限于印象式说明，而非理论概括。唐弢以后，仍有不少学者探讨书话的文体形式。如姜德明在 1996 年 4 月的一篇文章中说，书话尽管可以无所不谈，不必强求统一，但是仍有一些特殊的形态和性质[⑥]，这些性质的归纳其实是与唐弢的提

---

① 周作人曾夫子自道："民国廿一年以后，只写随笔，或称读书录，我则云看书偶记，似更简明的当。"（见周作人《书房一角·原序》，《书房一角》，河北教育出版社 2002 年版，第 3 页。）

② 朱自清：《什么是散文》，《中国现代散文理论》，俞元桂主编，广西人民出版社 1984 年版，第 121 页。

③ 参阿英：《周作人》，《夜航集》，上海良友出版图书印刷公司 1935 年版。

④ 晦庵（唐弢）：《序》，《书话》，北京出版社 1962 年版，第 3 页。

⑤ 唐弢：《〈晦庵书话〉序》，《晦庵书话》，三联书店 1980 年版，第 5 页。

⑥ 姜德明给现代书话丛书写的序言，原文可见《序言》，《黄裳书话》，北京出版社 1996 年版，第 2 页。

法一脉相承。此后较为详细探讨的有徐雁的《艺文情趣——我所认识的"书话"境界》①、《书话源流与文体风范》②等对书话的源流有更多的梳理，文体风范也有独到的看法，但是对于文体特征与规范却着墨不多，论述稍显薄弱，后文在书话的源流中，忽略了周作人的重要贡献。罗文华《一种特殊的散文——论书话》③试图较系统地论述书话的文体特点。但是该文在述及书话的"文体美"时仍仅限于抒情特色，且论述稍显空疏，也不够全面，忽略了书话本身的多样性。王兆胜的《论 20 世纪中国书话散文》④《百年中国书话散文综论》⑤从现代文学研究的角度进行了分类且更具文体学研究的意义，只是标准还不够统一，将文体的体性特点和语体特点放在了同一范畴。

2. 书话概念的认定。书话概念的认定，经过了长期模糊的认识过程，至今依然分歧很大。前文谈到，从曹聚仁于 1931 年 8 月 15 日出版的《涛声》创刊号上发表《书话二节》明确以"书话"为命名起，1937 年 4 月阿英撰写《红楼梦书话》，直至 1945 年春唐弢在《万象》上连载书话止，至此仍找不到有关"书话"概念的界说。唐弢在《书话》和《晦庵书话》中也没有明确的定义。直至九十年代中后期姜德明、钱谷融在各自主编的书话丛书序言中述及书话的概念时仍语焉不详，仅仅列举出书话所可能包含的范围。这种宽泛的界说，一方面给书话以自由生长发展空间，可能带来更多具有活力的异质因素；一方面也不可避免地影响到书话的个性展露、理论研究及书话创作的进一步健康发展。

针对概念的多歧和文体认识的模糊，赵普光的《论现代书话的概念及文体特征》⑥较为系统地探讨了书话的概念和文体特征，并且作出了理论概括。这对此前的模糊认识有较强的廓清作用。但是，现在看起来，拙文的归纳与理论提升，在一定程度上伤害了书话的丰富性博杂性。这些归理、

---

① 《中国图书评论》1989 年第 1 期。按：此文署名"秋禾"。
② 《出版广角》1998 年第 1 期。
③ 《天津文学》1996 年第 6 期。
④ 《中国社会科学院研究生院学报》2001 年第 1 期。
⑤ 《广播电视大学学报》2004 年第 1 期。
⑥ 《新华文摘》2006 年第 6 期。

研究工作的有限性，就昭示了一个无法解决的悖论：如果想试图去规范书话的概念与文体，就可能会削足适履，无法真正包容书话的所有形态性质；但是如果一味地保持书话的原生态，而不做任何理论归纳的话，研究工作又很难展开，对实际创作很难起指导推动作用。这一悖论也提示我们，想用规范的规则去限制丰富博杂的书话，是徒劳无益的，也是吃力不讨好的事情，我们不如在保持书话开放性多元化状态的前提下，同时从书话文体本身去探寻出某些规律性的东西。

其次，有代表性的书话家个案研究及书话的发展历史的梳理。

要对书话有更深入的认识，就必须对现当代的代表性书话大家，如周作人、郑振铎、阿英、唐弢、黄裳、姜德明等，进行专门的深入的个案研究，则是十分必要的。而这种基础性的工作目前仍十分缺乏。现有的这类研究主要集中在唐弢书话。对周作人书话的研究也陆续出现了一些，但多为《知堂书话》出版后类似于书评的文字，较少从书话的角度做深入的理论探讨，关于其他典型书话家的专论更少。目前只有南京大学信息管理系硕士生朱敏的学位论文《知识传播视野下的书话出版：以姜德明书话为例》（未刊稿）、赵普光《黄裳书话的文体之美》①、马德生《晚年生命的言说：孙犁书话论》②、赵普光《从知堂到黄裳：周作人书话及其影响》③赵普光《"文"、"学"合一传统的衍变——论姜德明的现代文学书话》④、赵普光《文体与人：论周作人对书话的经营》⑤、徐敏《孙犁书话：现实的剖析与心灵的隐曲》⑥、徐敏《黄裳书话：隽永凌厉间的书写》⑦ 等寥寥数篇。《书话史随札》⑧ 的著者王成玉，算是第一位书话史的研究者。《书话史随札》显示了作者王成玉

---

① 《图书与情报》2006 年第 6 期。
② 《郑州大学学报》2007 年第 6 期。
③ 《福建论坛》2009 年第 1 期。
④ 《现代中文学刊》2010 年第 2 期。
⑤ 《江西社会科学》2011 年第 1 期。
⑥ 《解放军艺术学院学报》2011 年第 4 期。
⑦ 《东方论坛》2011 年第 6 期。
⑧ 河北教育出版社 2006 年版。是著为傅璇琮、徐雁主编的"书林清话文库"第三辑之一种。该著尽管名为"书话史"，但实际并未很好地贯彻这一名称。并没有给读者以书话的流变发展的脉络，是一大遗憾。以随笔随札的形式谈书话的发展，是本书的一个特色，但又是它的软肋，带来了很多的问题。

的"史"的意识，但王著的体例选择和探讨深度都留下了太多的遗憾：以书话的写作形式来"话"历史上出版的书话集，以时间的顺序排列，试图以点带面，但是没有清晰的史的线索，理论的深度和体系性都不够。王著基本上停留在零星的琐谈层面，而且选取的书话集也很有限。王著的问题反映了当前书话研究的不足，尤其是学理性的欠缺。此前的研究多是当代书话作者的零星谈论，极少有系统的学理研究。比如书话的渊源问题，很多研究者认识到了现代书话与传统题跋、读书笔记、书目叙录的联系，但是这些古代的"书话"对现代书话在哪些方面、在多大程度上如何发生影响等等，都鲜有厘清者。

三、书话：作为独特视角与研究对象

基于上述书话研究中的种种不足、缺憾与空白，本书试图加以拓荒。但是，限于体例与篇幅，书话研究所涉及的太多问题本著无法面面俱到地研究和解答，因此，本研究侧重于将书话置于现代中国文学的背景和视野下进行考察。本研究的思路是：从文本、文学史现象出发，以书话为研究角度对现代中国文学的某些层面进行考察，同时将书话置于一定历史文化语境中去探讨书话文体本体的文学审美及文化功能，探究现代书话家的文化精神、文化心理。然而必须警惕的是，对任何方法、角度及理论的选择必须落实到实际的研究中。我的研究，将始终努力面对文本与文学史现象本身。

到目前为止，对现代书话的学理性研究，对其深入进行文学与文化的理论阐释，还远远不够，更遑论将书话作为途径和对象，去观照和考察现代中国文学的诸种面相了。事实上，书是文化的极为重要的载体，是文学表现的重要内容，是知识者生活的重要部分。书与作家文人之间存在着密切的联系。20世纪以来东西文化的碰撞激荡，古今文学的缱绻与决绝，五四以来作家文人的精神、生命、文化意识，作为文学创作现象却长期被文学研究者忽略的书话，既给我们提供了一个独特的研究视角，又提供了亟待研究的极具意义的对象。源自传统读书杂记、藏书题跋的书话写作，大都是游弋于文学与文化、创作与述学、趣味与思想之间，葆有颇为有趣的弹性和张力。这种著述方式的选择体现出他们独特的精神气质，长期以来形成了独特的著述流脉。

书话作为文学，丰富与拓展了散文的空间和内涵。现代书话从内容材料、行文风格、文体选择及氛围营造诸方面都潆漫出浓重的传统文人特质，显示出其他文体不具有的独特风貌。然而，长期以来现代书话被排斥在"文学"视野之外，以至于鲜有文学研究者从事书话研究。即使在为数不多的书话研究者中，很少有人从文学的角度去发掘书话对于文学的意义价值。而实际上，书话在现当代文学中具有重要的位置，有重要的研究价值。

书话不仅是现代中国文学的一种文学创作，而且更有颇为丰富的文学研究价值。第一，书话是一种迥异于现代理论化、体系化文学批评的特殊批评体例，具有很强的传统批评特色。作为文学批评体例，书话对于丰富拓展现代中国文学批评研究和实践、推进现代中国文学批评理论建设，无疑具有重要意义。第二，作为历史的记录描述方式的书话，构成了现代中国一种重要的文学文献史料。由此，其文献价值值得进一步开掘、研究和阐释。第三，书话所话之书有相当一部分是中国现当代文学的经典文本，书话的作者都是作家、文人及文学研究者，他们描述的现代中国文学图景，给予现代中国文学的定位评价等等，无疑影响着人们对现代中国文学的想象和认知，从而使书话进入现代中国文学经典化有了重要途径。

书话所体现的文化意蕴、文化价值的意义更为重大。书话写作关涉到中国文史传统与文化重建的重要问题。现代书话的萌生、发展伴随着近现代东西方文化碰撞、新文化运动兴起及对传统文化由盲目否定到理性反思的全过程。处于现代中西文化交汇时期的文人学者阅读视野空前开阔，他们留下的大量书话作品记录了自己的读书、译书心得体会。中国传统土壤和西方现代资源如何进入、作用并催生了现代中国文学，在这个进入、作用、催生的过程中，中国传统文化和西方典籍文化发生了怎样的和多大程度上的变异，以及为什么会发生变异等问题，在现代中国作家学者留下的大量书话为这些问题的解决提供了无可替代的独特视角。书话还展示了读书人藏书、失书、得书、读书、著述的悲喜心路历程。在这个断裂与重建、传统与现代交织纷繁的时代里，书话之于作家文人，其更深层次的意义也许更在于文化心态上：书话中蕴含着文人对书及书所承载的文化的牵绊、依恋。现代书话体现的文化意蕴、文化价值意义重大。

基于书话提供的文学本体价值和文学文化意义，遵循上述研究思路，笔者拟设立的论述框架如下：

全书的论述分为两大部分展开。第一部分紧扣书话创作这一20世纪中国文学的重要部分，首先将清理和归纳书话的文学特质和文体特征，并特别指出书话的"杂文学"的特征，尤其是，游弋于文学与非文学之间的书话具有突出的边缘文学性质这一特征，而这种边缘性质无疑包容了极为丰富的学术、思想等文化含量。这也必然带来了书话的巨大张力。基于此，书话在现当代文学批评理论、现当代文学文献学及现当代文学经典化等方面具有重要价值。书话的理论批评、文献学、经典化的价值，有着突出的独特性，是其他的文类所不具备的。从这几个层面去挖掘书话对20世纪中国文学研究的独特意义，具有无可替代的全新价值，对于进一步拓展和深化中国现当代文学研究意义不容忽视。

第二部分则是将书话作为研究途径和观察角度，来考察现代中国文学在整个20世纪的文化背景中尤其是20世纪初发生变革的诸种面相。① 将书话作为独立的研究途径，这在此前的中国现当代文学研究中是没有过的。我们知道，中国现当代文学是在传统与现代之间，中国固有文化传统和西方文化思潮的共同作用下发生和推进的。这虽为共识，但却显得笼统、模糊，流于疏空。而如果我们将书话作为独立研究途径，去考察现当代文学

---

① 研究角度的选择归根结底要服务于文学及文学史的研究。对此，朱晓进多有精彩论述："角度的选择对文学研究对象独特价值的揭示是至关重要的。……使用任何角度，关键要看这种角度与研究对象的契合度。"（朱晓进：《找寻中国现代文学史的独特角度》，中国文联出版社2003年版，第3页）"'文化研究'作为一种研究方法或研究视角被运用于具体的中国现代文学研究领域时，其研究的出发点和最终目的应是落实在'文学'上，而不应停留在'文化'上。即在面对现代文学的具体研究对象时，注重从'文化'的角度去加以审视，一方面便于将文学现象置于更为广阔的背景中加以考察，在纷繁的文化关系中对其加以解释；另一方面又可以把中国现代文学现象的研究引向更深层面，用以揭示出隐于文学现象背后的深刻的文化根源和精神实质，从而在更为本质、更为真实的基础上对该文学现象作出中肯的评价。"（朱晓进：《"文化视角"之于中国现代文学研究的得与失》，《文学评论》2009年第1期）

的发生与进程的话，就会有令人惊喜的发现。首先，书话作为文化"描述"的中介，从中可以看到在文化（包括文学）的继承和交流的过程中，发生着创造性的误读与错位。这种对原文化的无可避免的误读也正是中国文学发生变革的基点之一。通过书话这个中介和途径，我们可以看到20世纪中国文学在"汲古求新"的文学变革模式中的变化过程，以及其产生的"新"和保留的"旧"之间的交杂与斑驳；通过书话这个中介和途径，我们可以看到书话对域外文化引介过程中的选择、误读，及其给20世纪中国文学带来新的生长契机和资源。同时，书话写作活动体现出书话家、读书人与传统的深刻联系，隐含着现代文人丰富而矛盾的文化心理。探究现代作家的文化心理、现代作家与文人传统的关系等都是目前书话研究者亟须发掘的。因为现代作家的文化困境、精神世界在书话中更富有典型性。传统搭乘这一由读书人与书、书与文化相胶结而成的书话流脉顽强表现出来。书话记录着现代作家与传统的血脉联系和对传统的深刻体认，传统的无法摆脱而带来的焦虑和痛感，包围在作家周身，深蕴于书话之中。

由此本研究的创新之处为：

一、研究和检视长期被置于文学之外的书话现象具有填补空白的意义。虽然这些丰富和重要的文字被排斥在"文学"视野之外，是大多数现当代文学研究熟视无睹的领域，但是，以书话为代表的随笔文字最具传统意味，且往往都出自博学的大家之手，常常说文谈史，谈天说地，忆人论书，兼通古今，游弋于学术与文学之间，具有极高的文学、思想及学术的价值。本书的研究首次系统总结了书话的文体特征，详细追溯和清理了书话文体的历史渊源、发展演变的过程，还论证了书话的丰富而又驳杂的边缘文学特征，以及由此带来的丰富张力和研究价值。

二、第一次较为系统地清理了书话与现代中国文学的密切而复杂的关系。书话在现代中国文学中是一个独特的边缘性的存在。只有把握住了其边缘性的特征，才能更好的理解书话与中国文学的关系。如果说一般意义上小说、诗歌、散文、戏剧四种体裁是处于现在中国文学的核心地带的话，那么，以书话为代表的一些丰富的存在则是处于文学的边缘地带。边缘与中心的互动互渗乃至互相的"观看"构成了书话与中国现当代文学的特有关系。

三、努力探究书话对作家作品的选择、阅读、评论与当时的文学思潮、文学史观存在的互动与共谋之关系。书话紧紧围绕着书人、书事，即从文学本身出发，故可对人们的笼统的文学史观判断起到纠偏作用，有助于以人为本、以文学作品为本的文学史观的重建。

四、试图考察书话所体现的文化意蕴、文化价值。在这个断裂与重建、传统与现代交织纷繁的时代里，书话之于作家文人，其更深层次意义也许更在于文化心态上：书话中蕴含着读书人对书及书所承载的文化间的牵绊、依恋。揭示现代书话所体现的文化意蕴、文化价值，探究现代作家的文化心理（传统文化情结，对"外来"文化的欲迎还拒的矛盾心态，现代作家的文化身份焦虑等）。

五、通过对书话的梳理研究，重新认识和反思以往关于现代中国文学的观念、文体认知、研究误区等。"书话与现代中国文学"研究的更深层意义还在于：书话只是这众多边缘性写作存在的一个代表、一个例子，对书话的研究可以提醒我们研究者关注丰富的边缘性写作现象，从而拓展现代中国文学研究的空间、内涵。深而言之，重新认识书话及书话与现代中国文学之关系，对既有的现代中国文学概念有必要加以重新审视，对以往的研究对象选择上的误区和狭隘的偏见具有警示和纠偏作用。本书对书话随笔等传统体例的研究和评估，不仅仅使我们得以进一步反思五四以来主流的现当代文学研究中文体认知的狭窄，重新对现代中国文学的内涵、外延、边界等进行思考认定，更重要的是警示我们研究现代中国文学应该实事求是地着眼于中国文学的本土化建设和本土化研究。我们要充分认识到中国现当代文学中多样多元复杂的创作事实及其背后的文化意蕴和文学史意义，进而重建现当代文学研究的中国意识。

所有研究对象的划分圈定，是根据研究的目标而定的。换句话说，研究目标的设定，决定了研究对象的选取与界分。在开始论述之前，必须明确的是，本研究涉及的书话，也都是根据本研究的目标而选取的。因为本书学术指向的是中国现当代文学研究。书话不仅仅是研究对象，而且是一种研究途径，通过这一途径，探究现当代文学中的诸种面相。所以密切围绕中国现当代文学研究来展开和立论，是笔者的书话研究始终要坚持的一点。所以本书对于书话的选择的原则是，必须与中国现当代文学密切相关，为现当代文学研究服务。因为，我们知道，书话作为一种特殊的写作体式（文体），有自己的特殊性。一、书话的历史非常复杂也源远流长，与传统文学、文献、文化等关系紧密，研究书话离不开对古典文学、文献学等的关注与研究。二、书话的形式繁杂、内容博杂。从表达形式上看，有的具有很强的文学意味，本身就是文学文体，就是现当代文学的一部分；而有的则是严格意义上的学术研究。更多的书话则是介于二者之间。从内容上看，所谈论的对象，有的是现当代文学文坛文人作品，有的则与一般意义上的现当代文学甚或文学无关。因为书籍浩如烟海，包括人类的所有文化典籍都是书话谈论涉猎的对象。三、书话写作的主体更为广泛。有的是现代文学家，有的是当代作家，有的是文化人，有的是学者。此外，因为书话写作的门槛很低，只要有兴趣似乎都可以在书话这种文体上一试身手，所以说书话的写作群体十分庞大而且复杂，这样一来，书话的质量鱼龙混杂、参差不齐，影响了书话在文体中的地位。

对此，笔者必须在研究开始之前，就声明自己对研究对象的界分。从写作主体上看，本书选择的多是现代文学家、当代作家的书话；从内容上，我选取的主要是与现当代文学、文坛、文人有关的书话（当然，这里所说的"有关"，并不局限于内容必须谈论现当代文学。如王国维、梁启超、章太炎等人的，可能并不直接涉及新文学作品，但与新文学思潮关系密切，就不能不纳入本文的研究范围。如周作人的有关明清笔记的书话，尽管所谈并非新文学，但与现代文学研究则关系莫大，自然更不能绕过）；从形式上，笔者自然特别注意文学意味极强的书话，因为这些书话本身就是现代文学的重要组成部分，构成一些作家的创作对象，同时笔者也关注那些可能文学色彩不浓或甚至较少文学性的书话，这些书话或有重要的学术批评意义，或有不可忽视的史料价值，或是我们窥探作家心态的窗口，或是探究文人知识结构的途径……其研究价值不容小视（比如唐弢、叶灵凤等人都有关于藏书票、藏书印等藏书文化史知识的书话。这些内容虽然与现当代文学似乎无关，但是通过这些书话我们可以意识到新文学家们的某些心态的特点）；从发展上，既然考察书话的方方面面，书话的源流自然为研究重要部分，因为只有弄清楚"变迁之故"，才能把握其"存在之由"，只有知道其"前世"之源，才能明白其"今生"之态，本研究免不了会花费不小的篇幅谈到与书话"前世今生"相关的古典文学文化文献等诸方面的内容。但这些内容都有一个原则：必须指向于对书话本身和现当代文学现象研究的目标，而不能喧宾夺主，湮没了对研究目标的探究考察。由此可见，尽管说书话庞杂无序，数量巨大，边缘模糊，但是本书研究对象的选择还是较为清楚和一贯的。

第一章
书话：现代中国文学的边缘性存在

"边缘"与"主流"的关系，是一种历史文化现象，更是一种权力关系。……阐释"边缘"以重识"主流"，也许就是一个改造传统的权力关系、颠覆文化霸权的过程。

——李小江

第一节　书话的"前世今生"

一、书话概念的混沌与厘定

通过导言的梳理，我们可以看到，在近代以来百余年的文学发展中，书话有着十分丰富的创作实绩，已具备了形成文体的条件。但与书话的创作、出版繁荣形成鲜明对比的，是对书话理论研究的相对滞后和冷寂。从曹聚仁1931年发表《书话二节》至1945年春唐弢在《万象》上连载书话，这期间虽然有大量的书话创作，但仍找不到对书话的界定和理论概括。直至1962年北京出版社印行《书话》单行本时，唐弢才在序言中谈及了书话体的写法和特点。他认为"……作为调剂精神消除疲劳的一种方式，……我曾竭力想把每段《书话》写成一篇独立的散文：有时是随笔，有时是札记，有时又带着一点絮语式的抒情。"这种描述式的定义给人们以书话概念的大致轮廓。后来在《晦庵书话·序》中他再次强调书话的散文因素，并明确提出"四个一点"的要求，即："一点事实"、"一点掌故"、"一点观点"、

"一点抒情"。这个概括迄今仍是比较完善的表达。20世纪七八十年代之交，唐弢先生呼吁理论界要根据书话特点"进行探索与追求"，使其"从枯燥、单调逐渐走向新鲜、活泼和多样。"① 到现在，时间已经过去很多年了，对书话的理论研究仍少有进展。人们习惯于将书话笼统地归入散文这一大类，于随笔、题跋、书简、序跋中遭遇着呼来喝去的命运，使其被"淹没在混沌汗漫之中。"

概念的混沌与分歧必然导致对文体特质认识的模糊。而书话文体面目模糊不清，文类特点难以彰显，在相当的程度上缘于书话本身形式与内容的繁杂。书话内容十分广泛，可话书，可论事、亦可谈人。仅就话书言，可谈版本，可论原书内容，可述变迁得失，可发人生感悟，可讲历史沧桑。书话的形式更是多种多样，难以归类，或如读书笔记、或如阅读札记、或以序跋形式出之、或类叙事散文……正如有学者所言："它是一种散文，但不像狭义上的现代散文；它可以说是一种小品文，也有现代杂文的意思；它和书评难以分家，又与书目书序书跋沾亲带故。"②

书话形式的繁杂有着内在原因。对于创造主体来说，书话创作状态（尤其是唐弢之前的大部分近现代书话家）迥异于其他文类的创作。如小说、诗歌等，作家在创作前内心往往有一种自觉的意识。文体规范、文类标准本身就是一种限制，它要求作品符合某些先在的既定的形式。作家一方面极力否认创作的成法（"文无定法"），一方面又不自觉地向既定规范靠拢。贾平凹就曾坦言："在我的写作中，有时才动笔，就踌躇了，自问：按这个构思写出来，像个小说吗？往往就力求写得像小说。"③ 而书话的创作者则少有这种"集体无意识"，书话家在创作前几乎不问自己写得像不像书话。书话以外的文体，规范尺度往往是先于作家个体特征而存在的，如小说、诗歌等就常冠以浪漫主义、现实主义、先锋派等定语，而这对于书话是不会有的。书话文体规范尺度的缺失使个体特征成为归纳其特点的首要

① 唐弢：《〈晦庵书话〉序》，《晦庵书话》，三联书店1980年版，第5页。
② 宋庆森：《现代书话世纪回眸》，《中华读书报》2004年6月23日。
③ 贾平凹：《我看小说：答〈文学家〉编者问》，《小说文体研究》，中国社会科学出版社1988年版，第44页。

依据，于是我们更多想到的是某某人的书话，如"知堂书话"、"阿英书话"等，这样个体就瓦解了文体。这就在根本上造就书话形式的繁杂多样，而这种繁杂使得书话统一尺度阙如，于是进一步归纳与细分书话的特点就愈加困难。比如对于唐弢的书话文体认识，止庵曾有评价："我是觉得，唐弢'书话的散文因素需要包括一点事实，一点掌故，一点观点，一点抒情的气息；它给人以知识，也给人以艺术的享受。这样，我以为书话虽然含有资料的作用，光有资料却不等于书话'一番话，讲得并不严谨，不足以规范一种文体……相比之下，知堂所谓'读书录'或'看书偶记'只着眼于文章内容，是以没有流弊。"① 然而唐弢对书话文体归理的问题，并非不严谨，而是过于严谨，过于对一个文体进行"规范"了，其流弊在于限制了书话本来丰富博杂的多元形态，所以与周作人从内容上大而化之却切中肯綮的"着眼于文章内容"的命名相比。周氏的归纳虽然笼统却可能更符合书话本身的实际情况。

尽管书话定义属性的学理性表述，在唐弢之前并没有明确出现，但从周作人、曹聚仁、阿英、唐弢等的创作实践来看，其实他们已经有了十分自觉的文体意识。人们也已经很明确地意识到这种文体的独特性了，并且有了相对稳定和普遍的认识了。比如，1947 年 2 月 14 日创刊于上海的《时与文》周刊从 1947 年 7 月 25 日出版的第 1 卷第 20 期开始，专辟出副刊"艺文志"，并且在"文艺志"中多次刊载晦庵书话。这个综合性的刊物《时与文》，对于书话与书评给予明确的区分，其第 1 卷第 22 期的封面目录中赫然印着② ：

书评

　　《今昔蒲剑》………………………………………慈

　　《文学杂志》………………………………………y

书话

---

① 止庵：《远书》，大象出版社 2007 年版，第 215 页。

② 见《时与文》第 1 卷第 22 期。

这里将"书评"和"书话"已经做出了明确的区分。这无疑证明了，当时的文坛和出版传播界已经普遍认可了书话文体的写作方式，也说明当时人们对书话这一文体形式有着较为明确的认识，具有了文体共识。

基于半个多世纪的文体实践和认识，我们就完全有可能从中抽象和归纳出书话的本质。我们知道，一种文体的形成需要三个条件："若干杰作、一套有利于别人进行模仿的完善的技巧、一套统摄这套技巧的权威性理论。第一条件居于支配地位，使后两个条件得以出现。"[①] 五四以来的书话，出现了周作人、郑振铎、阿英、唐弢、孙犁、黄裳、姜德明等人很有代表性的创作，这是文体成型的首要条件。这些杰作大致遵循着一套写作的规则技巧，并且周作人、唐弢等也提出了一些原创性的认识或理论。也正是这些杰作、技巧等，为其他书话作者的写作提供了可资借鉴模仿的规则范本。正如朗松说的："那些杰作以及技巧的进步，使得作家在编造时无风险可冒，因此也就没有了自由。他知道他该做些什么，该怎样去做。传统——也就是以前各代的集体鉴赏趣味——把文学的题材与形式固定了下来，两者间关系明确而繁多（各项规则、得体与不得体的分野等），以至个人再也不能控制它们"[②]。因此，除了一大批现代作家以外，还有众多的书话作者群体存在[③]，并写作了数量惊人的书话。从这个意义上看，书话其实已经具备成为一种独特文体的条件。在前人写作实践、理论认识的基础上，我们可以进一步地挖掘和归理出书话文体

---

① ［法］朗松：《文学与科学》，《方法、批评及文学史》，［美］昂利·拜尔编，徐继曾译，中国社会科学出版社1992年版，第58页。

② ［法］朗松：《文学与科学》，《方法、批评及文学史》，［美］昂利·拜尔编，徐继曾译，中国社会科学出版社1992年版，第58—59页。

③ 其他还有谢国桢、金克木、陈原、张中行、冯亦代、邓云乡、范用、杜渐、董桥、钟叔河、胡从经、倪墨炎、董健、丁帆、秋禾、止庵、陈平原、陈子善、王稼句、薛冰、谢其章、王成玉、胡洪侠、杨小洲、扫红及更年轻的眉睫、朱晓剑等一大批的学者、出版编辑者等文化人都曾经或仍在从事书话的写作。

本质上的特征。顾名思义，书话之"话"应包括评论、议论、说明、讲述（叙述）等多种功能和内涵，而书话中的这些评论、说明、叙述功能又均以"书"这条线贯穿之。"书"之不可缺少，是形成书话文体凝聚力和特点的首要条件。综合周作人、唐弢、姜德明、钱谷融等几代学者对书话文体特点的认识及其对书话文体的诸种界说与描述，在阅读大量书话文本的基础上，笔者归纳出书话以下共同特点：来源上，主要由中国传统的藏书题跋、读书笔记、论书尺牍等发展演变而来；对象和内容上，以谈书为主或由书而生发开去谈及相关的人物、故实、史料等等；[①] 形式上，自然随意，不必强烈理论色彩，所发议论往往点到为止，故可采取多种形式，序跋、随笔、书衣文录等不一而足；格调上，因创作者与书话本身的内容之故，书话往往充溢强烈的书卷气息和深厚的文化内蕴。综之，笔者认为：对"书"的感悟、品评、考索，或在此基础上生发开来谈及与书相关的人物故实掌故，或抒发社会历史人生的种种况味，往往用蕴藉含蓄的方式将这些感受、议论表达出来的文字，叫书话。这里对书的感悟、品评、考索可以包括对书的内容、艺术以及书的装帧、历史变迁、史料的考辨等诸多方面。[②]

二、书话的渊源

书话是极具传统特性的文体形式。它的源头至少有古人读书或讲学笔记、题跋解题等目录之学、诗话词话等传统批评方式几种。

首先来看中国古代的读书讲学笔记。关于古代读书讲学笔记，夏丏尊

---

① 就书话而言，书话所话的内容必须与书有关，所以对其内容做出规定是彰显书话文体独特性的必要条件。唐弢对书话的文体描述更多侧重于形式，而周作人却直截了当地着眼于内容："关于一种书的"。事实上，书话的内容规定性是很重要的，尤其是对于区别书话与其他的散文、随笔、小品文，内容的独特性是判断书话之为书话的首要标准。

② 事实上，任何一种文学定义、文体界定都是大致的，不可能做到绝对精确。笔者对书话概念的界说与归纳也同样如此。正如朗松给"书信文学"下定义时说的："我们不必过分严格，过分认真，还是让书信文学保持它天然的疆域吧。只要把论著、小说、伪托件排除在外，其余的，也就是一切书面的谈话，不管是庄严的还是轻松的、装模装样的还写得草率的，都叫书信文学。"（[法] 朗松：《论书信文学》，《方法、批评及文学史》，[美] 昂利·拜尔编，徐继曾译，中国社会科学出版社 1992 年版，第 317 页）

和叶圣陶曾在《文心》中借用主人公王仰之的口对此做过一番论述："古今人所作的笔记，真是数也数不清，仅就我们图书室所备的说，已有一二百种了。书名有的叫什么'笔记'，有的叫什么'随笔'，有的叫什么'录'，有的叫什么'钞'，此外还有别的名目。这些笔记，普通都是作者有所见到，随时写录，有的记述见闻，有的记述感想，有的记述读书心得，内容非常复杂。……普通笔记之中有关于读书心得的记述，这可称为读书笔记。笔记书类之中尽有不记别的，专记读书心得的。这种纯粹的读书笔记数量也着实不少。比较古的有宋人王应麟的《困学纪闻》……《困学纪闻》以后，读书笔记有名的有杨慎的《丹铅总录》，顾炎武的《日知录》，赵翼的《廿二史札记》、王鸣盛的《十七史商榷》、王念孙的《读书杂志》、王引之的《经义述闻》，钱大昕的《十驾斋养新录》。"① 书话与传统的读书笔记体例有血缘联系。其实很早就有学者意识到它们之间的承续关系："笔记这一体裁，在宋朝已广泛地发展扩大，如宋祁的《笔记》、谢采伯的《密斋笔记》等。有不称笔记而名为随笔的，如《容斋随笔》；有名为笔谈的，如《梦溪笔谈》；又有称为杂记、笔录、见闻录等等的，实际上都是笔记，其内容不是杂说，便是杂考。……因为笔记的范围广，无所不包，所以近人写文章用笔记体的更为普遍。在报刊上并进一步把笔记体作为专栏，如《读书随笔》《读书札记》《书林漫步》《书话》《拾穗小札》《扫边剧谈》等，可以说是笔记体的进一步发展。"② 很明显，这里早已将书话这种文体视为传统笔记杂述的现代发展演变。中国传统的读书札记体写作为书话的现代体制的形成提供了资源。在传统的读书笔记体例中梁启超就认为顾氏的《日知录》是学术著作的写作典范。这种"札记册子"与宋及宋之前的"语录

① 夏丏尊、叶圣陶：《文心》，中国青年出版社1983年版，第191—192页。
② 知非：《笔记》，《人民日报》1961年11月18日。案："知非"是文史学者谢兴尧用的笔名，时任人民日报图书馆馆长一职。知非在另一篇文章《杂学》中还指出说："笔记这个体裁是许多人写文章所喜欢用的形式，因为它不拘一格，写来极方便，它的内容，可以严肃也可以轻松；可以务虚也可以务实；可以考据、辨证，也可以叙述、杂抄。它的起源，出于杂说，《四库全书总目提要》说：'杂说之源出于《论衡》，其说或舒己意，或订俗讹，或述近闻，或综古义，随意录载，不限卷帙之多寡，不分次第之先后，兴之所至，即可成编。故自宋以来，作者至伙。'的确，宋以后的笔记书，无论种类和数量，都是相当多相当大的。"（见知非：《杂学》，《人民日报》1961年11月9日。）

体"著作拉开了很大的距离。近人梁启超、王国维等人就在相当程度上借鉴了札记体的著述方式，而这种写作有开启了后来书话的写作体制的重要方面。后来的书话大家周作人的大量书话创作实践确实相当多的采用了近似札记体的记述方式。正如他自己说的："民国廿一年以后，只写随笔，或称读书录，我则云看书偶记，似更简明得当。"[①] 事实上，此前的部分写作是这样，而后来的各集更大率如此。

第二，书话的源流可以追溯到传统的"目录之学"，包括私人藏书题跋、藏书解题目录等。书话家唐弢曾说："我写《书话》，继承了中国传统藏书家题跋一类的文体，我是从这个基础上开始动笔的。我的书话比较接近于加在古书后边的题跋。"[②] 目录学在我国历史悠久，从汉代刘向、刘歆编制《七略》《别录》始，就开始目录学的建构[③]。目录学是读书的门径，在中国传统的学术史上占有重要的地位。清代王鸣盛云："目录之学，学中第一紧要事，必从此问途，方能得其门而入。"[④] 近代学者龙榆生指出："'目录之学'所以示学者以从人之途，于事为至要。"同时他将"目录之学"分为三类："一、作家史迹之宜重考也"；"二、版本善恶之宜详辨也"；"三、词家品藻之宜特慎也"。[⑤] 龙氏虽然针对词学研究而言，但这三种分类实际上指出了目录之学的作用与功能，具有普遍性。

近代目录学家余嘉锡提出"篇目"、"叙录"、"小序"为传统目录体制三大要素，据此，他将目录学从目录编制上分为三种："一曰部类之后有小序，书名之下有解题者；二曰有小序而无解题者；三曰小序、解题并无，只

---

① 周作人：《〈书房一角〉原序》，《书房一角》，河北教育出版社 2002 年版，第 3 页。

② 唐弢：《〈晦庵书话〉序》，《晦庵书话》，三联书店 1980 年版，第 5 页。

③ 当然对于这一通行的说法，姚明达不以为然："故一般叙次中国目录源流者，多断始于西汉末年之《别录》与《七略》，反援今人之叙哲学史以自解，意谓古书多伪，未敢据以为说耳。此犹直认黄河出于积石，长江导于岷、沱，而不知其上流尚有更幽远之渊源也因噎废食，画地以自限，讵足以议史学哉？"（见姚明达《中国目录学史》，上海古籍出版社 2005 年版，第 14 页）按照他的看法目录学的源头还需要上溯。但是本文主要是论述现代书话与目录学之联系，故采取通行说法。

④ 王鸣盛：《十七史商榷》卷一，上海文瑞楼版，中国书店 1987 年影印本。

⑤ 龙榆生：《研究词学之商榷》，《词学季刊》一卷四号，又见《龙榆生词学论文集》，上海古籍出版社 1997 年版，第 100—102 页。

著书名者。"① 而姚名达则认为："自目录内容之体制分之，则有纯书目、纯解题、兼书目及解题之异。"② 虽然余、姚二人的分类方法不尽相同，但是两种分类中均强调了"解题"的重要性。解题又叫叙录或提要，其作用是叙述作者生平，概括全书大旨，品题得失，考辨讹谬。这种既有序又有解题的目录即解题目录，在学术上价值很高，历来被学者推重。因为"虽书有亡失，而后之学者览其目录，犹可想见全书之本末"③。这类目录著作如宋晁公武《群斋读书志》、陈振孙《直斋书录解题》等④。在姚氏看来，解题的发展有"古代之解题"和"现代之解题"，后者"实即读书指南，非复古意矣"⑤。姚氏所说的"现代之解题"，如吕思勉之《经子解题》、梁任公之《要籍解题及其读书法》、钱基博之《四书解题及其读书法》等等，这些著作实际上也可视为现代书话的滥觞。后来的现代书话就在一定程度上继承了目录学中解题的形式。

所以，书话与传统目录学存在着密切的血缘关系。首先就其作用与内容言，书话保留了解题的许多因素。"自解题内容之旨趣分之，则有解释内容、考订讹误、考索存佚，研究版本、批评是非、叙述源流之异，又或兼而有之。"⑥ 对于这些功能与内容，现代书话在一定程度上依然保留着。如周作人书话中关于东西洋书籍内容的评论，郑振铎、黄裳书话中有关古籍版本的考订，唐弢书话中对新文学书刊出版存佚情况的说明。按解题的形式，姚名达将之分为"有于书目后作解题者，有于书籍后作题跋者"⑦ 两种。就后者题跋而言，古代的属于目录学范畴的藏书题跋具有极强的学术性。但是它们就其写作对象——书籍，写作内容——版本源流，写作体例——题跋短札等方面给后来的书话提供了可资借鉴的资源。近代一些藏书家在

---

① 余嘉锡：《目录学发微》，中国人民大学出版社 2004 年版，第 4 页。
② 姚名达：《中国目录学史》，上海古籍出版社 2005 年版，第 11 页。
③ 朱彝尊：《曝书亭全集》卷四十四。
④ 姚名达：《中国目录学史》，上海古籍出版社 2005 年版，第 304 页。按照姚氏的观点，《郡斋读书志》《直斋书录解题》属古代之解题。
⑤ 姚名达：《中国目录学史》，上海古籍出版社 2005 年版，第 304 页。
⑥ 姚名达：《中国目录学史》，上海古籍出版社 2005 年版，第 11 页。
⑦ 姚名达：《中国目录学史》，上海古籍出版社 2005 年版，第 11 页。

寻书、藏书及阅读过程中留下的题跋和批注稽考等文字更为丰富。如王念孙的《读书杂志》、傅增湘《藏园群书题记》《藏园群书经眼录》等。这些题跋文字属于目录学著作，值得注意的是这些文字在严谨的学术考辨的同时也记录下了读书者的经历、体会或感受等稍显情感化的内容，而这些都构成书话的核心部分。

梁启超在《饮冰室合集》中的许多书跋、序略、提要[①]，王国维对上古殷墟书契、敦煌汉简写的考叙、对诗文词曲的题跋[②]，这些解题、提要、感言或叙略文字，从内容及形式上仍承续着传统目录学著作的写作范式。尽管梁、王等人的此类文字多延续传统目录学的写作模式，但与旧的目录学著作相比在内容上已经发生了新变。他们所写的关于古代典籍和西洋书籍的序言书跋感言虽多用文言，但内容和体制上已经趋近近现代书话。如体制已经稍长，由书多生发对书外诸如时政社会等方面的评论，已经溢出了传统解题目录著作的范畴。这些都可以看作是值得重视的新变化。在梁启超、王国维及后来周作人的书话中，考证版本装帧的内容明显减少，而借题发挥借书抒臆、对时政的评论、对社会历史文化乃至国民性的批判的内容大大增加。因为对于刚刚进入中国文人视野的西书和晚近的书籍等这些在目录学中重要的方面（如版本），可谈的几近寥寥。故有些文字多侧重对书刊内容的品评或谈书刊之外的东西，渐渐地与"辨章学术，考镜源流"的学术路径拉开了距离。这些特征已见日后书话形式的端倪。尽管说近现代书话与古代的题跋等有着明显的区别，如钱谷融说："较之于传统的题跋，现在的书话在写法上大多侧重对书的内容、义理的品评、阐发，这也是势所必然。"古代的这些著作重在资料和版本校勘，多囿于目录学范畴，偏重学术价值，而书话增加了作者生命寄托、情感表达等具有更多的审美成分和价值，但是书话与传统目录之学的血脉联系是无可置疑的。

---

① 参见《梁启超书话》，绿林书房辑校，浙江人民出版社 1998 年版。

② 参《海宁王静安先生遗书》，中华书局 1959 年影印本。另参《王国维书话》，劳舒编校，浙江人民出版社 1999 年版。

第三，书话与传统的诗话、曲话、词话有着血缘上的联系。唐弢在《书话·序》中认为："中国古代有以评论为主的诗话、词话、曲话……书话综合了上面这些特点"。所谓"话"是中国传统印象式批评、评点的方式，是最具有传统特质的批评形式，书话显然吸收了这一写法。除了言与文的语言形式的区别外，书话和诗话、词话所不同的是，后者属于文学批评范畴，而书话却更多了朴拙的叙述成分等。无怪唐弢说："我目前还是着眼在'书'的本身上，偏重知识，因此材料的记录多于内容的评论，掌故的追忆多于作品的介绍。"① 其实按照夏丏尊和叶圣陶的意见，诗话、词话等传统批评方式也是属于古代的读书笔记的一种："古人所作的读书笔记，普通都是关于'经史子集'的。另外还有一种，是专关于诗词的，叫'诗话'或'词话'，这也可说是读书笔记。"② 这就更说明了书话与诗话、词话等传统批评方式的继承关系。

事实上，总的来看，上述几种渊源体式大致属于笔记杂述稗乘小说之类。古代中国极为丰富的笔记杂述为书话的产生提供了极为肥沃的土壤。而且在很多时候，书话依然与其他的笔记文学无法做出一清二白的划分。这里必须提及一个似乎近几十年来被文学研究界遗忘的概念"笔记文学"。其实书话依然可以大致归入笔记文学之中。浦江清曾就传统笔记小说稗乘杂述做过一番论述，并提到了"笔记文学"的概念。他说："这一大类庞杂的笔记文学正是《汉书艺文志》的小说家的繁荣的后裔。"这里，他所说的"笔记文学"指的是："从魏晋到唐宋（三世纪到十三世纪）大约一千年中，发展的笔记小说，内容非常庞杂，包括神仙、鬼怪、传奇、异闻、冥报、野史、掌故、名物、风俗、名人佚闻、山川地理、异域珍闻、考订、训诂、诗话、文谈等等乃至饮食起居、治身理家之言。有些书籍内容较为单纯，有些是无所不谈的，而用着'随笔'、'丛谈'、'笔谈'、'笔记'、'志林'、'随录'等等的书名，都是些残丛小语。"而其中所提到的"掌故"、"考订"、"诗话"、"文谈"等乃是书话的正宗渊源。书话不仅继承了这几类笔

---

① 唐弢：《〈书话〉序》，《晦庵书话》，三联书店 1980 年版，第 5 页。
② 夏丏尊、叶圣陶：《文心》，中国青年出版社 1983 年版，第 194 页。

记杂述的体例形式等，而且在趣味风格等方面也渊源有自：这些笔记文学"在作者本人认为是随笔所写，不作正经文字看，无关于帝王大道、政教得失的。在读者是拿它们来消遣，但也是广见闻，长知识，开卷得益的。作者不少是很有学问的人，所谈的也决不止于闾里小知了。但是他们托体于小说，采取漫谈的笔墨，而不打起高古的文章调子，也不避俗言俚语，在他们看来已经在用白话作文了。"[①] 而书话其实就更多的具有消遣、广见闻、长知识的目的。

由此，书话的来源演变，大致可以通过下面的图1所示看得较为清晰：

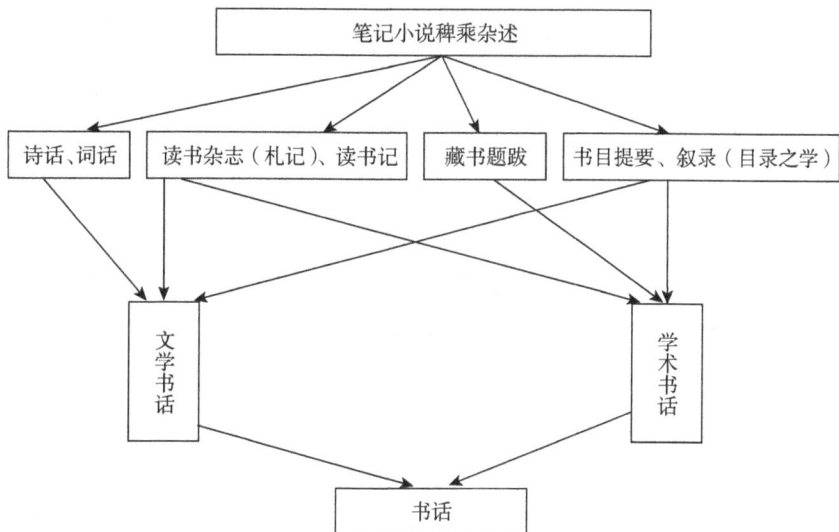

图1

三、书话的分类

书话按性质和功能分为两种：文学书话与学术书话（参见图2）。如图2所示，书话与文学存在着交叉，是两个相交圆，而相交部分则是文学书话。

---

① 浦江清：《论小说》，《浦江清文录》，人民文学出版社1989年版，第183—184页。

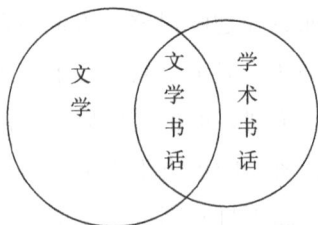

图2

文学书话，具有较完整的文学形式，有着文学所具有的审美、情感特征：从语言的独特性上，从叙事、抒情、议论等的综合运用上都已经显示出了很强的文学韵味，是无可置疑的文学创作。学术性书话，则更多将书话作为研究的体例，用于考证书刊版本，探究文坛轶事，对书籍的艺术、思想及装帧等进行批评议论，具有重要的研究价值，是文学史料学、文献学及文学批评等的重要研究方式。鲁迅、周作人、唐弢、黄裳等人的书话更多属于文学书话。他们的书话或犀利尖锐（如鲁迅《随便翻翻》《书苑折枝》），或遒劲曲折颇具深意（如周作人《漫谈〈四库全书〉》），或着意雕琢讲求语言（如唐弢《读余书杂》），或读书寻书之中常常抒情、好发议论（如黄裳《珠还记幸》中的篇什），这当然与个人才情修养有关。这类书话属于文人写作。而学术书话则显示出与文学书话不同的风貌和功能。如郑振铎的《明清二代平话集》所收书话大都是严谨的考证，阿英有关晚清文学的丛谈也都侧重学术的论证，另外如谢国桢的《明清笔记谈丛》、路工的《访书见闻录》、姜德明有关现代文学书刊的考索等等，都更重学术的真实严谨，而少发议论，鲜有抒情。这类书话属于学人著述。不同的人因其兴趣不同，才情有别，而致力于不同的写法，如俞平伯、聂绀弩、孙犁等，他们终究是文人作家，他们的书话，一旦下笔往往摇曳生姿，是让人赞叹的文学上品。而有的如谢国桢、金性尧、谢兴尧、钟叔河等等，他们毕竟更多学人意识，写作书话，行文往往平实严谨。

这一分类，当然是大致的区分，因为在实际中不大可能明确地作一刀切的划分，二者之间交叉之处甚多。更多的时候，同一位书话家，有时侧重学术考证琐谈，有时侧重人生兴味闲话，兼事学术书话和文学书话。比如郑振铎的书话，他的《蛰居散记》《失书记》都是很好的文学创作，他的《西谛题跋》则是文献的研究；即使是同一则书话，很多时候也常常分不清它哪些成分是"文"、哪些因素是"学"。因为书话本质上还是"文"、"学"合一的混合体。若还以郑振铎为例，他的《劫中得书记》中的书话则往往是兼具文学性与学术性的统一。

书话按其内容大致可分为读书记、得/失书记、书文化趣谈等几类。

"读书记"指的是文人学者在读书过程中有所得、有所感而随笔记下的文字，这是书话的主要写作形式之一。"读书记"主要品评所读书籍的内容、版本、装帧。这类书话侧重于版本知识、书籍价值的介绍定位，所以思想成分、学术成分往往很重。周作人的书话，更多属于读书记。对此朱自清在20世纪30年代就意识到了周氏书话的文体创造的独特性。他评价周作人的书话说："近年来这种文体一时风行，我们普通说散文，其实只指的这个。这种散文的趋向，据我看，一是幽默，一是游记、自传、读书记。若只走向幽默去，散文的路确乎更狭更小，未免单调，幸而有第二条路，就比只写身边琐事的时期已经展开了一两步。……读书记需要博学，现在几乎还只有周启明先生一个人动手。"[①] 唐弢的《晦庵书话》中的"读余书杂"、"译书过眼录"等大都谈论书刊的内容装帧等，主要仅就书刊本身来谈的。叶灵凤的《读书随笔》《文艺随笔》《香港书录》多是书籍内容的简单介绍。黄裳的《来燕榭读书记》可以说也是典型的读书记，多集中于经眼书籍的版本的考索，谢国桢的《江浙访书记》，虽名为"访书记"，实为"读书记"，而且是传统题跋一路，多重版本的考索，似是由钱遵王《读书敏求记》侧重于版本内容，这一传统下来的。书话的产生与兴盛，也与我们的文人知识分子的习性及文化惯性有关系。自古我们的文人士子都有读经注经的传统。每到一个太平盛世，社会安定，但是言论控制的时代，文人就会自觉地躲入书斋，埋首故纸为存身选择。

"得/失书记"主要谈论、叙述作者自己所藏书刊典籍的由来，所失书

---

① 朱自清：《什么是散文》，《中国现代散文理论》，俞元桂主编，广西人民出版社1984年版，第121页。

刊典籍的经过，得之喜，失之痛，由此折射出的文人心态、社会变动等等，都在娓娓的叙述之中呈现出来。这类书话包含感情色彩强烈，书刊的谈论、得失的叙述中，注入了作者（得书失书者）的主观感受，叙述、抒情表达方式运用更多。所以也更具有散文化的特征。这类书话是文学性强的书话。郑振铎的《西谛书话》中多有此类，如"失书记"、"劫中得书记"、"劫中得书续记"、"蛰居散记"、"求书日录"。在郑振铎为典籍写的题跋中也常常不作内容与版本的考究，而多谈得失的因由经历，如郑振铎在《〈异梦记〉》中记述了玉茗堂批评《异梦记》为作者所"思取之"，但因囊中羞涩而未果，最终因朋友的慷慨相赠而得到的过程。作者感慨说："叔平慷慨好义，乐成人之美，生平所为多类此。此举虽细事，然予实深感之也。"[1] 另如《〈扬州画苑录〉》中郑振铎说："予初访此书，数月未得。郭石麒为予购得扬州丛刻一部，中收有此书。数日后，通学斋复送此汪氏原刻本来，因复收之。此不难得之物也，乃亦有小小的经历，可见收书之不易。即不难得之物，亦往往是可遇不可求也。"[2] 可见，这类书话不专注于书刊本身，而是多谈寻书之艰，得书之喜，失书之痛的个人感受。还有像唐弢的《买书》中就说："我的有目的的买书，开始于一九四二年。……从此我便节衣缩食，想尽办法，把所有可以省下来的钱都化在买书上。书籍大概也真是一种'食粮'吧，有几次，我钻进废纸站的堆栈里，一天只啃两个烧饼，也居然对付了过去。"[3]

书话的这种写法和类型渊源有自。黄荛圃在他的题跋之中就常涉及掌故所谈，融入书里书外的个人感叹，增强了感性和情感的成分，有着较重的文学色彩，可读性很强。如黄裳就曾认为：多种多样的传统藏书题跋，大抵可分为两类：一是讲究书的内容、版本、校勘方面的，科学性很强，如陈仲鱼的《经籍跋文》、何焯的《义门读书记》；另一类则是在研究书籍版本校勘等之外，又多记述书林掌故、得书过程、读书所感……这样"不

---

① 郑振铎：《〈异梦记〉》，《西谛书话》三联书店 1998 年版，第 466 页。
② 郑振铎：《〈扬州画苑录〉》，《西谛书话》三联书店 1998 年版，第 467 页。
③ 唐弢：《买书》，《晦庵书话》，三联书店 1980 年版，第 470 页。

只有科学性，还增加了文艺性，是散文的一部类了。"① 黄丕烈《荛圃藏书题识》中的文学性题跋写作的风格大致属于第二类了：（黄丕烈）"喜欢在题跋里记琐事，买书经过，书肆，书估，书价，藏家……包括日常生活，都随手记在跋文里。"② 至于叶德辉《书林清话》《书林余话》中也常常有这样的文字出现，于行文中谈及买书卖书、藏书、校书等过程中的复杂况味。流风所及，此后的现代当代书话家多采用这种写法，谈论书以外的人生经历和个人感受。卢前（冀野）的《龙蟠里访书记》、孙犁的《书衣文录》记录和追忆人与书的分合因缘，从中渗漫出人生的体悟。黄裳的《珠还记幸》充溢着由书的散聚而生诸多人、事的感触。

"书文化琐谈"则更多的是集中于藏书文化的历史知识典故的介绍，有关作者书斋的兴衰变迁，文人书友的交游缘谊，文人对书的感受认识、爱恨情仇等。比如有关于藏书印、藏书票的介绍，典型的像叶德辉的《书林清话》卷十《藏书家印记之语》，就辑录古今藏书印记文字颇为详细。叶灵凤也有多篇书话详细谈论介绍藏书票、藏书印的来源流变、风格（《藏书票与藏书印》《藏书印的风趣》）。还有关于书籍装帧设计、美感知识的介绍和评价，如叶灵凤《书鱼闲话》中多篇文章谈及书刊的式样、装帧（《书籍式样的进化》），印刷文化的发展（《中国雕板始源》），版本知识（《读书与版本》），藏书典故（《借书与不借书》《借书与痴》《脉望》）。关于文人对书魂牵梦绕的感情联系的，如卢前的《刻书的好处》《书癖》等都可归入此类。另如朱湘曾有一文《书》，就充分展示了文人对书本身（可能很多时候并不关涉书籍的内容）的痴迷："拿起一本书来，先不必研究它的内容，只是它的外形，就已经很够我们的鉴赏了。那眼睛看来最舒服的黄色毛边纸，单是纸色已经在我们的心目中引起一种幻觉，令我们以为这书是一个逃免了时间之摧残的遗民。他所以能幸免而来与我们相见的这段历史的本身，就已经是一本书，值得我们的思索、感叹，更不须提及它的内含的真或美

---

① 黄裳：《黄裳书话·编选后记》，《黄裳书话》，北京出版社 1997 年版，第 351 页。

② 黄裳：《谈"题跋"》，《黄裳书话》，北京出版社 1997 年版，第 34 页。

了。"① 可见，在这里书籍的形式本身，就成为文人痴迷沉醉的审美对象和感情对象。

第二节　书话的文体特征

在东西文化碰撞交汇的大背景下，书话在借鉴延续了传统著述特点的基础上萌生发展，加之现代观念的演进，创作主体的形成完备，这诸种条件的际合，使书话得以发展和丰富，最终作为一种重要的文学现象而崭露头角，并且逐渐呈现出日益完整定型的面貌，显示出大致的文学文体特征。书话文体特征的彰显对现代散文文体的拓展与丰富的意义不可小觑。其深厚的传统内蕴对现代散文文化内涵的充实，对现代散文写作体例的丰富作用巨大，并形成一个脉流影响着现代散文的发展，流风所致，也影响着散文的当代走向。

一、纷杂与规范：书话体制的建构

文体（style）简单地讲是指文学的体裁、体制和样式，也可以表述为文本的结构方式，或文学作品的话语体式，是一个表征作品形式特点的概念。历史上种种对"文体"大致相同的界说，为本书揭示和彰显"书话"文体特征提供了支持。

按通常的看法，从 1898 年到 1927 年期间是中国文学由近代向现代的转变期，是五四文学的发生期。这一时期的近现代学者留下的谈书人书事的文章，可以看作是书话的萌生和发展期的作品。如梁启超、王国维、林琴南、周作人、鲁迅、胡适、刘半农等人在检视中外典籍的基础上以序跋、随笔等形式写下一批书话。此时期正处于五四新文化运动的前后，近代文人学者传统的根底极厚，使用文言仍是较多人的选择。而同时，西学东渐的势头也一天强似一天，大量的外国书籍亦进入人们的视野。再加上

---

① 朱湘：《书》，《中书集》，生活书店 1937 年版，第 54 页。

此时人们尚无书话的文体概念，所以这些书话作品在体制上尤为繁杂。有传统的书跋形式，如梁启超的饮冰室书跋多为一二百字的书边映语[1]，如王国维对上古殷墟书契、敦煌汉简写的考叙[2]；有翻译或阅读西方书籍时写的序跋、引言或短评，如林纾《〈巴黎茶花女遗事〉小引》《〈埃及金塔剖尸记〉译余剩语》《〈伊索寓言〉跋语130则》等[3]；还有近于时评和杂感的书话，如鲁迅、周作人和阿英的一些书话。这种萌生期纷杂化、未定型的书话，在不成熟的同时保持了开放性，为以后的书话发展提供了自由的空间，也带来了更多的具有活力的异质因素，从而也为现代书话的体制成形做了准备。

从20世纪30年代起，周作人、阿英、唐弢以及后来的黄裳等开始有意识地加强经营这一文体，使书话文体逐渐成形，初步稳定。从而初具规模的书话开始显示出来大致的体制特征：短札式、小品化、抄书体。

1. 书话以谈书为主，涉及对书的内容义理、历史变迁的品评和感悟，能短则短，以短见长，颇类札记，这就是书话的短札式特征。短小，恐怕是书话最明显的外部特征。不同于堂而皇之的学术文章，书话不需要严格缜密的逻辑归纳推理。书话往往即兴所至，点到为止。最典型的要数孙犁的书话"书衣文录"，一两句、三五行的记述感慨，读来却隽永绵长满口生香。林纾的书话，仅仅交代几句小说翻译的过程或评点一下译书内容即可。翻开《晦庵书话》我们可以看到，唐弢的书话十之七八也多短篇微制，如《玉君》《山中杂记》等简单地说明初版的装帧，出版的过程，即成一篇上好的书话。

2. 书话的散淡化、美学化使之向小品文倾斜，从而最终形成了书话的小品化特征。这一特点构成了书话重要的审美特质，决定了读者在阅读过程中的美感和愉悦。从本质上讲，书话是广义散文的一种，是一种文学性体裁。在创作过程中，书话所运用的主要是形象思维。作者往往把读书过

---

① 梁启超：《梁启超书话》，绿林书房辑校，浙江人民出版社1998年版。

② 王国维：《王国维书话》，劳舒编校，浙江人民出版社1999年版。

③ 林纾：《畏庐小品》，林薇选编，北京出版社1998年版。

程中的品评议论感悟以形象出之，这种小品化、美文化使书话与书评、评论等有了本质的区别。作家在创作书话时，"竭力想把每段《书话》写成一篇独立的散文：有时是随笔，有时是札记，有时又带有一点絮语式的抒情。"① 所以书话具有了更多的美文／小品文的成分和审美特质，如同小说、诗歌、散文一样，成为独立的文学形式供爱好者品赏。像周作人、阿英、唐弢、黄裳等人的书话作品有着浓重的小品化倾向，或文笔朴素无华、清澈如水，或摇曳多姿，或深刻老练、点到即止。之所以呈现出如此的美学风格，除了赖于书话家自身极厚的学识功力和高超的文笔修养外，也与书话的小品化倾向直接相关。

用小品文的笔法写书话是近现代书话家的长项，亦是他们的普遍选择。小品文，即小品散文，亦即五四散文、美文，是在英国随笔 essay 和传统明清小品文的双重影响下产生的。近现代一代大家多是写小品文的高手，将小品文笔法和精神渗入书话的写作也是势所必然。对于小品文，翻译家傅东华曾有深刻之论："Familiar essay 这一文体是商人的自由主义和文人的个人主义结婚的产儿，而小品文这文体却是士大夫的真优裕和文人的假清高结合的产物。"② 此语虽不无贬斥之意，却也透露出小品文的传统特质。其实书话小品化也正是传统文人精神气质的体现之一。坐拥书城、怡然自乐几乎是每个传统读书人的梦想，爬梳剔抉、皓首穷经是传统学者孤心苦诣的生存方式。文人与书的血肉联系，读书写书得书失书的爱恨交织、欢欣痛苦等一切，经书话家们小品化散文化的笔致在书话中真切地袒露。小品化的写法和风格是书话普遍具有的特点。周作人的书话本身就是上好的小品文，如周作人《入厕读书》中讲述小时候的见闻、学生时代的经历，还适时引入相关典籍和故实，如郝懿行《晒书堂笔录》、谷崎润一郎《摄阳随笔》及佛教典籍等，但所引都能与书话糅合在一体用散淡随意的文字娓娓道来，完全是一篇极好的散文小品，具有独立的审美价值③。另如周作人

---

① 唐弢：《书话·序》，《书话》，北京出版社 1962 年版，第 3 页。

② 傅东华：《为小品文祝福》，《小品文与漫画》，陈望道编，生活书店 1935 年版，第 153 页。

③ 参周作人：《入厕读书》，《知堂书话》（上），中国人民大学出版社 2004 年版，第 79—82 页。

《销夏之书》一文，读来亦可消夏。此外，郑振铎的《谈买书》《谈访书》《谈整书》，唐弢《买书》《八道六难》《藏书家》《蠹鱼生涯》，周越然《余之购书经验》《幸运》等，无不充溢着爱书人或惬意陶然或沉重沧桑的复杂滋味，充分显示出了现代书话的小品化特色。

3."抄书体"是书话不同于其他文体的特殊之处。"抄书"即在书话中对所话之书的内容的摘录和抄引。书话重在话书，所以当原书中的某些精妙、关键部分或珍本不易为人所见到的内容抄出以飨读者往往远比作者用自己的话去反复转述征引更好。

在书话中抄书体有着独特的作用。首先，"抄书"是一种客观、冷静、科学的态度。事实上，任何一种转述和暗引都有可能与原意发生偏差，带来误读。所以较为客观的就是将所引内容原样不动地抄出，置于读者面前，任读者去做评判，然后读者再去参考书话作者的意见。这样，书话作者、读者、所话原书的作者三方就能实现对等的交流，这种"三方会谈"在抄书体的书话中得以最大限度的实现。鲁迅的《书苑折枝》《病后杂谈》《病后杂谈之余》《"题未定"草（一至三）》《"题未定"草（六至九）》等也都摘录了多段文字。另外，阿英、唐弢等也在书话中大量地抄引原书内容。如阿英的《旧书新话》《明人笔记小话》[1] 及周越然的书话《吴平斋家训》《〈中山诗话〉》《〈翡翠园〉》《〈青楼韵语〉》《雅片小说 》[2] 等都是典型的抄书体书话。书话"抄"录的内容实际打上了作者"自我"的深刻主观印记。出色的抄书体书话能将引文统一到作者自身，实现作者自我的外化，实现原书、书话、读者的平等交流。第二，抄书体书话能体现书话家的学养和见识。大段的"抄书"看似简单，实则不易，关键看如何恰到好处。如大海捞针般的在原书大量段落内容中抽取一段或几段最能代表原书观点、原书水平的内容，并合理地嵌入书话的行文中，保持书话的文气一致，浑然一体，这本身就是对书话家的极大考验。周作人曾道出其中的良苦用心和辛苦劳作，他在《苦竹杂记》后记中记录了自己给别人的一封信中说："来书征文，无

---

① 　均参见阿英:《阿英书话》，北京出版社 1996 年版。
② 　参见周越然:《书书书》，上海中华日报社 1944 年版。

以应命。足下需要创作，而不佞只能写杂文，又大半抄书，则是文抄公也，二者相去岂不已远哉。但是不佞之抄却亦不易，夫天下之书多矣，不能一一抄之，则自然只能选取其一二，又从而录取其一二而已，此乃甚难事也。明谢在杭著笔记曰《文海批沙》，讲学问不佞不敢比小草堂主人，若披沙拣金则工作未始不相似，亦正不敢不勉。……不问古今中外，我只喜欢兼具健全的物理与深厚的人情之思想，混合散文的朴实与骈文的华美之文章，理想固难达到，少少具体者也就不肯轻易放过。然而其事甚难。孤陋寡闻，一也。沙多金少，二也。若百中得一，又于其百中抄一，则已大喜悦，抄之不容易亦已可以不说矣。故不佞抄书并不比自己作文为不苦，然其甘苦则又非他人所能知耳。"①

　　这种抄书体在周作人那里得以充分地实践。尽管大段的抄书并非周的首创，但是到了周作人这种文体形式被其较好地运用。周作人从 30 年代开始实验抄书体书话，大段地引录原文。对此时人多有诟病，而周作人亦有辩解："相信这仍是值得写的，因为我终于只是一个读书人，读书所得就只这一点，如不写下来，未免可惜"，并戏称自己为"文抄公"。综合客观地看，周的文抄体书话总体上是值得肯定的，周的杂学、博识很好地体现在这些"抄书体"中，包含着作者本身的眼光与选择。如他的书话《〈旧约〉与恋爱诗》②中对谟尔著作《旧约的文学》抄录就意味深长：

　　　　这书（指《雅歌》）中反复申说的一个题旨，使男女间的热烈的官能的恋爱。……在一世纪时，这书虽然题着所罗门的名字。在严正的宗派看来不是圣经；后来等到他们发见——或者不如说加上——了一个警喻的意义，说他是借了夫妇的爱情在那里咏叹神与以色列的关系，这才将他收到经文里去。

　　其中神学家对本来表现男女官能恋爱的《雅歌》的附会解释，让人自

---

① 周作人：《后记》，《苦竹杂记》，河北教育出版社 2002 年版，第 220—221 页。
② 周作人：《知堂书话》（上），中国人民大学出版社 2004 年版，第 343—344 页。

然地想起中国的道学家对《诗经》中如对《关雎》等诗歌的有意歪曲。这种抄录意味深刻，与周作人人性解放的启蒙立场紧密相关。

从叶灵凤书话与周作人书话的比较，可以发现抄书对于书话文体的必要性。叶氏的书话多用暗引的方式将前人、他人的评论意见转换成自己的话融入书话的行文中，而周氏却多将他人的话明白无误地抄录，嵌入自己的文章中，抄书体成为他书话的主要特点，甚至可以说是他书话的标志。同样是谈论《塞尔彭自然史》一书，叶氏借用历代国外的评论，换成自己的语言来谈，而周氏则将这些议论评点，原文照录，并一一列举对比。比如谈到此书的风格特点时，叶氏《淮德的〈塞尔彭自然史〉》中说："这本小书出版于一七八九年，至今已逾一百五十年，但仍保持着他的清新和美丽，在英国文学中占着一个光荣的位置，继续不断地为男女老幼所爱读。这件事情看来很神秘，但原因也很简单。第一，淮德不是有心要写这本书的；他写信的动机，完全是为了自己爱好，同时实在清闲，便将自己心爱的事情不厌琐碎的告诉远方另一些同好的朋友，因此这些信便写得那么亲切自然可爱。"[1] 而这些看法其实在以前的研究者中早有更为完备和深入的论析。对此，在周氏的书话中，则把前人的议论抄录下来，周氏抄了英国戈斯的《十八世纪文学史》一书中的相关观点："怀德的书仍旧保存着他那不变的姿媚与最初的新鲜。这是十八世纪所留给我们的最愉快的遗产之一。……怀德无意于作文，而其文章精密生动，美妙如画，世间殆少有小说家，能够保持读者的兴味如此成功也。"周氏还抄赫特孙的话："文体优美而清明。"[2] 同时，周氏还摘录了其他研究者的评论，借他人口从不同方面去说明论证这部名著的价值与特点。当然，叶灵凤晚期的书话则开始自觉地采用抄书体的方式，文章中大段的引录也出现了。如《纪伯伦与梅的情书》全文更是由原文的摘引组成。这也许可以证明，叶氏正在有意无意地向周氏的文抄体的写作方式靠拢。或者这也似乎在证明，文抄体的写作方式是书话无可避免的体式。

---

[1] 叶灵凤：《淮德的〈塞尔彭自然史〉》，《读书随笔》一集，三联书店1988年版，第229页。

[2] 周作人：《〈塞耳彭自然史〉》，《知堂书话》（上），中国人民大学出版社2004年版，第434—435页。

通过二人书话写作方式的差异，我们可以见出，书话的文抄体写法的优势：一，可以增强可信度，使得书话本身的评价议论做到无征不信。二，有利于读者按图索骥进行进一步的查考，增长知识，以广见闻。三，通过对比不同人的评论，可以使得读者对某部作品书籍的特点从不同的角度方面进行展现，这些不同的议论评价产生比照、对话的效果，构成必要的张力，以利于读者更为客观地做出评析和判断，在比较中进行鉴别。四，将前人、他人的多个意见加以列举，对所话之书/作品的不同看法评论观点的来龙去脉要远比暗引式的方式展示得清晰明白，于是书话的学术价值，求真的价值得以更充分地体现，考镜源流，辨章学术的功能在一定程度上得以实现。

二、交糅与独异：书话的体式特征

与书评等理论性评论性文字不同，书话作为一种文学性体裁，它以感性为主，辅以知性，将知性与感性恰当地交融搭配在一起。而感性与知性的协调是借助于对叙事、抒情、议论、说明等表现方式的综合运用并适当加以变化来实现的。感性是在叙述一些故实、抒发一点感想、讲解一些知识的过程中实现的，并使读者如见其书、如历其事、如临其境；知性通过闲话式评论，通过对沧桑变迁的书人和书事的哲思体现出来，使读者在方寸之间洞悉社会人生的真谛。

（一）朴拙平实的叙事：旧闻故实的娓娓道来

书话作者大都是文坛中人，书话中常叙述人情故实、文坛掌故，从中溢漫出历史的氛围和文化的气息。这种叙事不讲求故事的生动或情节的传奇，只着意所叙述的书、人、事本身具有的历史意味，所以叙述极为平实朴拙。简单的几句对话、简要的几笔白描就已经叙述完某个事件的过程，就已经刻画出某位文人的音容笑貌和真实性情。如周作人的《厂甸》一文，用极平实的文笔记述自己去厂甸淘书的琐事，平淡中仍可窥见书与文人的特殊感情。唐弢作为二三十年代文坛中人，对左翼文学的出版活动非常熟悉，他在自己的书话中常常不经意地谈及当时的文化活动的珍闻佚事。如

《〈子夜〉的翻印版》就是讲述《子夜》为了逃避文网封锁的一段趣闻，从中折射出历史的真实面目。藏书家、书话家周越然在自己的书话中曾多次提到自己辛苦经营的言言斋被焚，大批中外书籍付之一炬的惨痛经历，读来不能不为之揪心。另如林纾的书话，多有对自己译书的缘起或经过的简单记述，这为后人考察林译小说大有裨益。

（二）闲话式评论：印象式的批评与感悟

书话即是"话"书、谈书，其中自然包含着对"书"的品评谈论。书话"含英咀华，比书评更有兴味，更见机锋，更显性情；它辨书识书，品书论书，比其它内容的散文随笔多了一份书卷气，多了些儒雅、博洽和恬淡。"[①] 也有的书话"如老友神聊，夫妇闲话，尽可无拘无束无始无终。不是形散神不散之类的作闲散科，而是真正的海阔天空得意忘形，只求有趣，不问中心思想段落大意。"[②]

书话这种评论特质，更见传统诗话、词话的遗传因子，是与这些传统文学评论形式有着血缘关系的明证。唐弢所谓"四个一点"中的"一点观点"本身就包含着对书话印象式、顿悟式评论的要求。大多数书话均具有这一特点。如周作人，他的大部分书话如《镡百姿》《法布尔的〈昆虫记〉》等对原书的介绍与评点都是极扼要和简洁的。书话的评论性还体现在对读书活动本身的看法上，这种看法实际上对阅读起到导向作用。如周作人在 20 年代中期兴起的"整理国故"的热潮中表现出了特有的理性与审慎：

> 我以为古书绝对的可读，只要读的人是"通"的。
> 我以为古书绝对的不可读，倘若是强迫的令读。
> 读思想的书如听讼，要读者去判分事理的曲直；读文艺的书如喝酒，要读者去辨别味道的清浊：这责任都在我不在它。[③]

① 胡立耘：《书话小识》，《图书馆杂志》2006 年第 2 期。
② 陈平原：《书里书外·序》，《书里书外》，浙江文艺出版社 1988 年版，第 6 页。
③ 周作人：《古书可读否的问题》，《京报副刊》1925 年 4 月 5 日。又见《知堂书话》（上）中国人民大学出版社 2004 年版，第 53 页。

书话的评论体式还包括对与书相关的人、事的议论与感悟。近现代书话家，如梁启超、胡适、鲁迅、周作人等在阅读、选择和介绍书籍时都始终贯穿着新民、立人等强烈的功利观念和启蒙意识，所以在他们的书话中往往自觉地由所话之书而引发对社会现象、历史、人物的议论。在这三两句的评论中显现出书话家的现代思想和人道主义情怀。周作人在书话《儿童的书》《关于儿童的书》中就表达了对中国无儿童读的书的深深忧虑。鲁迅在读书的过程中更是时刻关切着国民性的改造问题，这在其书话中有很多的表现。如《书苑折枝》第三则，他引述明朝陆容《菽园杂记》后在按语中说：

> 无论什么局面，当开创之际，必靠许多"还债的"；创业即定，即发生许多"讨债者"。此"讨债者"发生迟，局面好；发生早，局面糟；与"还债的"同时发生，局面完。呜呼"还债的"也！①

一针见血，这是典型的鲁迅式的深刻。两句三言已把多少部历史著作所体现的道理点破。阿英在其书话中也常有激切之语闪现，如《禁东坡文》中的几句简短有力的议论："书是存在着，儒也没有'绝'。有需要的人，自有其获得与印行的方法，'甚严'是没有用的……"验之这则书话的发表时间是1935年9月8日，当时国民党政府对进步书刊审查正严，可知阿英的评论是有着明确的现实针对性。

（三）知识性说明：介绍书籍历史变迁，说明版本、装帧兼及必要的考证

书话的这一特征显现出中国传统藏书题跋和目录之学的遗风。但是由于近现代书话家的视野中新文学书刊和外国书籍逐渐增加，关于版本等知识可谈者渐少，所以书话的内容也因时代的不同而发生变化。开始"民初学者，注重新书，厌见古籍"故书话更多侧重于义理内容上的品评。只是

---

① 鲁迅：《鲁迅书话》，北京出版社1997年版，第27页。又见《鲁迅全集》第8卷，人民文学出版社1981年版，第185页。

后来"新文运主张改用白话文，而求获古籍以作研究者愈多。"① 如郑振铎因致力于古典文学的研究，同时又是现代著名藏书家，其《西谛书话》中多谈及世间珍本、善本、孤本，并常对这些版本的历史变迁详加考证。20世纪40年代后，由于新文学亦渐成历史，成为后世中国文学发展之"小传统"②，唐弢等开始在书话中更多地介绍新文学书刊的装帧、出版始末和轶闻。当代藏书大家黄裳所写的《银鱼集》《珠还记幸》及《来燕榭书跋》等多谈及古籍版本的说明与考证。

（四）内敛式抒情：书话的情趣特质

书是读书人生命的一部分，是读书人一生难以割舍的情缘。书话中渗透着他们与书的血脉联系，自然情感的抒发也会不自觉地弥漫于整个书话的写作之中。而这种抒情不同于抒情散文的直抒胸臆借景抒情或情景交融，书话中的抒情是内敛的，蕴藉的。它是通过"书"本身的文化力量，或通过作者得书、失书的欢欣与心痛的自然流露来表达，从而实现书与情的交融。唐弢曾说书话要有"一点抒情气息"即是指此。唐弢的"书城八记"、阿英的"西门买书记"、郑振铎"谈买书"、"谈访书"、"谈整书"等无不蕴含着作者与书的深刻感情，无不渗透着深厚绵长的抒情气息。

好的书话作品要在平易、深沉的书味中流泻出作者的真性情，以其身世感、沧桑感打动读者。同时佐以理"趣"，让情与趣自然地融合，浑然天成。钱谷融在谈书话"情"、"趣"特点时说："（书话的情趣——笔者）能使人从字里行间品味作者的性情，体会到读书的愉快。但这往往是由一词一句引人会心一笑，如果一味铺陈，专事抒情，即使文字颇为耐读，却也大失书话的旨趣了。"藏书家周越然在《幸运》中曾回忆自己藏书幸运中的厄运时说：

---

① 周越然：《周越然书话》，陈子善编，浙江人民出版社1999年版，第9页。
② 余光中：《炼石补天蔚晚霞》，《文汇报》2003年12月21日。

　　我大部分的古书，统统于一二八之变在闸北被焚了。我所被焚的书，古本有一百七八十箱，西书有十几大橱……以恶运告人，闻者心酸，说者心痛，罢了，我不说了。①

　　这种痛心之感，不能不让人联想起钱牧斋（谦益）的藏书楼——绛云楼"绛云一炬，牧斋缥湘籖题，荡为灰烬……零星捃摭，不存什一"②的厄运。非有对书极深的感情，非有如失去一半生命的撕裂感，不能体会出爱书者那种欲说还休的心痛。正如有学者指出的："书话脱胎于古代藏书家、读书家的题跋、叙录，却淡化了其中的庄重与肃穆，强化了隐于字里行间的爱书如狂、恋书如痴、嗜书如命、知书若神的神韵。"③

　　由此可见，书话在体制体式等方面形成了自己独特的文体特征，对现当代文学的丰富有着重要的意义，对传统著述体例在现代中国的延续和新生发挥着重要的作用。

第三节　"文"与"学"之间的尴尬与张力

一、尴尬：失落的书话

　　从前面图2所示，我们可以知道，书话有着文学书话和学术书话的区分。于是这就造成了书话的尴尬地位，在文学和学术、创作与研究之间进退失据，无所适从。书话的位置在哪里？若是创作，它不具备抒情文学中飞腾的想象、直露的抒情，没有叙事文学中的曲折的情节，文学研究的主流不把它作为文学看待；若是学术研究，在当今主导的现代学术著述体例中也鲜见这种写法，在当下的学术评价体制中更"入不了厅堂"，甚至不能算作所谓"科研成果"。如有学者曾慨叹："今天的学术研究，已很少

---

① 周越然：《幸运》，《书书书》，上海中华日报社1944年版，第73页。
② 潘景郑：《绛云楼题跋·序言》，《绛云楼题跋》，钱谦益著，中华书局1958年版，第1页。
③ 胡立耘：《书话小识》，《图书馆杂志》2006年第2期。

注意笔记式的研究，许多学者也不把读书笔记看成是学术工作"。① 非文非学的书话随札，可谓进退失据，无以立足了。事实上，书话本身的特点就是庞杂，我们不必非要削足适履，将其硬生生拉到一般所谓"现代"意义上的文学中，也不必非要将其完全归入到学术研究方式中来，就让它保持现在的开放状态，未尝不是明智之举。非"文"非"学"，其实就意味着它亦"文"亦"学"，在学术与创作之间游弋徘徊，可能正是它的特点。

书话这种亦"文"亦"学"的特性，具有颠覆性。书话这一性质的提出，直接挑战了现代以来的文学概念的认知，尤其是对中国散文文体的既有认识。于是，我们有必要对现代中国文学概念做一番清理。我们现代意义上的文学概念认知，从来如此吗？除了现代意义上的文学外还存在着其他的文学类型的可能性么？这些可能性是否在百年中国中一直是现实，是否存在着大批这样的书写？

在中国，关于古今"文学"概念的不同，我们不必从头说起，一个不言自明的事实是：古代中国对文学的看法，与现代人对文学的看法有着很大的距离。这种认识差异的突变，在很大程度上归因于 19 世纪 20 世纪之交中国对西方文化、观念的接受。现代意义上的"文学"，尽管此词并非新造的，长期以来为人所熟知，但它的内涵却实际是从西方引入移植而来的，其内涵外延在很大程度上取自西方。② 曾毅在 1929 年修订《中国文学史》时说："但至今日，欧美文学之稗贩甚盛，颇掇拾其说，以为我文学之准的，谓诗歌曲剧小说为纯文学，此又今古形势之迥异者

---

① 谢泳：《杂书过眼录·自序》，《杂书过眼录》，中国工人出版社 2004 年版，第 2 页。谢泳还注意到了这种书话笔记式的研究方式与传统的学术研究体例的血缘关系，他还说："我还有一个私心，就是对于以往的学术工作，我们不能忘记，我写这册读书札记，也是想表达对前辈学者的敬意。"

② "文学"一词，尽管是中国土生土长的，为国人固有，但是处于近代西学大举东渐以来的时代的学者，他们在对待"文学"一词，自然已经沾染上了西方近代的文学观念含义。当时很多的中土词汇纷纷被赋予新的意义了，正如时人概叹的："近日少年习气，每喜于文字间袭用外国名词谚语，如团体、国魂、膨胀、舞台、代表等字，固欠雅驯。即牺牲、社会、影响、机关、组织、冲突、运动等字，虽皆中国所习见，而取义中国旧解迥然不同，迂曲难晓。又如报告、困难、配当、观念等字虽可解，然并非必需此字。"（见舒新城编：《中国近代教育史资料》上册，人民教育出版社 1980 年版，第 205 页）

也。"[1] 日本长泽规矩就曾说过："文学、文艺二词，本为中国所固有，并非起于西洋文化输入之后"，而且他还接着指出："文学、文艺二词，……自从作为英文 Literature 的译语后，概念益觉含混。"[2]

于是，由西方文学概念来命名中国的"文学"事实，是 20 世纪文学研究的通行做法，并逐渐深入人心，西方的现代文学观念成为 20 世纪中国人看待传统、现代和当下正在进行的文学创作标准。通过文学史写作和新式的文学教育逐渐确立了本源自西方的文学观念，为"五四"之后现代中国接受并渐次成为一种自觉的要求。然后接下来，这种文学观念去规约、指导现实中的文学创作，成为所有作家自觉遵守的规则，也是所有学者用以衡量的标尺。这样，"五四"之后才真正确立的、历史并不久远的文学观念，竟然真的成了仿佛从来如此的无可置疑的原则。正如戴燕认为的："在现代的文艺思想和现代的教育制度双重影响下，'文学'的面目愈来愈远离传统，向欧美的近代文学观念和学科体制靠近，而身处这一个时代的文学史作者，也不由地就此转变了他们对于中国文学史面貌的勾勒和判断。他们慢慢地终于意识到，如果'文学'在今天意味着的就是西方人所说的那种文学，那么只有按照今天的这个标准去衡量、选择历史，才能看清并描写出真正属于今天的中国文学史，他们在那个时代盛行的比较文学研究中也同时看到，西方人对其文学史的描述，值得仿效和参考，而正是在西方文学史的坐标下面，他们不但重读了文学史上的诗、词、文，又发现了从未被注意的小说、戏曲，此后近百年的中国文学史所要反复描写和讨论的，就将是这些内容。经过 20 世纪最初的二三十年的讨论，'文学'的答案，就这样在西方文艺思潮涌入之际，经过一度小小的混乱，渐趋明朗了。在这个过程中，从事中国文学史写作的人们，也完成了他们由旧向新的文学观念的转变，把立场从中国古人那里撤

---

[1] 曾毅：《订正中国文学史》，上海泰东书局 1930 年版，第 20 页。这在当时的文人学者来讲，以西方的概念来剪裁衡量中国的材料，具有普遍性。比如冯友兰在编写《中国哲学史》时曾坦言："哲学本一西洋名词。今欲讲中国哲学史，其主要工作之一，即就中国历史上各种学问中，将其可以西洋所谓哲学名之者，选出而叙述之。"（冯友兰：《中国哲学史·绪论》，中华书局 1961 年版，第 7 页）

[2] ［日］长泽规矩也：《中国学术文艺史》，胡锡年译，世界书局 1943 年版，第 11 页。

出来，悄悄挪到了近代西方的文学理念这一边。"①

这种分类对于叙述文学的历史，描述文学观念的变迁，都是颇为方便的。而且文学史多把文学的发展简化成一个文学概念由广到狭、由杂到纯的"进化"过程。这一描述之所以占据主流，几乎为颠扑不破的准则，根本上这种描述正好与进化论的学说相适应。近代胡云翼曾在《新著中国文学史》中对广义的文学有一番议论。他认为：广义的文学概念，是由于古人学术文化分类不清的原因，而这种观念于现代已经远远不适合了，而"专指诉之于情绪而能起美感的作品"，才是"现代的进化的正确的文学观念"。② 这种颇具代表性的观念在"五四"及其后的整个20世纪的文学研究中占据着绝对的权威。

从早期的文学史论著和文学理论论著中我们可以看出，20世纪之初，西方文学理论观念和中国传统文学理论之间的明显抵牾。这说明，当时人们对文学的概念依然延续着传统文学认识的惯性，无法真正地运用西方理论去套中国的文学概念。比如20世纪初的早期文学史写作的实践者曾毅、谢无量等对文学的界说和认识，都"几乎习惯性地就接上了从《文心雕龙》《艺概》和章炳麟那里一线贯穿下来的思路，这条思路与他们当时接触到的西方理论大相径庭，对'文学'的分类也完全不在一个逻辑层面上，当他们想将两个系统里的内容对接或置换，就感到处处抵牾。"③ 如胡怀琛曾慨叹："中国文学，体裁之多，名称之杂，为他国所未有。曰歌，曰谣，在古者体例各别；曰文，曰笔，至今日界限难分；或名存而实亡；或名同而实异；……参差糅杂，至于极端。"④ 这是胡怀琛在运用西方概念比照中国文学

① 戴燕：《文学史的权力》，北京大学出版社2002年版，第11页。
② 胡云翼：《新著中国文学史》，北新书局1932年版，第5页。
③ 戴燕：《文学史的权力》，北京大学出版社2002年版，第29页。
④ 胡怀琛：《中国文学史略·序》，上海梁溪图书馆1924年版，第6页。相似的，方孝岳在《我之改良文学观》中对比中国文学与西方文学观念的差异时说："（一）中国文学主知见，欧洲文学主情感。曾国藩分文学为三门：曰著述，曰告语，曰记载，著述固纯以学为主，而告语记载，亦皆为知见之表示，其所以谓美者，以西洋文学眼光观之，不过文法家、修辞学家所精能耳。小说戏曲，固主情感，然在中国文学史中不据主要位置。（二）中国文学界广，欧洲文学界狭。自昭明搜集文艺，别类至繁，下及曾国藩吴汝纶，遂以经史百家列入文学。近人章炳麟于有字之外，且加以无字之文。是文体不一，个集其类，乃我国所特具者。欧洲文学史皆小说戏曲之史，其他论著书疏一切应用之作，皆不闲入。……"

时感到惶惑和棘手。

这说明近人并非没有意识到中国文学发展过程中的特殊性，与西方文学的概念认识、历史脉络并不相同。所以完全运用西方的文学理论去涵盖中国文学，无疑是削足适履。蒋鉴璋早就明确指出："夫西洋文学，小说诗歌戏剧三者，乃其最大主干，故其成就者为独多。我国则诗学成就，亦足自豪。而小说戏剧，诚有难言。近数年来，以受西洋思潮，始认小说戏剧为文学，前此而直视为猥丛之斜道耳。亦何有于文学之正宗乎？今虽此等谬见，渐即捐除。然而中国文学，范围较广。历史之沿革如此，社会之倾向如此，若必以为如西洋所指之纯文学，方足称为文学，外此则尽摈弃之，是又不可。"[1] 蒋氏此时已经认识到，中国文学的特殊性。在中国传统文学中，范围很广，绝非仅仅是诗歌、小说、戏剧等能包括的，古之经史子集等都有文学研究的对象在。

既然传统文学的范围广，有自己的特点。现在的文学观念是西方近代以来文学观念来的。那么，余下的问题是，现代"文学"观念确立之后，20世纪百年中国，其中的著述是否仅仅存在现代"文学"观念之内的体裁的写作，而传统文学真的绝迹了吗？如果还存在的话，那么这些传统文类在现代中国以何种方式、面目出现的？而现代的文学研究界又是如何对待这些传统文学形态在现代的存在的？

其实在中国古代文学的研究和文学史的叙述中，研究者往往意识到了中西方文学概念的差异与冲突，他们多多少尽力去试图兼顾二者的不同，所以叙述中往往有文类杂糅的现象出现。但他们毕竟认识到了中国文学不同于西方文学的特点。

但遗憾的是，现代文学研究者在文学研究和文学史的著述中却竟然完全用西方的文学观念，亦即被作为现代的科学的文学观念去剪裁论述的对象。对于不符合现代"文学"观念的文类则完全抛却，弃之不顾。从1949年以前的新文学史书写到80年代以来新时期的现代文学史著及文学研究依然存在着盲区，受限于五四以来的既定的看似理所当然的文学概念所划

---

① 蒋鉴璋：《文学范围略论》，《文学论集》，中国文化服务社1936年版，第60—61页。

定的研究范围，这种画地为牢的现象，对于危机丛生的现代文学研究绝非福音。

直到如今，既定的现当代文学研究、文学史著述的对象，都被紧紧锁定在小说、诗歌、戏剧、散文（主要是抒情性的"美文"）范围内，从不越雷池一步。四种以外，几乎都不作为文学研究的对象。这种狭隘的文学观，实际上摒弃了很多有价值、有中国特色的东西。比如，在中国现代文学研究者看来，叶灵凤提供给文学史的就是小说创作。实际上叶氏中后期所写的大量书话作品，则更为地道、老辣，在韵味风格上都具有传统文学的气息。黄裳的散文书话写作在文学史上的尴尬地位，也是一个显著的例子。笔者由此想追问的是：五四以来曾经有过的那些创作和依然存在这些著述，真的就不是"文学"么？真的就能按照新式的西化的"文学"标准，能分得一清二楚么？现代"文学"的边缘真的就如现代文学史描述得那样清晰分明，剪裁得那样齐齐整整？

比如说，现代散文直到目前为止，仍然是一个混沌不清的话题。有学者提出："文学散文也落入了现代文学史的夹缝之中，就因为它们似乎不能与新文学的需求有什么明显的关系。尽管各种各样的专家和作家都很重视这种文学样式，而且很多时候，它也至少与其他文体一样流行。然而文学散文由于并未决然脱离传统，所以它一直未能占据现代中国文类的领导地位。"[1]朱自清曾说："散文的意思不止一个。对骈文说，是不用对偶的单笔，所谓散行的文字。唐以来的'古文'便是这东西。这是文言里的区别，我们现在不大用得着。对韵文说，散文无韵；这里所谓散文，比前一义所包广大，虽也是文言里旧有的分别，但白话文里也可采用。这都是从形式上分别。还有与诗相对的散文，不拘文言白话，与其说是形式不一样，不如

---

① Charles A. Laughlin, Wenzhang zuo fa:Essay Writing as Education in 1930s China.《比较视野中的传统与现代》，孙康宜、孟华主编，北京大学出版社 2007 年版，第 205 页。原文是：Similarly, the literary essay falls between the cracks of modern literary history for not satisfying in any obvious way the declared needs of new literature. Though taken very seriously by specialists and writers of all kinds，and at many times at least as popular as any other genre ，but not radically breaking with tradition，the essay continually failed to claim a leading role as a modern Chinese literary genre.

说是内容不一样……按诗与散文的分法，新文学里小说、戏剧（除掉少数诗剧和少数句中的韵文外）、'散文'，都是散文。——论文、宣言等不用说也是散文，但通常不算在文学内——这里得说明那引号里的散文。那是与诗、小说、戏剧并举，而为新文学的一个独立部门的东西，或称白话散文，或称抒情文，或称小品文。"[①] 朱自清不厌其烦地列举与对比，恰恰反映了他（及他人）对散文界分时候的困惑与苦恼，也表明了散文本身的混沌、模糊与开放。尽管说他最后说散文"那是与诗、小说、戏剧并举，而为新文学的一个独立部门的东西"，并列举了几个其他的命名："或称白话散文，或称抒情文，或称小品文"。可是，如果我们细心地分析就会发现，"白话散文"、"抒情文"、"小品文"三个命名与"散文"，这四个概念之间并不等同，无论是内涵还是外延都不完全重合，但是朱自清依然将这四个概念列举出来，大而化之地混同为一了。其实恐怕在朱自清潜意识中，对自己的划分也并不确定，可能在举出的时候，更多的是将这三个概念不作等同看待，而是相互补充，以弥补自己界说上混沌的缺憾，如此理解更为全面和准确些，所以他说了个前提："对韵文说，散文无韵；这里所谓散文，比前一义所包广大，虽也是文言里旧有的分别，但白话文里也可采用。"然而，后来的文学研究者对散文的认知，却将散文直接等同于"抒情文"、"小品文"。而忽略了朱自清对三者相互补充的用意了。最终狭隘到了只有抒情的"散文"——"抒情文"。事实上，有学者说的可能更为中肯："散文这一概念，就像最初泛指所有无韵的文章一样，实际上包括了许多边缘性的品种和较为纯粹的品种。"[②] 近现代以来的百年文学中确实存在着很多无法归类的边缘性的写作样式，十分丰富，形式多样。现代文学家们对散文的概念还是持开放态度。李广田曾在论及鲁迅杂文时说："杂文是散文的一种。一般说来，散文可分为两大类：第一类就是所谓'散文'，也可以说是本位的散文；第二类也就是非本位的散文，其中有近于小说的，有近于诗的，也

---

① 朱自清：《什么是散文》，《中国现代散文理论》，俞元桂主编，广西人民出版社 1984 年版，第 120 页。

② 傅道彬、于茀：《什么是文学》，北京大学出版社 2002 年版，第 248 页。

有近于说理的，近于说理的这一种，与其他散文的内容不同，形式也不同，这就是我们所说的杂文。"① 李广田的话提示我们，除了侧重于抒情性的本位散文外，还有多种形式的散文，杂文即是一例。在这些非本位的散文中，除了杂文，还有很多种表现形式。那么，书话除了纯粹版本考索的以外，都可以归入李氏所谓的"非本位散文"中。

　　鲁迅、周作人的散文（包括鲁迅的杂文、周作人的书话），朱自清的散文等，都是在传统的基础上对传统进行很好的整合和开拓，形成了一定独创性的文体模式。更为重要的是，他们的这些写作昭示了现代散文本应有多样、多元、多向的发展路向。然而可惜的是，1949 年以后，"散文"的概念认知就狭隘化了，过分单一地强调抒情、叙事，导致了概念上的偏狭。正如有学者认为的："建国以后，有意识地建立散文体裁模式的倾向更为明显，如魏巍、刘白羽、秦牧、杨朔等人，散文创作一度繁荣，基本上建构了以叙事、抒情为主的所谓叙事散文和抒情散文。在这种建构中，散文一方面几乎有了自己的文体模式，另一方面也有走向僵化的危险。"② 其实更准确地说，不是散文本身走向僵化，而是对散文概念的认识走向偏狭，因为事实上如果我们整体看 1949 年以后五十多年间的散文，其创作实践本身一直是丰富的，并非是单一的。单一化的只是文学史给我们的表象，是文学研究者和文学理论家们造成的假象而已！事实上在所谓一般意义上的叙事散文和抒情散文以外，有着多样的写作实践，也出现了一般社会公认的名家名作。唐弢、黄裳、邓云乡、钟叔河、姜德明等，以及孙犁的晚期写作，这些人的写作往往都不是一般意义上的所谓抒情、叙事散文可以容纳得了的，但确实都是耐人咀嚼的上等小品随笔杂述，为人称道爱读。这些创作，仅仅从书话一路来看，就有颇为壮观了，更不要说其他方面的散文写作了。当然，对于散文而言，叙事、抒情之外，远非仅有书话一脉。事实上，还有大量的文人笔记杂述、回忆等诸多形式的散文流向。如将丰子恺的禅机的哲思文章，郑逸梅记录艺林文坛的笔记杂述，张中行回忆老派

---

① 李广田：《鲁迅的杂文》，《文艺复兴》第 2 卷第 3 期，1946 年 10 月。

② 傅道彬、于茀：《什么是文学》，北京大学出版社 2002 年版，第 251—252 页。

文人形迹的"琐话"等算上的话，就更是不计其数了。然而这些都很难反映在文学史论著中，难以进入既有所谓现代文学研究者的法眼，也很难进入正宗权威的文学研究体系。唯有余秋雨的所谓"大散文"被文学史列为专章予以论述和表彰。且不论余秋雨散文的文学价值到底如何，也不谈余秋雨进入文学史的诸多复杂因素，如果单以其散文写作入史的意义来讲，那么他入史的最大意义可能更在于提醒研究者，当代的散文其实还有很多种路数、式样。然而最让人疑惑的是：既然余氏的文章能入文学史，那么其他的散文路数为什么就不能接纳呢？这里，余秋雨散文入史这件事本来应有的对文学史既定规范、理念的颠覆作用，完全没有起到。这是很可遗憾的。

为什么人们至今仍然最认同的还是抒情、叙事为主的散文？因为人们对散文的概念，有一个先入为主的误解，以为叙事和抒情是散文的规定本质之一。我们认为，散文除了一般的题材、结构、语言的要求外，其表达方法有一个重要的特点是，不拘一格，当然更不能拘泥于叙事、抒情了。也就是说可以有叙事，可以有抒情，也可以二者交融，但也可以没有叙事、没有抒情。换言之，叙事抒情绝不是散文之为散文的必备的要素。吴调公就曾意识到"纯文学"观念的局限性，提出要"打破对'纯文学'的狭隘理解。"他认为，其实在文学中混合着很多兼具文艺性和非文艺性因素的作品，"混合着文艺性和非文艺性因素的作品，或者是兼跨着文艺性和非文艺性两个领域的文章，在诗歌、小说、戏剧中大概是没有的，但在散文中却相当多。如果一个评论家硬是要'深闭固拒'，拿小说、戏剧中的形象标准来区分文学和非文学的界限，那么他就势必要把许多优秀的文学作品，扔在'文学'的大门之外。"① 丁帆对当下散文文体的狭隘的认知曾有质疑："散文文体的边界是随着时代的变化而不断变化的，近年来许许多多的学术散文为什么开始受到青睐……像广州的《随笔》和近年来《读书》上发表的许多具有审美阅读性的文章，你能说它们不属于散文吗？我以为，即使是在商品化的阅读时代，有深度思想和审美效应的学术随笔仍然能够获得它

---

① 吴调公：《文学分类的基本知识》，长江文艺出版社 1959 年版，第 8 页。

固定的阅读群体。"① 他对散文边界的扩大的包容与肯定，有助于打破僵化的散文文体认识现状，让散文回到散文本来面目。如果说丁帆是从散文创作的现状和实践出发来质疑文体的狭隘认知的话，陈平原则从文学史的角度指出："中国散文的一大特性：兼及文与学、骈与散、审美与实用。……五四新文化人当初引进'纯文学'与'杂文学'这一对概念，在瓦解'文以载道'传统以及提倡'美文'方面，曾发挥很大作用。但是，这一论述思路，过分依赖某一时期西洋流行的'文学概论'，并将其绝对化、本质化，相对漠视了中国文章的特性及演进的历史。"② 其实，也正是漠视与狭隘观念，长期以来，使得书话这样一类文学写作都被摒弃于现当代文学的研究之外。这种研究现状必须打破，文体画地为牢的狭隘观念亟待解决。

二、书话的二重性特征

（一）文学与文化内涵

作为一种创作现象，书话具有文体意义与文化功能的双重属性。书话由于向散文化、审美化倾斜和转化，使其足以作为一种文体而自立，成为作家经营和读者喜爱的文学性体裁，显示出较为独立的文体属性。同时，与其他文学体裁不同的是，书话有着更丰富的文化功能。

1. 书话的文学属性

首先要明确的是，如果我们对散文的定义依然认为是"除去小说诗歌戏剧之外，都是散文"③ 的话，那么毫无疑问，书话应该归属于散文这一大类中，属于散文文体的亚类型。20 世纪 30 年代，散文文体"一时风行"，朱自清在给散文分类时就认为："这种散文的趋向，据我看，一是幽默，一是游记、自传、读书记。"④ 其实朱氏所说的读书记，大致类似于本书所谈

---

① 丁帆等：《高尔泰达到了散文的顶峰?》，何晶等采写，《羊城晚报》2013 年 6 月 17 日。
② 陈平原：《古典散文的现代阐释》，《中山大学学报》2004 年第 6 期。
③ 叶圣陶：《关于散文写作》，《中国现代散文理论》，俞元桂主编，广西人民出版社 1984 年版，第 156 页。
④ 朱自清：《什么是散文》，《中国现代散文理论》，俞元桂主编，广西人民出版社 1984 年版，第 121 页。

的现代书话。朱自清虽然将"读书记"归入散文大类中，但他之所以把读书记与其他文类并列提出，说明他已经意识到了读书记不同于其他散文体的独特之处。正因为此，朱氏接着就特别指出了周作人在读书记体创造中的贡献。相对于其他的文类，散文是边缘性文体，而书话又处在边缘性文体散文的边缘地位。这一地位使书话永远无法成为文体的正宗，无法拥有正统的权势。另一方面，双重的边缘性地位也给书话带来更多独特的东西：不仅使书话具有了散文的审美因子，也给书话创作带来更大的自由空间。这样它反抗文体规则的趋势也愈加强烈（远比散文强大）。它不断地在各种文类形式之间游弋、尝试，一边给创作者自由挥洒，一边让理论者无所适从。

书话是一种文学创作。书话具有散文化、小品化的审美特质。现代书话的创作主要是运用形象思维。这种审美特质和形象思维的运用外化表现为书话的语言特色。书话的语言具有散文化、平实性和抒情性等特点。如前所述，书话广义上属于散文的亚类型，散文化的特点明显，如周作人的书话多取精到凝练的短句。这种句子特色与其对晚明小品的推崇及清儒笔记的汲取有关。书话语言的平实性表现在书话中对旧闻故实的娓娓叙述，平淡自然却内蕴悠长。因文化人与书的血肉联系，得书的狂喜失书的痛心使得书话时时显出抒情特质。

2. 书话的文化功能

书话不仅是文学创作的一种，作为五四文学发展的一部分而存在，而且它与小说等文体形式不同的是，书话本身不是一般意义上的纯文学形式，其形式和内容包含了诸多对既定文体成规的颠覆性的因素。书话是一种极重要的文化载体，从中可以窥见文学观念的发展演变，文化的交汇与撞击、文人心态的复杂矛盾性等仅仅从"纯文学"本身难以发现的文化因子，这是书话的文化功能的重要体现。

这首先表现在书话的史料性、纪实性上。在现代书话中，关于过去文坛事件、文化现象等记录与评价占有相当多的部分。书话作者大多是亲历、亲睹或亲闻这些历史场景、人物面影的文坛中人。所以书话就成为呈现历史旧迹的珍贵资料，一篇书话本身就成为一段历史。而那些谈论旧籍故书的书话，谈及书籍的写作出版流传、散佚、搜集等过程，就折射出时代的沧桑。

其次，书话具有文化传播的重要功能。书话，简言之即"话书"，一种谈论书的文体形式。这一文体的写作既不能肆意抒情亦无法随意虚构故事，而是有所本的，其所本即所话之"书"。书话所话之"书"，多为社会、哲学或文学历史等著作。这些著作有新的/当时的、旧的/传统的或中国的、外来的，如林纾谈西书的例言序跋、郑振铎旅欧期间热心中国传统旧籍的搜集阅览而留下的日记①，叶灵凤谈论西洋书的《读书随笔》等等。这些书本身包蕴着或折射出社会思潮、哲学观念、文学思想等方面的变迁。书话必然要涉及所话之书的内容及对书的评介，自然体现书话功用的，最显豁的就是对书籍的评价与介绍，于是对书籍内容（包括科学、哲学、思想观念、文学思潮等等）的介绍与引入就相伴而生。由此可见，以谈书为主要内容的书话实际上是在现代出版中活跃于文化传播前沿的重要文体。它的写作、发表与出版实际上参与了知识、文化的选择、传播与再创造，对于文学新思潮、文学新观念的产生起到了莫大的催生作用。

近代以来，西学东渐之风日盛，西书亦逐渐进入了少数先觉者阅读的视野，而大多数的知识分子接触、了解这些西洋书籍，最初还是通过少数先觉者谈论西书的书话文字，进而阅读西书，开始接受西学/新学。如林纾的书话，多是他在翻译小说之后写下的引言、叙略、译余剩语。通过林氏的书话却是"可以非常亲切直观地体现到上一个世纪之交中外文学（思想）的沟通方式"②

探究五四前后中西文学交汇、新旧思潮碰撞的状况，从当时知识分子的读书入手是一难得的途径。正如有学者所言："读书人之心性抱负、学术途径及知识来源，大抵不离其经眼之书。"③书话则又恰在最大程度上呈现

---

① 参郑振铎：《旅欧日记》，上海良友图书印刷公司1934年版。
② 吴俊：《林琴南书话·叙略》，《林琴南书话》，浙江人民出版社1999年版，第4页。
③ 绿林书房：《梁启超书话·叙略》，《梁启超书话》，浙江人民出版社1998年版，第2页。

了当时读书人对书籍的选择阅读与接受，这种阅读与选择实际上表征了他们对文化思潮观念的选择、接受和阐扬的立场与心态。同时，更值得关注的是，这种书话记录的读书人对社会文化（文学）思想观念的选择更是当时整个社会知识界对新学／西学接受与传播的折射。如梁启超的书话文字中不仅有谈论中国传统古籍、史部的文字，还有阅读西洋尤其是东洋（日本）的新学书籍的感言、生发的议论。例如《〈西政丛书〉叙》《译印政治小说序》《读〈日本书目志〉书后》等；更有对实学书目的谈论和研究，像《治具与治道》《〈西书提要·农学〉总序》等等。从中我们可以窥见清末避虚归实的论学之风的转变，看到康梁之时鼓吹新学务实的读书之风的转向。而其中更包含了戊戌维新后中国读书界、知识界引入新知西学变革时政、开启民智变法图存的努力。梁氏的书话不仅展现了博识多闻，更重要的是其中的识见发人深思。尤其是论述中学、西学之争问题上的看似调和，实则涉及文化归属的重大问题，发人深省①。在本书中所指的书话的文化功能就是基于此意义上提出的。

（二）文人之学与学人之文

当下越来越多的学者开始慨叹当今在中国"文"与"学"的严格界分，老死不相往来。因为惋惜当下的分途，而感慨"五四"时期文人与学者、创作与研究的相合。确实，在那个时期，很多作家从事研究，而很多学者也常常兼事创作。鲁迅、胡适、周作人、郑振铎、朱自清、俞平伯、郭沫若等等，五四的所有大家们几乎无不如此。而新中国成立后，文、学真正地分开了，好像作家从来不涉及研究，甚至很不屑于"寻章摘句"，学者也很少有创作。作家与学者各占一地盘，互不相涉。这是就整体而言，似乎颇有道理，但有仔细剖析考察的必要。任何一个整体的判断都会导致对特异的个体的淹没和抹煞。

单从概念上看，一直以来中国文人与学者都有较为明确的划分。文人就是古之谓"词章家"，即从事文学创作的人。曹丕的《典论·论文》中把

---

① 参梁启超：《梁启超书话》，绿林书房编，浙江人民出版社1998年版。

从事文学创作的"建安七子"称作文人。如以学者自视的清初朴学家顾炎武尝言："《宋史》言刘忠肃每戒弟子曰：'士当以器识为先。一命为文人，无足观矣。'"[①]后来的钱钟书也曾指出："在事实上，文人一个名词的应用只限于诗歌、散文、小说、戏曲之类的作者，……社会科学与自然科学等专家是不能以文人自居的。"[②]在中国传统的正史中文人和儒者／学者也分入"文苑传"与"儒林传"，有着严格的区别。尽管二者在人们的观念里，似乎是有泾渭分明的界分，事实表现在传统中国文人和学者的身上时，却绝非如此，根本无法做一刀切的划分。历代大多数文人知识分子往往是一身二任，既事创作又兼述学。儒者往往都留下文人的性灵笔墨，尽管他们在很多时候不愿意承认，偏言其志不在此，而文人也常常兼涉述学。远的如司马迁等且不谈，就连曾"立志不堕于文人"的顾炎武[③]何尝没有文学性的文字，其《日知录》本身就是兼具学术和文学的写作。对文人与学者做严格区别，并颇不屑与文人为伍的钱钟书[④]，早年是以《围城》一书而名重一时的，后来虽转入学术，却并未真的与创作绝缘，钱钟书《谈艺录》等著述中的很多篇章，其实都是艺术性的随笔，可作文学作品来读。这种现象具有普遍性。中国历史告诉我们，在更多时候，即使是自命以学术为业的儒者，不屑于文人为伍的学者，他们仍难免兼涉创作，他们身上仍少不了带有文人所具有的气息趣味来。甚至，在很多情况下，他们留下的文字本身都是兼具文学和学术性质。本书所述及的书话其实就是这种写作的典型代表，也就是说书话本身就是文人之学和学者之文的混合体。

在更多时候混为一体的文人和学者，就像两个相交的圆一样，中间有一个面积很大的重合部分。那么处在这个相交部分的文人／学者就体现出共同的内在规定性，亦即表现出来大致相同的精神、气质、行为特点。

① 顾炎武：《与人书十八》，《亭林文集》卷四。
② 钱钟书：《论文人》，《写在人生边上·人生边上的边上·石语》，三联书店 2002 年版。
③ 在我看来，顾炎武对文人的痛心疾首主要是基于对明亡的反思，他把明亡的原因归咎于晚明文人的无行。这种出于政治义愤的观点，自然失之偏颇。事实上，这是顾亭林的误解，因果似乎应该颠倒过来，正是明朝将亡，才出现晚明的人欲解放的人文思潮。
④ 参王春瑜：《学者与文人》，《社会科学辑刊》1999 年第 2 期。

五四之后的中国，西式的教育体制和学术体制已经建立了。很多学者已经有意识地自觉从事创作或研究著述，而且在写作前都有相对清晰的自觉意识。典型的如胡适和鲁迅等。比如胡适，他将自己的《尝试集》和自己的白话文学史的研究区分得非常清楚。在写作《尝试集》的时候，他的身份是诗人，而当进行白话文学的研究、红楼梦的研究的时候，他按照学者的身份要求自己。大多数的知识分子还是在学者和文人的角色间不断地转换和变迁的。在现代文学三十年间，知识分子在文人学者间的身份变迁，大致有两种表现。

一类是区分型的，即在同一个人那里，他对学者和文人的身份有着清醒的认识，在著述中，能够根据不同的需要，写作出不同的文字。也就是说在创作时，他能够自觉地进行文学的创造，而在研究时，他能够按照现代学术的体例，进入研究的状态。比如胡适、鲁迅等人。鲁迅在进行小说创作、杂文创作的时候，是一个炽烈的作家，进行现代意义上的文学创作；而当他进行汉文学史纲要、中国小说史略研究的时候，则是冷静严谨的学术著述。郭沫若、冯沅君、苏雪林、沈从文等无不如此。当然，这一类人分为两种情况，一种是在同时期一身二任，如鲁迅；一种是前后不同时期有着不同的身份，如冯沅君，开始以创作闻名文坛，而后来则专事古典文学研究，不再涉及创作。

一类是混合型的。也就是说，某个作家/学者在著述写作的时候，并没有自觉的作家或学人的身份意识，也并没有先入为主地将自己的写作限制于或创作或研究的既成体例中，所成的文章，往往兼具创作和研究、同时具有文与学的双重性质。如周作人、阿英、郑振铎、曹聚仁等等，他们的写作除小说诗歌（有的几乎没有写过小说或诗歌）之外，更多的都是兼具文学与研究的双重功能。这些文字往往既有情感也有理智，既有知识也不乏情趣，同时具有"文"与"学"的性质。这一类作家所写的"文"、"学"兼及的文字，相当一部分就是书话。我们发现，这种混合型的，并不将学术与创作做严格区分的作家，往往是书话家。

新中国成立后，进入当代，现代学科体制的严格建立，统一的管理体制建立，知识分子被纳入体制所规定的不同岗位上，被高度地体制化。而不同的岗位有着不同的评价机制、评价考量标准。具体而言，作家被纳入各级文联作协，按照作家的不同级别领取相应的工资津贴；学者进入科研院所、高校，根据不同的职称级别获得相应的薪水。而前者评定级别的标准是看创作的多少，后者的标准在于发表的学术论文。这种体制无疑大大地强化了文人与学者进一步地分道扬镳。于是，"文"与"学"的彻底分途是在新中国成立后才实现的。大致看起来，在当代中国的文坛上，都是纯而又纯的两类人：作家与学者。作家从来不涉足研究，学者也极少创作。

但是事实上，新中国成立后真的就没有兼具文人与学者一身二任者了么？其实并非如此。除了极少数几个既从事研究也写些小说散文的作家外，还有一串名单不容忽视。比如张中行、邓云乡、金性尧、金克木、谢兴尧、唐弢、黄裳、姜德明……这一长串的名单，构成了新中国成立后一道特殊的文坛风景。首先他们的身份一般很特殊，大都既非学院的学者，又非一般意义上的作家，其次他们的写作也很特殊，都不是小说、戏剧、诗歌，就连一般意义上的散文也都不会将他们作为标准，所以他们的写作往往极杂，很难归类。其实这两点的特殊之处，恰恰说明他们的混合身份，既非"学者"又非"作家"，而另一方面既是作家又是学者。他们的文章也是兼具情趣、韵味与知识、文化的多重因素和成分。

我们将民国年间和当代混合型的文人学者的名单连接在一起，就会看到这样一大串的名字：周作人、阿英、郑振铎、曹聚仁、张中行、邓云乡、金性尧、金克木、谢兴尧、唐弢、黄裳、姜德明等等。于是，我们会惊奇地发现，其实这些人中，大都是书话家，他们的写作更多的是与书有关，他们写作中相当的一部分文字是书话。我们一直在说，这些人其实就兼具了文人学者的双重的身份，其文字也是兼具"文"、"学"的双重性质。而他们的写作大部分是书话，有的主要就是以书话家而闻名的。那么，这就显露了一个颇有意味的话题：书话这种文体，它本身就是兼有"文"与"学"，是颇有代表性的文人之学和学人之文。

作为文人之学与学人之文的书话，兼具"文"、"学"的双重特性。他们的书话，其实在一定意义上是向传统的文、学合一的著述方式回归，是对五四之后文、学分途的警醒、补充和反拨①。正因为其写作主体，文人与学者的一身二任，书话本身的文、学兼具，所以，也可以对书话作为一个对象和研究角度去考察。第一，因为其"文"的一方面，将其作为研究对象，观其文学性的特点。第二，基于其"学"的性质，将其作为角度，通过书话考察探究现当代文学中的诸种面相。

---

① 参赵普光：《游走在"文"与"学"之间》，《南京社会科学》2013 年第 7 期。

第二章
书话与现代中国文学批评的民族化

> 人类的最初创建者都致力于感性主题，他们用这种主题把个体和物种的可以说是具体的特征，属性或关系结合在一起，从而创造出它们的诗性的类。
>
> ——G. 维柯

晚清以降，随着东渐的西学大潮带来的"科学"观念与清儒的实证考据理路不谋而合，使得 20 世纪初的新旧文化人能够迅速地抛弃印象式的批评传统，而转向了"文学之科学的研究"①。印象式批评在"五四"及此后的百年时间渐至淡出。学界普遍认为从王国维第一个采用西方化的论文方式来批评《红楼梦》开始，传统的文学批评似乎就已经终结，而取而代之占据统治地位的是源自西方的科学化的批评方式。

然而，传统的文学批评方式真的彻底消失了吗？事实上，随着科学化的批评观的风行，传统印象式批评以另外的形式出现，那么书话就是这种形式的一个重要的体现。从文学批评功能上讲，书话具有一定的批评功能，发挥着文学批评的作用，所以也是一种文学批评文体。我们知道："批评文体"是"体现在批评文本中的批评家的话语方式。"② 书话代表的这种批评显示出与学院派以批评为业的职业化批评风格迥异的文化背景和思维特征。他们是站在作家、文人的立场去批评文本的，批评方式是感性的印象式的，

---

① 郑振铎：《研究中国文学的新途径》，《郑振铎全集》第 5 卷，花山文艺出版社 1998 年版，第 285 页。

② 蒋原伦、潘凯雄：《历史描述与逻辑演绎：文学批评文体论》，云南人民出版社 1994 年版，第 6 页。

思维是体悟型的。正是在这个意义上说，书话批评在一定程度上昭示了新文学批评的民族化路向。

第一节 常与变之间：书话与传统文学批评

中国传统文学批评文体从诗话（词话、曲话、文话）再到评点的演进①，大致经历了从对话体到笔记体例的演化。晚清以降，近现代出版印刷技术的飞速发展与繁盛，使长篇的文学作品（主要是叙事性强的小说戏曲）、大部头的论著、传统文学形式得以成集成书出版。由于这些书籍形式的大量出现与传播，这就要求有一种相应的独立于论著作品之外的批评出现。而依附于作品的诗话、评点等方式似乎已经满足不了这种要求了②。既然评点、诗词话等不适应现代论著与作品等书籍的批评形式，那么就需要新的批评方式出现。这种批评不仅要能独立于作品书籍以外，并且还得适合中国传统思维、阅读的习惯。但是科学化、理论化的学术论文和论著，在独立于作品之外的同时，并不能完全满足这种要求。于是，书话作为一种新的批评方式，就应运而生。

一、从诗（词、曲）话到书话

作为传统批评的诗话、词话、曲话③，它们都具有一个共同的核心词

---

① 详参自清《诗文评的发展》，《朱自清全集》第 3 卷，江苏教育出版社 1996 年版。

② 辛小征、靳大成：《中国 20 世纪文艺学学术史》第二部上册，上海文艺出版社 2001 年版，第 77 页。

③ 诗话、词话外，还有文话等。文话与诗话、词话一起，是中国古代文学批评的重要著作体裁，历来为研究者所重视。随笔体的诗话、词话和文话，均起源于宋代。按照王水照的说法，欧阳修《六一诗话》为诗话之鼻祖，而第一部词话则为杨绘写于元丰初的《时贤本事曲子集》，第一部文话著作是陈骙《文则》。此后历元明清几代，这几种批评文体都得以发扬光大，而所集典籍更是洋洋大观，所以各种丛编也相继产生了。诗话方面有清何文焕《历代诗话》、丁福保《历代诗话续编》《清诗话》，近人郭绍虞辑《清诗话续编》，词话方面则有唐圭璋《词话丛编》。当代学者王水照编辑《历代文话》（复旦大学出版社 2007 年版）。这些批评文体，历来多属于随笔体、说部性质，"以其形式自由、笔致轻松而为作者们所喜爱采用。"（参王水照：《文话：古代文学批评的重要学术资源》，《四川大学学报》2005 年第4期）

"话"，这是颇有意味的。作为传统批评方式的"话"，是有宋以来中国文学批评中最为突出的一种形式。关于（诗）"话"的渊源，《四库全书总目提要》曾对此有所论及：

> 文章莫盛于两汉，浑浑灏灏，文成法立，无格律之可拘。建安黄初，体裁渐备，故论文之说出焉。《典论》其首也，其勒为一书传于今者，则断自刘勰、钟嵘，勰究文体之源流，而评其工拙，嵘第作者之甲乙，而溯厥师承，为例各殊。至皎然《诗式》，备陈法律，孟棨《本事诗》，旁采故实，刘攽《中山诗话》、欧阳修《六一诗话》，又体兼说部。①

由此可知，"话"是在传统的"诗论"、"诗品"、"诗格"的基础上，借鉴"笔记"的方法而形成的一种批评形式。"体兼说部"，看来诗话等"话"的批评，与传统的说部有着相似的特点。"话"作为一种批评方式，本身就意味着品评的随性、即兴、短小零星等特点。诗话词话本身就是笔记体例的传统。当然，后来随着文体的发展和文体认识的发展，所谓"话"的文体特点，除具有说部性质、随笔体例等外，还有理论性专著、资料汇编式、选本评点式等不同著作类型。这里只取其狭义的规定性。

宋欧阳修"居士退居汝阴而集以资闲谈"的《六一诗话》大致形成了诗话的特点："称心而言，娓娓而谈，文笔舒卷自如，读之饶有兴味。"② 南宋许顗《彦周诗话》曰："诗话者，辨句法，备古今，记盛德，录异事，正讹误也。"可见，诗话的体例功能多样，内容非常庞杂，有考辨、有记录、有叙述，有野趣，有品评，有议论等等，但绝非煌煌大著，而都是短篇小制。所以，周勋初说：诗话"是理论家文艺探索的随笔。可作批评，可作考证，可叙故事，可谈理论。"③

---

① 纪昀总纂：《四库全书总目提要》卷一百九十五·集部四十八，河北人民出版社 2000 年版，第 5362 页。

② 周勋初：《中国文学批评小史》，复旦大学出版社 2007 年版，第 89 页。

③ 周勋初：《中国文学批评小史》，复旦大学出版社 2007 年版，第 89 页。

传统的"话"的批评与书话在体例和内容等方面存在共通性。清代章学诚对诗话的内容与形式做过更为明确具体全面的划分，对于我们认识诗话等批评方式的范围和特点意义甚大。他说：

> ……好事者踵而广之，则诗话而通于史部之传记矣。间或诠释名物，则诗话而通于经部之小学矣。或泛述闻见，则诗话而通于子部之杂家矣。虽书旨不一其端，而大略不出论辞论事，推作者旨志，期于诗教有益而已矣。①

章氏这里明确地指出了诗话在形式内容上通于"史部之传记"、"经部之小学"、"子部之杂家"的特点，"大略不出论辞论事"说明诗话有"摘句批评"和"本事批评"两个方法。换句话说，诗话分为：一，对文本本身的批评评点；二，对文本相关的人与事的记述品评。

前文认为书话的文体体式有三：一是闲话式评论：印象式的批评与感悟。二是朴拙平实的叙事：旧闻故实的娓娓道来。三是知识性说明：介绍书籍历史变迁，说明版本、装帧兼及必要的考证。书话这三个文体特征，恰与章学诚所言诗话的三个特点相通和暗合。我们看下表所示：

表1

诗　话	书　话
通于"史部之传记"	朴拙平实的叙事：旧闻故实的娓娓道来
通于"经部之小学"	知识性说明：介绍书籍历史变迁，说明版本、装帧兼及必要的考证。
通于"子部之杂家"	闲话式评论：印象式的批评与感悟。

如果说章氏是从诗话与传统文体分类的比附来指明诗话的特点（暗含着形式和内容两个方面），那么笔者对书话的文体总结是从语言表达和内容

---

① 章学诚：《文史通义·诗话》。

功能入手，归纳书话的特点，尽管所取的路径有异，但是总结出来的诗话和书话的批评特征，二者则有内容与形式两方面的共通。由此可见，书话对诗话、词话的继承，主要是从内容与形式两方面体现的。

首先，从内容上讲，二者有相同之处。诗话词话不仅仅限于对诗词的内容艺术的评价，同时更涉及对诗人词人的本事考索、逸事叙述，如周振鹤所说："诗话的范围原极宽泛，虽以评价诗歌作品为主，但总要由诗及人，探讨有斯人方有斯诗的道理，进一步甚而专记诗家逸事遗闻的。"① 像最初的欧阳修的《六一诗话》、司马光的《续诗话》等都最喜谈文体逸事，其叙事比重占得很多。如许顗《彦周诗话》在批评的同时，常常记录逸闻趣事。此后的诗话虽然经过了元明清的发展，其理论与批评的成分在增加，但仍然在很大程度上保持着任意闲谈的内容和随笔杂记的体式。书话所话也是更多关涉作者的逸事，多叙与书相关的著书或买书藏书的遗闻旧事。周振鹤曾说："书话也与诗话一样，也要涉及作者，也可叙述他们读书写书的故事，而且还可以更加泛化，连爱书、买书、藏书的美谈也可纳于其中，这似是诗话所不能比的。"②

其次，从形式上看，诗话与书话也有相通之处。诗话多是文人阅读品评诗词时，随手记下的心得。既然诗话就是"所话者诗也"，"话"的批评形式就决定了诗话形式的短篇小制，有异于煌煌的长篇大论。而书话也具有这种形式上的特点。有人曾认为，书话的渊源仅仅在于传统的题跋，而非诗话。如王成玉在《书话史随札》里曾持此种观点，其理由是："诗话与书话，一字之隔，很容易让人产生一种相似之感，以为今天的书话就是古人的诗话。就诗与书来说，前者只是文学创作中的一种文体，而后者则几乎包括了一切的文化典籍，两者是不能相提并论的。唐弢的《晦庵书话》，被认为是现代书话的经典。他在 1962 年版的序言中说，他的《书话》曾受过诗话的影响，但在 1980 年版的新序中，对诗话只字不提，只说是继

---

① 周振鹤：《书话应该是什么样子》，《文汇读书周报》1997 年 8 月 30 日。

② 周振鹤：《书话应该是什么样子》，《文汇读书周报》1997 年 8 月 30 日。

承了藏书题跋的传统。"① 尽管王成玉读唐弢的两个序言确实很是仔细，但是他并没有注意到唐弢前后表述的差异恰恰说明了唐弢对书话文体丰富性多元性，或者说形式的多种可能性认识的深入与明晰。换句话说，唐弢新序中指出自己的书话继承藏书题跋之传统，而并非是在否定前序所言的书话与诗话等的联系，而是表明，唐弢认识到书话可以有题跋式的写法，也可以有近于诗话等的形式。如果翻看对比 1962 年版的《书话》中的文字和1980 年版《晦庵书话》中除了《书话》外的几辑文字，如"读余书杂"、"诗海一勺"、"译书过眼录"及"书城八记"等，其实是前后有着些许差别的。1962 年版的《书话》中的书话批评性强，而 1980 年版的《晦庵书话》中"读余书杂"、"诗海一勺"、"译书过眼录"的文字多为短小的题跋随录评点的形式。在这个意义上，其实，书话又可以分为批评性的和记述性的，借用清郑方坤对诗话的分类，也有"记言"和纪事之分。可以看出，唐弢对书话文体意识的深入是有迹可循的。1962 年版的《书话》侧重于批评性（记言），而此后的书话写作自觉地向另一个方向实践，在批评性的书话实践之外，另进行题跋形式的书话的写作(纪事)。前者的书话如《〈守常全集〉》《半农杂文》《乡土文学》等都是侧重批评、理论的文章，而"读余书杂"等中所收则完全类乎传统文人写在书后或书边的题跋了，如《〈落叶〉之一》全文为：

> 郭沫若中篇《落叶》，用书函体，计信四十一封，第一封信中有俳句云："委身于逝水的落叶呀！"因即以之为《落叶丛书》第一种——似乎没有再出第二种。书为四十八开小本，一九二六年四月创造社出版。精装用麻布面，分红黄两种，完全日本风味。后来归光华书局发行，改版重印，可就没有这样精致了。

《〈原来是梦〉》则更短了：

---

① 王成玉：《书话史随札》，河北教育出版社 2006 年版，第 66 页。

宋春舫独幕趣剧《原来是梦》一种，为褐木庐发行，一九三六年五月初版，共印五十册，印数奇少，遂入"罕见书"之列。喜剧作者，丁西林外，春舫也可说是卓然一家。

所以，这样我们就可以明白了，在 1962 年版《书话》的序言中，他强调了书话对"中国古代以评论为主的诗话、词话、曲话"的汲取，而在 1980 年版的《晦庵书话》序言中则指出："继承了中国传统藏书家题跋一类的文体"，"比较接近于加在古书后边的题跋"。①

必须补充指出的是，事实上，诗话词话和题跋并非真的毫无相通之处，其实诗话词话也何尝不采用这种短札形式呢，非独题跋然。我们来对比一下，即可明了。如唐弢在"读余书杂"辑中有书话《废名》，全文短短几句：

废名是冯文炳的笔名。冯文炳以"废名"为名，出书四种，曰《桃园》，曰《枣》，曰《桥》，曰《莫须有先生传》。《桃园》由北京古城书店出版，并另加印周作人跋一篇，《枣》以后三种均为开明版，各有精印本，书页天地宽广，式样美观，今之商人，必且以为浪费纸张矣。

我们看《五代诗话》中有关杜荀鹤的诗话云：

杜荀鹤，池州人，官至翰林学士，善作诗，辞句切理，有"举鞭挥柳色，随手失蝉声"之句，为时所称。然尤工于草字，而无末俗之气。且书学之废，莫甚于五代，篆籀之辈不可得见矣，得见两汉之典刑，斯可矣。两汉之法又不可得见矣，得见晋唐之遗风，斯可矣。观荀鹤之书，虽未能跨越前古，笔力遒健，犹有晋唐之遗风。②

可知，诗话不仅批评议论诗人的诗作，也同样可以谈及诗人其他方面的才

第二章　书话与现代中国文学批评的民族化

67

---

①　唐弢：《〈晦庵书话〉序》，《晦庵书话》，三联书店 1980 年版，第 5 页。
②　王士祯原编，郑方坤删补：《五代诗话》，戴鸿森校点，人民文学出版社 1989 年版，第 65—66 页。

华、逸事等，由诗而及人，由人而及与人相关的各个方面，只要能以资助谈，皆可入诗话之中。这种自由，其实也恰恰是书话的特点。上述有关杜荀鹤的诗话，与唐弢书话《废名》，均是由作品及人，或由人及其他。这说明了唐弢在对书话文体做多种试验，以开拓其形式。① 而不能由此断定，书话仅仅是从藏书题跋发展而来，而与诗话无关。

二、从笔记、评点到书话

诗话、词话以外，批评性的笔记也是书话的重要渊源之一。从题目就能看出二者的相似性。传统笔记往往是以"××随笔"、"××笔谈"、"××琐话"、"××丛谈"等为名，如《容斋随笔》《容斋续笔》《容斋三笔》《容斋五笔》，如《梦溪笔谈》《林下偶谈》《分甘余话》《老学丛谈》《池北偶谈》《词苑丛谈》《铁围山丛谈》等。而现代的书话（或书话集）的题目常与前者相似，如黄裳《四库琐话》《四库余话》，张中行《负暄琐话》，谢国桢《明清笔记谈丛》，孙犁《耕堂读书记》等，单从名字上我们就能看出前后文体上的延续性。

至少从汉末开始到魏晋为盛，士大夫的清谈之风和放浪形骸开了先河，对后世产生了巨大深远的影响。于是从魏晋开始出现了辑录文人言行的特殊著述——轶事笔记。如晋袁宏《名士传》、裴启的《语林》、郭颁的《魏晋世语》、郭澄之的《郭子》等，大多失传了。这类著作中尤其以刘义庆《世说新语》为集大成者。应该说，刘义庆《世说新语》以其特有的文体形式与风格开启了记录文人士子言行片断的著述传统。品藻人物，因人而及文，也成为文学史上议论文人(作家)、评价作品的重要批评方式。《世说新语》之后，出现了梁沈约《俗说》、殷芸《小说》，明人编《续谈助》《说郛》、清王晫《今世说》、梁维枢《玉剑尊闻》、吴肃公《明语林》等缕缕不绝。

---

① 在这里，笔者必须指出的是，尽管唐弢试图做着开拓书话文体的试验，事实上，唐弢的书话只是书话中的一种体式而已，唐弢的书话实践和文体的界定，实际上在明晰书话特征的同时，使得书话变得狭隘单一了许多。事实上书话除了唐弢所实践的这两种外，还有其他一些形式。

五四以来，这"世说"类的著述并未绝迹。这种著述方式在一定程度上为书话及现代文人笔记所继承和发展。如郑逸梅的《艺林散叶》系列开现代世说之先例，孙犁的芸斋小说常叙述文人言谈举止行状，赵景深的《文坛忆旧》、赵家璧的《编辑忆旧》对现代文坛的诸位大家都有感性的记述，徐铸成的《报海旧闻》对现代文坛报业历史的评点，黄裳的"珠还系列"文章对现代文人的品藻。这类"新世说"型的批评，多谈文坛艺林中的人物言行故实趣闻。记人往往趣味横生、亲切可感，由人及文，自然涉及文人的创作，知人论世的批评效果就变得非常明显了。如清王晫《今世说》谈到顾祖禹，引用孙治的话说顾氏《读史方舆纪要》一书是：

> 若长河亘天，珠囊照地。
> 真人间所未有。(《今世说·文学》)

评价孙豹为：

> 孙名枝蔚，陕西三原人。身长八尺，声如洪钟，庞眉广颡，以诗名天下。(《今世说·方正》)

这里显示了清代士大夫之间的互相标榜的文人积习，但同时对于后人了解其文其人在当时的影响也是很有帮助的。这种批评谈论方式明显是延续借鉴《世说新语》的。《世说新语》就曾记录魏晋文人对文学作品的品评褒贬。如：

> 谢公因子弟集聚，问《毛诗》何句最佳？遏称曰："昔我往矣，杨柳依依。今我来思，雨雪霏霏。"公曰："訏谟定命，远猷辰告。"谓此句偏有雅人深致。①

这种寓评价于记述中的批评方式，有着世说的特色，构成了一种文学批评

① （南朝）刘义庆：《世说新语·文学》，《世说新语汇校集释》，刘孝标注，朱铸禹汇校集注，上海古籍出版社 2000 年版，第 209 页。

方式。而现代的郑逸梅的《艺林散叶》系列也采用了这种体例。如：

> 鲁迅为章太炎弟子，颇思为太炎印诗集，如与许季带书云：读太炎先生狱中诗，卅年前事如在眼前，因思王静安殁后，尚有人印其手迹，今太炎先生诸诗，实为贵重文献，似应乘收藏者多在北平之便，汇印成册，以示天下，以遗将来。①

虽未记录明确的批评语言，但鲁迅的想法及其对章太炎的评价，是很值得参考的资料，对于我们了解鲁迅的心态和思想深处的想法颇有助益。另如：

> 鲁迅曾誉周瘦鹃为：昏夜之微光，鸡群之鸣鹤。②

鲁迅对周瘦鹃的看法也由此可见一斑了。再如：

> 沈尹默有一印：家在花桥月湖间。③

作为新文学家、新诗的最早的实践者改革者之一的沈尹默，此印使得沈氏的传统文人雅趣的追求显露无遗，这其实是沈氏潜意识的一种表露。

　　"知人论世"是传统批评的重要原则。所以传统批评体笔记等都对记录描述文人的逸闻趣事颇有兴趣。"记言"之外，叙事也成了传统批评的重要内容。这些记述，既可助谈兴，又对于文人有了更为形象与感性认识，其性格、面貌、行状等可触可感，这样对文人作品的理解将会大大加深。如张中行的"负暄系列"等都是以记人叙事为主，而邓云乡的《水流云在琐记》常谈旧日人事掌故，如黄裳的《关于闻一多》《关于傅斯年》等书话也都是在勾勒文人作家的性格等。对"人"有了感性真切的把握理解之后，对其"文"的理解认识自然能更进一层了。如黄裳《关于傅斯年》中，通篇用了

---

① 郑逸梅：《艺林散叶》，中华书局1982年版，第23页。
② 郑逸梅：《艺林散叶》，中华书局1982年版，第60页。
③ 郑逸梅：《艺林散叶》，中华书局1982年版，第206页。

漫画的笔法、戏谑的口吻来谈论傅斯年，尽管非平正严肃之论，但也能于偏激中看出不少真切的印象，对于近距离理解认识傅斯年也有所帮助。这种谈论的方式，也正是"闲话"、"偶谈"的风格。直接继承了诗话、笔记等杂述体例的书话，自然也遗传了这种"闲话"、"偶谈"的流风遗韵。如黄裳在抄录了傅斯年《谁是齐物论之作者》一文中的一段后说："虽然'不足深论'，然而我实在已经十分感到那燎人的火气了，殊与学院之风违谬。"①

我们知道，像中国传统的诗话、词话、曲话，题跋、笔记等写作，最大的一个特点就是杂——形式繁杂，内容博杂，很难用固定的形式标准去规范它，即使如此，人们一旦提起这一类的文字，又都有一个大致的概念和印象。② 而书话恰恰就继承了这一"杂"的特点，与这几类文体都有着渊源关系。事实上这几类传统批评文体之间也都有着交叉融合，很难做明晰划分的。

前面一再指出诗话、词话等批评方式与笔记小说稗乘野史在血缘上属于近亲。清牛运震曾说："余以为稗官野史，方言丛谭，作史者可不道，编诗话者不可不录，义取博见，体有别裁，传曰：'传闻异辞。'夫亦各有所当也。"③ 牛氏道出了诗话的体例形式，与稗官野史、方言丛谭等笔记杂述实为一类。郑方坤也说："诗话者何谓？所话者诗也。离乎诗而泛及焉，则类书耳，野史耳，杂事群碎録耳"，"史氏有记言、记事之分，诗话固小说家言，要亦同义例。"④ 由此可知，其实诗话并不仅仅是对诗歌艺术的议论

---

① 黄裳：《关于傅斯年》，《来燕榭集外文钞》，作家出版社 2006 年版，第 304 页。

② 其实任何的文体文类，都存在这一问题，看似一致统一的文体，其实其内部千差万别，甚至几乎看不出其共同性。如看似耳熟能详烂熟于心司空见惯的"小说"文体，你能说中国古代的志怪小说，与现代小说，与西方沃尔夫等人意识流小说，能找出多少共同之处么？其相异点大大多于相似相通之处了。更何况这里所说的几个文体以"杂"为特点。所以就更难对之做系统准确的归纳了。

③ 牛运震：《〈五代诗话〉序》，《五代诗话》，王士禛原编，郑方坤删补，戴鸿森校点，人民文学出版社 1989 年版。

④ 郑方坤：《〈五代诗话〉例言》，《五代诗话》，王士禛原编，郑方坤删补，人民文学出版社 1989 年版。观《五代诗话》中所引用的书目，除了正史的《五代史》《通鉴纲目》外，绝大部分都是笔记杂述稗官野乘，如《江南野録》《江南野史》《洛阳旧闻》《闻见后録》《国老谈苑》《梦溪笔谈》《老学庵笔谈》《野人闲话》《扪虱新话》等等。

评价，而且诗话也有纪事、记言的不同功能和体例。如郑氏所言："试即杜荀鹤一人而论，编中所引《洛阳旧闻》《洞微志》《全唐诗话》等书，皆记事也；若《野客丛书》《渔隐丛话》，及《老学庵笔记》，或加品评，或资辨订，则近乎记言之体矣。"可见诗话这种批评方式与笔记杂述等在体例形式上颇有相同之处，而无怪乎著名学者罗根泽指出："'诗话'出于《本事诗》，《本事诗》出于笔记小说，则'诗话'的偏于探求诗本事，毫不奇怪了。"①

借传统批评方式进行书话写作的，在现代、当代的书话家中，孙犁恐怕是最突出者之一了。从他的书话写作的文体尝试来看，孙犁是自觉地在进行着对传统文体的继承和改造。在这一方面，与周作人、阿英、唐弢相比，其文体意识更为强烈，其文体试验也更为广泛全面。孙犁对各种传统杂述的文体借鉴，有着明晰的分野。统观孙犁的书话，大致有这样几种体式：一是笔记式的，一条条将自己零星的感受随手记录下来，各条各段之间并无逻辑联系。这类明显延续传统笔记体例。如《风烛庵文学杂记》《风烛庵文学杂记续抄》《风烛庵文学杂记三抄》。② 二是文抄式的，这种方式与周作人的"文抄公"体几乎相类，对诗话词话的批评方式借鉴较多。如《耕堂读书记》。③ 三是传统史著之体例，结尾加"耕堂曰"式的一类，这亦似是加案语的一种变化，正文叙买书之经过，结尾以"耕堂曰"领起作者的议论。如《买〈世说新语〉记》《买〈流沙坠简〉记》《买〈宦海指南〉记》《读〈吕氏春秋〉》等④。孙犁的"芸斋小说"系列，每篇结尾也加上一段"芸斋主人曰"生发议论。传统的史著在篇末的论赞，颇多有价值的文学批评，这种形式后来为明代的一些历史小说评点保留，如万卷楼本《三国志通俗演义》题"论曰"、《征播奏捷传通俗演义》题"玄真子论曰"等。到了清代一些笔记小说也对此借用，如蒲松龄《聊斋志异》、纪昀《阅微草堂笔记》等都不外这种体例。四是书衣文录，这是传统藏书题跋写作体例的遗传。不过是题

---

① 罗根泽：《中国文学批评史》，上海书店出版社 2003 年版，第 540 页。
② 见孙犁：《无为集》，山东画报出版社 1999 年版。
③ 见孙犁：《秀露集》，山东画报出版社 1999 年版。
④ 见孙犁：《无为集》，山东画报出版社 1999 年版。

跋不在书眉、书边，而在书衣上，如《书衣文录》①。

另外，评点的方式也在书话这里产生了遥远的回响。我们知道，评点是中国传统文学批评的重要方式和体例。对于文的评点，是在宋代开始出现的，而且精神和思维的特征与诗话是一致的。不过评点最初的主要功能和用意是解读文本以示后学，所以更多集中于对古文的内部结构，如文气、段落、句式、修辞等进行精细化的品评。如宋代的古文评点范本吕祖谦《古文关键》、谢枋得《文章轨范》、楼昉《崇古文诀》等，这时的评点"最根本的地方是它对具体文章的条分缕析"，② 带有浓重的写作学的视角。当这种评点被用于诗歌、小说笔记等文本的时候，就开始发生转变，多谈评点者个人的心得、感慨。如南宋词人刘辰翁对《世说新语》评点就开始出现了文本内部分析成分较少，而多由文本人物故事而引发联想、述及个人感慨的偏向的转变。进而这种偏向逐渐被晚明的文人所继承和发展，用于对小说的评点。当然，尽管此时的小说评点，沾染了很多评点者的个人色彩，成为明文人借他人酒杯浇自己心中块垒的工具，但其文章学、写作学的遗留并未完全消失。那么五四以后，传统的评点方式被五四新文学家们主观上加诸了负面的评价，似乎这种批评真的消失了。然而实际上，评点的批评与诗话、词话等批评方式的思维特征都相通的一致的。因为一定批评形式都是由批评思维所决定的。尽管这种形式被抛弃，但其背后的思维方式却不是那么容易被革除干净的，这种评点方式在一定程度上为书话所继承。因为现代以来，书籍的印刷空前增多，对书籍的品评批评也是必须的，而书话背后中国人的思维方式仍在很大程度上决定着人们的批评。于是，我们不得不承认，书话对于传统评点批评方式的继承与借鉴。

---

① 见孙犁：《如云集》《无为集》，山东画报出版社 1999 年版。

② 林岗：《明清之际小说评点学之研究》，北京大学出版社 1999 年版，第 54 页。

第二节 书话作为文学批评的特点

时至今日，越来越多的学者认识到，中国现代文学批评与传统文学批评并不存在着真正意义上的彻底"断裂"，前者与后者的关系更多的是延续中的"量变"，是各种合力共同作用下的潜变。而书话，作为一种文学批评方式则是典型的延续中的变化，变化中的继承的一个代表。它继承了传统文学批评的印象式、感悟式的方式，是从宋代开始大行其道的诗话、词话、曲话和笔记及小说评点等批评体例的现代呈现，因此与充斥着科学化、理性化思维和话语的现代批评方式有着明显的差异。众所周知，中国传统文学批评方式各种形态（包括如前所述的诗话、评点、笔记批评等等）之间又存在着某种程度上的共通性，比如思维方式、审美体悟、批评姿态、批评风格等方面都显示出其一定程度的趋同。而这些传统批评特点，在书话这里得到了延续和新变。

一、经验与体验

书话作为批评，从批评主体上讲，是属于经验型的批评；从批评的内容上言，则是注重文本经验的批评。前面一再谈到书话的批评形式是书话家（批评家）的任意零星、感性即兴的谈论，属于经验型的批评方式，区别于现代科学化的理论性极强的批评。在这种批评中，书话家（批评家）自身的经验体验发挥着重要的参与作用。书话家（批评家）通过所话之书（文学作品）中作者所提供的生活经验进行谈论，在谈论中也融入自己的经验。形式主义的批评对于书话批评方式来讲往往失效，书话很少专注于文本的话语表达形式或内在结构组织，而是将谈论的重点置于书籍文本中提供的经验上，或着眼于书籍文本的印刷流转等事实上。所以书话批评的独特性是，提供大量的人生经验和体验（包括文本本身、书籍本身的和批评家书话家在批评时融入的），其感情性、主观性、经验性充溢其中。正如有学者提出："一般来说，文学批评可以分为主观的批评和客观的批评两种，当我们把主观的文学批评用另一种术语来表述的时候，就是情结批评。情结批评是一种把自我的情结意念强加给作品的批评方式。在情结批评中，批评者不是从自我的世界走出来，走进文本的世界中去；相反，它以批评者的自我情结理念为中心，批评者是带着自我的先验观念走入文学文本的。这样，批评者在解说文学文本时注重的不是对文本的解说，而是注重自我情结的释放"。①

　　带着这种强烈的主观情结进行批评的时候，书话家（批评家）对文本选择是对契合自己情结的内容、方面，于是书话批评往往抓住一点，不及其余，不求面面俱到，而是根据自己的兴趣，由一个方面任意谈开，有话则娓娓道来，不计篇幅，无话则戛然而止，惜墨如金。如果想从书话中看到对某部作品全面的评价，只能失望了。比如叶灵凤的《关于纪德自传》，在这不长的书话中，几乎没有对《纪德自传》直接评价的文字，而是不惜笔墨地谈论由此引出的关于"禁书"的话题和掌故。② 这里，为什么叶灵凤放弃《纪德自传》的内容艺术不谈，而谈及"禁书"的话题呢？这其实就是叶氏的兴趣和"情结"使然。作家叶灵凤一生极爱藏书，晚年更致力于书话随笔的写作，对藏书文化等关注很多。所以他写了很多关于藏书文化方面的书话，而且他也留心搜集古今中外有关笔祸史、"禁书"史方面的资料。如他的《读书随笔》多有谈论的是藏书文化方面的知识（如《书籍式样的进化》《中国雕板始源》《中西爱书趣味之异同》《读书与版本》）、掌故（《蠹鱼和书的敌人》《借书与不借书》《书斋之成长》《爱书家的小说》）、趣谈（《书痴》《藏书印的风趣》《脉望》），更有重要的笔祸史、禁书史的话题，如《焚毁、销毁和遗失的原稿》《梵蒂冈的〈禁书索引〉》《被禁的书》等等。他还翻译了不少西方"爱书家"（借叶灵凤的说法）、藏书家有关书文化的作品，如茨威格的《书的礼赞》、威廉·布列地斯的《书的敌人》、汤麦斯·弗洛奈尔·狄布丁的《爱书狂的病征》等散文③。这都说明尽管叶

---

① 张奎志：《体验批评：理论与实践》，人民出版社2001年版，第275页。

② 参叶灵凤：《关于纪德自传》，《读书随笔》一集，三联书店1988年版。

③ 参叶灵凤：《读书随笔》三集（三联书店1988年版）中的"译文附录"部分。这八篇译文另冠《书的礼赞》的书名以单行本出版，见《书的礼赞》（茨威格等著，叶灵凤译，三联书店1998年版）。

灵凤是以小说家而出名的，其实他对于笔祸史、"禁书"史等藏书文化情结颇深。所以，他在自己的书话写作时，往往游离于所谈文本的内容或艺术之外，就自己的情结、兴趣而随性谈论和批评。这也正是书话作为批评方式迥异于其他规范化科学化的批评文体的独特之处。相似的，黄裳《珠还记幸》中的很多书话，也往往并不集中笔墨去谈论所话之书本身，而是由着自己的性子谈论自己感兴趣的话题。即使谈论书籍文本，也不求面面俱到、四平八稳，不求演绎清晰逻辑严密，而是即兴而论，就书籍文本的某一方面发挥开去。如《〈卷葹〉》，并没有多谈小说《卷葹》本身，而是旁逸斜出，娓娓道来作者冯沅君、陆侃如夫妇后来的经历等。① 另如《吴雨僧与〈文学副刊〉》，更是难得的现代文坛掌故趣谈。这篇书话则体现了传统诗话、笔记等批评方式的深刻影响。《吴雨僧与〈文学副刊〉》并未将谈论的目标锁定在吴宓编辑的《文学副刊》，而是由副刊谈到种种故实，如冰心因发表《我们太太的客厅》而引起故事原型的不满。尽管黄裳一面说："这些盛世闲情，文人韵事，在现在看来，自然是没有什么意思的了"，但是却一面仍对谈此兴趣盎然。文章对吴宓性格的谈论应该说是入骨三分了，点出了吴宓多情、迂执却又真诚的性格特点，语虽尖刻，但亦不乏真实深刻：

> 吴氏极爱读《红楼梦》，抗战期间在昆明西南联大还在开着"红楼梦讲座"，自比贾宝玉而恨世无林黛玉。他又喜读《儿女英雄传》，尝言"想我吴宓才貌都不亚于安龙媒，奈何竟没有何玉凤"。在昆明西仓坡，同学曾开设茶馆，名"潇湘馆"，开幕之前，吴曾亲去劝说，不可用此名，以免唐突了林妹妹。这一些都被认为极怪谬可笑，然而我却觉得他那真实的态度是极为难得的，正是非20世纪所有的了。如果说吴宓是诗人，他起码是有着诗人的真诚的。
>
> 在北平时，报上有译吴的情诗"我未负卿卿负我"为"我不要她她耍我"者，这的确是"神译"，然而正可以看出一个人做人态度之

---

① 参黄裳：《〈卷葹〉》，《珠还记幸》，三联书店 2006 年版。

分别了。

……

在《故都集》下卷又有仿沙克雷所作反《少年维特之烦恼》的《吴宓先生之烦恼》四首，今录其二：

（一）吴宓苦爱□□□，五洲人士共惊闻。离婚不畏圣贤讯，金钱名誉何足云。（三空白字可参考前文）

（二）奉劝世人莫恋爱，此事无利有百害。寸衷扰扰洗浊尘，诸天空漠逃色界。

诗虽不佳，然可见吴氏的真诚则一也。①

从批评方式上讲，这篇书话所采用的正是传统诗话词话的批评——掌故趣谈的记述，点到为止的品评。

中国传统文学批评总会用一种泛联系性的、象征性、形象化的言说方式。如一些本来应该是颇为抽象和概括的批评概念／模式，也往往用形象的方法总结，如"草蛇灰线"、"羚羊挂角"等等。在批评实践中，批评家也都自觉采用这种方法，如司空图引戴容州云："诗家之景，如蓝田日暖，良玉生烟，可望而不可置于眉睫之前也。"②语言在艺术面前，有时往往显得苍白，语言的有限性进行艺术解读捉襟见肘，当无法用精确的语言传达对某件文学或艺术的作品的美学意境艺术内涵时，也许这种形象化象征性，泛联系性的表达言说是很有必要的，也是有着批评实效的。正如清赵翼《瓯北诗话》论王渔洋诗说：

阮亭专以神韵为主，如《秦淮杂诗》有感于阮大铖《燕子笺》事云："千载秦淮呜咽水，不应仍恨孔都官。"《仪征柳耆卿墓》云："残

---

① 黄裳：《吴雨僧与〈文学副刊〉》，《来燕榭集外文钞》，作家出版社2006年版，第299页。所引的第一首诗后"三空白字可参考前文"，此处则是黄裳故意卖了关子，黄裳前文谈到吴宓与毛彦文的恋爱史。

② （唐）司空图：《与极浦书》，《中国历代文论选》第二册，郭绍虞编，上海古籍出版社2001年版，第201页。

月晓风仙掌路，何人为吊柳屯田。"酝藉含蓄，实是千古绝调。①

从思维方式上讲，中国传统文学批评注重含蓄、蕴藉，追求意在言外的境界，各种概念也都具有很大的模糊、歧义性。传统思维方式中，重视内心的体验和感悟，对"道"、"器"、"言"、"意"关系的认知具有特殊性。认为"器"是形而下的，而"道"是神秘的无限的，与此相关的，在"言"、"意"关系中，认为最高层次的艺术表达是"意在言外"，承认语言的有限性，而艺术批评也自然是追求体验、顿悟，并非理论的长篇剖析，而是点到为止，以含蓄为上。这种批评思维和观念，体现了书话批评的民族化传统化的特色。例如郑方坤就赞司空图的批评玄妙体悟之高超，且表达之形象。司空图的品评批评方式是典型的中国传统批评，而郑氏推崇，也代表了最大多数中国人的审美认同。郑氏说："唐末人品以司空表圣为第一，其论诗亦超超玄箸，如所云'味在酸咸之外'，及'采采流水，蓬蓬远春'，'落花无言，人淡如菊'等语，色相俱空，已入禅家三昧。"② 这种注重体验感悟的文学批评，是典型的中国传统"以禅论诗"的批评模式，表述形象且点到为止，余下更多留白让人去参悟与想象。对此，叶维廉说："'点到为止'的批评常见于《诗话》，《诗话》中的批评是片断式的，在组织上就是非亚里士多德型的，其中既无'始、叙、证、辩、结'，更无累积详举的方法，它只求'画龙点睛'的批评"③。

书话批评在思维与表达方面也呈现出浓重的中国传统批评的特征。有学者对中国传统思维特点做出了颇为准确的归纳："首先，在对象的观察接受上，中国传统思维是体悟式的而非推理式，因此是情感介入式的，而非客观抽象式的；其次，在对对象的把握认知方面，中国传统思维是系统型的而非分析型的，因此是整体直觉的而非旁观解析的；最后，在对对象观察结果的描述方面，中国传统思维是个体经验描述式的，而非根据普遍意

---

① （清）赵翼：《瓯北诗话》，《清诗话续编》，郭绍虞编，上海古籍出版社 1983 年版，第 1299 页。
② （清）郑方坤《〈五代诗话〉例言》，《五代诗话》，人民文学出版社 1989 年版，第 1 页。
③ 叶维廉：《中国诗学》，三联书店 1996 年版，第 5 页。

义进行定义。"① 这种思维特点就决定了中国传统文学批评的体验式心灵化的表征。所以，一般的，中国传统文学批评往往体现出批评家对作者和作品的情感交融，心灵互动，感悟型的个体化的表述，这种诗性的话语就使得传统文学批评本身就成为一种艺术的再创造。如王国维的《人间词话》，既是是一部文学批评著作，又以其感悟、审美化的语言与批评成为一部创作，而为人所传诵不已。如王氏云：

> 《诗·蒹葭》一篇，最得风人深致。晏同叔之"昨夜西风凋碧树。独上高楼，望尽天涯路"意颇近之。但一洒落，一悲壮耳。②

这种批评方式思维特点在很大程度上被兼有批评功能的书话直接继承下来了。例如黄裳曾对比耿济之和王统照的分别翻译的《猎人日记》中的几句进行对比后，评论说：

> 耿先生的完全是外交官派头，满口是官话，王统照先生则不愧是诗人，头两句译得非常美。可是第三句却也像不大"顺"。③

黄裳的评论，并未详论二人所译到底有什么差异，差异的程度方式等精确的对比，简单的两句话，可以说只是点到为止而已。而对于习惯于自行体悟的审美方式的中国读者绝对不会发生任何理解上的困难。这其实就是传统诗话评点等批评方式的遗传。我们看一则宋人的诗话：

> 晦堂心禅师初退黄龙院，作诗云："不住唐朝寺，闲为宋地僧。生涯三事衲，故旧一枝藤。乞食随缘过，逢山任意登。相逢莫相笑，不是岭南能。"此诗深静平实，道眼所了，非世间文士诗僧所

①　白寅：《心灵化批评：中国古代文学批评的思维特征》，中国社会科学出版社 2005 年版，第 13 页。

②　王国维：《人间词话》，上海古籍出版社 1998 年版，第 6 页。

③　黄裳：《读书日记》，《来燕榭集外文钞》，作家出版社 2006 年版，第 59 页。

能仿佛也。①

这种品评玩味，真正是点到为止，意在言外。我们把古人的诗话与现代书话的批评方式简单对比一下，既有更为清晰的认识，更能意识到书话与诗话等在批评表达方式上的基因遗传性。另如《〈记丁玲〉及续集》中，批评语言的优美，体悟的形象：

> 沈从文先生的笔，是那么亲切而带一种朴实的泥土气息……他这支笔最适宜写湘西的一角天地，那里的风土人情，本地人的山歌、野话，读过《湘行散记》的人，该不易忘记那一张张彩色山水，活灵活现的人物画。②

这是散文般的、诗性般的语言去品评文本，审美体悟的深切，追求批评者与作者乃至读者体验的交融，这是中国传统"以诗论诗"、"以禅论诗"的方式的继承。这种体悟与批评的妙处在一定程度上颇有《沧浪诗话》中所谓"透彻玲珑，不可凑泊。如空中之音、相中之色、水中之月、镜中之象，言有尽而意无穷。"③

周作人创制出所谓"文抄公体"的书话，其表述方式，在对旧文旧闻的抄录中插入自己的些许感想，而这些感想也都是含蓄屈曲，给人很多留白的空间。中间加入的这些感想和批评，虽未表识"案语"二字，但都是对所抄文段语句而发，或由此引发的。如周氏《谈金圣叹》《醉余随笔》等无不如此④。尤其是进入三十年代以后，遁入苦雨斋的知堂更是醉心于其书话写作，而他的书话文体的经营，也并非是无所本的"从深林荒野里冒出来的怪物"。从其语言风格上有着传统文人批评的特色，追求含蓄蕴藉，平

---

① （宋）许颛：《彦周诗话》。
② 黄裳：《〈记丁玲〉及续集》，《来燕榭集外文钞》，作家出版社 2006 年版，第 55 页。
③ （宋）严羽：《沧浪诗话·诗辩》，见《历代诗话》，（清）何文焕编，中华书局 1981 年版，第 686 页。
④ 参周作人：《苦竹杂记》，河北教育出版社 2002 年版。

实中见锐利，含蓄中不乏深刻，语言于藏头捉尾中将自己的意见表达出来。而其批评的思维方式，也是传统式的中国化的，运用经验的常识性的话来表达，用形象化的言说方式来品评人与文，显然没有太明晰的理性分析成分。如他对于自己的美学体悟，用"雅，拙，朴，涩，厚重，清朗，通达，中庸，有别择等"传统的词语，这些都极为含糊，但对知根知底的文人来讲又都有共同体会的概念来说明自己的趣味标准。

阿英、唐弢的书话也体现了传统化的批评实践。钱杏邨（阿英）尽管早年作为创造社的理论主将，曾一度热心于普罗文学理论的宣传，但后来还是转入了传统批评方式的实践。阿英书话中的体验式性灵化、形象化的批评特色是非常明显的。唐弢也不例外。唐弢书话对新文学文本的评点谈论，体现出了传统批评特色。他运用传统批评方式来评论新文学文本，这在当时是独树一帜的。因为，很多的新文学家们采用传统批评方式的时候，文本对象大多是传统文学文本。如周氏兄弟之于历代笔记，阿英之于晚明小品。而唐弢最突出的一点，是运用传统的评点方法来品评谈论现代文学文本，并且能够将二者实现很好的融合。对借鉴传统批评资源来实现书话批评的创制，其实唐弢是有着自觉意识的，他说："中国古代有以评论为主的诗话、词话、曲话，也有以文献为主，专谈藏家与版本的如《书林清话》。《书话》综合了上面这些特点"。① 又说："我的书话比较接近于加在古书后边的题跋。……中国古书加写的题跋本来不长，大都是含有专业知识的随笔或杂记。"② 如他的书话《〈白屋遗诗〉》，对新文学家的旧诗特色，与古人相比，极为精到地指出各自的特点与差别，这是传统批评方式的具体运用了：

> 新文人中颇多精于旧诗者，达夫凄苦如仲则，鲁迅洗练出定庵，沫若豪放，剑三凝古，此外如圣陶、老舍、寿昌、蛰存、钟书诸公，偶一挥毫，并皆大家。③

① 唐弢：《序》，《书话》，北京出版社 1962 年版，第 3 页。
② 唐弢：《晦庵书话·序》，《晦庵书话》，三联书店 1980 年版，第 5 页。
③ 唐弢：《〈白屋遗诗〉》，《晦庵书话》，三联书店 1980 年版，第 283 页。

这段批评，就是一则极好的书话，而且这种批评方式运用于对新文学家们旧诗的批评和比较上，再合适不过了，亦可谓形神兼备的传统诗话。

二、非职业化：书话批评的自由姿态

作为批评方式的书话往往比现代体系化、学理化的批评方式更具有超功利性特点。这首先由于书话批评写作激发动机的独特性。书话家之所以话某部作品某本书籍，往往都是因为一些机缘（如很多书话家都喜欢在文章中说到"书缘"），那么这里面就有情感上的亲近、兴味上的趋同，这自然也更容易促使书话家（批评者）能站在书刊作品作者的立场角度，抱以理解同情的态度去品评议论。① 加之书话家都是爱书之人，对书籍本身的情感、兴趣，往往成瘾成癖而难以割舍释怀。如朱湘书话《书》一文，道尽天下爱书人的共同癖性："拿起一本书来，先不必研究它的内容，只是它的外形，就已经很够我们的鉴赏了。那眼睛看来最舒服的黄色毛边纸，单

---

① 笔者就曾经有过这样的体验感触，正如笔者在一篇书话中开篇就述及之所以评论徐雁著《雁斋书事录》的那份因书而来的缘："人生会与他人、它事、它物发生种种难以解释的巧合，于是人们就会把这冥冥中的巧合统称为'缘分'。然而，仔细想一下，这'缘分'并不仅仅是偶然的、不可解释的，其背后其实也能找出必然的因素：往往源于人们内在的对某种执著和坚持。正是在这内因的牵引下，才会发生看似不可思议的巧合。'内因外缘'，此之谓也。

这番感慨，是我在阅读南京大学徐雁教授惠赠的毛边本《雁斋书事录》（南京师范大学出版社 2008 年版），看到首篇《书街重访：乙丑夏开封淘书一日记》时产生的。1997 年徐雁教授重游'开封书店街'时，我正是他在书店街新华书店读者俱乐部中看到的静静看书的学生会员中的一个。我至今仍然珍藏着那个读者俱乐部的会员证。

其时我在开封求学，常常流连于书店街旁的旧书铺、潘杨湖畔的旧书摊。因囊中羞涩，在课余时间我总会泡在那个读者俱乐部里免费读书。在古城文化氛围的浸淫中，我与书籍产生了深厚的感情。每逢假日，我就会把一箱'破书'扎在自行车后架上，兴冲冲地赶回距离开封城一百多里的家中。在父亲慈爱宽容的目光里，我的书柜一天天充实起来，竟有了一点小小的成就感。上了大学以后，我买旧书的癖好继续发展，每次带着搜罗来的旧书回家，却再也寻不到慈父的目光，他永远地离开了我。2003 年秋，我负笈金陵，散落在古城各处的书店书铺，仍是我最爱驻足的地方。

人生却有如此的'巧合'：在开封书店街曾与徐雁教授擦肩而过那个爱书少年，在近十年后竟与他相识于同为历史文化名城的金陵，并于前年 6 月 12 日有机会一同出席'黄裳散文与中国文化'研讨会，晤谈于华东师大的丽娃河畔……

因此，如今真的踏上了学术之路的我，当读到徐教授当年游书店街时的那番感想：'面对如此之多的好学的学生，我想，在若干年以后，他们中间必定会产生出许多书卷气浓郁的专家学者'时，如何能不唏嘘感慨呢。想来，我与徐先生相识，实为有缘。而这缘分的背后竟是因为同一个爱好——那魂牵梦绕的书的牵引啊。"（见拙文《游目与骋怀：精神漫游者的文化寻踪》，《图书馆杂志》2008 年第 4 期）

是纸色已经在我们的心目中引起一种幻觉，令我们以为这书是一个逃免了时间之摧残的遗民。他所以能幸免而来与我们相见的这段历史的本身，就已经是一本书，值得我们的思索、感叹，更不须提及它的内含的真或美了。"① 其所话之书，难免会有种种故实，书话家"负手冷摊对残书"的苦苦寻找之后，或者在某一天蓦然发现某本苦寻不得的书籍就在面前，于是喜滋滋抱回去，自然对此书有话要说，写得出来即是书话，其情感性难免会很强了，很难做到静观与客观了。但这也恰恰是传统批评的特点与精髓，所谓"心灵的相遇"，其撞击出来的就是主观性很强批评——书话。如唐弢曾述遇到初版本的《月夜》的"奇遇"：

> 近来书店里少有好书，闲来涉足，常至空手而回，真令人有废然之感。大抵寻旧书必须有恒心，又必须有耐心，两者缺一，即使好书当前，也往往会失之交臂。几天之前，早在汉口路西段闲逛，这一带多线装书肆，我偶尔也买些不相干的旧籍。那天有人搯书一捆，向肆主兜售，所携多破烂小说，内有《胡适文存》等数册，初未经意。其人历经数肆，不知是这些书不受欢迎，还是议价未合，一直没有成交。当时，他搯书欲行，看样子似乎十分懊丧，我心里忽然感动，跟上去唤住了他，想挑几本买下，略一翻捡，觉得实在无可当意，心里有点歉然。回头看见他破大衣袋里尚留数书，要来一看，其中竟有初版《月夜》一册，不禁大喜，问其价，加倍付之。……我虽久闻其名，却是不曾见得过，一旦收得，自不免欣喜欲狂。②

如此"欣喜欲狂"，写出来的批评自然主观性很强，怎能做到远距离静观呢。而与之构成明显对立的是现代的科学化的批评论文。这些批评往往尽量使批评者保持客观冷静，在技术化的操作中，运用既定理论对作品书籍做以技术化的剖解。这与书话批评的体验、感悟、省思的方式大异其趣。

---

① 朱湘：《书》，《中书集》，生活书店 1937 年版，第 54 页。
② 唐弢：《〈月夜〉志异》，《晦庵书话》，三联书店 1980 年版，第 198—199 页。

批评家这种用自身经验来解说谈论文本的形式，在中国一直很是盛行，也受人欢迎。尽管说当下的学术评价体系中，这种批评方式几乎很难被纳入到评价机制中被认可，从而带来实际的学术利益。但仍有很多学者运用这种评论批评方式，学者之外，更多的文化人（年龄大多偏长，以老年人为主）在超越了功利化著述的目的后，则更愿意去进行这种充满趣味性的经验批评。如书话家唐弢就夫子自道：

> 说句老实话，我并没有把《书话》当作"大事业"，只是在工作余暇，抽一支烟，喝一盏茶，随手写点什么，作为调剂精神、消除疲劳的一种方式。因此我也希望读者只是把它看作是一本"闲书"。①

非职业性的书话批评所具有的超功利性、趣味性、个体化，是书话作为批评方式最突出的特点之一②。鲁迅、周作人、孙犁等无一例外地都曾谈及自己的这种闲趣（或无奈的选择闲趣，或主动的追求闲趣）状态下对书话批评文体的选择。个体化、个性化是书话作为文学批评带给现代学院批评和宏大批评的一种极为有益的补充与警醒。"五四"到抗战这二十年间，书话的批评，呈现出个体化、个性化特点，向心灵化体验式靠拢。20世纪80年代末期以来，书话也呈现出这个特点。

当然，在新中国成立后的三十年中，虽然几乎所有的文学批评都陷入"集体话语"，但是仍然有个体的声音不时出现。"庙堂"之语虽然占据主导，但"江湖"之声也时有闪现。书话作为批评，则是那时期铁板一块中的松动的一角。比如，唐弢在1962年出版的《书话》，就很具有个体性的

---

① 唐弢：《书话·序》，《晦庵书话》，三联书店1980年版，第5—6页。
② 在中国传统文学观念里，文章可属"经国之大业，不朽之盛事"，但谈诗论艺则是文人生活中地地道道的风雅闲趣而已。如中国文论史上第一部诗话欧阳修的《六一诗话》，开篇就带有自嘲性质的表白："居士退居汝阴而集以资闲谈也。"这种表白实际上表明了当时文人对谈诗论艺的普遍看法。而他自作的《六一居士传》中的自述，也表明了文人选择谈诗论艺的闲适隐逸的生活条件和心态："六一居士初谪滁山，自号醉翁。既老而衰且病，将退休于颍水之上，则又更号六一居士。客有问曰：'六一何谓也？'居士曰：'吾家藏书一万卷，集三代以来金石遗文一千卷，有琴一张，有棋一局，而常置酒一壶。'客曰：'是为五一尔，奈何？'居士曰：'以吾一翁于此五物之间，是岂不为六一乎！'"（《居士集》第四十四卷。）

批评，尽管当时的环境并不宽松。而在"文革"期间，万马齐喑，处于边缘地位和打击迫害对象的书话作者，自然也无权发表和言说了。处于失语状态的他们，往往在书中寻找到心灵的慰藉，在阅读的同时，在书衣、书眉或纸片上记下来点滴的想法，久而久之，汇集成册了。这些写作其实都是"文革"时期的地下写作，待"文革"一结束，汇集成册的书话，就出版面世了。

写书话，往往是闲情所致，偶有所感，寓讽寓情于其中。在"五四"以来的观念里，对于作家来说，书话这种写作，不算他们的正儿八经的创作。特别是到了当代的评价体制内，写书话，在作家不算他们的创作成绩，在学者不算他们的科研成果，也就是说，书话一般来讲是进入不到创作或科研的评价体系内的，也就很难给写作者带来实质上的利益，得到切实的肯定。其实相似的情况也发生在现代作家和批评家身上。在西方化"现代化"的批评进程同时，也有着一条传统化的批评理路不绝如缕，或隐或显，书话就是这个理路中易采用喜采用的批评文体。如鲁迅早年曾有长篇大论的理论化批评文章，如《摩罗诗力说》等，周作人早年也一度对这些批评文章的写作颇有兴趣。但我们发现，他们后来似乎更愿意运用传统的批评方式去表达和言说。如鲁迅大量的书话中，多有传统的评点、案语等表述体例。特别是《书苑折枝》组文、《病后杂谈》等都是标准的印象式点评。如《书苑折枝》组文，发表时曾有小序云：

> 余颇懒，常卧阅杂书，或意有所会，虑其遗忘，亦惰于钞写，但偶夹一纸条以识之。流光电逝，情随事迁，检书偶逢昔日所留纸，辄自诧置此何意，且悼心境变化之速，有如是也。长夏索居，欲得消遣，则录其尚能省记者，略加案语，以贻同好云。十六年八月八日，楮冠病叟漫记。①

正如李卓吾在《书绣像评点忠义水浒全书发凡》所言："书尚评点，以能通

① 鲁迅：《鲁迅书话》，北京出版社1997年版，第23页。又见《书苑折枝》，《鲁迅全集》第8卷，人民文学出版社1981年版，第179页。

作者之意，开览者之心也。"而且重在"开览者之心"。鲁迅的书话也往往会渗透这样的写法。如他的《"题未定"草》其实就借用了案语和摘抄的文段等连缀成篇，夹抄夹议。

对于书话这种批评文体言说方式的选择，是有其特定的写作心态——孤寂。在如此心态中的写作，形成了特定的特点——趣味性、个体化、心灵化，更多指向自我，投射内心，在写作中寻找趣味的寄托、心灵的释放、生活的慰藉。鲁迅书话是"长夏索居，欲得消遣"时的选择，唐弢也是将书话"作为调剂精神、消除疲劳的一种方式"，相似的，孙犁对此亦别有会心：

> 七十年代初，余身虽"解放"，意识仍被禁锢。不能为文章，亦无意为之也。曾于很长时间，利用所得废纸，包装发还旧书，消磨时日，排遣积郁。然后，题书名、作者、卷数于书衣之上。偶有感触，虑其不伤大雅者，亦附记之。此盖文字积习，初无深意存焉。①

可见，无论是鲁迅、唐弢，还是孙犁，他们的书话写作，都是为了排遣积郁，将书话批评作为"医治心灵的方剂"②。

第三节　书话批评：作家与批评家
身份的互渗与统一

一、作家、批评家身份的合一及其意义

由于书话"文"、"学"合一的性质，所以书话批评体现了作家与批评家的身份统一。书话作者按照身份一般分为两种，作家与批评家（包括学

---

① 孙犁：《耕堂书衣文录·序》，《书衣文录》，山东画报出版社 1998 年版，第 9 页。

② 孙犁：《我的金石美术图画书》，《无为集》，山东画报出版社 1999 年版，第 154 页。

院派的批评家或学院外的批评家），而在书话这种文体的写作中，作家与批评家的身份往往是无法彻底分开的。

中国现代文学中，批评家和作家一身二任的现象很突出的。如鲁迅、周作人、阿英、沈从文、朱自清，无不是身兼作家、批评家、学者的诸种身份。当代以来，尽管由于教育体制等方面的因素，作家和批评家彻底分途，很少有一身二任者在。但当我们把书话当作一种文学批评来看的时候，就会有不同结论了。这里不仅体现出作家批评家一身二任的现象，而且其实就是作家与批评家的统一。换句话说，在其他创作和研究中，同一个人尽管是兼事创作和批评，但往往将创作文体和研究文体分得很清楚，创作是创作、批评是批评，如茅盾就是这样，他对于批评与创作的分途在主观认识上是严格区分的。现代作家把自己的创作和批评研究分得很清。如鲁迅的小说杂文和他研究评论等从来是有清醒的分别。对于他们来说，创作时，他的身份是作家，批评和研究时，以批评家面目示人。这种一身二任的情况，其实质上依然是作家与批评家的分途。

然而，就书话这种文体言，文学创作与文学批评的功能性质往往合二为一，于是，作家与批评家的身份也自然并非泾渭分明。正如有人说的那样："20世纪里，文学批评第一次试图与自己的分析对象文学作品平分秋色。我们时代的许多评论家，从夏尔·杜博到罗兰·巴特，从雅克·里维埃到莫里斯·布朗绍，同时又是杰出的作家。然而，自巴特以来的文学批评既是读析又是著作，并非因其风格的优美，而是艺术作品的地位发生了变化。当作品解体失去昔日的神圣和含义的单一性时，她需要注释者以期传达她的意义和形式：阐释成为文本的构成部分。"[1] 从理论上讲，在这个世界上，并非只有黑和白两种选择，决不是非黑即白，或非白即黑。黑和白之间总会有一定程度上的过渡带。用这种灰色理论来看书话的创作、批评合一性和书话作者身份的混合性，就好理解了。如同黑白之间有着过渡色一样，在文与学、在创作与批评、研究之间，并非真的如一些研究那样截然不同地把二者能区分开来，并非真的就没

---

① ［法］让-伊夫·塔迪埃：《20世纪的文学批评》，史忠义译，百花文艺出版社1998年版，第1页。

有中间地带。那么本书所谈的书话，其实恰恰就处在批评与创作之间的过渡带，这种文体本身就混杂着创作与批评、研究多重性质，显示出丰富的多重性来。

在书话写作时，作者没有像写作小说或其他的文体前那样有着明确的目的性，明晰的身份意识。因为作家在写作书话的时候，往往是处于自由随性、自然放松的创作状态，没有带上批评家的面具，正襟危坐，因为他并没有完全意识到自己在进行着"批评"；也没有文学创作前明确的文学创作意识，文体的意识。因为他可能绝对没有想以书话成名，也不打算以书话来谋"稻粱"，书话完全是作者零星的随手记下来的东西。在这种自然的状态下写出的东西，反而最真实地留下了作者的意见、心境、评价，且在一定程度上恢复了批评本身应有的状态。这种去掉了面具的写作恰恰是真正的文学创作应该具备的理想前提。所以这里批评家和作家的身份在最大程度上统一起来。

身份的互渗与统一，对于文学创作和文学批评来讲，其影响和意义又何在呢？在于相关性和互文性。这里所谓相关性，指的是作为书话作者的作家的批评与他的创作之间的密切联系；互文性指的是作家批评意见与创作理念观念等之间的互动与补充等。作家的意见是重要的批评史料。在这个意义上，对于作家的批评意见，其对错、深浅、好坏等做价值判断本身不是最重要的，重要的是看作家到底怎么评价的，说了什么。因为对于研究者来讲，作家的判断评价背后有更具意味的东西。我们研究者要看的是，作家为什么这样评价。这种评价是否与他的文学创作乃至那个时代的文学，甚至整个文学史是否有密切的确实存在的联系。对于作家写作的书话，在这一方面其批评价值是很突出的。

作家写作的书话，包括对自己作品批评和对他人作品的批评两种。如鲁迅的书话，有话自己著译的，有话他人作品的。对于前者，谈论自己作品的书话，往往是作家对自己作品构思写作或主题的自我认识，自我阐发。作家本人的意见是最值得重视。如鲁迅对自己作品的定位与阐释，是研究者和批评家必须关注的①。对于作家谈论其他人作品的书话，在流露出作家对他人意见的同时，更显示作家自己的文学观念。如许杰1944年开始陆续写作的《现代小说过眼录》，是观察作家许杰的重要文本。他对艾芜《回家》的推介，对叶圣陶的《皮包》的赞扬等是基于自己的表现人生、揭示社会的现实主义文学观念，这与他自己的文学创作是一致的。换句话说，作家许杰主观介入到所批评的文本中，用自己的创作理念去评判他人的创作。正是戴着这样的"有色眼镜"，许杰对上官碧（沈从文）的《看虹录》、陈铨的《花瓶》等则表达了苛刻的批评，甚至对丁玲等人的创作也有不少抱怨之辞②。这样的批评，更多呈现的是作为作家的许杰对自己的文学观念的捍卫。作家孙犁在读《三国志》时，批评传统的小说和戏剧往往把诸葛亮"写成了一个未卜先知，甚至能呼风唤雨，嘴里不断念念有词的老道，即鲁迅所说近于妖"，他认为这样的塑造人物的方法是错误的，不可取的："凡是小说，起步于人生，遂成典型；起步于天上，人物反如纸扎泥塑，生气全无。"③且不论他对《三国演义》等对诸葛亮的形象的塑造的批评意见是否确切，至少在这里，孙犁虽然扮演的是批评家的身份，但其批评意见体现出的则是作家自己的创作理念和原则。众所

---

① 然而，自从有了批评家和作家的分途之后，对于作家型的批评家与专业批评家谁更高明深刻的问题，历来有争议。有人以为批评家的批评不值一提，而作家的批评意见却最值得重视："我甚至认为一个受过训练、有技巧的作家对自己和创作所作的批评是最中肯的、最高级的批评；并且认为某些作家所以比别人高明也只不过是因为他们的批评才能比别人高明的缘故。"、"唯一值得读者阅读的批评家是本人也从事，而且很出色地进行他们所评价的艺术创作的那种批评家。"（艾略特：《批评的功能》，引自伍蠡甫主编《现代西方文论选》，上海译文出版社1984年版，第285页）"人们常常这样嘲弄莎士比亚的批评家，说如果莎士比亚死而复生，他将不能欣赏，甚至不能理解他们的批评。"（乔治·布莱：《批评意识》，百花洲文艺出版社1997年版，第5页）但也有人认为批评家的意见则是最为可信的。如法国小说家路易·吉尤说过："我不相信作家们的批评。他们谈论的作品很少。偶尔为之，必是出于爱或是出于恨。有时是为了捍卫他们自己的价值观……一位专业评论家则真正投入，他要谈论很多书，不得不排出优劣顺序。"（转引自让·伊夫·塔迪埃：《20世纪的文学批评》，百花文艺出版社1998年版，第3页）另如博尔赫斯就曾对批评家、《博尔赫斯七席谈》的作者费尔南多·索伦蒂诺很是推崇赞扬："索伦蒂诺比我更为了解我自己的作品，因为我的作品是一次性写就的，而他对我的作品是反复研读了无数次。"（参见《中华读书报》1999年6月23日）不管批评家和作家谁更高明，但是有一点是无可置疑的是，作家的批评意见作为一种重要的文学研究文本，是每个研究者批评家在研究时必须参考和关注的。

② 参许杰：《现代小说过眼录》，《许杰文学论集》，华东师范大学出版社1989年版。

③ 孙犁：《耕堂读书记》（一），《秀露集》，山东画报出版社1999年版，第213页。

周知，孙犁塑造的人物具有鲜明的个性色彩，鲜活而真实，且有着浓郁的烟火气。

如果所评的作品文本的作者恰恰是作家同时代的人，那么就更有意味了。这其中可以看出作家之间的关系，文坛的各种复杂联系也可由此窥见一斑。赵景深的《评〈虹纹〉第一集上的创作小说》组文十篇，完全是采用的古典评点批评方式。如他在《万曼的〈雨夜〉》中说："在这十篇里艺术最好的要算这一篇，而思想深挚的也要算是这一篇，我敢于说这篇确是一件成功的艺术品，而情绪的丰满不在叶绍钧以下。"①评价焦菊隐《失却的》则简要地说："我觉得他是有一些受了安徒生的影响。……美丽极了，情节细腻极了。人说他的作品多具女性，于此益信。"②

这里所谓的相关性和互文性体现在——书话作者的批评显露出作家自己的文学观，通过文学观念的显露，给研究者提供了解读书话作者其他的文体创作的钥匙，成为研究者考察其他文本的途径。更为重要的是，书话批评作为作家的理论批评文本，我们可以进一步思考这位作家为什么在书话批评中提出这种批评意见，其背后的心态是什么？这种意见评价是否真的在他的创作中得以很好的贯彻？如果没有贯彻的话，造成这种创作实践和文学观念之间的矛盾分裂的原因又在哪里？由此，书话的批评价值更加凸显。

孙犁在书话中对《庄子》的批评亦颇有意味。孙犁指出，过去的文学史往往用浪漫主义来界定《庄子》并不确切，提出了《庄子》"也是现实主义的"的批评意见。因为"作为创作方法，浪漫主义必须以现实主义为根基。浪漫主义是从现实主义的基础上生发出来，没有凭空设想的浪漫主义。海市蜃楼的景象，也得有特定的物质基础，才能出现"。③孙犁将《庄子》

---

① 赵景深:《评〈虹纹〉第一集上的创作小说·万曼的〈雨夜〉》,《新文学过眼录》,陈子善编,广西师范大学出版社 2004 年版, 第 87 页。

② 赵景深:《评〈虹纹〉第一集上的创作小说·焦菊隐的〈失却的〉》,《新文学过眼录》,陈子善编,广西师范大学出版社 2004 年版, 第 90 页。

③ 孙犁:《耕堂读书记》(一),《秀露集》,山东画报出版社 1999 年版, 第 190 页。

界定为现实主义创作，而且对现实主义和浪漫主义发表了自己的见解。为什么孙犁一再强调《庄子》的现实性呢？他接着的话泄露了天机："我们读书，即使像《庄子》这样的书，也应该首先注意它的现实主义成分，这对从事创作的人，是很有好处的。"看来，孙犁并非没有认识到这部典籍的浪漫主义的性质，既然如此，那么他还是要试图从中发掘出其现实成分。何也？笔者以为这要从几方面去考虑：

首先，这种反映现实的文学观、真实观，确实是孙犁在主观上的理性追求。所以他总是秉持这种理念去看待他所阅读的文本。像孙犁等这样的从解放区成长起来的老作家，在"灵魂深处"还是始终以现实主义为文学的正宗。

更为重要的，他之所以努力从中寻找现实主义的因素，其实也是在为自己的创作正名和界定。他对《庄子》的解读，暗含着为自己的创作寻求理论上的合法性的努力。事实上，我们知道，孙犁的主要作品往往体现出浓厚的浪漫色彩和鲜明的唯美追求，与当时其他一些解放区作家的文学趣味形成明显的分野。这种创作实践和文学观念上的悖论，一定程度上显露出孙犁内心的分裂和矛盾。孙犁之所以为自己寻求文学理论定位上的合法性，也包含着自我保护的潜意识中的动因。我们知道，孙犁的创作风格在很多评论家那里被定位为具有浪漫主义特色，"偏重于柔和之美"[1]。这种评价，也使得孙犁屡遭挫折。对于孙犁而言，在过去并不太久远的那场运动中，他的作品因为被认为没有直接"为政治服务"、为现实服务，"其风格本身与多年来提倡的'重大题材'、'金戈铁马式的战斗'、'叱咤风云的英雄气概'是格格不入的"，而屡受排斥白眼，甚至"无情打击"[2]。这种永远的伤痛，不能不让孙犁有"一朝被蛇咬，十年怕井绳"的感觉，其谨慎小心，为自己的创作做一个最为合理安全的理论定位，恐怕也是人之常情。

---

[1]　参黄秋耘：《关于孙犁作品的片断感想》，《文艺报》1962 年第 10 期。

[2]　白海珍：《关于"荷花淀派"的讨论》，《孙犁研究专集》，刘金镛、房福贤编，江苏人民出版社 1983 年版，第 295 页。

二、书话批评：中国文学传统批评重建的可能性及其限度

在"五四"以来特别是当代中国的很多学者的观念里，文学批评作为文学研究的一个方式，具有严格的理性、客观、实证的标准。这种唯科学化、唯理论化的倾向渊源有自。有人笼统地归因于西方，其实主要还是由于现代科学主义的兴起，特别是新批评的勃兴①。新批评理论家韦勒克关于批评科学化的提法一度被奉为圭臬："批评家不是艺术家，批评不是艺术（近代严格意义上的艺术）。批评的目的是理智上的认知，它并不像音乐或诗歌那样创造一个虚构的想象世界。批评是理性的认识，或以这样的认识为其目的。"②这种极有代表性的观点在整个 20 世纪的中国文学批评与研究中一直占据着主导地位，具有不容置疑的权威性。如金克木也曾表达类似的观点："文艺本身不是科学。你要研究这个文学作品，研究这个艺术品，拿它当作一个客观对象来加以分析，那么这就是科学，可以叫做文艺的科学、文学的科学、艺术的科学。"③甚至有学者认为："中国文学批评的'现代'，就是中国文学批评的'科学化'和'人本化'，而中国文学批评的现代转型，就是将不'科学'的文学批评、没有以人为本的文学批评，转换为科学的、人本的现代文学批评，就是说因为中国文学批评中'现代性'

---

① 西方的文学批评的科学化，也不是从来就有的。对此，夏志清曾有精彩的表述："文学批评的必然趋势是愈来愈科学化、系统化，此话的确反映欧美学院界的现实。但问题是这种最新、最科学的批评是否真正替代了中西前贤的批评？我们得记住西洋文学批评两大始祖，假如亚里士多德是科学的，则柏拉图是文学的，他的对话本身不避美妙的文字，他用'隐喻'（metaphor），他承认诗人是又灵感的。颜元叔认为《文心雕龙》本身就是'文学创作'，用了意象语辞，'失之于朦胧晦涩'。但西洋文学批评经典，20 世纪以前，有几篇是科学的？波阿罗（Boileau）的《诗艺》、普伯的《论批评》，本身就是两首长诗。雪莱的《诗之辩护》，是篇绝妙散文，辞藻优美，不下陆机《文赋》，一贯柏拉图的传统。即是艾略特名文《传统与个人才具》，不论文字如何严谨，也绝非科学论文。本来中西一律，批评对象是诗，而最好的批评家也就是诗人自己。"详参夏志清：《劝学篇——专复颜元叔教授》，《谈文艺，忆师友》，上海书店出版社 2007 年版，第 87 页。

② 韦勒克：《批评的诸种概念》，四川文艺出版社 1988 年版，第 38 页。

③ 金克木：《艺术科学丛谈》，三联书店 1986 年版，第 69 页。

因素的萌生而导致了中国文学批评'型'的转变。"①

这种文学批评的唯科学化情形其实具有很大的片面性。夏志清早就指出："一切人文、社会科学都要步尘自然科学前进，对人类的心灵活动、社会活动作无休止的调查统计，不断推出理论性的假定，这是 20 世纪的怪现象，可能是文化的退步，而不是进步。……文学批评不可能是真正科学化的。"夏志清甚至说：文学批评不同于其他的如物理学等自然科学"……你读批评理论，还得从柏拉图、亚里士多德读起，他们一点也没有过时。同样情形，对中国人来说，《诗经》大序、《文赋》《文心雕龙》、司空图、严羽都没有过时。有些统计式的研究当然可用科学法进行，但对某首诗、某诗人的鉴赏评断，还得凭个别批评家自己的看法，是无法科学化的。历代真正有见解的文学批评，虽是诗话体，也还有人去读的。那些自命科学而显已过时的、文学批评倒没有人读了。"②

在这种文学批评的科学化理论化的大背景下，笔者以为书话批评就更显其价值所在。书话批评在当代中国文学批评中具有重要的启示意义。它启发文学批评家和研究者应该注意到，在习以为常司空见惯的学院批评和学理性批评外，还存在着一种具有印象式感悟式批评传统的路向。书话在很大程度上弥补学院批评的不足，实现着中国文学批评传统延续，乃至保留着重建传统文学批评的可能。

---

① 庄桂成：《中国文学批评现代转型发生论》，中国社会科学出版社 2007 年，第 36 页。按：传统批评往往注重直观领悟和内省体验，而从传统到现代的批评的转变，其特征之一就是转向科学化的批评占主导。但是，如果说传统文学批评是非"人本"的，则有失偏颇了。尽管说中国的古典传统文学批评一度曾经以"载道"为圭臬，将文学视为"经国大业"的途径，文学的工具化的观念曾颇占上风。但是传统文学批评也同样存在着人文关怀的理念与诉求。魏晋时期的文学自觉，晚明文人的性灵言志等等，这些对人性的张扬思潮都是有异于"载道"、"明道"观念对人性和文学压抑的潮流的。所以如果仅仅笼统地给传统文学批评扣上一个非"人本"的工具化的帽子，以论证文学批评"现代转型"后的所谓"人本化"，是不符合事实的。中国传统文学批评应该说是工具论和人本化、载道与言志的此起彼伏的交织过程。其实周作人早就意识到这个问题。提倡"人的文学"的他早就承认晚明的文学思潮文学批评是言志为主导，而且将最大功绩为发现了"人"的价值的"五四"新文学源流追溯到晚明。我们且不论他的这一追溯是否合理，至少说明了中国古代文学批评从来都不是工具化理念和载道观念的铁板一块。其实传统文学中的注重内省、体悟，就是指向人的本身，更不用说晚明对人欲合理性的肯定和张扬的文学观念了。

② 夏志清：《劝学篇——专复颜元叔教授》，《谈文艺，忆师友》，上海书店出版社 2007 年版，第88 页。

以当代书话界为例，孙犁、唐弢、黄裳、姜德明等是书话家中最为突出的几位。他们的书话理路尽管彼此有着颇大的差异，但从不同的路向延续着传统文学批评的血脉。其中，唐弢、姜德明多谈新文学，其对新文学的批评研究助益颇多；孙犁的书话则是他创作的文体试验，其追求的是文体上的实践和艺术的圆熟；黄裳前期的书话具有文学性和学术性的交融混合，后来文言写成的《来燕榭读书记》则主要以古典文献学研究价值最为突出。三人写作趋向的不同也与他们的身份差异密切相关。孙犁是以作家蜚声文坛的，追求其书话的文学性再自然不过了。唐弢则以新文学研究者新文学史家的身份出现，新文学的研究是其主要工作，而晦庵书话的写作其实就是研究的一部分，或者说是研究的副产品。黄裳则在进入当代以后，尽管五十年代仍做过记者，但主要以藏书家和文化人的身份活动，所以这种特殊的身份使得其更易在文学创作与学术研究两个看似泾渭分明的领域内左右逢源。他从写作开始，就不受任何关于创作还是研究、文还是学的问题限制，按照自己的兴趣写来，于是，就形成了黄裳书话内容杂糅，性质含混的特点。这是特点，同时也不可避免地带来了问题，尤其是在学科日益严密的当下，这种亦文亦学的书话，其实又恰恰被人看作是非文非学，既得不到文坛作家的承认，也难以入学者的领地。

毋庸讳言的是，尽管孙犁、唐弢、黄裳等人投入如此大的热情精力去试验这些传统文体，但是后继者寥寥。孙犁他们在当代是寂寞的。无论是作家还是学者，对这种文体都显得有些冷漠。原因在哪里呢？一方面，从当下的作家们来讲，他们对这些传统资源缺乏必要的兴趣，尤其是传统非叙事性的文本，在他们是冷漠和生疏的，他们离开传统已经太远太久了，孙犁等人这些文体试验，已经超出了他们的阅读经验。这样，对这些文体创作，他们要么敬而远之，要么嗤之以鼻，因为远不如都市言情小说畅销，也不如先锋文学炫目。

另一方面，从批评家方面来讲，除了文笔、见识、心态等原因外，目前的学术评价体系成为学院派批评家们涉足书话批评和研究的瓶颈，使他们视书话写作为畏途。因为在现行的学术评价体系里，书话一类的文字，非纯粹的学术，并不能纳入其考评的范围，所谓的学术成果，就是理论化的煌煌大著或长篇论文，无论是"学理性"还是篇幅上，书话类的批评文字都不够格，自然在这个学术评价机制中生存的学院派批评家们不会对书话这种批评研究方式感兴趣了。所以，现在稍有涉猎书话批评写作的学者，多为学院外的研究者，多为出版编辑界的从业者，但他们的队伍毕竟较小，在现当代文学研究界的影响更是寥寥。所以重建中国化的批评，呼唤书话这种批评方式，以纠正和改变当前的批评过于僵化、技术化的偏向，变得也尤为迫切了。丁帆在他的随笔集《夕阳帆影》中也曾表达过对短论杂感式评论文章的认识：（本书中）"既有宏观的思潮评论，又有微观的作家作品评论；既有文化评论，又有文学评论。这本是我吃饭的行当，理应写得更好些。可这些不算'学术'的边角料铺陈的短文，的确激情多于学理，在学院派的殿堂里，似是不能登大雅之堂的，方家们只能将就着看个大概齐吧。"[①] 这里，自然是作者的谦虚之辞了，但也暗示了目前学术体制中，这些短论随笔等研究和评论文章是没有其地位的现状。其实这些文字，如同书话一样，也是堂堂正正的研究、学术，而且是中国最具传统意味的，渊源最长的一种研究方式。

我们知道，刚刚过去的 20 世纪和正在展开的 21 世纪，可以说是个文学批评的时代。占据主流的文学批评体现出让人目不暇接的更迭性、易逝性。从世纪初的俄罗斯的形式主义到德意志的罗曼文献学，从日内瓦的主体意识批评到巴什拉尔及其弟子们的客体意象批评，从精神分析批评到文学社会学和接受美学，从六十年代的语言学热潮到结构主义，从文学符号学到文本批评，让人眼花缭乱，各领风骚。其知识含量的丰富，学科交叉的纷繁，涉及哲学、社会学、心理学、人类学、语言学、计算科学、医学等等。这些批评自然开拓了文学研究的方法和视野，很大程度上推进了文学研究的进步。而且"20 世纪文学批评的另一个特征，是对形式、符号、技巧的热衷。批评家们把作品当作一种语言、一个长句、一种符号体系来分析，把诗、小说、自传分解为一个个诗句、一个个人物、一个个声音和

---

① 丁帆：《自序》，《夕阳帆影》，知识出版社 2001 年版，第 2 页。

一个个意义单位。"① 但是，这必然也带来了诸多弊端，如文本文学研究成为验证各种理论方法的附庸，在眼花缭乱的论争推演过程中，文学批评的本来意义反而被忽略了，遗忘了。对此夏志清曾表达过这样的观点："现在文学批评这一门当然术语也愈来愈多，是否真的我们对文学的本质、文学作品的结构将有更确定性的了解，我十分怀疑。艾略特写文评，从不用难字，一生就用过两个比较难解的名词：'客观投射'（objective correlative）和'感性分裂'（dissociation of sensibility），而且'客观投射'仅用过一次。不料研究艾略特的人，特别对这两个术语感兴趣，因为看来比较'科学'。到了晚年，艾氏非常后悔，认为他早年造孽，贻害无穷。"②

尤其是当代以来，在西方化焦虑和现代性焦虑的背景下，我们的文学批评有着明显的偏颇："众多的批评者都更热衷于文学批评方法的创新，热衷于提出某种新的批评观念或某种新的批评方法，而不大关心文学批评的现实实效问题。……那些近距离地贴近文学现实和文学文本的批评会被当成一种缺乏理论功底的表现。"③ 在让人眼花缭乱的批评方法中，不管你的方法多么新锐、理念多么诱人，真正有效的符合文学发展的批评，关键要看你的批评是否真的切近于文本本原，是否贴近创作实际，是否切近于文本作者本身。而对于书话，尽管其形式很灵活，内容极庞杂，但有一条贯穿始终的线——书（文本），不管是由"书"及人，由"书"及事，都离不开书（文本）。而且更为重要的是，因为书话的体验、经验、投入参与的批评立场，使得批评者与文本及文本作者，互动交融，密切相联。从而无法不切近于文本（书）、无法不切近于文本作者（与书相关的人或事）。

当我们把书话作为批评和创作的时候，我们发现，书话体现出的特点，与当下的批评界、理论界的话语和理论的整体判断和批评话语，形成了不

---

① [法]让-伊夫·塔迪埃：《20世纪的文学批评》，史忠义译，百花文艺出版社1998年版，第328页。

② 夏志清：《劝学篇——专复颜元叔教授》，《谈文艺，忆师友》，上海书店出版社2007年版，第88页。

③ 张奎志：《我们需要怎样的文学批评》，《体验批评：理论与实践》，人民出版社2001年版，第4页。

小的冲突矛盾。书话的边缘，书话写作不跟风（这种体式决定了它跟不上"风"），理论、话语相对滞后，这种滞后性反而带来了书话批评的稳健性与恒久，永远不可能成为众星捧月的焦点和中心，但也不会真正的销声匿迹，只是在"丛中笑"而已矣。正如有曾以书话形式进行学术研究和批评的学者说的："如果人们能够利用好书话这种深浅有度、雅俗共赏的体式，结集时将其作为介于学术专论和普通读物之间的一种文本，内容相对集中在某一专题，使用非论文话语表述，以组合或系列的方式，把周知和鲜知揉为一体，令普通读者和学者皆可从中获益，那么它的价值和意义就会更大，生命力也会更强。"①

在大半个世纪以来的这种远离文学本身的学院批评的滚滚浪潮中，书话作为批评方式，尽管微小，但它的存在毕竟提醒着人们，传统的文学批评方式如果能在现代得以很好的继承和转型，对当前僵化的理论批评不失为一种极好的补充和制衡。让 - 伊夫·塔迪埃在《20 世纪的文学批评》结尾处的呼吁声，用在书话批评再合适不过了："愿批评像艺术一样，在追求真实的历程中接受科学之外的其他途径，愿微小的贝壳留住大海的涛声。"②

① 葛铁鹰：《写在前面》，《天方书话——纵谈阿拉伯文学在中国》，首都师范大学出版社 2007 年版，第 3 页。

② ［法］让 - 伊夫·塔迪埃：《20 世纪的文学批评》，史忠义译，百花文艺出版社 1998 年版，第 333 页。

第三章
书话的现代中国文学文献学价值

> 一时代之学术，必有其新材料与新问题。取用词材料，以研求问题，则为此时代学术之新潮流。治学之士，得预于此潮流者，谓之预流（借用佛教初果之名）。其未得预者，谓之未入流。此古今学术史之通义，非彼闭门造车之徒，所能同喻者也。

> ——陈寅恪

文学文献史料的研究与书话这种文体形式有着天然的密切联系。从阿英、唐弢"开拓了版本学的天地"①，到马良春在新时期明确提出建立新文学史料学的呼吁②，越来越多的作家、学人用书话形式来进行文献史料的发掘、保存与研究工作。朱金顺就曾说："我是一个多年沉湎于新文学版本的人，因此，对新文学类的书话则分外留心。从中，获得了不少新文学的版本知识和掌故"。③以自创刊起就十分重视新文学史料工作的《中国现代文学研究丛刊》为例，从1985年1期起曾专辟"书话"栏目。这些书话多谈新文学的史料轶文的发掘与考辨，且富艺文情趣。如姜德明、吴泰昌等非学院派研究者的书话类文章开始登堂入室。为什么专辟"书话"栏目？1985年1期末尾的编后记《改版致读者》说得明白："'抢救'现代文学资料正成为越来越紧迫的任务；许多资料已经到了时不我待，稍有延误即将永远丧失的严重关头——这是许多有心人十分关心和大声疾呼的课题。……

---

① 唐弢：《晦庵书话·序》，《晦庵书话》，三联书店1980年版，第5页。
② 马良春：《关于建立中国现代文学"史料学"的建议》，《中国现代文学研究丛刊》1985年第1期。
③ 朱金顺：《新文学书话叙考》，《中国现代文学研究丛刊》2005年第6期。

新增添'书话'一栏，也属于资料项目，除了提供史料外，还希望文字具有更大的可读性。"① 无意间，编后记已经把书话与文学史料的密切联系暴露无遗。事实证明书话的写作与史料的开掘及新文学史料学的建立关系密切。②

一般认为文学文献分为三个级别：第一级是原始文献，包括别集、丛书、手稿、阶段性选集；第二级是作家生平的史料；第三级是研究文献，即原有的研究成果。就书话整体而言，这一分级标准，界限就变得十分模糊了。因为书话作为一种特殊的著述方式，特殊的文体，既具有文学性——一种边缘的文学体式；又具有学术性——具有重要的文学批评与史料价值。作为作家的一种写作或创作，书话是第一级的原始史料，而就其记录、批评及研究的史料内容而言，书话却又是第二第三级的史料。由此，本章"书话的现代文学文献学价值"包含两个层面的意思：第一，书话本身是一种文学史料，对书话的发掘与整理的工作本身就是史料的新发掘。对没有得到研究者足够重视的书话进行检视，是文学史料的发现；对湮灭在历史尘封下的书话的重拾，更是文学史料的发掘。第二，书话的写作本身也是文学史料研究发掘的一种体现。所以本章拟从这两个方面展开论述。前者，论述作为现代文学史料的书话，后者论述作为文献史料研究工作的书话写作，及其对新文学史料研究及文献学建构的方法论启示与借鉴。

第一节　书话：遗落的文学史料

书话本身是一种文学史料，对书话的发掘与整理工作本身就是新史

① 见《中国现代文学研究丛刊》1985 年第 1 期。

② 凡是对书话有兴趣的人都会发现一个有趣的现象，即专注于文学文献史料者，往往都会涉及书话的写作。现代的鲁迅、周作人、郑振铎、阿英、唐弢，到后来的黄裳、曹聚仁、姜德明、朱金顺、陈子善等等，无不如此。周氏兄弟所关注的大多是古代的典籍、地方志、乡贤著作，郑振铎对古代戏曲、话本等文学、文献兴趣最大，阿英的书话是对有明以来尤其是晚清以降的文学颇多探究以及对正在进行或刚刚过去的新文学的留影，唐弢书话对五四以来新文学的作家作品的记录。曹聚仁、姜德明、朱金顺、陈子善等对新文学的爬梳研究，也都在不同程度上不约而同地运用书话这种写作方式来进行。

料的发掘。包括对没有得到被研究者足够重视的书话的重拾，和对湮灭在历史尘封下的书话的发掘。如前指出，书话作为一种特殊的著述（包括创作）方式，即是一种文学史料，亦即是作为第一级原始史料的书话。叶德辉的《书林清话》《书林余话》可以看作现代书话形式之滥觞，也是现代书话成集出现之开端。后来三十年代周作人的《夜读抄》等自编文集及四十年代周越然的《书书书》《版本与书籍》的出版，是其赓续与发展。直到1962年北京出版社印行的唐弢《书话》是首部明确以"书话"命名的集子。1978年以后，现代书话集开始逐渐多起来。其间陈原《书林漫步》（三联书店1979年版）、唐弢《晦庵书话》（三联书店1980年版）、杜渐《书海夜航》（三联书店1980年版）等相继出版。这些作家/书话家自编书话文集的出版，都是重要的文学史料，其价值与意义待于从书话的角度进行发掘与重估。

但必须指出，现代意义上的书话成型很晚，从周作人开始有意识地经营这种文体，至迟从曹聚仁、阿英才开始正式用"书话"的概念。除了少数的文人作家外，更多的现代文人作家在写书话的时候，并没有明确的文体意识，所以更多的人是尽管有书话创作的实践，而他们自己编辑的书话集就相对比较少。目前已出了大量的书话集，这在本书导言里已经介绍甚详了。然而这些工作还远远不够，遗漏甚多。如阿英的《剑腥集》（署名鹰隼，上海风雨书室1939年版）中就有《〈西行漫画〉题记》《〈胡沙随笔〉解题》《〈抗战木刻〉叙》以及"国难小说丛话"多题。另外，在阿英的《麦穗集》（上海落叶书店1928年版）《夜航集》（上海良友出版公司1935年版）中均有典型的书话文字。而这些未能收入《阿英书话》等集中。姜德明主编的"现代书话丛书"中《周作人书话》所收的书话文字远远非周氏书话的全部。钟叔河所编《知堂书话》尽管为厚厚的两大册，但也并非没有遗漏。其实在笔者看来，周作人的诸多自编文集其实都是书话集了，如果是再从中抽取若干重新编辑出版，自然就会挂一漏万。

其他的很多新文学家也都或多或少地涉猎书话写作，但往往为人们所不察。因为书话处在边缘地位，一直为人所忽略，除了作家文人的自编书话集外，更多是作家没有自觉文体意识下的写作，所以这类文字就被混入其他的文章中，变得面目不清。那么将他们的书话文字从其他的篇章中辨析出来，其实是很有必要的。如茅盾、老舍、郭沫若、叶圣陶、朱自清、都留下了很多的书话文章，因为没有独立的文体意识，或者是数量远不如其他的文学创作，不像周作人等以书话随笔为著，故往往不太为人所关注。再加上书话作为一种边缘的文体，未能得到应有的重视。正是没有认识到书话的独立性，所以其独特性就无法完全彰显，进而书话中所蕴藏的大量文学、文化信息就无法得以充分认识。

周作人自 1949 年之后的书话随笔写作研究还是一个相对沉寂的领域。周作人及其创作可以说是现当代文学史不可绕过的一个重要存在。然而，由于他曾经事伪的一段经历，使得文学史在谈论他时不得不有所顾忌。而且文学史所关注的大部分是其在五四初期的关于"平民文学"、"人的文学"的思想理论建设和"美文"等的文学理论思考。对其数量最多最丰富的书话随笔则少有提及，散文章节中常论及的都是抒情性较强的美文。尤其是在 1949 年以后，对周氏晚年的大量写作，当代文学史几乎不予提及。这最重要的原因在于周氏晚年的书话写作、散文写作与当时的政治保持了相当的距离，处在极为边缘的地方，其文体也依然延续现代时期的风格，没有大的转折突破。而以思潮、运动为主线勾勒出来的文学史中，周氏晚年的创作自然无法纳入其论述体系中，于是就成为一个被遗忘的存在了。而在"文革"结束不久，书话家姜德明就提出："正如目前已有人公允地评价了周作人在'五四'前后早期的贡献一样，周作人的晚年生活也可以研究，这种风气首先就值得提倡。"① 尽管说姜德明在随后的谈论中并未将周氏的"人"和"文"分而视之，但是毕竟很早就提出要研究晚年周作人的创作。

由于固有的文学史观和文学观的限制，既有的作家研究还有很多盲点，并没有包括他们的全部创作。一个突出的例子是，在现当代文学史的叙述中，叶灵凤只是海派的重要小说家，但是实际上，叶灵凤中后期的大

---

① 姜德明：《周作人晚年书信》，《书梦录》，安徽人民出版社 1983 年版，第 140 页。

量书话作品，则投入了他更多的精力，无论是数量还是质量都很可观，然而文学史对叶氏的书话随笔创作则有意无意地忽略了。叶氏的书话其深沉的情感、厚重的底蕴、平淡的风格和韵味，都应该在文学史上有其独特的位置。可是，文学史给我们的只是"半个"叶灵凤，叶氏的另一面被遗忘了。叶灵凤的特殊身份，也使得长期以来的文学史在讲述叶氏的时候会心存疑虑，而且多将其置于现代文学中的海派小说章节中论及。直到现在为止，几乎所有的文学史著中，叶灵凤都是以一个昙花一现的小说家的面目出现。如果说叶氏的一生创作也分为早期、中期、晚期的话，他早期当然有着突出的小说创作，但同时也有着相当数量的散文随笔，如《白叶杂记》（1927 年上海光华书局出版，为"幻洲丛书"之一）、《天竹》（1928 年上海现代书局出版）。而在他的中期已经开始尝试写作书话。到了后来抗战胜利之后，直到 1975 年逝世，这三十年间叶灵凤始终笔耕不辍写作了大量的书话。这些书话随笔越来越老到凝练，沉稳持重，既有耐人咀嚼的文化含量，也有趣味，语言也颇生动，是叶灵凤艺术、思想、情感、人生经历的集中体现。然而这一切，在文学史著作中从来不予提及。相比而言，当代书话则常常给予叶灵凤及其书话随笔创作比较多的关注。比如姜德明早在"文革"结束不久的八十年代初，就曾多次撰文专谈叶灵凤的散文，如《〈白叶杂记〉和〈天竹〉》《叶灵凤的后期散文》等，还原给读者一个散文家的叶灵凤，揭示了被文学史遮蔽的叶氏另一面。这对文学史的纠偏无疑是很有意义的。对于青年叶灵凤的散文小品，姜德明曾评价说："一些读书笔记和抒情小品亦很有特色，除了文字简练，知识丰富以外，生活气息也很浓，读来亲切自然。"① 必须指出的是，姜德明专谈叶灵凤及其散文创作时是在 1983 年，那个时候的所有文学史著还是对叶氏的身份很是敏感的，并且能对叶氏的创作给予了比较全面的评价。这在当时确实很难得。实际上，从叶氏一生的创作而言，他致力最勤的，数量最丰富的，无疑还是散文随笔，尤其是书话写作。对此，也都是在书话中才能看到较为公允全面的评价。比如姜德明曾高度评价叶氏的书话随笔："从艺术上看，可以说已经达到炉

---

① 姜德明：《〈白叶杂记〉和〈天竹〉》，《书味集》，三联书店 1986 年版，第 154 页。

火纯青的地步。这时他主要是写随笔，不论是抒情小品和风物知识、读书札记，每在极小的篇幅里包含着丰富扎实的内容，不少独到之见，而思想上又是充满了爱国主义精神。"[①] 而且需要提及的，相对于文学史著的滞后性来讲，书话是颇能够及时反映文学研究的前沿需要，给予适时的提示和呼吁。在1983年8月，基于内地还没有全面反映其创作面貌的选集出版，姜德明就呼吁："叶先生著译丰富，逝世也已经八年，海外和内地应该考虑出版他的一本选集了。"[②]

鲁迅是重要的杂文家，这是毫无疑问的，但是他也写过不少书话作品。这些书话作品都被历来的研究者和文学史作者，混同在杂文当中来论述和看待的。事实上，这些更多染上个人趣味性的书话，与如匕首如投枪的战斗性的杂文，有着明显的区别。后者的批判性、烟火气的"遵命"色彩极为浓厚，而前者的自由散淡、超功利性的一面表现得淋漓尽致。或者说，杂文基于现实斗争的需要，而书话更多是基于个体兴趣使然。二者结合起来考察，才能更好地看到一内一外的鲁迅两个方面，整体的丰富的鲁迅方能凸显。

新文学家以外，有很多文人对书话写作多有涉猎。这些以书话写作为主的人多是"杂家"（这些人的身份和职业更多的是学者、文化人、编辑家等），其阅读视野大多非常博杂。这些书话大多为新文学研究者所不察，没有纳入新文学研究的范围，被淹没和冷落。因为其操作的文体形式不是被奉为新文学"正宗"的小说等核心文体，自然在以叙述核心文体演进为主的文学史叙述架构中，主要是以书话为创作形式的文人作家，就无法安置。于是乎，这些曾经在当时文坛上静静耕耘，甚至曾声名赫赫的人，在后世的文学史中也被遗忘。

首先，在大作家的笼罩下而被忽略的杂家及"问题作家"（因政治等原因而遮蔽的作家）的书话亟待发掘、重识。比如郑逸梅、周越然等。郑逸梅的"艺林散叶"系列多记前彦逸事，"散叶"很多其实就是书话，在最大

---

① 姜德明：《叶灵凤的后期散文》，《书味集》，三联书店1986年版，第158页。
② 姜德明：《叶灵凤的后期散文》，《书味集》，三联书店1986年版，第154页。

程度上保留了文坛的真实性、原生态，为近现代文坛保留着一份极为珍贵的纪录片断。周越然出版于 40 年代的《书书书》(上海中华日报社 1944 年版)、《六十回忆》(上海太平书局 1944 年版),《版本与书籍》(上海知行出版社 1945 年版) 是 1949 年前除周作人、唐弢、阿英外，为数不多的运用随笔笔调专谈私人藏书的书了，周越然的后人周炳辉搜集并先后辑成《言言斋古籍丛谈》(辽宁教育出版社 2001 年版)、《言言斋西书丛谈》(辽宁教育出版社 2003 年版)、《言言斋性学札记》(广西师范大学出版社 2004 年版),这次重新整理出版，带有抢救性质。但周氏仍有为数不少的书话随笔文字散落在《晶报》等报纸的副刊，未能整理结集①。

周越然于 1933 年 4 月至 1938 年 11 月以"走火"、"九一三"、"州亚"等笔名在上海《晶报》等上面不定期的撰写大量的书话。周越然写作了为数众多的性学书话札记，周退密曾评价周越然为"藏书名家，蜚声海上，凡中西书籍之涉及香艳者，所藏尤富。"②这些文字主要集中体现了两个方面的意义：一是以比较科学的态度对性学进行现代意义上的谈论和研究。其态度应该说是严肃的，无怪周退密以"思无邪"来评价言言斋的性学书话。如对于"力倍多"(力比多)、"优生学"、"生育与性乐"的介绍评说。一是在客观上表现了传统文人的趣味把玩的根性，是文人趣味性的一个侧面，对于考察那个时代的文人创作现象，具有重要的史料意义。躲斋曾说："纵不论周越然先生当年执笔为文时，是为迎合《晶报》读者之趣味，还是出于游戏，自谓'游戏小品'，它的史料意义是明白的；尤其是对于外国性文化史，无疑是一份很有价值的资料。"③在这里，躲斋已经肯定了言言斋书话的史料意义。可见，言言斋的西书书话不仅有考察性文化史的意义，同时也为我们提供了观察现代文学思潮和历史的难得的资料和途径。周越然涉性书话的写作与发表是与当时中国大面积输入西方现代思潮

---

① 正当重校此书稿时，笔者获知金小明、周炳辉又编辑出版了《夹竹桃集——周越然集外文》一书，该书包括三辑《文史杂记》《〈晶报〉随笔》《修身小品》。是集的出版，给我们还原了大致完整的周越然创作的面貌（金小明、周炳辉编辑：《夹竹桃集——周越然集外文》，中央编译出版社 2013 年版）。

② 周退密：《〈言言斋西书丛谈〉序（一）》,《言言斋西书丛谈》，辽宁教育出版社 2003 年版。

③ 躲斋：《〈言言斋西书丛谈〉序（二）》,《言言斋西书丛谈》，辽宁教育出版社 2003 年版。

的社会背景密不可分的，也对西方人道主义文学观念的引入起到了推波助澜的作用。周越然的书话还涉及了很多近现代（尤其以晚清近代为多）的通俗文学作品，搜集整理和阅读这些文字对于近现代通俗文学的研究助益很大。

第二，值得关注的现代学人的书话文字。很多文人学者在研究的同时大都常常会留下书话文字。书话需要对资料熟悉，对写作者的知识要求很高，学人们在这方面往往更具优势。比如卢前（冀野），就写了大量的随笔书话。1949 年 11 月至 1951 年 4 月这段时间里，卢前主要致力于文学创作，以"卢冀野"、"冀野"、"云师"、"饮虹"的笔名在两个报纸上发表专栏文章，其中多是短篇的书话随笔。他在《大报》上还开设了"柴室小品"专栏。卢前的书话大多分为三类。一是谈风土民俗的，作者对南京和北京的风情民俗、市民百态，津津乐道；一是谈及文坛掌故，回忆与之交往的作家与学者，此类最具文学史料价值；一是作者记录自己访书、藏书、刻书、读书的心得，对书籍的形式、内容的品鉴、评论，有着浓浓的书卷气息。这一类是最为典型的书话文章。中华书局 2006 年出版了"冀野文钞"，其中第三辑为《卢前笔记杂钞》就收入了如《柴室小品》《冶城话旧》《东山琐缀》等内容。这些文字保留了中国传统笔记的写法，文字清新古朴，涉笔成趣，颇为耐读。这些笔记里面记述和评述了前人、时人的事、书、文，多有典型的书话，在阅读中能体会出知识、趣味及审美的享受。

除此以外，卢前仍有不少书话文字散见在《亦报》《大报》副刊上，目前还没有结集出版。这些文章多是谈中国的白话小说，从中不仅可以看到书话作者的小说、文学批评的观念，具有批评史料价值。还值得关注的是其中折射出来的时代氛围以及文人的晚年心路，史料意义显而易见。另外如金性尧，在 1949 年前写过大量公私藏书的文章。如他的《期刊过眼录》，对旧杂志文献价值有着很多的谈论，对此研究者也少有关注。

第二节　文学历史现场的复现

一、返回文学史现场

书话作为文学文献史料载体，有着其他文献史料类型替代不了的重要史料记录功能。众所周知，从史料学意义上讲，只有通过文献记录进入文献载体的文化信息才具有文献学价值。因此，史料信息与史料的载体是不可分割的，载体是信息的依托，离开了信息，载体也就失去了意义。而就书话而言，其本身就是一种重要的历史现场的载体。文学文化信息大量储存于其中。因而，书话成为重要的文学史料。

书话具有纪实性。书话作者大多是亲历、亲睹或亲闻这些历史场景人物面影的文坛中人。所以书话就成为呈现历史旧迹的珍贵资料。作为非虚构文本，书话中保留了作家言行、作品、通信及作家对文学现象重要的评价。陈寅恪先生的"以文证史"，将文学作品作为历史研究的资料，在当代西方，新史学家们也试图利用文学作品来进行历史研究。这就给我们启示，我们反过来亦可以史料来推进文学的研究与阐释。既然虚构性很强的文学作品，都已成为当代西方新史学家探求历史想象和历史现实之关系的重要资料[①]，那么作为非虚构文本的书话，自然更是还原历史接近史实的直接凭借了。

现代书话的纪实性特征复活了文学史著作和文学评论中无法展现的现代作家文人许多活生生的历史细节。冯亦代在给姜德明书话集《书梦录》所作的序言中称赞姜氏的书话说："不仅独具慧眼，发人所未发，而且为现代文学史添补不少资料……后人之研究中国现代文学史实的，必将有所感谢于他。"[②] 其实这一评价也完全适用于包括唐弢、姜德明、曹聚仁、倪墨炎等人的书话。他们的书话文字对我们重新认识中国现代文学史都颇有意

---

① 参见徐善伟：《想象史研究述评》，《学术研究》2002 年第 7 期。

② 冯亦代：《书缘》，《书梦录》，姜德明，安徽人民出版社 1983 年版，第 1 页。

义。鲁迅弃医从文的经历历来是被作为鲁迅生涯中极其重大的事件来研究的。但是鲁迅的医学背景对其人生与创作有什么关系，常常被忽略。而现代书话文字曾多次谈论到这一点。唐弢《〈药用植物及其他〉》①一文，考察了鲁迅一部并不太为人所知的译著《药用植物及其他》，并指出其曾出过单行本。这说明鲁迅自弃医从文后并未完全放弃医学研究，此即一例。这对于全面认识鲁迅意义颇大。事实上，他的医学背景一直潜在影响着鲁迅的创作。这就让我想起来姜德明的书话集《书味集》中曾谈起"在鲁迅的作品里（包括书信和日记）常有一些关于医学知识方面的见解，甚至鲁迅还给朋友开过药方，科学而精到"②。其实这是一个很有意义的问题，虽然限于书话的文体特点，未能展开来谈，但这书话所提供的问题无疑给鲁迅研究提供了一个新的视角。

　　一篇书话就是一段历史。书话中既包含着所述及的他人的著作、生平、本事，也包含着书话作者本人的生平活动。最应关注的还有书话中所录他人和书话作者之间的关系、交游。通过一鳞半爪的记述，为后来研究者提供了极有价值的史实与考察线索。如唐弢在书话《撕碎了的〈旧梦〉》中开篇就谈及了徐调孚的旧文："一九四四年八、九月间，徐调孚同志曾以陈时和笔名，在柯灵主编的《万象》上，写过一篇《新录鬼簿》，专谈已经逝世的几位作家的逸事，其中被提及的，第一个是鲁迅，第二个是刘大白。调孚还替大白开列了一个著述书目，共计十八种。已刊的十六种，未刊的二种"。③这篇书话中短短的几句话，不仅提示给我们了徐调孚的旧文及这篇旧文中谈到的几位作家，并且告诉我们在此文中有刘大白的著作书目。无疑这都是十分重要的线索。对此，我们可以按图索骥，这给我们的研究工作提供了很大的方便。

　　现代书话按作者写作的时间，可以分为时人对当时文人文事的记录、时人时过境迁之后的追忆、后人对以往文坛的考索发掘等几类。

———————————

① 唐弢：《晦庵书话》，三联书店 1980 年版，第 139 页。
② 姜德明：《书味集》，三联书店 1986 年版，第 36 页。
③ 唐弢：《撕碎了的〈旧梦〉》，《唐弢书话》，三联书店 1980 年版，第 30 页。

首先，时人对当时文人文事的记录。写作书话的新文学家都是当时的文坛中人，是新文学历史的创造者、参与者或亲历者，他们熟悉和掌握着这个时期文学的最生动、感性、真实的文献资源，对这个时期的文学现象和文学活动具有最敏感的感应能力，因此，他们书话所记录的文献在内容上具有了真实性和权威性，这使得新文学家的当时所写的书话从开始就具备了文学经典的时代特质，并在其后发挥着无可替代的文化影响力和历史解说功能，在很大程度上影响着后人对那段文学史的历史记忆。比如周作人、阿英、唐弢在三四十年代新文坛中所写的诸多书话，常为研究者所引用参考。赵景深的《文人剪影》（上海北新书局 1936 年版）、《文人印象》（上海北新书局 1946 年版）、《海上集》（上海北新书局 1946 年初版）等集子中的书话也同样如此。

其次，时人后来的追忆文字。新中国成立后，许多老作家编辑家或者由作家而转岗的学者，往往提笔写作追忆刚刚过去不久的新文学的历程，特别是"文革"结束以后，思想界文艺界的松动，这类书籍文章更多起来。如唐弢《晦庵书话》、叶灵凤《读书随笔》、赵家璧《编辑忆旧》、赵景深《文坛回忆》、张中行的"负暄琐话"系列（《负暄琐话》《负暄续话》《负暄三话》《负暄絮语》包含很多书话文字），还有郑逸梅的《艺林散叶》等。

追忆性的书话常常涉及一些颇有争议的文坛史实，对此书话家都有自己的独到认识，这对于全面准确认识那段历史，进一步理解复杂的人事关系等有着重要的参考价值。如叶灵凤曾在书话中谈及对郁达夫 1933 年后的一些转变，和当时文坛故旧疏离的原因谈了自己的看法：

> 自一九三三年以后，达夫所写的文章似乎很多，但我看过的实在很少。因为从那时开始，由于王映霞的关系，达夫同许多老朋友，都渐渐地疏远了，他所往来的，都是当时喜欢结交文人雅士的新贵。这些人将达夫夫妇看作一对才子佳人，拼命的拉拢，达夫也不得不与他们周旋，因此诗酒征逐，所写的文章，不是看花，就是游山。而在这

样与他的身份不相称的交际活动中，也就种下了日后他们夫妇仳离的祸根。①

当时文坛中人所录或所忆的文字往往鲜活生动，饱含感情色彩，多由书而及人，由书说开去，讲述书人、书事，给人留下生动的文坛史实和文人形象，从而也就留下了文坛最真实最生动也最感性的细节和面影（当然这也是人们喜读书话的重要原因）。正是因为记述生动、感性，所以往往会有冲击力。如唐弢忆及黑芷时说："黑芷自己亦正是契诃夫笔底的人物：贫穷，黯淡，平凡，不幸，最后是绝望的死。"② 如果说这评价是对黑芷包含着同为文人的深刻理解和深沉情感的话，那对彭家煌的描述则是写实且生动形象的。在唐弢的眼中，彭家煌"为人沉默寡言，朴讷而带点忧郁，他的朋友黎君亮曾说他貌似庞统，我觉得这个比拟很有意思。"③ 这样的记述，作家个人性格和气质乃至容貌都跃然纸上了。所谓知人论世，这对于我们进一步理解和挖掘该作家的作品中的内涵无疑极有帮助的。唐弢在《〈童心〉》中曾由王统照的赠诗《谢晦庵君》中提及"樽酒论文"，回忆起那段与当时文坛诸友的交往过从。"原来抗日战争初期，我们都留居上海。蛰处一隅，时相过从。当时常在一起的还有西谛、柯灵、长简、健吾、西禾诸人。剑三和西谛都喜欢喝酒。有时相聚小酌，快谈古今，一直到夜阑才踏月归去。"文章最后，思及王统照先生已因病去世，故人已逝，不由得感慨："可惜如今故人谢世，墓木且拱；往事如昨，而我已无法再践'樽酒论文'之约了！"④ 读之，让人不由得唏嘘。

还有如叶灵凤对郁达夫个性气质的评价：

> 吴令湄兄对郁达夫先生的游记和旧诗，不满意他称自己的诗为打油诗和哼哼调。

---

① 叶灵凤：《读〈郁达夫集外集〉》，《读书随笔》（二集），三联书店 1988 年版，第 18 页。
② 唐弢：《文人厄运》，《晦庵书话》，三联书店 1980 年版，第 225 页。
③ 唐弢：《今庞统》，《晦庵书话》，三联书店 1980 年版，第 245 页。
④ 唐弢：《晦庵书话》，三联书店 1980 年版，第 35 页。

　　　明明是很规矩的七律七绝，为什么硬要说是打油诗和哼哼调呢？自谦也不必这么谦法，这简直有一点近于糟踏自己。其实，这正是达夫先生的一种特性，也可以说是那种旧文人的气质，喜欢在文字上自怨自艾，自暴自弃；一时认为生不逢辰，潦倒穷途；一时又认为天降大任，国家兴亡都挑在他这个匹夫的肩上。①

如无深入交往、深刻理解，是说不出这样的知人之论的。因为同为文坛中人，自然彼此会知根知底。叶灵凤对林语堂的评论似乎就显得十分尖刻，他在收入书话集《读书随笔》的一文《小谈林语堂》中说：

　　　林语堂是靠了《论语》起家的，我曾经参与过几次《论语》的筹备会议，所以知道一点"内幕"。这个刊物最初能够办得很有点生气，实在应该归功于陶亢德，根本不关林语堂的事。

这无疑透露出《论语》创办和经营的内幕。说到林语堂创作，叶灵凤更不客气了：

　　　林的英文已经不很高明，中文简直更差。偶然写几篇"幽默"短文，事先托人润饰一下，还看不出什么马脚。可是后来跟了人家提倡"袁中郎"，要写那种"晚明小品"式的散文，那就露出本相来了。亏他聪明，知道自己的文言文不行，白话文也不行，简直不能同苦雨老人那种冲淡洗炼的散文相比，打油诗更不用说了，不要说没有风趣，就是要凑韵也凑不上，只好走偏门，来标榜宋人的"语录"体，不知道朱夫子的语录体文章，简直比白话文和文言文更难，一次曾被鲁迅先生在那篇《玩笑只当它玩笑》（见《花边文学》）里，将他"幽"了一"默"。②

---

① 叶灵凤：《达夫先生的气质》，《读书随笔》（二集），三联书店 1988 年版，第 20 页。
② 叶灵凤：《小谈林语堂》，《读书随笔》（二集），三联书店 1988 年版，第 68—69 页。

我们知道，现代文学期刊众多且出版十分不正常，变动很大，脱期、改头换面等常会发生，这都给后来的寻找辑佚工作带来很大的麻烦。而书话往往会给我们提供考察的方便。如叶灵凤、潘汉年等编辑的《幻洲》半月刊为人所熟悉，但是其前身作为"当年创造社出版部刊载新书消息的一个小刊物"《A11》却很少有人知道，很多期刊目录也没有记载。读叶灵凤书话《〈A11〉的故事》[①]，文章对《A11》的创刊、编辑、发行、组稿以及常常刊载的文章性质等都有较详细的谈论。这对于我们的辑佚考索及认识创造社出版等工作都有很大帮助。

另外，后人考查追寻的文字。新时期以来很多学院派内外的学者文人，如黄裳、姜德明、胡丛经、倪墨炎、吴泰昌、朱金顺、陈子善等用书话的写作方式修复和重现渐成传统的现代文学的历史。这实际上是借书话来进行新文学考察探究的一种方式。这些人的书话自觉借鉴了古典的文献研究方法，这对现代文学的史料发掘很有启发与借鉴意义。

这些书话提供了很多新文学史料。比如，书话常常记录或抄录现代书刊作者／编者的题字题词，或书籍收藏者的跋语题词，这些题词对于我们认识作者与接受者之间的关系、作者对于自己作品的看法，收藏者寻书过程中发生的种种故事都有诸多的史料价值。黄裳就曾在自己的书话中谈到他偶然获得一本译者冰心给吴文藻题词赠送的《先知》。在这则书话中不仅抄录了冰心给自己爱人的题词的原文：

> 这本书送给文藻，感谢他一夏天的工夫，为我校读，给我许多的纠正。——这些纠正中的错误，都成了我们中间最甜柔的戏笑——我所最要纪念的，还是在拭汗挥扇之中，我们隔着圆桌的有趣的工作。
>
> 十一，十七夜，一九三一，冰心

并且，黄裳还照录了冰心的回信："收到巴金转来的您'还'给我们的那本附有题字的《先知》，真是意外的欢喜和感激！几经离乱，赠书人和受书人的脑海中，都早已没有了那片帆影。为了晚年的慰藉，我们向您深深地致

---

① 收入叶灵凤：《读书随笔》（三集），三联书店 1988 年版。

谢。"①

另外，书话还是现代文学理论批评的重要史料。书话中有相当一部分继承了中国传统目录之学（如《直斋书录解题》等）的著述方式，往往记录作者生平逸事，品评作品艺术得失，引录作品原书的精彩句段，兼及版本流变，成为考察近现代文学创作特点和作家事迹生平的具有很高价值的理论批评资料和文献史料。关于书话的理论批评史料价值，第二章在论述书话的文学批评价值的过程中多有提及，此章不再赘述。

二、书话：文学历史细节的呈现

历史都是由细节组成。一个一个偶然的质点，连成一个必然的曲线，这曲线就是历史，而一个个的质点则是组成历史的无数细节。如果我们丢失了细节，历史就是空疏的，而空疏的历史则往往是失真的；历史是需要血肉的，如果剔除了血肉历史只是一个简化了的概念和抽空了的壳子，失去了鲜活生动。没有血肉的历史叙述，其真实性也值得怀疑。还原历史的细节、修复它应有的血肉，使之鲜活、丰满、生动起来，这样的历史才能恢复历史的复杂面相，最大可能地接近历史真实。

书话写作则是在试图还原着文学历史的细节。书话是对文学、文本的一种记录，也兼及文本以外的人与事的记录描述。书话的写作，作为文坛中人的作者的观察和记录更加真切感性，即使是后人的查考，也都因其原创性写作，而更具个体化、私人性色彩。文学史著，当然也是一种记录，而这种记录是群体性的公共性的。我们的任务是，比较同时期的书话和文学史著对于文学现象（某作品、作家、某事件、思潮现象等等）的不同记录的差异，就可以在一定程度上窥出，在当时民间与官方、私下与公开等不同场景下的不同评说。朗松曾对文学史写作表示过十分的信任，而对文学史写作之外的印象式批评等形式，有过相当的不屑，他说："当印象式批评坚守它的定义所规定的范围时，它合理合法，不应遭到攻击。毛病就出

---

① 黄裳：《〈先知〉》，《榆下说书》，三联书店 1982 年版。

在它从来不坚守这个范围。当一个人读一本书，把他的心里活动写出来，除了内心反应以外不再陈述任何别的东西，那他就为文学史提供了一份宝贵的证词，对此，我们是决不会嫌其多的。然而批评家很少能不在他的印象之中注入历史的判断，或者将对象的性质任意加以改变的。"[①] 问题在于，很少有文学史作者能够真正做到朗松说的"恰如其分地审慎行事"，他们往往人云亦云，互相抄袭，或者武断专横，任意下判断，这才是文学史写作的常见的现象。而文学史现象的复杂事实，让统一体例、观念的文学史家往往束手无策。如果严格统一，必将简单化，如果兼顾到个别，则往往自相矛盾。书话就是一种印象式的批评。当然，笔者从不想把书话印象式的批评与记录的作用提高到过分重要的地位，但是我必须指出的是，相比较目前的文学史著作，书话是更为可信的更可资参考的对象，因为它与文学史著相比，离文学的历史本相更近一步。

因为文学史著述的体例所限，以及文学史观、文学观，再加上政治意识形态的影响，现行的文学史大多是为了教学使用的，既然是教材，则不得不考虑政治性，这是难以避免的，从而带的文学史的概念化、空疏，以大的政治历史事件为讲述的归依，忽视了历史的复杂性丰富性，缺乏必要的历史细节与血肉。对此，已经有不少学者抱怨和质疑。[②] 郜元宝曾经提出编写一部"有文学故事的文学史"。他说：

> 要想在通行的"大而全"的总结账和流水账式文学史讲述之外有所创新，必须恢复"文学史发展的自然时间主线"，交代文学现

① ［法］朗松：《文学史方法》，《方法、批评及文学史》，［美］昂利·拜尔编，徐继曾译，中国社会科学出版社 1992 年版，第 2 页。

② 郜元宝在《没有"文学故事"的文学史——怎样讲述中国现代文学史》（载《文艺争鸣》2008年第 4 期）中抱怨说："迄今为止，'中国现代文学史'最权威的讲述方法还是'大而全'的'做总账'，即力求展示与文学史相关的全部历史真相，兼顾社会历史背景、文化精神背景、文学生产方式、单个作家及作家群活动、各种身份的读者反应、重要作品的形式、内容与审美效果等，唯恐失落一角一隅。犹嫌不足，在细大不捐的总结账和流水账中还要提炼出文学史演进的阶段、脉络和规律，并要概括和阐发某一阶段或整部文学史的性质。'大而全'的文学史具有鲜明的中国特色，它是国家意识形态的产物。国家组织大批专家学者不惜成本长期多方地艰苦合作，才能完成如此鸿篇巨制。今天，这种讲史模式的背景依然存在，'大而全'的文学史还在继续生产，所以很有认真检讨一下的必要。"

象依次出现的共时和历时关系，摆脱"大历史"的"宏大叙事"的"定论"和过分开阔的"大视角"，从细节着手，把严肃死板、抽象悬空、过于混乱的文学史变成一连串的"文学故事"，让学生有亲近感。①

文章中接着举出了不少的例子。这些例子都是文坛背后的细节、故实。应该说他的这一设想，如果真的能做出来，当然极有意义。但是，由于文学史著的特殊体例功能，这些文学故事不可能在文学史著中得以反映，这是文学史的特点，也是它永远难以补足的缺憾，否则，充满了这些文人掌故稗官野史的，就不是文学史著了，而是掌故书籍了。那么，是不是这些很有意味的故事也能帮助人们更好地认识文学历史的细节血肉，就不能很好地呈现出来了？当然不是，这些细节应该得以呈现，但是可能不是在文学史著中，而是其他著述承担的任务。笔者所谈的书话，恰恰就很好呈现了近现代文坛故实，丰富了历史的细节，也在很大程度上弥补了郜元宝所说的遗憾。也就是说文学史著的宏大叙述，所必然带来的缺乏历史细节的空疏弊端，正好由现代书话来弥补了。②

比如叶灵凤、赵景深、赵家璧的书话对文坛琐事、文人故实的回忆讲述都是试图还原着文学史的血肉细节。叶灵凤在书话中多次回忆及《幻洲》《A11》的创办发行的历史细节，对于我们了解当时创造社在艺术与政治、个人与大众之间的选择的徘徊矛盾心态以及最后走向的根源，大有裨益。作为出版编辑家、报人的赵家璧、赵景深、徐铸成，他们是作家与大众之间的联结点，是复杂的文坛网络之中相当关键的纽结点。他们参与和见闻了现代文坛、现代作家的发生的种种历史过程。基于此，他们所写的书话，充满了文坛掌故、作家故实，对于我们认识那个时期的文人与文人、文人与社会之间的复杂关系，很有帮助。

---

① 郜元宝：《没有"文学故事"的文学史——怎样讲述中国现代文学史》，《文艺争鸣》2008年第4期。

② 当然，现代书话并非唯一的弥补途径，像传记、回忆录、随笔、现代文人笔记杂述等也发挥着同样的作用。相比较后者，书话的特点在于能够将现代文人作家与他们的作品创作联系起来，更具有了文学史的功能。

书话的叙事性文体特征复活了文学史著和文学评论中无法展现的新文学家们许多活生生的历史细节。尤其是唐弢，他作为现代文坛的亲历者，对文坛的许多历史事实都比较了解。所以他的书话文字就更具可感性。唐弢有许多谈及鲁迅的书话。唐弢《翻版书》中举出很多现代文坛中盗用著名作家之名进行的盗印翻版的例子，有着很好的史料价值。其中的《一个秋夜》的翻译集子，被放在鲁迅名下，然而实际上没有一篇鲁迅的译作，完全是剽窃朝花社的《近代世界短篇小说集》。唐弢《"有人翻印，功德无量"》记述了鲁迅抱病自费印行《凯绥·珂勒惠支版画选》的经过。"越是说翻印必究，越是禁止不得，越是说欢迎翻印，越是没有人圆此功德"① 这些讲述都毕现鲁迅所处的社会真相，更凸显了鲁迅为弘扬艺术为革命理念不计较个人得失的品格。还有唐弢在《革命的感情》中记述了鲁迅为编印瞿秋白遗著《海上述林》而忘我的工作。唐弢《自选集的由来》让人们了解了鲁迅《两地书》本来要给天马书店出版的，后来因为帮李小峰的忙而交给北新了。于是只好整理出《鲁迅自选集》给天马交差，没有想到却引发了自选集之风的大盛。此种历史细节更多的只有在书话中才能见到。据此可窥见到鲁迅在当时文坛的影响之大及当时的出版业的实况。唐弢书话《从〈小约翰〉说起》一则中对鲁迅在致台静农信中谈及自己拒绝参评诺贝尔文学奖的原因，发人深省，足见鲁迅高尚的人格、冷峻清醒的意识及强烈的民族自尊心自信心。

　　在那个深文周纳的严酷的文网时代，鲁迅为了出版自己的著译采用了很多策略，显示出了他机智灵活的一面。超离了当时惊心动魄的历史氛围再回过头看，我们会顿觉鲁迅的有趣与可爱的一面。比如，唐弢书话《〈毁灭〉中译》就讲述了《毁灭》出版的前前后后。《毁灭》三闲本出来前一个月鲁迅为了使其有较大的影响，还与大江书铺订约出版了大江本。而有趣的是，大江本另作一个封面且译者署名为"隋洛文"。此名的来由是，当时浙江省党部正通缉"堕落文人"鲁迅，此署名是按照"堕落文人"变化来的，是对当局的极大反讽。在诸多的现代书话中，我们似乎可以拨开

---

① 唐弢：《晦庵书话》，三联书店1980年版，第86页。

历史的尘雾，看到一个左突右闯机智灵活的鲁迅正与当局进行着没有硝烟的战争。

鲁迅在那个时候基本上是作为自由撰稿人的身份活动于文坛的，他与出版社的联系十分紧密却又错综复杂。曹聚仁的书话谈到过这一情况。如《北新书局》一文，就曾述及鲁迅与北新等的关系。"鲁迅从厦门回到上海的那几年，大体上还是靠'北新'的版税为活的"，同时这也说明"鲁迅的译著，销数都很大。"① 唐弢《自选集的由来》与曹聚仁《天马书店》对比阅读可以较为详细地知道鲁迅《两地书》《鲁迅自选集》分别交与北新与天马的前后过程，对于认识鲁迅与这两个出版社的关系也大有帮助。

姜德明的书话就常常着力于对历史细节的考索和修美。鲁迅活动的历史事实在书话中有很多的反映。姜德明的《鲁迅与尚钺的〈斧背〉》② 就记述了鲁迅对尚钺的扶助与评价。鲁迅十分认真地校改当时的文学青年尚钺的小说《斧背》，并积极联系出版事宜。即使是在后来尚因为受人挑拨远离了鲁迅，但是鲁迅却不念旧恶，仍然十分公正地评价尚钺的为人与为文。在鲁迅编辑《中国新文学大系·小说二集》时，仍不忘选了尚钺的作品并给予客观的评价："尚钺的创作，也是意在讥讽，而且暴露，搏击的，小说集《斧背》之名，便是自提得纲要。他创作的态度，比朋其严肃，取材也较为广泛，时时描写着风气未开之处——河南信阳——的人民"。③ 这足见鲁迅对文学的公正客观绝不因为个人的恩怨而影响到对作品的评价，同时也说明了鲁迅对青年的宽厚爱护的长者之风。

姜德明在《〈水星〉》一文中就记录了卞之琳亲口给作者讲述的关于《文学季刊》和《水星》月刊的创办编辑经过：

不久前见到卞之琳先生，承他见告：
"郑振铎、巴金挂帅，由靳以一个人办起来的《文学季刊》，打破了北京与上海、学院与文坛的界线，很受读者欢迎。我和另一些朋友

---

① 曹聚仁：《曹聚仁书话》，北京出版社1998年版，第196页。
② 姜德明：《书梦录》，安徽人民出版社1983年版，第5—8页。
③ 鲁迅：《〈中国新文学大系〉小说二集序》，《鲁迅全集》第6卷，人民文学出版社1981年版。

协助靳以看看诗与散文稿。经售商见有利可图，要另办一个月刊，专登创作，《水星》便诞生了，实际上是《文学季刊》的附属刊物。两刊的稿源是一个，有的分给季刊，有的分给月刊。一九三四年下半年我也住到了三座门的小院子里来，除了靳以和我，雇了一个人，做饭大司务兼传达、收发，另找一名白天上班的校对员，全部就四个人办两个刊物。一九三五年三月，因为我需如期完成中华文化基金会特约翻译的《维多利亚女王传》，这是我主要的生活来源，因此就去日本京都找一位同学，住在他那里闭门译书，靳以就一个人承担了两个刊物的编务。后来被骗的形势日坏，我五个月后从日本回国，就转去济南教书，《文学季刊》和《水星》都停刊了。"①

姜德明书话《鲁迅与沈兼士》，此文引录了沈兼士的一首诗《小孩和小鸽》，是诗中出现了小孩"阿观"。对此，姜德明谈及了鲁迅与朋友的孩子之间交往的细节。姜德明说：

> 诗中的小孩"阿观"，在沈兼士写的另外几首诗中也出现过，这是作者的儿子沈观。当年鲁迅先生也很喜欢这个少年。例如一九三三年二月十二日，鲁迅从上海寄给北平老友台静农等人自译的《竖琴》时，其中也有一本指名送给沈观。此后，当《萧伯纳在上海》《南腔北调集》《解放了的堂·吉诃德》等书出版以后，也都留心寄给沈观一册。鲁迅先生是喜欢结交"小朋友"的，他不断寄书给沈观，还有马幼渔的女儿马珏，说明他对朋友的子弟既关注，也是平等相待的。从一个侧面也让我们看到了鲁迅先生的为人。他对"小朋友"们从来不摆架子或是马马虎虎地敷衍。②

书话中的历史细节，复原了一个温情、细腻的鲁迅，他那童心未泯、颇为可爱的形象是比较生动的。

第三章 书话的现代中国文学文献学价值

---

① 姜德明：《〈水星〉》，《书梦录》，安徽人民出版社 1983 年版，第 130—131 页。
② 姜德明：《鲁迅与沈兼士》，《书味集》，三联书店 1986 年版，第 4—5 页。

姜德明在书话中曾经提及了李健吾在上海沦陷时期的一件往事，这对于我们认识当时文人知识分子的形象、性格及民族气节、政治倾向等都有帮助。姜德明说："那年春梢，汉奸周作人托人带话到上海，让李先生到北平在北京大学担任一个主任的职务。他给周作人写了一封回信，辞拒了这个伪职，表示自己决定要做李龟年了，还风趣地说，唐朝有过这个先例，如今李姓中再添上一个吃戏剧饭的也不算什么辱没。"①《胡适与钱玄同》则记述了胡适与钱玄同在五四新文化运动中的交往和书信往来。二人交往的某些细节，书话所记颇详，二人不同的性格都颇生动。②《钱玄同的文集》对钱氏的幽默怪诞的行为性格记录很形象。例如：

> 关于钱氏出版文集的计划，如今只留下了他的一段幽默的戏语。此事见于黎锦熙先生写的《钱玄同先生传》，钱氏自称，四十四岁时想出一本《四四自思辞》；五十五岁出一本《五五吾悟书》；六十六岁时出一本《六六碌碌录》；七十七岁时出一本《七七戚戚集》。书当然不会编成，却很见钱氏的性格。他机敏明快，可又有点看破了一切的味道。他的出版文集的妙想亦就在这种诙谐声中化为乌有矣。③

书话对文学历史细节的呈现和血肉的丰富，毫无疑问激发读者阅读的极大兴趣，这远比"总账式"的空疏的文学史著更具有吸引力。这是书话在普通读者、非专业性的读者中产生更大的影响，更为后者所接受的原因。

第三节　书话与现代文学文献学之建构

阿英、唐弢等很早就十分重视对新文学文献史料学的建构。如唐弢曾夫子自道："十年前我替'文汇报'连续写过一些'书话'，所谈的主要是

---

① 姜德明：《"我是好人！"》，《寻找樱花》，湖南人民出版社1984年版，第84页。
② 参见姜德明：《胡适与钱玄同》，《书味集》，三联书店1986年版。
③ 姜德明：《钱玄同的文集》，《书味集》，三联书店1986年版，第60页。

五四以来新文艺书刊，从作者、书的内容、版本、封面、装帧一直到有关的逸闻逸话，无所不谈。有人喜欢它，说'书话'有文献价值，而且本身就是美丽的散文。"① 其中提到新文艺书刊的版本装帧等，无疑是新文学史料学的重要内容。唐弢正是通过其成就显著的书话写作，来进行新文学史料学探索。类似的，阿英在进行新文学史料研究的同时，也常常借助书话形式来实践他对新文学史料的发掘。如阿英的《鲁迅书话》就对鲁迅的《域外小说集》《阿Q正传》的编辑、发表、出版发行的历史及作品的装帧、内容进行介绍。

这个优良的传统为后来的现代文学研究者继承和发扬。老一辈的现代文学学者历来十分重视史料文献工作。《中国现代文学研究丛刊》从创刊始就十分注重史料的发掘保存、研究和发表。② 这当然与当时主编丛刊的王瑶、田仲济、任访秋以及马良春、樊骏等人的倡导有关。王瑶就明确说："要尊重历史事实，就必须对史料进行严格的鉴别。在古典文学的研究中，我们有一套大家所熟知的整理和鉴别文献材料的学问，版本、目录、辨伪、辑佚，都是研究者必须掌握或进行的工作；其实这些工作在现代文学的研究中同样存在，不过还没有引起人们应有的重视罢了。……关于史料的整理结集和审定考核的工作，也是现代文学研究中的重要组成部分，应该予以必要的重视。"③ 其中，现代书话的写作与体例与传统中国文献学（古典文献学）研究传统关系很大，书话在版本、目录及方法论等方面对于现代文学文献学的建构有着不容忽视的意义。

一、书话的版本学价值

关于现代文学有无版本及文献学建立的必要性等问题，颇有争议。有人提出质疑，认为新文学的版本密度大，历史时间短，所以根本就不存在版本等问题。实际上，我们会发现，版本密度大等恰恰反映出了新文学史

---

① 晦庵（唐弢）：《开场白》，《读书月报》1956年第10期。

② 《中国现代文学研究丛刊》创刊号上就有阿英遗作《一九三一年一月十七日的早晨》，有胡从经整理的《叶紫年谱》等重要史料。

③ 王瑶：《关于中国现代文学研究工作的随想》，《中国现代文学研究丛刊》1980年第4期。

料学的特点，即现代文学史料文献不仅仅要像古典文献学那样去考证以求真，同时更应该在对比文本差异的产生原因，包括时代、政治意识形态、作者主体、精神气质等各方面的原因。

由于现代出版条件的发展以及政治意识形态的原因，对于中国现代文学来说，作家在每次再版时候都会主动或被动地改动自己作品的情况十分普遍。而对于现代文学作品来说，应该说每个版本都有着版本价值（对于作家自己的改动，不存在真伪的问题），我们需要关注的是，对比不同版本的差异，找出这种改动、差异与历史的联系，与创作主体思想联系，与文学现象联系，在联系中探寻出文学规律性的东西，加以阐释，这是现代文学史料学工作的重要任务。所以对现代文学来讲，亦有版本问题。鲁迅在《〈中国新文学大系〉小说二集序》中讲到自己编选的体例时说有两条标准。其中第二条是说自己选的是作家最初发表的本子①。这说明鲁迅意识到初版本的重要性。作为新文学家的阿英在 1935 年就在《版本小言》一文中肯定"版本是一种专门的学问"，并提出了"新书"的版本问题。他反复强调说："旧书固然如此，新书又何独例外？版本对于新书，是一样有道理的"，"无论研究新旧学问，中外学问，对于版本，是应该加以注意的"，"注意版本，是不仅在旧书方面，新文学的研究者，同样的是不应该忽略的。"② 对于版本的重要性，周越然曾用十分恳切的语气说："版本确是学问；不论新旧学者，都应研究。"③ 叶灵凤在《读书与版本》中也强调了版本对于普通读者的意义："要知道藏书家固然应该注重版本，就是仅有一本书的人，只要他是一个懂得爱书，理解书的趣味，能够从书中去获得学问和乐趣的人，他就有注重版本的必要"，"一个错字的改正，多一点补充资料，多一篇序文，都可以使我们对于一本书或一个问题的理解获得若干帮助。这就是注重版本有益和有趣的地方。"

书话与版本研究有着天然的血脉联系。叶圣陶评价唐弢的书话"谈

---

① 鲁迅：《〈中国新文学大系〉小说二集序》，《鲁迅全集》第 6 卷，人民文学出版社 1981 年版，第 256 页。

② 阿英：《版本小言》，《夜航集》，上海良友图书印刷公司 1935 年版。

③ 周越然：《版本》，《书与回忆》，辽宁教育出版社 1996 年版，第 29 页。

新书的版本，开拓了版本学的天地"。① 叶氏的评价无疑敏锐地指出了书话的版本学价值。朱金顺认为：唐弢先生"写书话，既是他的散文创作，也是他的新文学版本研究。也许后者更被他看重，作为文学史家，他的研究是从原始资料的收集和开掘开始的。研究的笔记，获得新版本的题跋，就变成了一则则的书话。"② 书话所话的作品，对所话作品的评价、版本的考索确定在很大程度上决定着善本的确定和人们对版本的评价与选择。

周越然论及版本研究时说："初学者又不得不读一种谈论版本的书籍，最简易的，是叶德辉的《书林清话》"。③ 实际上，周越然无意中就已告诉人们版本与书话的密切联系，也在不经意间泄露了书话重要的版本价值。叶氏在书话中对书籍的版本有着精深的研究，后来三十年代周作人的《夜读抄》等自编文集及四十年代周越然《书书书》《版本与书籍》的出版，直到 1962 年北京出版社印行唐弢的《书话》，这是首部明确以"书话"命名的文集的问世。周作人、唐弢等书话家继承了叶氏"清话"的传统，无一例外地都对所话之书的版本问题特别关注。

笔者在本书第一章第二节中，谈及书话的体式特征时，认为书话其中的一个特征是"知识性说明：介绍书籍历史变迁，说明版本、装帧兼及必要的考证"。朱金顺也曾明确地说："既然书话是继承了古人题跋、藏书记的传统，那么，我将它定位在版本学研究的范围内，认为书话应该是版本学的一个分支，书话写作则是版本学研究的重要内容。"④ 比如赵景深《书呆温梦录》⑤ 就很有版本价值，其中谈及新文学作品或西方文学译著的版本、内容及书籍的变迁流转等史料。另如，赵家璧在自己的书话中曾谈及老舍《骆驼祥子》《四世同堂》的版本变化情况。⑥

① 唐弢：《晦庵书话·序》，《晦庵书话》，三联书店 1980 年版，第 5 页。
② 朱金顺：《新文学书话叙考》，《中国现代文学研究丛刊》2005 年第 6 期。
③ 周越然：《版本》，《书与回忆》，辽宁教育出版社 1996 年版，第 30 页。
④ 朱金顺：《新文学书话叙考》，《中国现代文学研究丛刊》2005 年第 6 期。
⑤ 收入赵景深：《文坛忆旧》，北新书局 1948 年版。
⑥ 参阅赵家璧：《文坛故旧录》，三联书店 1991 年版，第 202 页。

唐弢的书话几乎每一篇都会涉及新文学作品书籍的版本。唐弢《走向坚实》书话中对许地山的小说集《危巢坠简》（商务印书馆 1947 年版）和此前的《解放者》（北平星云书店 1933 年版）两书的版本作了介绍，内容作了对比，指出二书版本上的异同：

> 商务印书馆于一九四七年四月出版了一册许地山的小说集，书名《危巢坠简》，由郑振铎题封面。这是地山先生逝世后出版的遗稿。……《危巢坠简》虽系新出，其实半数以上还是旧稿。其中第一篇至第八篇，曾以《解放者》为书名，由北平星云书店出版，于一九三三年四月发行，道林纸印，留有毛边。并且还附了一个独幕剧：《狐仙》。改版重编时删去了《狐仙》，另收新作六篇，就是第九篇至第十四篇，都为后来陆续写出而未曾收集的作品。卷首《弁言》，也还是在《解放者》一书里用过的，表达了他对艺术的一些见解。①

一般意义上讲，书刊的版本包括内容与形式两个方面。首先，谈谈书话与新文学书籍版本的内容关系。通过书话，可以了解某部作品的版本情况，可以知道曾经出版、流传过哪些版本，以此为线索，研究者进一步查找出每种版本以做更深入的研究。

书话常常述及每种版本的差异，评点各种版本的优劣，了解其写作、成书、编辑、出版、发行流传的相关情况。特别是有很多编辑家出版人常常是书话的重要作者。在现代，很多名作家都曾从事书籍的编辑出版，而在当代的书话写作者大多出自藏书家和出版社、杂志社的编辑出版人。所以现代文学作品的成书、编辑、出版等的源流变迁在书话中多有详细谈论。

就内容而言，书话对于新文学书籍的版本大致从正文、目录、序言后记等几个构成要素入手，进行版本的甄别与校订，从而使得新文学书籍的版本研究有了很大的进展。周越然在书话《煤灯》一文中，曾详细记录重

---

① 唐弢：《走向坚实》，《晦庵书话》，三联书店 1980 年版，第 41 页。

野安绎著的汉文版《维新史》的版本：

> 《维新史》分上下两卷，编年体，起于庆应三年，终于明治三十二年，大铅字排印，半叶九行，行二十一字；前有著者序文及凡例，细目不另列，附印于上栏之外。①

其次，现代书话重要的内容之一是介绍新文学书籍版本的形式。对于作品版本的鉴定，往往可以根据版本的行款、装帧设计、编排次序等形式上的特点进行鉴别研究。而这些因素在书话中有充分的体现。

众所周知，图书的版本形式由文字、材料、形态、制作方式等要素构成。周越然曾言："吾国线装书与西人之硬面卷书（volume）不同。西书页只有所谓边白（margin）者。吾国书叶则有口有脑，有眼有目，有头有尾，有面有眉，有心有耳，有角并有根，惟无手足，无腿臂，无肝肠，无肺肾，无鼻无腮，无颈无腰。"② 周越然这里所说的是古书的版本要素，那么对于近现代以来的铅印本的新文学书籍来讲，同样也有着自己的版本要素。如：封面、封底、扉页、版权页、横排、竖排、简体、繁体、开本、版式、精装、平装/简装、版次、印数、出版标记、版权印花等不一而足。这在谈新文学书刊的现代书话中同样不可缺少的。新文学书话中所谈几乎都会涉及书籍的版本问题。而且这些版本形式要素的列举对于认识研究新文学书籍，考察其流变，对比其异同，助益极大的。所谓辨章学术，考镜源流，自在其中。

与古书不同的是，新文学书籍大都是采用机器印刷，复制的速度效率大大提高。这种印刷方式则给新书的开本、装订方式、用纸、封面、版面设计等方面提供更大的方便和自由。新文学书籍有线装本、精装本、普通本、毛边本，在用纸上也有很多种类如道林纸、土纸本等，封面设计也各式各样。

---

① 州亚（周越然）：《煤灯》，《晶报》1938年1月17日。
② 周越然：《古书的研究》，《版本与书籍》，上海知行出版社1945年版。

从论及新文学的书话中我们可以知道这些作品书籍的版本形式。如唐弢就十分关注新文学线装书的装帧版本等问题，他的书话《线装诗集》中就举出刘半农《扬鞭集》、俞平伯《忆》《志摩的诗》、于赓虞《晨曦之前》、王统照译诗集《题石集》等均为线装出版。其中还详细地描述了《忆》《志摩的诗》等集子的装帧与版本。这篇书话提出了新文学家喜爱线装书采用线装设计的事实，这其实是一个很有意味的文化现象，颇值得研究。这种文人积习，不仅透露了新文学家的文人心理，而且指出了诗集、文集内容与装帧形式如何交相辉映相辅相成的课题。诸如个体而言，鲁迅之爱好毛边书，自称"毛边党"，郑振铎之讲求藏书印，叶灵凤之专注藏书票，就整体来说，新文学家之喜写旧体诗词等，这些现象，在书话中有集中的体现，耐人寻味，值得研究。

应该提及的是，现代印刷技术使得书影在现代书话中得以大量的采用。这样对于新文学书籍的版本形态给读者以直观的认知，这对于研究者在研究工作中甄别与选择最合适的版本，保证研究工作尽可能地客观准确，意义不可小觑。同时，书影的大量运用，不仅在知识上使读者有感性的接触，同时增强新文学的历史现场感。唐弢出版的《晦庵书话》及此后的很多书话集、或在副刊上发表的书话作品往往都附有精心选择的相关版本书影。

书话本身的发表或成集出版，也有一个版本变迁的问题，我们可以根据同一篇书话（同一部书话集）前后的版本，比较其前后的差异改动，发现不同时期对某作品、某作家、某文学史现象的评价的变动背后的时代政治与审美倾向的变迁，从而可以窥见作品或作家的研究史评价史的流动线索，了解不同历史时期的文学史面相。比如唐弢的书话就存在着这样的问题。谢其章在《唐弢早期书话:〈新文艺的脚印〉》一文中就较详细地比较了唐弢的一组书话《新文艺的脚印——关于几位先行者的书话》的前后版本的差异。《新文艺的脚印》22篇书话最初发表在《文艺复兴·中国文学研究号（下）》上，后来出版《晦庵书话》时收入了21篇，唯独抽掉了谈王独清的《长安城中的少年》，并且重收的这21篇书话在题目或者行文上作了较大的改动。① 本著将在第七章第二节中有详细的论述，此处不赘。这是研究者在参考与引用时必须注意的。

二、书话的目录学价值

前文已经就书话的来源问题，论述甚详，尤其是对书话的传统目录学的渊源，做了较为细致的辨析。书话体现出重要的目录学功能。周越然曾经说："研究版本，与研究其他的学术相同，非有工具书不可。工具者何？就是书目与书影。"② 可见对书目或者曰"目录之学"的了解掌握对于研究是必备的前提。而书话本身就具有重要的目录学的价值。

中国目录学的学科功用，根据近现代目录学家们的总结，大致有三个方面：一曰指示门径，二为体察流变，三是提供文献。而究其本质，三者皆以完美地体现其学术性为指归，乃是中国目录学的精魂所在。而由传统目录之学发展演变而来的书话在增加了文学兴味的同时，仍然保留着目录的这些方面的功能，体现出重要的史料考索及研究的价值。如赵景深在《刘复诗歌三种》中说："因他的死，我想到他和朋友们所印行的《清平山堂话本》《永乐大典戏文三种》以及《金瓶梅词话》，还有以前他在北新所校辑的《何典》《痴华蔓》《西游补》《浑如篇》《太平天国有趣文件》……这一类有趣的小书。从此我到何处去再找这样一个与人方便的俗文学的刊行者呢？"③ 这是对刘半农编辑出版的传统俗文学书目的例举，对于考察刘半农后来的研究转向有一定的参考意义。特别是在赵景深的书话《现代中国文学研究书目》④ 一文中，更是较为详细地列举了在那个时代进行现代中国文学研究的必备参考书目（包括版本、作者和主要的内容等），不仅对一些重要的书籍做以简要的提示和说明，而且每种书籍的版本信息也给予标出。研究者完全可以按图索骥。该文充分体现了书话的目录学功能。同时需要

---

① 参谢其章：《唐弢早期书话〈新文艺的脚印〉》，《中华读书报》2007 年 11 月 14 日。
② 周越然：《版本》，《书与回忆》，辽宁教育出版社 1996 年版，第 30 页。
③ 赵景深：《刘复诗歌三种》，《海上集》，上海北新书局 1946 年版，第 150—151 页。
④ 赵景深：《海上集》，上海北新书局 1946 年版。

指出的是，赵景深所录书目，有自己的选择性，即更多地注重史料性著述，这与赵氏自己的兴趣与关注重点有关。

孙犁的书话集《书衣文录》所涉及的各个书籍名录，本身就兼具目录功能。周作人《我的杂学》、阿英《我涉猎的范围很杂》、汪曾祺《谈读杂书》列举的众多书刊典籍，给人提供查询线索，具有重要的目录索引作用。叶灵凤的《香港书录》将目录的内容与价值充分体现出来。《香港书录》包括32题，每一题都是一份简明的书目提要，介绍某一部书的主要内容、作者、版本，但是往往会超出这个格式，同时链接、交代相关的同类书籍，所以，涉及书的数量是很大的。如叶灵凤在其中介绍葡萄牙人白乐贾编撰的《香港书目》时指出，截至1964年，有关香港的书籍约有80种，而且还是不完全的统计。

书话的目录功能，首先表现在可以考知文学作品的存佚、出版和流传（递藏）的情况。如周越然书话《许多儿字》就记录了海上警梦痴仙漱石氏（孙家振）著《海上繁华梦》的各种版本：

（一）《海上繁华梦》初集三十回（笑林报馆及商务印书馆版），二集三十回（笑林及商务版），后集四十回（笑林及商务版）。
（二）《续海上繁华梦》初集三十回（民权出版部版），二集三十回（进步书局版），三集四十回（进步书局版及文明书局版）。
（三）《新海上繁华梦》三十二回（中华图书馆版）。

周氏进而指出：

上述《繁华梦》之版本，与孙氏书目一八一页所载者，略有出入，请阅者注意。①

其次，目录学功能还表现为可以根据书话提供的线索对散佚的作品史

---

① 州亚（周越然）：《许多儿字》，《晶报》1938年4月17日。

料进行辑佚。唐弢在他的书话《乡土文学》一文中，详细地记录了王鲁彦几乎所有短篇小说作品集和散文集①，这其实就是书话的目录作用，而且他还补充说王鲁彦："听说抗战时在内地还出过一本《伤病旅馆》，我却没有见到。"无疑这对于散佚作品的辑佚工作提供了线索。

另外，我们可以根据书话进行校勘工作。一些书话往往详述对文学作品的不同版本，记录的比较校勘的结果，我们可以利用其校勘成果，对文学作品进行更准确深入的研究。

一篇书话文字往往包含着著作目录的几乎所有重要内容，故一条比较详细的著录其实往往就是一篇书话文字。比如北京鲁迅博物馆编印《鲁迅手迹和藏书目录》（一九五九年七月印行，内部资料）其中著录王野秋著《唐代文学史》为：

王野秋著 1935年上海新亚图书公司初版 书面副页有钢笔题字："这是过去编的文学史讲义之一部分，因为所处的地方都是非常贫乏，所以材料上很觉困穷。暑假中为着应付中学教员检定考试，把唐代这一部分印出了，所谓图书公司，实际上是'自费'的。结果还是因为没有那张纸——文凭——依然未能保持饭碗不破。兹寄上一本，望先生作一严厉的指正——假若是有眼的话，我现在以失业之暇，动手编近代文学史，这里图书太少了，先生能为我一助否？尤其是戊戌到五四前后的材料，文学报导一篇关于五四的材料，不知能找到否？亚联兄说这篇东西很好。赐函寄天津英租界四十七号路泰来里53号。"

这则著录对于了解当时的史实和人事有着很高的参考价值，并且这些内容其实往往都是为书话所最爱记录。

三、书话对现代中国文学文献学方法论的启示意义

目前，现当代文学研究界过于沉醉于理论方法的使用，而史料文献的

---

① 参唐弢：《乡土文学》，《晦庵书话》，三联书店1980年版，第43—44页。

理论和知识意识相对淡漠，不够重视。现代文学文献学在方法论上的探索和总结还远远不够，研究学者史料文献的理论和知识结构大多不够完整。

将书话纳入新文学史料学的考察研究，对于现代文学史料学的方法论上的探索和总结是很有益处的。由于现代文学的特殊性，现代文学文献学应该实现考证／实证与阐释的结合，应该融合中国传统文献学与西方现代文献学的方法与优点。中国古典文献学基本上是着眼于文献史料物质载体的"实证"研究，而西方现代文献学则主要是着眼于文献知识信息的"实用"研究。现代文学的发生与发展是在中西交汇的大时代中进行，是基于传承与开放、动态的现代传播视野中进行的。所以，对于中国现代文学的史料学／文献学的构建，就必须在汲取古典文献学与现代文献学优点的基础上，结合现代文学的特点，构建融版本、目录、校勘、阐释批评于一体的新文学史料学体系。现代书话恰好在这方面实现了考证与阐释的很好结合。

书话不仅记录书刊史料文坛逸事，而且有助于史料搜集整理辨析阐释的方法总结和理论提升。这对新文学史料学建立有着重要的方法论意义。书话家都是藏书家，都是某一领域的专家。如知堂之于清儒笔记，阿英之于晚清文学，西谛之于古代词曲、话本，唐弢、姜德明之于新文学书刊，周越然之于西洋性书，黄裳之于古代题跋著述等等。对某一类文章资料的搜集，在大量的实践中总结出了许多资料搜集整理辨伪的经验与方法，这些方法在他们各自的书话中多有谈论和总结。这些方法的总结，对于我们的新文学史料工作的进一步推进意义显著。

比如，书话中对分类搜集方法的总结。唐弢在书话《八道六难》中就说："八求及其补充大部分已经过时，不过作为方法，买书的因类以求、因代以求和因人以求，却可以有新的含义，仍不失为积储资料的一个门径。"[①] 这里，所谈的因代以求、因人以求，其实都可以归结为因类以求，就某一类专门搜集资料，更好地达到竭泽而渔的资料搜集目标。

还有双方并求、按图索骥的搜集方法的启示。书话多谈书事，多涉及

---

① 唐弢：《八道六难》，《晦庵书话》，三联书店1980年版，第474页。

所谈文人作家之间的交往轶事。在资料史料的求索过程中，双方并求的方法是常常采用的，而书话给我们了这种可贵的线索。我们可以根据书话所谈及的交往、来往信函等的记录来查找相关的文字和史实，从而发现有价值的史料。

词学大家唐圭璋先生在《宋词互见考》中曾提到六种辨伪方法，其中有“察源流”、“考本事”两种方法①。我们发现，其实在书话的史料考察上，这两种方法是经常运用的。所谓考源流，即是考作品的写作发表的源头及其以后在不同版本中的流传。而这些书籍的源流变迁在书话中多有提及或论述。而对于第二种方法，则在书话中有更充分体现。书话常常由书引发开去多谈书人书事、文坛掌故，亦即与作品作家相关的本事记载。

书话是一种广义上的读书札记体，这种著述体例在中国具有十分深厚的根基和广泛的实践运用，是传统学者进行学术研究、表达个人观点和志趣的重要选择。书话的写作就是延续了这个著述传统。这种写法给我们积累和分析整理研究史料提供了极好的方式。梁启超在《清代学术概论》一书介绍清代治学方法的时候说：“大抵当时好学之士，每人必一‘札记册子’，每读书有心得则记焉。盖清学祖顾炎武，而炎武精神传于后者在其《日知录》。其自述曰：‘所著日知录三十余种，平生之志与业皆在其中。’（《亭林文集·与友人论门人书》）又曰：‘承问日知录又成几卷，而某自别来一载，早夜诵读，反复寻觅，仅得十余条。’其成之难而视之重也如此。推原札记之性质，本非著书，不过储著书之资料，然清儒最戒轻率著书，非得有极满意之资料，不肯泐为定本，故往往有终其身在预备资料中者。又当时第一流学者所著书，恒不欲有一字余于已所心得之外，著专书或专篇，其范围必较广泛，则不免于所心得外摭拾冗词以相凑附，此非诸师所乐，故宁以札记体存之而已。”②那么继承这种札记体写作和积累资料方式的书话，就给我们在学术研究中积累和分析整理史料提供了有益的方式。

① 分别参见唐圭璋：《词学论丛》，上海古籍出版社 1986 年版，第 271、276 页。
② 梁启超：《清代学术概论》，中华书局 1954 年版，第 44—45 页。

由于现代文学的传播方式、历史政治背景的不同，传统的史料文献研究方式并不能解决所有问题。相对于现代文学史料学的新特点，出现在中西文化交汇中的现代书话也带来了与传统研究方式不同的特点。我们知道，传统朴学研究方法的提出是根据传统文献特点而确定的。而在现当代文学研究中，根据现代传媒及实物的保存情况，一些考证方法应该是有所改进变化的，不必拘泥于乾嘉学派的定法。如清考据家的一个重要原则是"孤证不为定说"，几成不刊之论，这在现代文学研究中，并不必尽然。因为现代作家的作品大多首先发表在报刊上，又因为时代较近，保存相对容易，如果能找到原刊、原物，作为直接的证据，就可以确定当时的真实状况了。如唐弢在《翻版书》一文就指出，"五四"之后出现的"翻版书"的现象及其给研究工作带来了困难。现代文学三十年间，因为政治和市场等多方面的原因，一些名作家或当时颇为畅销的作家往往会遭遇到翻版书、盗印书等的困扰，这些现象也给现代文学研究带来很多问题。诸如在给现代作家作品编目著录的工作中，就需要对这些书籍进行甄别分析。唐弢就遇到了这样的问题："近来由于工作的需要，我翻阅了一些现代文学书目，也检查了几家图书馆里以作家为纲的卡片目录，竟发现我们的著名作家还有这许多著译的单行本，为我所不曾见过，甚至也不曾听说过。"接着，唐弢就举了几本冒鲁迅和蒋光慈之名的翻版书，并作了极为详细的版本对比。[1] 同样，为了躲避文网的搜查，一些现代刊物不得不中途更换名称伪装出版，这也给后来的期刊编目带了不小的困难，对此，书话中能查到相关的线索。唐弢在书话中就曾专门撰文多篇来谈这个问题。如吴承仕主编的《文史》在出到第六期的时候被查扣，"余下的一部分存书改封面为《文学概论》，继续发行。因此现在也可以发现两种不同封面的第四期。"[2] 据笔者所见，目前的现代文学期刊目录汇编，均未录此一变动。唐弢的书话无疑提示我们，在现代文学书刊的研究发掘和编目的时候，是需要注意这些改头换面的书刊。

---

① 参唐弢：《翻版书》，《晦庵书话》，三联书店 1980 年版。
② 唐弢：《"奉令停刊"》，《晦庵书话》，三联书店 1980 年版，第 118 页。

书话中往往会根据现代文学的特点，指出一些文献整理、资料研究的问题，提出可行性的建议。这是值得现当代文学研究者充分关注的。比如，关于现代文学研究中的史料问题及对作家作品的全面评价，唐弢在他的书话中很早就有呼吁，他在对比郑振铎在编辑《新社会》旬刊和《人道》月刊的前后不同时期的思想转变后，发挥道：

　　　　现代文学史家应当重视材料，重视论证，给予一切曾经起过作用的作家和作品以实事求是的历史的评价；然而材料和论证又必须和全人联系起来，和全面的发展情况联系起来。决不能知其一而不知其二。光读《人道》上的文章，固然不足以判断西谛，光读《新社会》上的文章，也同样不足以判断西谛。人是不容许分割的。迷信"孤证"，在个别论点上大做文章，这是一种危险的倾向。对于西谛是这样，对于所有文学史上的作家和作品同样是这样。①

唐弢书话对于学术研究的方法的强调，对研究中不良倾向的警惕，至今仍有其现实意义。

　　书话的出现确立与现代传媒的发展有着密切的关系。比如说，网络技术的广泛运用，催生了一种新的书话形式——网络书话写作。这种书话的写作者／写手出于一种特殊的爱好或者是出于宝藏和盈利的目的，使得一些希见的新文学版本在网上得以流传和展出②。这对于我们新文学研究者而言也是一种应该引起重视的获得线索和资料的途径。

---

　　① 唐弢：《〈人道〉》，《晦庵书话》，三联书店 1980 年版，第 95 页。
　　② 这个新的书话写作倾向，在上海的收藏家、学者张泽贤的几本著作（《现代文学书影新编》上海远东出版社 2007 年版、《民国书影过眼录》上海远东出版社 2004 年版、《民国书影过眼录续集》上海远东出版社 2006 年版等）中已经有明显的体现。

第四章
书话与现代中国文学的经典化

通常我们所谓的文学史其实只是记录某些个人的决定和选择。至于哪些作者能传世，哪些作者会被时代淘汰，要看有没有人注意到他们，是否选择为他们撰文表扬。

——Elaine Showalter

有意义的，而且真正对人有教益的是通过这种手段，自一部文学作品离开它的作者之时起就对它进行跟踪，不仅研究它的命运如何，而且研究它经历了哪些变化。

——朗松

任何一种历史的书写，都是书写者、历史话语权力掌握者的描述与建构。体系化的现代文学史著，几乎成了近代以来主流学界唯一认可的文学史描述和建构方式。一代代人对文学史图景的认识，大部分都是从这种现代文学史著中获得的。

但是书话记录和展示新文学历史的面相，与一贯的现代文学史著相比显示出不同的取舍、形态、趣味。作为新文学经典化的别样途径，书话在现代中国文学的经典化，或曰在中国现代文学史的建构中发挥着独特的作用。如果说现代文学史著是文学发展的长卷，那么书话就像一幅幅生动的文坛素描。书话紧紧围绕书人、书事，即从文学本身出发，故可对人们笼统的文学史观判断起到纠偏作用，有助于以人为本、以文学作品为本的文学史的重建。在谈论新文学书刊、历史的书话中，通过文学经典化的另一种路径，我们可以看到文学史的别样面貌。

第一节　文学历史的不同描述：书话与文学史著

任何一种历史的书写和塑造，都是历史书写者、历史话语权力掌握者的"描述"。正如有学者指出的："作为一次成功的文学运动，'五四'新文化人从一开始便有明确的'文学史'意识。……比起此前中国历史上众多诗'文革'新运动，'五四'一代更喜欢在'文学史'的框架中讨论问题。不管是'破旧'还是'立新'，讲'进化'还是主'演变'，其工作动力及理论预设，均来自'文学史'的想象。构建一种文学发展模式，在重写文学史的同时，树立自家旗帜；而革命一旦成功，又迅速将自家旗帜写进新的文学史。从 1922 年胡适的《五十年来中国之文学》，到 1932 年周作人的《中国新文学的源流》，再到 1935 年的《中国新文学大系》，仅仅十几年时间，'五四'新文化人已经完成了'盖棺论定'包括运动的历史定位以及著作的经典化过程。"[1] 这段话大体说明了文学史对于新文学的历史定位与经典化的真实情形，就是直到现在，数不清的文学史著并没有实质上的变化。但是在谈论新文学书刊、历史的书话中，通过这另一种文学经典化的路径，我们可以看到另一副文学史的面貌，书话在记录和展示新文学历史的面相，与一贯的文学史著相比显示出不同的形态、趣味、取舍。

一、文学史著的特点及其局限

现代意义上的文学史著述体例，其实是舶来品。对此，刘永济早就指出："今代学制，仿自泰西；文学一科，辄立专史。"[2] 陈平原也说："只是古已有之的'文章流别论'，转化为今日流行于学界的'文学史'，仍应归功于西学东渐的大潮。这里涉及晚清以来关于现代民族国家的想象、'五四'文学革命者的自我确证，以及百年中国知识体系的转化。"[3] 实际上这里揭

---

① 陈平原：《学术史上的"现代文学"》，《文学史的形成与建构》，广西教育出版社 1999 年版，第 68 页。

② 刘永济：《十四朝文学要略》，黑龙江人民出版社 1984 年版，第 1 页。

③ 陈平原：《"文学史"作为一门学科的建立》，《文学史的形成与建构》，广西教育出版社 1999 年版，第 3—4 页。

示了文学史写作的几个最重要的前提和背景。这种来源，必然带来文学史著的一系列特点：政治化的、宏大的、理论化的以及功利性的等。

新文学史的编写几乎都与教学有关，大都是教科书式。因其教科书性质，自然必须按照国家教育主管部门制定的教学大纲来编写，这必然导致文学史著的政治意识的强烈。我们知道，教学大纲是按照国家的宣传舆论、教育导向的需要来制定，特别是开国之初，更需要从各个方面为政权的合法性寻找证据，进行论证。此时文学史担负起了这个任务。1951年老舍、李何林、蔡仪、王瑶等制定的《中国新文学史教学大纲》，将三十年间的现代文学分为五个时段，而这时段的划分较为紧密地切合了中国共产党的发展历程，"左联"的成立、"七七事变"、"在延安文艺座谈会上的讲话"成为文学史分期重要的标志。而1958年教育部制定的《中国文学史教学大纲》中的现代文学部分对时段的划分，则将这种政治对应性强调到了无以复加的地步，直接以共产党的斗争史来命名和叙述文学发展①，极大地凸显政治力量对文学史进程的影响和决定作用。

新文学史著无法与政治意识形态脱离。黄修己说："从来修史，特别是官修正史，其目的不会是为史而史，总是或鲜明地，或隐蔽地，含着政治目的。古今中外，概莫能外。"②当这种目的被极端化之后，文学史著作就

---

① 具体而言，划分为"五四时期及第一次国内革命战争时期（新文学的开始及发展，1919—1927）"，"第二次国内革命战争时期（左联成立前后十年，1927—1937）"、"抗日战争前期（抗战文艺，1937—1942）"、"抗日战争后期及第三次国内革命战争时期（新的人民文艺的成长，1942—1949）"等几个阶段。参见《中国文学史教学大纲》，高等教育出版社1957年版，第236—237页。

② 黄修己：《中国新文学史编纂史》，北京大学出版社1995年版，第472页。黄著从正反两个方面述及新文学史著编纂的政治目的。台湾学者周锦等写文学史"是为了总结历史教训，以为国民党的借鉴。"、"建国以后，新文学史成为一个学科……根本任务就是通过新文学的发展历史，批判旧制度、旧文学的腐朽，总结其必然灭亡的规律，阐明无产阶级辉煌胜利和新社会诞生的原因。王瑶如果不是出于政治上的敏锐，是不会放下中古文学，接下这个新任务的。而他的书之所以很快受到批评，归根到底，在于那时一些人认为，他没有圆满地完成上述修史的任务。王瑶的《史稿》基本保持描述性型的风格，很快为阐释型所取代，'以论带史'的思想一度占了上风，就在于当时重要的不是向学生介绍新文学的客观过程，而在于解释、说明无产阶级在这过程中的决定作用。《史稿》的文体分类型体例，所以让位给作家论型的，也因为后者有利于依照政治态度来给作家排座次。后来新文学史的不断改修、重写，为此所发生的一连串辩论，说到底，都与'为谁树碑立传'的问题相关，所以一些争论很容易就上到政治的纲上去了。一次次的政治运动、思想批判运动，导致了一遍遍的改写历史。可以说每一次新文学史上作家地位的再调整，都反映着现实生活中政治地位的再分配。"（见黄修己：《中国新文学史编纂史》，北京大学出版社1995年版，第478页）

忽视了文学自身发展的规律，而完全成为革命史的证明材料，文学史的独立地位、独立品格就会丧失。比如 20 世纪 50 年代出版的几部代表性的现代文学史著，都是在努力地证明新文学发展是作为新民主主义革命和中共革命斗争史的一部分。如丁易《中国现代文学史略》，认为整部文学史其实就是一部斗争史，从其目录看就能有非常强烈的印象，讲述的是从"以鲁迅为首的五四文学到左翼文学阵营与反动文学斗争"的过程，整部文学史的核心词就是"斗争"。

对于文学史来说，如何叙述新文学史，在很大程度上是由其对文学的立场决定的，而这一立场的确立又是随着当时的政治、体制、意识形态等现实的变化而变化的。1949 年 7 月的第一次文代会上就已经确立了所谓的"两条路线的斗争"的历史的文学史写作。[1] 在第一次文代会上，茅盾就谈到，代表提案中就有若干关于"对于中国文学史，尤其是'五四'到现在的新文艺运动史，也应该组织专家们从新的观点来研究"[2]。1949 年新中国成立以后，新文学史的教学和研究，成为配合论证新民主主义革命斗争过程合法性的工具。尤其是 50 年代，高校及科研院所风行集体编写文学史。如北京大学中文系文学专门化 1955 级集体编著的《中国文学史》，在前言中宣称："我们这部文学史的诞生，就是在党的领导下，采取共产主义办科学的方式——群众集体合作的方式，以马克思列宁主义观点去分析文学发展过程的结果。"[3]

新文学史家按照文学观念和意识形态的要求，树立起一系列的经典，而基于经典的权威性、示范性，这些经典又直接规范了阅读者对新文学史的阅读选择和认知。那么，那些在新文学史中"非经典的"、"反面的"，特别是未提及的，则完全在新文学史的学习者心中所形塑造和"遗忘"。有学

---

[1] 在第一次文代会上，郭沫若做了《为建设新中国的人民文艺而奋斗》的总报告，茅盾、周扬分别做了《在反动派的压迫下斗争和发展的革命文艺》《新的人民的文艺》的报告，都依据毛泽东《新民主主义论》，将新中国成立前的三十年的文艺发展定性为："五四运动以后的新文艺已经不是过时的旧民主主义的文艺，而是无产阶级领导的人民大众反帝反封建的新民主主义的文艺。"这三十年来文艺界的发展历史是两条路线的斗争过程："代表软弱的自由资产阶级的所谓为艺术而艺术的路线"与"代表无产阶级和其他革命人民的为人民而艺术的路线"的斗争。

[2] 茅盾：《一致的要求和期望》，《文艺报》第 1 卷第 1 期，1949 年 9 月。

[3] 北京大学中文系文学专门化 1955 级集体编著：《中国文学史·前言》，《中国文学史》，人民文学出版社 1958 年版，第 9 页。

者说："如果说在文学史的讲述当中，选择什么样的作品——视其代表性与示范性——为例，是由特定的文学经典观念决定的，那么，对这些作品的诠释，往往可以说是对一种文学经典观念的更加明确具体的表达。"①"当我们以人民性、阶级性、真实性衡量文学作品的优劣的时候，进入我们文学史的，自然就都是能够反映这类观念的作家和作品。一个时期的文学、一个文学流派、一个作家，经过这样的标准的筛选，剩下的会是什么样的模样，也就可想而知了。"②

　　文学史著往往着意于文学历史描述的宏大叙事，以某个或几个理论为纲，按照既定的文学史观和文学观来"讲述"历史。鲁迅的《中国小说史略》《汉文学史纲要》等文学史著，因为其体例所限，决定了其文学史著依然是体现文学历史发展的规律、必然，偏重于宏大叙述。即使是继承清儒家法的治学方式、严谨的学问家鲁迅，对《唐宋传奇集》《小说旧闻钞》的辑佚、校勘、整理更多还是为了配合《中国小说史略》的写作。尽管他不无自豪地说："我都有我的独立的准备"③，但这种准备应该说并非真的是独立的，而是有明确目的（配合《中国小说史略》）而为的。这种配合目的，就必然会产生一个情况，即在评说谈论这些作品作家的时候，就无法完全避免史著的目的论痕迹，从而可能会影响对单个作家、作品、现象的评价。这里并非有意否定文学史著著述方式的合理性，其实这种著述给人以系统化的知识和历史观念，自有其特殊的价值存在；笔者而是在客观地说明文学史著述可能带来的其他方面的缺憾与局限。比如周作人的《中国新文学源流》，集中于探寻新文学的源头由来，以此进行理论的总结与规律的归纳。这些著作的写作，都或多或少的难以避免先入为主的缺憾，事先在头脑里有一个文学发展的模型、图示、进程，然后带着这样大致既定的文学必然的走向，一直推导出最后的结论。而其他所有的文学现象、文学作品、人物都成为这个历史必然进程中的点缀、证据，以证明这个发展的规律性、走向的科学性和归宿的必然性。

---

① 戴燕：《文学史的权力》，北京大学出版社2002年版，第140页。
② 罗宗强：《文学史编写问题随想》，《文学遗产》1999年第4期。
③ 参鲁迅：《不是信》，《鲁迅全集》第3卷，人民文学出版社1981年版，第229页。

文学史的写作从一开始就带有强烈的职业化、功利性特点。因为，在20世纪初，伴随着新式教育的兴起，这种文化需求就空前强烈了。鲁迅曾说："我的《中国小说史略》，是先因为要教书糊口，这才陆续编成的"①。这不是鲁迅故意哭穷，而确实是实情。假设没有西式学校教育体制的要求，我们很难想象，当时有那么多的学者花费很大精力投入到宏大的文学史著述的实践中去。直到今日，也许这种功利性的目的，对于文学史撰著者而言，也不能不说是强大的推动力。所以陈平原断言："假如没有'教书'这一职业，或者学校不设'文学史'这一课程，不只鲁迅，许多如今声名显赫的文学史家都可能不会从事文学史著述。"②金克木也说："中国文学史是教育改革办新学校设置新课程的产物，是应教学需要的教科书，有一定的规格。无论是文学通史，断代史，专史，多数是教师为教学用的讲义。所以格式往往有点标准化。"③

文学史的任务是全面讲述文学发展的历史进程，还必须事先要具备一个文学史观，预设一个合理的叙述逻辑。而这在几千年或上百年的文学史的叙述中，碰到纷繁复杂的现象，统一的逻辑和观念可能失效，这个时候最好的方式，也是最易操作的方式，就是尽量避开这些复杂的问题，弃之不谈，或者给予它一个简单的解释。这两种选择都会带来"遮蔽"。这还不包括目前出现的很多完全是技术化拼接的文学史著。④当我们按照某种文学史观念进行文学史描述，或按照统一体例进行著述的时候，比如按照"思

---

① 鲁迅：《柳无忌来信按语》，《鲁迅全集》第8卷，人民文学出版社1981年版，第299页。

② 陈平原：《作为文学史家的鲁迅》，《文学史的形成与建构》，广西教育出版社1999年版，第49页。

③ 金克木：《试测下世纪文学史研究》，《读书》1998年第1期。

④ 这一类的史著，连所谓的文学史观也谈不上，整个面目模糊。正如龚鹏程曾略带戏谑口吻说的："目前，一般的文学史写法大概等于电影剧本、广告词、读后感的总汇。先概括某一时期文学的面貌，然后分析其形成或兴盛的原因（趁机描述一下文学与社会的联系），再介绍几位代表性作家的名氏、年龄、官爵、著作与交游，抄几段'代表作'予以赞叹，并述其渊源与影响，镜头便跳转到下一时代去，依样画葫芦一番。这样的写法，亦非绝对写不出好东西来，但不幸的是作者们的词汇太贫乏了，描述了这个时代，赞美了这个作家后，就想不出该用什么语辞去恭维或挖苦另一个时代及其作家。所以，文学史就像一幅迭遭风雨剥蚀的古画，上面每个人物的面目都是一样模糊，而其时代则如同画里的背景，一团熏黄，木石难辨。"（龚鹏程：《文学散步》，世界图书出版公司北京公司2006年版，第152页）尽管龚氏的话不无刻薄些，但是毕竟指出了目前很多文学史的剪刀加糨糊式的重复、粗糙的弊病。所以在这样作业中产生的文学史著，几无个人创见可言。而人云亦云的情况，自然造成了对文学本相的严重遮蔽。

潮演进"或"文体的变迁"进行文学史架构的时候，必然带来了很多遮蔽。一些文学事实就会无法兼顾，从而造成了文学史著体例的"遗忘"，文学史真实的面貌很难保证得以准确再现。罗宗强曾提出影响文学史真实性的几个原因：文学史料的遗落，文学概念的不统一，"作者的立脚点、他的文学评价标准不可避免地要影响到对于文学发展的史的描述，也即影响到这种描述是否符合于历史的真实"；"从什么层面、什么角度去观察和描述文学史，也是一个影响文学史的真实性的问题"等因素共同造成了文学史著述的"失真"问题。①

文学史著上述的特点及缺憾，其原因至少有下面一些：

一是写作体例的局限。因为文学史特有的统一体例、宏大的面貌、历时的讲述，不可能照顾到所有文学作家作品的现象等。文学史在写作的时候，有一个最易采用也最可行的方式，就是按照时间的流程，历时性地演绎每个时间流程中文学思潮的"演进"。当然，在文学史的讲述中，这个文学的思潮与政治社会思潮经济动态的发展是形成直接因果关系的。在文学史的图景中，每个文学作品的出现、作家的产生都与这个文学思潮存在着正相关性的联系。也就是说，在文学史叙述中，正是在某个思潮的出现涌动中，才催生了某个作家、某部作品，或者说，某个作家作品在文学史中出现，都有其历史的根源，都可从思潮的产生中找出其必然的原因来。也只有如此，整个宏大的文学史著才得以建立，并且能条分缕析，头头是道，仿佛每个文学事件都是真的按照既定的"历史规律"出现或消亡的。也正因为此，文学史家们、文学史著常会患上一种"命名的焦虑"症，为似有似无的思潮命名，最后人们不知道这些潮流是批评家推动的，文学史家们臆造的，还是作家们有意识投入的。这个问题在当代文学中更为突出。于是，有些作家是幸运的，他的出现正好处在文学史所谓的某个"思潮"中，那么文学史著必然对该作家大书特书，甚至有人能够在几乎每一个思潮中都能踩上点儿，都能迅速转变创作，每每傲立潮头，文学史也就每章都会谈到，这样仿佛只有他在创作，而其他没有赶上潮流者都封笔了

---

① 参罗宗强：《文学史编写问题随想》，《文学遗产》1999 年第 4 期。

一样。① 这样一来，问题就出现了，并非所有的作家作品在赶此起彼伏的文学思潮创作潮流，当然也未必每个人都能赶得上。比如路遥，就是一位无意去追赶，也没能赶上文学史著所命名的思潮的人。有学者从《平凡的世界》的接受现象，说明了以研究者和文学史所代表的学术界和评论者与读者大众之间存在着巨大的观点分歧，由此指出："我们要对当前文学创作和文学研究中的技术化和文化化倾向表示质疑。20 世纪后期的中国文学是越来越向技术化方向发展，文学研究也走向追求时髦的文化批判话语"的问题②。我想进一步指出的是，可能还在于文学史书写的体例规范所限，造成了对路遥及《平凡的世界》的有意"遗忘"。他的《平凡的世界》的出版，错过了"改革文学"、"寻根文学"，与"先锋文学"更是八竿子打不着。那么，如何安放《平凡的世界》，这就是个棘手的问题了。最简便的方法，那就是干脆不提及。于是，在文学史中，他及他的作品就会被有意的"遗忘"。

二是文学史著运用的是有因有果的因果演绎法，往往会为了推导出既定的结果结论，而不惜牵强附会，而无法纳入这一推论线索中的，则不被提及。如丁易的《中国现代文学史略》在讲述文学研究会与创造社的时候，就为了证明既定的政治意识形态化的评价而牵强推导。在丁易的文学史著中，文学研究会从一开始成立，就有了左、中、右三种不同的政治取向，其中以沈雁冰为代表的文学研究会一部分进步会员；郑振铎为代表的充满了"思想上的矛盾"的徘徊犹疑的中间派；以及周作人、冰心等为代表的"落后反动"一派，他们"或者认为应该有'与人脱离关系的艺术'；或者逃到

---

① 批评家和文学史家们总习惯人为地划分文学时期，并将这些人为划分的时期与社会政治对应起来。查建英曾在与阿城的对谈中提及 20 世纪八九十年代的文学分期："那个时间其实是人为的计算。比如说，从外部环境看，八九年好像是一个句号，它正好又是八十年代末。九〇年以后，文学上就有了王朔，大家很习惯就把王朔看成一个九十年代的现象。实际上他早在八十年代就开始了，不过那时他不突出，只是舞台上众多的人之一。其实这个年限不见得。"（查建英：《八十年代——访谈录》，三联书店 2006 年版，第 15 页。）这个说法是很有启发性的。王朔总是放置于九十年代的文学史中去叙述的，而八十年代的文学史著却从来没有涉及王朔。但是，事实上王朔在八十年代就已经开始写作了。由此，我们不能根据当代文学史著我们描述的假相所迷惑，以为王朔只是从九十年代才开始登上文坛的。

② 贺仲明：《"〈平凡的世界〉现象"透析》，《文艺争鸣》2005 年第 4 期。

唯心论的泥淖之中。"从成立之初，丁易就将他们分成了界限分明的三个派别，在这里丁易等采取的就是由"果"而定"因"的"逻辑"，这一"逻辑"其实就是没有逻辑，这样他可以非常容易地解释他们各自后来的发展演变："这也就是后来文学研究会分化的思想根源，五卅运动以后，茅盾终于走向革命文学的阵营，郑振铎也克服了自己思想矛盾，坚持现实主义的文学道路，而冰心女士却成为资产阶级作家，周作人竟更加逃避现实，脱离政治。"① 对于创造社的唯美倾向，当时的文学史著则表现得十分宽容，解释说："创造社初期的文学主张，虽然带有浪漫主义的倾向，但基本上也还是现实主义的。……生活在半封建半殖民地的中国社会里，是没有办法不看一看现实社会和人生的。所以创造社的文学主张虽然带有浪漫主义的倾向，但基本上仍然是现实主义的。这也就是后来创造社之所以提倡革命文学的根源。"②

第三个原因是文学史著的书写存在着文学观念、文体观念的限制。现当代文学史著中集中于小说、诗歌、散文、戏剧四个核心文体的情况。而四个之外模糊的、边缘的文体就被遗忘了。然而事实上，这是极为狭隘的。很多难以归入以上四类文体的文学，则无法进入文学史的论述中。文学观不同，对象的选择就不同，则叙述出的历史面貌就有异。唐君毅早就曾明确地批评当时的文学史在研究对象选择上的弊端："近人以习于西方纯文学之名，欲自中国书籍中觅所谓纯文学，如时下流行之文学史是也。其不足以概中国文学之全，实为有读者所共知"。③ 然而这个问题至今没有解决，当今的研究者习以为常，连反思的意识都没有了。文学史著作为西方的著述方式，是与西方的文学观念紧密相关的，而运用这种舶来品来描述和选择中国文学的发展，其适用性也是大可商榷的。对此，有学者曾指出："对于 20 世纪初的中国学者来说（其实应该说是对于整个 20 世纪的中国学者——笔者注），文学史的观念及著述体裁，原是舶来品，文学史

---

① 丁易：《中国现代文学史略》，作家出版社 1957 年版，第 45—46 页。
② 丁易：《中国现代文学史略》，作家出版社 1957 年版，第 46 页。
③ 唐君毅：《中国哲学与中国文学之关系》，转引自《中国比较文学研究资料》，北京大学比较文学研究所编，北京大学出版社 1989 年版，第 406 页。

本就是西方的一种学术语言，他们接触到的这种文学史的叙述语言，本质上是以对文学、文学历史的西方是的近代理解为基础，对文学构成及文学时序进行独特观察和叙述的一种言说方式，它体现的是近代学术思想的内在逻辑，并规定这特殊的分类文学、言说历史的方法步骤。如果把'文学史'这一产生于西方学术中的叙述语言层层剥开来看的话，其核心，便是一组带有近代文化特征的概念和术语"。① 这种基于西方文学经验的概念和话语方式，必然与中国的文学事实、文学特点产生龃龉。对此，陈平原也曾提到："在学术史上，这是一个以西方眼光剪裁中国文学的时代，一切以是否符合刚刚引进的'文学概论'为取舍标准，而很少顾及这块古老的土地上可能存在另一种同样合理的思维方式及欣赏趣味。"② 所以对于符合传统审美观念的文本在这种取舍标准的剪裁下，自然难以入其法眼了。

二、书话：文学历史记录与描述

上面着重论述了文学史著的特点，我们看到"取自泰西"的文学史著述体例，在极大推进中国文学研究进程的同时，也带了不可避免的弊端。陈寅恪在《冯友兰中国哲学史上册审查报告》中早已提出："今日之谈中国古代哲学史者，大抵即谈其今日自身之哲学者也。所著之中国哲学史者，即其今日自身之哲学史者也。其言论愈有条理统系，则去古人学说之真相愈远。"③ 前文所述的文学史书写的难以克服之问题，正与此同。

与文学史相似，书话也承担着记录和描述文学历史的任务。相比之下，书话在描述文学史的过程中有着什么样的特点呢？书话呈现出了私语化、个体性、即时感性、细节呈现、非功利化、重趣味等一系列的突出特点。

---

① 戴燕：《文学史的权力》，北京大学出版社 2002 年版，第 26 页。

② 陈平原：《作为文学史家的鲁迅》，《文学史的形成与建构》，广西教育出版社 1999 年版，第 36 页。

③ 陈寅恪：《冯友兰中国哲学史上册审查报告》，《金明馆丛稿二编》，上海古籍出版社 1980 年版，第 247 页。

表 2

新文学史著	书话
民族的	个体的
政治的	私语的
宏大叙事	细节呈现
统一体例	多样化、多角度
功利的	非功利的

与文学史著相对比，我们发现书话在文学的记忆和描述方面的特点与新文学史著有着互补关系，文学史著之短，却往往会是书话所长（参看表2）。我们试着一一分析书话与文学史著的不同之处，及其优势所在。

书话呈现出个体性、个性化的特点。姜德明自道："买书和读书，一直是我生活中不可缺少的活动，还在少年时代便开始了。当时只是爱好文艺而已，后来长大了，当上了编辑，志趣所关，于公于私，两无妨害，于是利用了业余时间就自己的所得写了不少读书随笔，好像对一本读过了的书总算有了个交代。正因为这在业余时间进行的，所以全凭个人的爱好，喜爱什么书就买什么，想写什么就写什么，确实不曾受到过任何约束，真是自得其乐。"[1] 可见，书话写作的状态是极为放松自由的，这种状态下的写作使得书话中对文学、文坛的描述和议论都是充满了个性化的特点，能更充分体现出个人的意见和心声。比如鲁迅书话对历代的作家作品、文学现象等有着非常独到、个人化、精彩的评点论说。鲁迅超拔的艺术感受、文学感觉在书话中对单个作家作品评价时表现得淋漓尽致。这些个体化的描述和发挥，和他的小说史略、文学史纲要等文学史著形成了鲜明的对比。撰史修传，如果要想有真正的个人创见、避免官方意识形态话语的侵入太难了，唐代刘知几对此颇为尖刻地提出："昔丘明之修传也，以避时难；子长之立记也，藏于名山；班固之成书也，出自家庭；陈寿之草志也，创于私室。然则古来贤俊，立言垂后，何必身居廨宇，迹参僚属，而后成其事乎？是以深识之士，知其若斯，退居清静，杜门不出，成其一家，独断而已。

---

[1] 姜德明：《〈书味集〉后记》，《书味集》，三联书店1986年版，第264页。

岂与夫冠猴献状，评议其得失者哉！"①而现代书话的写作状态往往在一定程度上体现出了刘知几所说的了无羁绊的自由。

与现代的教科书式的文学史著不同，书话在一定程度上继承和延续了传统中国的文学史叙述方式，与近代以来西方化的文学史著述体例相对。中国自古几千年来，有着中国式的"文学史"的叙述方式，在传统的文苑传、书目提要、总集别集、选本等中的讲述评论等形成了一套关于文学图景文学发展的言说方式、概念体系。而这一系列的言说方式，在现代中国，在很大程度上为书话这种形式所承绪。凌独见曾尖刻地批评时人编写文学史的情形："从来编文学史的人，都是叙述某时代有某某几个大作家？某大作家，某字某地人？做过什么官，有什么作品？作品怎样好坏。大概从《廿四史》的列传当中，去查他们的名，字，爵，里，从《艺文志》上，去查他们作有那几种作品，从评文——《文心雕龙》《典论》……评诗——各种诗话——以及序文当中，去引他们作品的评语。"②当时的文学史家，确实把这些目录之学、诗词文话、文苑传等作为文学史的必备材料，如胡怀琛称：诗话、文坛、词谱、文苑传、艺文志是文学史的材料，或"可说是零零碎碎的文学史。"③由此，学者戴燕认为，20世纪初学者这种编写文学史的现象，恰好说明："从试图写出中国文学史的最早那一批人开始，人们就确认了在传统的目录、史传、诗词文话、选本与新的文学史之间，一定存在着联系"，于是，古代目录学、史学、诗话等传统学术"变成他们构建中国文学史的必备资材，即文学史史料的一部分。"④

与此相似的，与传统目录之学、诗词话有着直接血缘关系的书话，在现代文学史写作者那里，也仅仅是作为史料，仅仅作为"文学史编纂之材料"。书话与现代文学史写作之间的密切联系说明，一方面，书话中的文学叙述、评价观点常常为文学史局部的结论所借鉴，对后者产生了影响；一方面，文学史著在叙述和引用书话的时候，往往有所取舍损益改造，从而

① 刘知几：《史通·辨职》。
② 凌独见：《国语文学史大纲·自序》，《国语文学史大纲》，商务印书馆1922年版。
③ 胡怀琛：《中国文学史概要》，商务印书馆1931年版，第10页。
④ 戴燕：《文学史的权力》，北京大学出版社2002年版，第14页。

使得文学史与书话二者对同一个文学对象（包括文学家、作品、文学现象等）往往有不同的描述评说。二者之间的差异，有著述体例的限制，有文学观念的歧异，更由于文学史写作时必须兼顾统一的文学史观，从而必须对所有文学现象按照某种文学史观进行解释。这必然抽离了文学事实和细节，造成空疏和臆断的一些弊病。而历史都是由细节构成，都是有血肉的。离开了细节与血肉，人们的判断必然出现偏差。而书话对文学事实的讲述多具感性、具体之特点，对细节的描述往往更贴近事实本身，而且很多书话家在记录文坛事件人物的时候，与文坛离得更近。然而，书话确实是重要的史料，但并不仅仅是史料，而是文学记忆的重要体现，是文学经典化的重要途径，或者甚至可以说，它是中国式的别样的"文学史"。如果我们仅仅把它们作为任由文学史作者剪裁拿捏取舍的材料，那书话的独特价值就被大大地淹没了，其对文学史宏大叙述的纠偏、补充作用，对文学本相的还原作用就会被忽视。

新中国成立以后的新文学史著，更多地以理论与意识形态为导向，失却了对史料的完整客观搜集。而事实上，1949 年以前的很多文学史有着很强的史料保存的意识。这一方面是因为史家自身与当时的文坛接近或直接的参与其中，如蓝海（田仲济）在《抗战文艺史》的后记中自述："文艺中心城市的相继沦陷，中心文坛的移动，文艺中心由集中而分散。以及交通不便等等许多原因，这一阶段的抗战文艺史料最容易失散，最难以保存，这是关心文艺史的一个遗憾。写这本小册子的目的便是企图弥补一部分缺陷，保存一部分史料，使它不至全部失散。"一方面也是传统文学研究的一个重要的遗传，重视史料，更多让事实本身说话，为史家之最上乘笔法，蓝海还说："为了使这轮廓不至失真，在写作时我力避发抒自己的主张，尽量引用了各家的意见。"[1] 所以黄修己在《中国新文学史编纂史》中认为："比较强的史料意识，从王哲甫到李何林、蓝海，几乎都把保存史料作为写作的一个重要目的。"[2] 这一评价无疑是准确的。然而我想进一步指出的是，

---

[1] 蓝海（田仲济）：《后记》，《中国抗战文艺史》，现代出版社 1947 年版，第 165—166 页。

[2] 黄修己：《中国新文学史编纂史》，北京大学出版社 1995 年版，第 118 页。

这种史料意识的强化，是传统文学研究最重要的方面，被"五四"及稍后的一代人所汲取，或者说他们也无法摆脱旧学的影响，把史料的排列作为史著的形式。近人的很多著作都是如此，因而去传统未远。比如刘师培《中古文学史》的写法，就被认为是极重视史料的。其中突出的特点是："依据同时代资料，因为前人不知后事，后人另有后来背景，对前后不可不知，但依据的首先是同时代的资料。他将《文选》的作品和《文心雕龙》的理论联系起来。二书同在萧梁一代，正好互证。他对引用资料俱经审核比较。四是书的写法全依考据传统，就是钱大昕'古无轻唇音'的文体，先列举资料后加案语。查考必全，但列证不以多为贵，只举其要者。后来邓之诚著《中华二千年史》也是这样，不过是案语移前作为论述。这种体裁是让资料自己说话。"①

书话写作方式，是以资料为重，以史料见长。换句话说，保存史料、考辨源流本是书话最突出之处。"依考据传统……先列举资料后加案语，……让资料自己说话"，这恰恰就是书话的写作特点和写作体例之一了。因为书话文体，如果将其看作一种研究方式，突出其"学"的一面，就可以明显看出其对中国传统研究著述体例的遗传借鉴。如《读书杂志》《日知录》等札记体的研究著述体例。而早期的文学史著也都延续了这个传统。如上述刘师培的著作。二者无意之中达到了异曲同工之妙。金克木先生曾于上世纪末尾的1998年提出，新世纪（21世纪）的文学史写作，还要回到刘师培那种写法。② 如今新世纪已经过去多年了，金克木的希望与预测没有看到端倪。也许金氏过于乐观了些，但是书话这种写作方式却方兴未艾，我想这在一定程度上似乎可以弥补一点文学史过于空疏僵化的偏向了。

书话写作状态的自由、自然，这在一定程度上颠覆和抗拒了功利化的文学史写作，使得这种写作方式保持了更多的趣味性。书话作者的身份多为边缘的，往往不属于任何一个学界或文学创作的中心主流，这其中当然

① 金克木：《试测下世纪文学史研究》，《读书》1998年第1期。

② 金克木说："举例试图说明旧遭冷落而与世界新潮又有相通的文学史研究，可能在下一世纪得到继续以至发扬。一例是刘师培的《中国中古文学史讲义》。"（金克木：《试测下世纪文学史研究》，《读书》1998年第1期）

有主动选择与被动退守的不同原因使然，但是其边缘身份则是其一。

如果说文学史著是一个文学发展的长卷，那么新文学书话就像一幅幅生动的文坛素描。前面说到，文学史著不得不照顾统一体例、统一史观而剪裁掉某些文学不符合统一体例或逻辑的细节、现象及文学史血肉。书话的写作却不会遇到这样的问题，一篇篇短制的书话，每篇都是一个独立的问题，独立的文学现象探讨，不必照顾前后一致，这样的游击战斗，而非大兵团作战，就可以因地制宜，对不同的文学现象从不同的观念角度甚至不同的逻辑出发，给予描述和解释，当无法解释时，甚至可以存疑，不去削足适履硬性作答，不像文学史著那样必须从过去发生的文学事实找个符合文学史式的统一文学观的解释。

既然对文学史抱有一定的怀疑，如果我们要想更为完整全面，期待文学历史更为丰富的展示，我们就有必要走出"新文学史"、"现代文学史"，到文学史的疆域以外去探寻那种被放逐的被抛弃的作家作品现象，来避免目前的狭隘。

所幸的是，20世纪上半叶的新文学家往往存在着双重的标准，分裂的取向。他们所秉持的西化的衡量标准，并未得以在他们所有的言说中贯彻。书话这种写作为现代文学留下了保留中国传统研究方法、欣赏方式、评价体系的空间。于是我们也就发现一个有趣的现象，这些新文学家们在其他的文学创作、"文学史"著述、"文学概论"研究中，对西化思潮西式的"科学"研究，欢迎欣赏甚至有些趋之若鹜了，但是在书话的写作中，他们自觉地采用"中式"的研究评论方式，则显得更为得心应手。这种分裂表现得比较明显。所以谢无量曾在自己的文学史中坦率地承认："今世文学史，其评论精切，或不能逮于古"。[①] 如胡适《白话文学史》等堂皇的著述显示出他对"科学的方法"过分自信，对西方小说批评术语运用的潇洒，但在书话中却仍然对传统考证、评点、体悟等印象式研究方式十分地钟情。如鲁迅在杂文中对传统的尖刻、对西洋的欢迎，但在他的书话中，则往往表现了另一个鲁迅，其极少借用西方的批评术语，更多地延续传统的印象式感悟

---

① 谢无量：《中国大文学史》，中华书局1924年版，第43页。

和小说评点的话语方式，来体悟中国文学的细微精妙。①

　　另外，文学研究与文学史的书写，是以作品文本为根据、为中心来展开的。文学史著的讲述方式大多是模式化的，而且都是按照时代背景、作家、作品的顺序进行。时代背景是前提，是归宿，作家作品的讲述评价都是为了证明这个时代的社会状况，是为了证明这段历史。而且将历史与文学完全地对应起来。②然而文学的历史展示更应该这样，从作品的评价论及作家，最后涉及社会时代背景，而非相反。然而现在很多文学史的写作都是先有时代背景然后会论及在这个背景下出现文学现象的必然性。事实上，作品才是所有文学现象得以形成的核心和根本。而且我们对一个作家的认识对一个文学现象的认知关注都是从作品开始的，而最终也都是落脚在作品上的，而非为了证明历史。③那么，书话对于文学文本的谈论记录、记忆则都是从作品出发，或由作家出发的，因为书话的核心是"书"、主线是"书"，所有的谈论都是因书而起的，也往往是围绕书展开的。就文学范围而言，这里的"书"，就指的是文学作品、文本。

----

①　当然，在鲁迅，其文学史著往往也对西化的热潮与西式研究方式论述话语表现出了谨慎的态度。对此，陈平原在《作为文学史家的鲁迅》（收入《文学史的形成与建构》，广西教育出版社1999年版）中有论述。

②　这在新文学史写作中，始作俑者应是1951年发表于《新建设》第4卷第4期上的《〈中国新文学史〉教学大纲（初稿）》所构建的教材框架，其影响太过深远了，直到如今都没有真正改变。这个大纲按照五段的分期，即"五四前后——新文学的倡导时期（1917—1921）"、"新文学的扩展期（1921—1927）"、"'左联'成立前后十年（1927—1937）"、"由'七·七'到延安文艺座谈会讲话（1937—1942）"、"由'座谈会讲话'到'全国文代大会'（1942—1949）"，各立一编，"每一编中都有介绍政治背景和文学运动、文学论争的专章。如1927—1937阶段的第3编，即有'本时期的社会政治和文学的情况'、'革命文学或无产阶级文学运动'、'与反对派的斗争'……它为建国后新文学史著构搭了基本的框架，后来新文学史著编写中的某些现象，追根溯源，可以最终追寻到这份《大纲》上来；它奠定了建国后新文学史著突出文学与政治的关系的基本倾向；它规定了新文学史上文学斗争的基本内容，为后来的新文学史著所沿用。"（参黄修己：《中国新文学史编纂史》，北京大学出版社1995年版，第128页）

③　例如金克木说过类似的话："中国文学史教科书从开始以来，表述虽各有不同，但程序越来越趋一致。那便是，时代—作家—作品—评价（社会政治意义，艺术成就）。这当然不错，但是不够，因为只说发生，没说发展。事实上，文学为社会认识的首先是作品，然后由作品推到作家。对社会发生作用的也是作品而不是作者。所以中外都有许多作品说不清作者。研究文学史的程序似乎应当倒过来。首先分析作品，然后追到作者，然后溯到时代来做说明。这就是作品—作家—时代的程序。"（金克木：《试测下世纪文学史研究》，《读书》1998年第1期）

第二节　记忆与选择：新文学经典化的重要方式

经典是历史的和变动的。书话是新文学经典化的一个独特的途径。从历史来看，在后来人们的眼中成为经典的某作家或者某种文学文体、文学思潮、观念，而在当初可能十分边缘、落寞。从落寞的边缘到瞩目的中心，从一篇普通的作品到被推为高高在上的经典，这种评价变化与提升的经典化过程，往往归因于后世的某些作家批评家及读者一再的解读、推崇、强调。如陶渊明，他本来诗文数量不多，身份又在文坛的边缘，但是后来被推为经典，其过程也不能不归功于从苏轼、方回直到顾炎武、朱彝尊、王士禛等乃至梁启超、朱自清等一代代批评者的推崇与定位。① 在作家作品文学现象评价的升降过程中，亦即经典化的过程中，书话发挥着与文学史著及其他的学院化文学批评研究不同的作用。

一、文学史图景的建构

书话对文学史图景的建构往往有着不可替代的作用。与文学史著相比更显出书话在文学史书写方面的独特性。为了论述能够切实具体，笔者选择唐弢 1949 年发表在《文艺复兴》的"中国文学研究号"（下）的《新文艺的脚印》系列书话为例进行探讨。《文艺复兴》自 1948 年 9 月至 1949 年 8 月之间陆续出版"中国文学研究号"上、中、下三册。这三册"中国文学研究号"，可以说是"五四"学者和第二代研究者新秀的集体出场，也呈现了后五四时期中国文学研究的基本框架格局，而在这个格局中，唐弢书话作为新文学研究的重要体例，首次出现在学术舞台之上。唐弢《新文艺的脚印》是刚刚过去的新文学学术研究体例的一次精彩亮相。在此之前发表在《万象》《时与文》上的书话更多的是被编者和读者看作创作和趣味性的文章，这次的集中登载

---

① 如苏轼《题文选》："《闲情赋》正所谓《国风》好色而不淫，正使不及《周南》与屈、宋所陈何异？而统乃讥之，此乃小儿强作解事者。"方回《诗思》有句："万古陶兼杜，谁堪配飨之。"王士禛言："过江以后，笃生渊明，卓绝先后，不可以时代拘限矣。"（关于顾、朱、王等的评价，可参见钟优民《陶学史话》台北：允晨文化实业股份有限公司 1991 年版，第 136、139、155 页）梁启超有《陶渊明》的专著，王国维在《文学小言》中也说："屈子之后，文学之雄者，渊明其尤也。"

才意味着书话正式作为新文学研究的体例而被承认。这些书话所致力的正是对刚刚过去和正在发生的新文学历史图景进行建构。

创刊于 1946 年 1 月 10 日的《文艺复兴》这样一个以创作为主的大型文学刊物,忽然决定出版"中国文学研究号",据主编郑振铎说,是鉴于"这许多年来,有许多专家们,对于中国文学作了不少很深湛的研究,而没机会发表他们的文章"①。更深层次的原因则在于,从"五四"到 1940 年代末,30 年弹指而过,中国人历来有"30 年为一世"的自觉历史意识。从五四新文化运动开创的新文学的发展,以及中国文学研究的新进展,在这个近 30 年的年头上应该有一个总结、回顾和展示了。很多五四新文学家从三十年代开始转向了中国古典文学研究,从中汲取找寻新文学发展的契机和资源,而他们的学生一辈更是不断成长起来,作为新的一代研究者也崭露头角。新文学自身的发展也 30 年了,留下了或深或浅的"脚印",为新文学的发展做以回顾研究,撰写历史,加以经典化,自然也成了新文学家和当时文坛的一种普遍心理吁求。于是,已经停刊近一年的《文艺复兴》终于又刊出了三期的"中国文学研究号"。②

通观这三册"中国文学研究号",我们除了可以看出郑振铎学术兴趣的

---

① 谛(郑振铎):《编余》,《文艺复兴》第 3 卷第 3 期。

② 《文艺复兴·中国文学研究号》(上)出版于 1948 年 9 月 10 日。刊出的有闻一多遗著《伏羲与葫芦》、朱自清《"好"与"妙"》、高名凯《音质与诗词》、王瑶《魏晋时代的拟古与伪作》、余冠英《谈吴声歌曲里的男女赠答》、严敦易《元剧斠疑》、林庚《彭咸是谁》、季羡林《柳宗元黔之驴取材来源考》、李嘉言《词之起源与唐代政治》、黄贤俊《二隐及其词》、冯沅君《记侯正卿》、隋树森《秋涧文集中的元代曲家史料》、郭绍虞《明代的文人集团》以及莫洛《呈现了血和生命的作家们》。尤其值得一提的是莫洛的《呈现了血和生命的作家们》以叙录的传统方式,记述和评价了多位在抗战中死去的文艺家、学者,并简要的介绍其生平代表作品,带有明显的纪念性质。

《文艺复兴·中国文学研究号》(中)出版于 1948 年 12 月 20 日。收有林焕平《中国文艺思想史略》、季羡林《中国文学在德国》、马叙伦《评〈中国文字的演变〉》、吴晓铃《跋饮虹簃刊本林石逸兴》、关德栋《"降魔变押座文"与"目连缘起"》、严敦易《元剧斠疑(续完)》、李效广《定县秧歌》、董每戡《说傀儡》、韦坚《略论金弢叔的诗作》、吴晗《朱元璋的少年时代》、徐调孚《现存元人杂剧目录》等。

《文艺复兴·中国文学研究号》(下)出版于 1949 年 8 月 5 日。发表了王瑶《魏晋文人的隐逸思想》、张长弓《唐诗昌盛原因的分析》、怀玖《论词的特性和诗词分界》、于在春《秋千在宋词里》、顾伟议《陆放翁的家学渊源》、冯沅君《元曲家杂考三则》、严敦易《续"元剧斠疑"》、严敦易《宝文堂书目乐府类之整理与分析》、赵景深《南曲连套述例》、汪浚《吴承恩与〈西游记〉》、黄裳《鸳湖曲笺证》、王统照《清中叶中鲜文艺的交流》、唐弢《新文艺的脚印》、李效广《论〈妓女告状〉》、董每戡《傀儡戏考原》。

偏好外，可以说这是五四学者和第二代研究者新秀的集体出场，同时更显示出了郑氏试图创立一个中国文学研究的宏观框架和格局的雄心志向。从历时的线索上看，三册所载学术文章的研究范围包括从上古神话一直到刚刚过去 30 年间的新文学；从横向的学科层次上，包罗了几乎所有后来所命名的广义的文学研究的范围，尽管当时的学科划分不如今天那么细密，但确实在文学研究各个方面几乎都有展开。在现在学科意义上的古代文学、文艺学、现代文学、文字学、文献学、民间文学甚至有着比较文学、历史学，无不涉及。

可见三册"中国文学研究号"呈现了五四之后文学研究的基本框架格局，而在这个学术研究格局中，唐弢的书话作为新文学研究的重要体例，正式出现在学术舞台之上，这是很可注意的。唐弢精心挑选了 22 位已故的新文学作家，其顺序安排也是有意味的。他们是，鲁迅、瞿秋白、柔石、胡也频、梁遇春、朱湘、黑芷、许地山、朱自清、闻一多、郁达夫、王以仁、刘大白、刘半农、徐志摩、黄庐隐、夏丏尊、谢六逸、鲁彦、彭家煌、蒋光慈、王独清等。相比较唐弢的书话，同时刊出的莫洛的组文说不上是研究，止于介绍，只是简要罗列每个已逝作家的姓名和生平，更突出其纪念性质，很少深入的研究。唐弢的书话则更显示出研究性质。

其实在此之前，唐弢已经多次用书话的方式来研究新文学作家作品。如 1945 年《万象》第四年第七期上，发表署名"晦庵"的《书话》，共有 11 则。每一则侧重一个作家及其一两部代表作品，共谈及了鲁迅、周作人、茅盾、巴金、瞿秋白、郭沫若、徐志摩、何其芳、王统照等 9 位新文学家。其顺序也是精心安排的，大致可以看出在当时文坛学界这些新文学家的地位和影响来。《时与文》周刊从 1947 年 7 月 25 日出版的第 1 卷第 20 期开始，专辟出副刊"艺文志"，在这一副刊上有三期刊载晦庵书话，共六则，谈及了闻一多、朱湘、郁达夫、俞平伯等作家①。这两个名单，和唐弢 1949

---

① 唐弢的书话有三次登载于《时与文》的"艺文志"副刊中，均署名为晦庵。包括：第 1 卷第 20 期（1947 年 7 月 25 日），此期刊出两则《"新月派"》《朱湘诗集四种》；第 1 卷第 22 期（1947 年 8 月 8 日），此期发表两则《〈达夫全集〉》《〈沉沦〉和〈莴萝〉》；第 2 卷第 1 期（1947 年 9 月 12 日），此期登载两则《俞平伯的散文》《〈冬夜〉》。

年发表在《文艺复兴》上的那些名单合并在一起，就已经包括了我们现在依然认同的有代表性的大部分现代作家。这一名单所勾勒的现代文学史的图景，从社团来说，包括有文学研究会、创造社、新月社等；从文体上讲，涵盖有小说、诗歌、散文、戏剧；从理论主张和政治倾向上，包括左翼的和自由主义的。可见唐弢书话所论及的新文学作家作品具有空前的广泛性和包容性。这其实就表明了唐弢有意的选择，据此，我们可以明显地看出唐弢描述新文学的发展，重塑新文学历史，致力于新文学家及其创作的经典化的努力。

因此这三期《文艺复兴·中国文学研究号》是中国文学研究集体展示的舞台，唐弢新文学书话的意义更在于，在这一舞台上，书话作为新文学的重要研究方式而占据了一席之地。所以，唐弢新文学书话出现颇有意味：一方面，这说明当时的有关刚刚过去和正在发生的新文学已经是中国文学研究格局中的一部分。而唐弢的书话，已经作为一种新文学研究方式为当时学界所普遍认同。另一方面，说明新文学的历史描述、新文学作家作品的经典化权威化还未定型。在这种情况下，唐弢的书话，成为新文学经典化的一种重要途径，为新文学家们（尤其是已经逝去的作家）树碑立传、确立文学史地位，来重塑历史。唐弢书话对新文学历史的重塑，颇有意味，影响也不容忽视。这一点，从当时的新、老两代人对书话的热情评价关注，可以看得很清楚。

第一，唐弢精心写作安排的书话，作为新文学重要的经典化途径，对人们尤其是初入门径的青年人接受新文学，并进而初步构建新文学史图景和认识起到很大的导向作用。比如说，当时还是青少年学子的姜德明就是通过唐弢的书话认识新文学的。后来姜德明的回忆证明了这一点。他说："40年代初，我开始对新文学书刊发生兴趣。在课堂里无法满足的知识，只好到旧书摊前去探秘，开头是盲无所从，碰到什么是什么。一本曾孟朴的《鲁男子·恋》，曾经让我痴迷多时，误以为是新文学最伟大的小说。到了40年代中后期，突然发现唐弢先生写的关于新文学的书话，一下子顿开茅塞，好像找到一位引我入门的老师。我羡慕他的藏书丰美，那些充满魅力的版本一直诱惑着我。我采取的是笨方法，循着他书话中提到的书一一去搜访。读唐弢的书话，打开了我的眼界，如读一部简明的新文学史。"①可见，唐弢的新文学书话，对于当时普通读者的引导作用是不容忽视的。换句话说，晦庵书话中所提到的作家作品，在一般的读者眼里，是被奉为经典的。而书话谈论作家作品所安排的次序，所议论的观点，所做出的评价，更容易被读者接受认同。那么，这在当时新文学的影响远远不及通俗文学，并不为一般大众所认识到的那个历史条件下，唐弢书话对新文学的经典化的树立，发挥着重要的作用。特别是，我们应该注意到，姜德明说得到"一本曾孟朴的《鲁男子·恋》，曾经让我痴迷多时，误以为是新文学最伟大的小说"，等看到唐弢的书话后建立起了对新文学史的初步认识，其对现代文学的想象发生了重大的转折，抛却了先前的认识，循着唐弢书话所提及的新文学书籍一一寻访，开始将唐弢书话所描述的新文学图景作为自己认识那段历史认识那些作品的标准。由此可见，唐弢等的新文学书话作为新文学经典化的重要的途径对读者们的新文学史图景和想象的构建起到不小的作用。

又如书话家徐雁的第一本书话集《秋禾书话》序言里详细讲述了《晦庵书话》对他的新文学认知产生的巨大而深远的影响。当时还是北京大学学生的徐雁，看到唐弢的《晦庵书话》时非常兴奋，《晦庵书话》对文学的描述成为他认识新文学史的较早和较重要的指路灯。后来他还邀请唐弢到北京大学的社团"学海社"就中国现代文学版本学等方面的问题进行讲演。徐雁回忆说："我把借来的《晦庵书话》读了三遍。因为读借以后又误了还书的日期，因此被图书馆扣了三个月的借书权。然则在当时，只此一册伴我足矣。记得当日每读一第、每读一遍都有十分的收益，同时为揣摩先生的文笔，还作了不少的札记。"②可见徐雁对书话的喜爱程度了。有一个背景必须指出，当时的徐雁以及请唐弢做讲座的"学海社"成员，是北京大

---

① 姜德明：《序言》，《鲁迅书话》，孙郁编选，北京出版社1997年版，第2页。

② 徐雁：《书话因缘(代序)》，《秋禾书话》，书目文献出版社1991年版，第3页。按："第"疑为"篇"之误。

学图书馆系的学生，而图书馆系当时是与中文系同在一个院落里（即所谓"北大五院"），尽管有中文系的老师为他们开设现代文学史的课程，但他们还是愿意读《晦庵书话》，听唐弢讲有关新文学。

由此可见，书话这种形式对于非现代文学专业领域的学习者在新文学史的认识和建构方面所产生的影响，可能要远比作为教科书的新文学史著要大。徐雁在《秋禾书话》的序言中说："在《书话之话——读三联版书话丛书》一文中我是这样叙述的：'它以优美生动的文笔、活泼自如的文体首先吸引了读者，进而使人懂得了研究现代文学书籍版本的学术价值。'我便是无数被'吸引'的读者之一。"① 无独有偶，王稼句同样在文章里对《晦庵书话》给自己的引导和影响表达了感念之情②，林真、黄俊东等也在书话集的自序中提到唐弢对他们的影响。③ 从这里我们可以清楚地看到书话这种文体对人们的新文学书籍阅读的引导作用，这同时也就意味着新文学史在读者心中的建构。

第二，唐弢书话对新文学家的追述、留影在很大程度上满足了新文学参与者对自己历史塑造的心理吁求。唐弢在后来的《晦庵书话》序言里，详细地追述了四五十年代其系列书话不断发表后受到充分关注的情形。叶圣陶、王伯祥、侯金镜、赵家璧等都对唐弢的新文学书话表示了极大的热情和兴趣④。而他们的关注，在很大程度上正说明了这些新文学家和现代文坛的亲历者们，对刚刚过去的那段历史确证的需求，对新文学历史经典化的期盼。这一点与郑振铎在《小说月报》和后来的《人民日报》的古籍书话以及阿英在《人民日报》发表的近代文学丛谈等书话所引起的反响相比，就会看得更清晰了。郑氏和钱氏（阿英）的书话，因为远离新文学本身，

---

① 徐雁：《书话因缘（代序）》，《秋禾书话》，书目文献出版社 1991 年版，第 8 页。

② 王稼句：《读〈晦庵书话〉》，《书林》1981 年第 3 期。

③ 参见黄俊东《书话集》（香港波文书局 1973 年版）自序及林真《林真说书》（中国友谊出版公司1988 年版）后记。林真曾说："从那时起，三十多年来我都很注意地读每本书的序跋。后来更喜欢了谈书的文章。唐弢的《晦庵书话》、叶灵凤的《文艺随笔》、郑振铎的《西谛书话》、阿英的《小说杂谈》和王辛笛的《夜读书记》，都是我爱读的书。"（见林真：《不算后记的后记》，《林真说书》，中国友谊出版公司1988 年版，第 205 页）

④ 参唐弢：《〈晦庵书话〉序》，《晦庵书话》，三联书店 1980 年版，第 2、3、5 页。

所以其影响仅仅限于同行的学界，而很多新文学亲历者对他们的关注热情远不及对唐弢的新文学书话那么高。因为晦庵书话写的就是他们自己的历史，重建的是他们的记忆。

二、文学历史描述的变化与调整

书话对历史的描述不是一成不变的。书话从最初在报刊上发表，到后来作者将之收集成册出版，都有不同程度的变化。时代风气的影响、政治空气的制约，以及书话作者艺术观念的改变等诸多因素都会影响到作者对同一个作家、作品的看法、评价，甚至前后矛盾的情况也不能完全避免。这变动删改意味着对文学历史记忆的不断修改。这个过程，不仅仅影响着读者对文学史的想象，影响着人们对文学经典的认识，同时也能折射出时代的变动，从而成为我们考察文学史描述变迁乃至新文学接受史的一个途径。

这里我们还以唐弢的书话为例。之所以选择唐弢，因为唐弢的书话从四十年代发表到六十年代成集出版，再到"文革"之后新版，经历了民国、"十七年"、"文革"、新时期等非常完整的文学史过程。而周作人、阿英、郑振铎等因为逝世较早，未能经历这整个过程，黄裳写书话要晚于唐弢且不以新文学书话为主，孙犁也是"文革"期间及晚年才经营书话，所以他们都没有唐弢更具代表性。下面笔者以唐弢书话在不同历史时期版本差异的对比（包括从最初发表在报纸上的书话，到1962年北京出版社版《书话》，再到1980年三联书店版《晦庵书话》），来进一步观察其对新文学史的描述是如何调整的，及其调整背后的意义。

唐弢在1945年《万象》第四年第七期上发表署名"晦庵"的《书话》，共有11则。这11则书话（加上首则"引言"共12则）后来大都收入了1980年三联书店重新出版的《晦庵书话》中，但面貌发生了不小的变化，中间经过了不少的删改。

原《万象》本期上的第二则《呐喊》，未收入1962年版的《书话》，收入《晦庵书话》时改为《闲话〈呐喊〉》，正文亦有改动。如原文中"以体例论，

《呐喊》之有《不周山》，是并不调和的，无怪乎鲁迅要把它改名为《补天》，作为《故事新编》的开端了。"而《晦庵书话》中则增加了不少："不能说成仿吾的评论没有一点道理。我觉得这篇小说放在《呐喊》里的却不很调和，后来改名《补天》，作为《故事新编》里第一篇，却是一个很好的开端，一种很重要的尝试。"① 这些许语气上的改变并非可有可无，其实是唐弢精心为之的。原来很决断肯定的口气，变得缓和了不少。

原第三则《周作人最早书》，未收入 1962 年版《书话》，在收入《晦庵书话》时题目照旧，而结尾却发生了变化。原文为："智识，细心，忍耐，为周作人所教之发财秘诀，大家不妨试试看。"后来增加了一句，变成："智识，细心，忍耐，为周作人所教之发财秘诀，但我以为有此三者，倒不如去做别的事情，所谓'事皆可为，为无不成'，大家不妨试试看。"② 后者无疑强调和亮明了唐弢对周作人的否定态度。

原《史铁尔》，是谈瞿秋白翻译高尔基作品的曲折经历，并未收入《书话》及《晦庵书话》。

改动最大的恐怕要数得上《〈子夜〉的翻版》了。原《〈子夜〉的翻版》收入《书话》和《晦庵书话》中改为《〈子夜〉翻印版》了。原文比较简单，但议论很精粹简练。

《子夜》的翻版

我生平最讨厌翻版书，几乎有点矫枉过正。有时想看一部书，找不到原本，我书摊上看到了翻印的，明知聊胜于无，也终掉头不顾。这脾气至今未改。但有一部翻版书，却为我寤寐以求的，那就是《子夜》的翻版。《子夜》出版于一九三三年四月，初版有精装本，道林纸花布面，颇为美观。但以书中描写工人运动，遂被禁止。经删去第四、第十五两章后，始得出版。当时关系方面以《子夜》表现社会现实，允称伟大收获，不能任其残缺，就以"救国出版社"名义，予以翻印，分上下两册，道林纸本，绿色封面，卷首有"翻印版序言"，

① 唐弢：《闲话〈呐喊〉》，《晦庵书话》，三联书店 1980 年版，第 24 页。
② 唐弢：《周作人最早书》，《晦庵书话》，三联书店 1980 年版，第 358 页。

今录如下：

《子夜》是中国现代一部最伟大的作品。

《子夜》的作者，不仅想描写中国现社会的真象，而且也确能把这个社会的某几方面忠实反映出来。

《子夜》之伟大处在此，《子夜》不免触时忌，也正因此。

它出版不久，即被删去其最精彩的两章（第四章及第十五章）；这样，一经割裂，精华尽失，已非复瑰奇壮丽之旧观了！

本出版社有鉴于此，特搜求未遭删削的《子夜》原本，从新翻印，以享读者。惟原书为一大厚册，篇幅太大，兹特分为上下两册出版；上册由第一章至第九章，下册由第十章至第十九章，既不致割裂原著的体裁和文气，也便于读者的随身携带。

天才的作品，是人类的光荣成绩，我们为保存这个成绩而翻印本书，想为尊崇文艺、欲窥此书全豹的读者所欢迎的罢。

救国出版社

我藏有《子夜》初版精装本，这一部翻版，至今仅得下册，虽然和 All or nothing 的精神相反，仔细想来，却也不失为一种纪念哩。

原文简短，但评论审慎平正含蓄，韵味颇深。而后收入 1962 年版的《书话》和 1980 年版《晦庵书话》（后两者没有做改动）时候，却几乎等于重写，篇幅扩充了许多，其议论的成分大大增加：

《子夜》翻印版

由于旧社会的书商造孽，使许多人一听到翻版书，禁不住怒气冲冲，倘不是嗤之以鼻，也一定会摇头叹息。翻版书的名誉可以说是坏透了。不过就我见到过的翻版书之中，也有一部使我大为佩服：展视之下，爱不忍释。这就是《子夜》的翻印版。

茅盾先生的《子夜》于一九三三年一月出版，发行之后，立刻引起广大读者的注意，使左翼文坛的创作方面的声势为之大振。瞿秋白同志称《子夜》为"中国第一部写实主义的成功的长篇小说"，说《子夜》的出版是"中国文艺界的大事件"。一时中外报刊，竞相介绍。这就使国民党反动派十分着急到了一九三四年二月,《子夜》便和别的一百四十八种进步文艺作品,笼统地被加上"鼓吹阶级斗争"的罪名,一律"严行查禁"了。书店老板们因为"血本有关",不得不据"理"力争,经过函电往返,最后决定的办法是分别处理。《子夜》被归入"应行删改"一类。……(接下来谈的是删改的内容——普光注)

　　然而反动派的想法错了,他们一手是掩不住天下耳目的,翻版书在这个形势下便表现了战斗的作用。自然,我这样说,绝不是指粗制滥造的一折八扣书(《子夜》曾有这种翻版),也不是指在敌人卵翼下装点"小朝廷"的盗版书(所谓"关东出版社"也翻印过《子夜》),使我激动的是一种严肃的战斗的工作。……(接下来是谈的是翻版书《子夜》的版本设计以及《翻译版序言》,此略。——普光注)

　　这个救国出版社在哪儿呢?我问过许多人,却终于得不到圆满的答复。不过有一点可以肯定:这样措辞得体的《序言》,是一般出版社的编辑所写不出的,这样严肃认真的翻印工作,也是一般出版社的老板所做不到的。那么,即使我们还不能够查出救国出版社的所在,岂不是已经或多或少地可以了解其真实的面貌了吗?可见翻印工作也还是鱼龙混杂,欲定功罪,首先得看它掌握在什么人的手中。

经过比较很明显地看出,后文的气息和语言风貌变得政治化、模式化了。书卷气息淡化,甚至消失了。这种阐释有着其不得已的时代背景。这样的腔调、语气,并不适合书话这种趣味性书卷气的文体,生硬地加入政治话语,就会很大程度上破坏了应有的书话韵味。

　　原《刻意集》,写的是何其芳及其作品。收入《晦庵书话》却改成了《由沉思而歌唱》,尽管其内容基本上没有删改,但这一标题的变化,却大大突出了何其芳的创作由个人到集体的变化——"由沉思而歌唱",并且意在表明了作者唐弢自己对何其芳这一变化的认同、赞扬的态度。

　　原《山雨》,1962年版《书话》未收,收入《晦庵书话》第二辑"读余书杂",原题不变。内容也几乎没有改动。只是文末一句,原为:(《山雨》)"初版流布极少，盖亦弥足珍贵者也。"后却变成："初版流布极少，弥足珍贵。"此句的改动虽然意思并没有变化，但是语气已经大不如原文强烈了。这不仅是一个纯粹的修辞问题，其背后还有更重要的文化问题和心态问题。我们知道，原文的"之乎者也"，是在表达对初版本的珍惜程度的加强、强调，这样文言的运用也是作者自然的文人心态的流露，文人积习的使然，与这种并非纯粹说理议论的书话文体是正相适应的语言方式。这就与很多作家文人学者在写序跋的时候不自觉地流露出这种文人积习一样，更增强了文体的情致，是文人话语的一种反映。这种文言词汇的适当运用与这种传统意味很强的书话体式可谓相得益彰。少了这种文言词汇语句的渗入交融，就少了很多情致和韵味，其文化含量与书卷气息也就淡弱了很多。正如唐弢在书话《朱自清》最后的一段议论。他说朱自清后期散文写作的语言比前期的更加口语化，但人们还是更爱读他前期的散文，因为前期散文语言是知识分子的口语，更具情致。唐弢说："在艺术上，语言是文学的根本问题，却不是它的全部问题。有些散文语言很好，甚至还很有个人特点，然而却不一定都有情致。佩弦先生后期语言比前期更接近口语，但人们还是爱读他的《背影》《荷塘月色》，这是有原因的，不能够像有些人那样简单地用小资产阶级感情共鸣来解释这个现象。从用文言还是白话的观点上，我们不想提倡旧体诗词，但人们还是喜欢读旧体诗词，写旧体诗词，而且有些旧体诗词的确写得很好，这里面有个同样的道理。研究朱自清后期散文的语言，注意朱自清前期散文的情致，我们将会更清楚地了解朱自清的风格。"① 尽管说，这里唐弢并没有把话说得很明确，但其用意是有所指的。那就是，那些适当运用融入一些文言的语言，运用知识分子的语言，而并不是全部的大白话，通俗化，大众化的语言，可能会使得文章更有情致——韵味、蕴藉，更有文化气息，更有审美的艺术感染力。基于此，唐弢并没有完全否定现代人当代人写旧体诗词，他强调要关注朱自清前期的知识分子语言、文人话语的运用。也正是在这个意义上，我们看到，唐弢在四十年代所写的书话，其实就是一个典型的运用文人话语寄托文人情感

---

① 唐弢：《朱自清》，《晦庵书话》，三联书店1980年版，第38—39页。

趣味的一种书写方式。所以当我们对比其新中国成立前书话和新中国成立后书话的语言的时候，就明显感觉到，不同于前者的是，后者的文人话语、知识分子口语，文人的趣味情感，被掩藏得很深，并且常常淹没掩盖在正统的、流行的、政治化的语言和既定论断下面，不见踪影了。所以，我们会更喜欢他此前的书话的浓郁情致。

同样的，发表在《文艺复兴·中国文学研究号》（下）（1949 年 8 月 5 日出版）中的系列书话《新文艺的脚印》，大部分收入了《晦庵书话》后也做了或大或小的删改。

原《瞿秋白》收入《晦庵书话》中时改题为《绝命诗》。原文末："此诗隐含讽喻，颇疑其有所指。与所传绝命诗相较，没有那种空渺的感觉，执此而论前诗，断为非秋白集句，或亦不无见地也。"后来的《绝命诗》却删去了："执此而论前诗，断为非秋白集句，或亦不无见地也。"[①] 可见，对史实的认识在进一步深入清晰，也去掉了很多主观臆断，论述相对客观了。标题的改动，文末的删改，表明唐弢对这首集句绝命诗已经认为是瞿秋白所作了。

原《丁玲的丈夫》，收入《晦庵书话》中改题为《丁玲和胡也频》。原文更推崇胡的诗歌，认为："也频的诗所拥抱的是个人的情感，而他的小说，却很有一些是为群众而呼吁的。"后文改动后却对胡的小说更多了持平之论，认为胡也频的小说："往往流于造作，流于生硬。"[②] 这明显看出唐弢的文学观念的变化，及时代语境的差异了。

原《梁遇春》，改为《两本散文》。原文对梁遇春赞誉有加评价甚高。而后文却相对节制审慎，并表示了对原文推崇的梁遇春的伤感特色表示了批评的意见。事实上，唐弢本人的散文如《帝城十日》及早期的书话都颇带有伤感的抒情的气质，可见出与梁遇春相似的风格。而唐弢意见的变化，在一定程度上是新中国成立后三十年间的改造"洗礼"而形成的。所以，新中国成立后特别是"文革"后，唐弢的书话与此前相比，多了理性的分析、

---

① 唐弢：《绝命诗》，《晦庵书话》，三联书店 1980 年版，第 332 页。
② 唐弢：《丁玲和胡也频》，《晦庵书话》，三联书店 1980 年版，第 253 页。

史料的考索、流行的政治话语和结论，而大大减少了原有的抒情气质和感性色彩。比如说，《新文艺的脚印》中的一则书话《朱自清的文体》，只是在引用叶圣陶评论的基础上已经就朱自清的文体和语言做了要言不烦的评点比较，简单却明了，而且紧扣着朱自清本人的创作。而后来此文收入《晦庵书话》时变为《朱自清》，内容也改动颇大，在后面又增加了将近一倍于原文的文字，主要由朱自清的语言特点而引发出了对五四以后散文语言的议论及分析，而且还谈到了旧体诗词的问题，尽管深入全面了，但理性分析的成分过多，成为了名副其实的研究，似乎有些游离于唐弢本人着力的书话散文了。[1] 相似的，原来谈论许地山作品的《走向坚实》，收入《晦庵书话》以后，也在原文后加上了一段理论分析，大大增加了理性研究的分量。[2]

原《朱湘书信集》，收入《晦庵书话》时候改动极大，几乎是重写了，名为《诗人朱湘》。原文专谈书信集，并说："从这些信里，可以看出子沅贫困流连然而正直的生活，他讨论过诗，讨论过科学，讨论过男女间的关系，处处流露出诗人的严肃和热情，子沅做人本极率直，而在这些信里嬉笑怒骂，更是不留余地。念生在序文里说：'他很需要朋友，又爱得罪朋友'确是知己之言。"而后来的《诗人朱湘》，却以更多的笔墨谈论他的四本诗集。在书话的最后提及《朱湘书信集》。唐弢对诗人的评价没有改变，只是在原来的评价后面加入了这样一段话："许多人都说他狂妄，同时不得不承认他的狂妄是一种严肃的狂妄。这种个性是旧社会的产物，可是旧社会又从来容不得这种个性。这便是诗人朱湘的命运。"[3] 这种政治化、意识形态化的"左"话语，是在新中国成立后最自然不过的了；将矛头指向"旧社会"，议论都会安全些。

原《革命者，革命者》，收入《晦庵书话》改为《革命者！革命者！》标题上加上了两个感叹号，而内容变动亦明显。原文在第二行称闻一多的

---

① 参唐弢：《朱自清》，《晦庵书话》，三联书店 1980 年版，第 37—39 页。

② 参唐弢：《走向坚实》，《晦庵书话》，三联书店 1980 年版，第 42 页。

③ 唐弢：《诗人朱湘》，《晦庵书话》，三联书店 1980 年版，第 50 页。

《死水》："整饬与新月派其他诗人同，而热情磅礴，不拘拘于个人情感之得失，则为诸家所不及。"后来则变为："格律整饬，和当时'新月派'其他诗人相似。但不拘拘于个人情感之得失，把反动统治下的生活比作死水，对现实社会深致不满，则又卓然独立，和许多人不同。"后文在原文的结尾处增加了分量很大的议论，着重对诗人闻一多人生道路的转变，由诗人到革命者的转变大加赞扬，遵循了当时一贯的评价和政治结论。而且与原文相比，后来的改动试图努力将闻一多在思想和情感上从最开始从根源上与"新月派"区别开来："作为诗人的内核，从《红烛》序诗所反映的思想分析起来，即使在前期，我们也很难以对'新月派'的理解不加区分地来理解闻一多。'莫问收获'固然近于诗人气质，'但问耕耘'却已昭示了他作为战士的特色。革命者！革命者！固不仅诗人已也。"[1]

原《半农杂文》篇，引述了鲁迅的《忆刘半农君》末几段后说："这篇文章作于二十三年八月一日，到十一月三十日，周作人（知堂）写了一篇《半农纪念》，在《人间世》第十八期上发表。"收入《晦庵书话》时，加入一句话，变为："这篇文章作于一九三四年八月六日，距半农之死约半月余。感怅无地，读来十分沉痛。到十一月三十日，周作人写了一篇《半农纪念》，发表在同年十二月二十日出版的《人间世》第十八期上。"[2]原文末说："但就大体说，半农的杂文很是泼剌，他的文体正和他的诗歌一样，是值得特别提出来研究研究的！"收入《晦庵书话》收变成："半农的杂文很是泼剌，证明他应该是一个战士而不应该是一个打油诗人。他的文体，正如他的诗歌一样，是值得特别提出来研究研究。"[3]

原《诗人写剧》，收入《晦庵书话》中的第二辑"读余书杂"，原文中说："徐志摩的散文在新文坛上可以自成一家，《落叶》（北新版），《轮盘》（中华版），《巴黎的鳞爪》（新月版）里有许多篇，都曾脍炙人口，诗的影响更是不小。"收入《晦庵书话》时稍有变动："徐志摩的散文在新文坛上可以

① 唐弢：《革命者！革命者！》，《晦庵书话》，三联书店 1980 年版，第 48 页。
② 唐弢：《半农杂文》，《晦庵书话》，三联书店 1980 年版，第 26 页。
③ 唐弢：《半农杂文》，《晦庵书话》，三联书店 1980 年版，第 29 页。

自成一家，《落叶》（北新版），《轮盘》（中华版），《巴黎的鳞爪》（新月版）里有许多篇，艺术上都有成就，诗的影响更是不能抹煞，尽管他的思想颇多可议之处。"① 尽管改动是很不显眼的，但作者的用心是良苦和无奈的，其背后折射的时代政治语境不容小觑。

原《长安城中的少年》，谈论的是创造社的王独清，但是并未收入1962 年版的《书话》，《晦庵书话》中亦不见。

唐弢书话谈及的作品、提及的作家，比起当时文学史著的选择在一定程度上有所拓展，更富自由和个性化。比如，受限于新文学的体例，旧体文学从来不允许进入新文学史著的写作。包括唐弢的三卷本和简编本，都没有提及。然而，我们不能由此就认为，唐弢等新文学史家真的对旧体诗就置若罔闻，或嗤之以鼻，目为封建落后的代表。因为他们在写文学史的时候，都是在努力证明描述白话新的文学体式最终取代旧体文学的必然性，所以以旧诗为代表的文学体例，就很难进入到新文学史的书写中。这带来了重大的遮蔽，也给人以错觉，以为现当代文学的发展进程中，从来不存在旧体诗；同时，也容易让人以为，唐弢等人对旧体诗抱有深刻的厌恶、否定。然而，如果我们阅读唐弢等人的书话，我们就会发现事实并非如此。

唐弢在 50 年代中期，曾撰写书话《线装诗集》，专谈新文学史上的线装诗集，并对此给予了很大程度上的肯定。我们知道线装的装帧设计，恰恰是文人趣味的一种体现。这一现象，尤其是在当时政治的语境下，这是腐朽的资产阶级趣味的表现。但唐弢的书话对此却津津乐道。不仅谈论了刘半农 1926 年出版的线装诗集《扬鞭集》，并且重点提到了徐志摩《志摩的诗》、俞平伯《忆》，并赞扬其装帧的特别："《忆》为相当于四十开的小本，朴社出版，丝线穿订，内容手写影印，就字体论，淳朴如汉魏人手迹，也兼有苏长公写经的味道，与作者后来挺秀的书法不同。封面用虎斑笺，篆字题签，画瓶花炉香，所以扉页又加上龚定庵的两句诗：'瓶花妥帖炉香定，觅我童心二十六年。'大概当时作者好定庵诗，出版此书时又正为

---

① 唐弢：《诗人写剧》，《晦庵书话》，三联书店 1980 年版，第 238 页。

二十六岁，就有了这个点缀。全书收诗三十六首，附录旧诗祠十六篇，除自序及朱自清跋语外，尚有莹环的题词和丰子恺的插画十八幅，其中八幅彩色。这样讲究的印本，在当时是很少见的。"① 谈及新文学家的旧体诗词创作，并对线装诗集表示出极大的好感，对旧体诗的创作并没有予以否定，更没有否认。书话《线装诗集》中对徐志摩的《志摩的诗》也并无偏见，与唐弢持平的议论形成鲜明对比的是，当时的新文学史的论述，在50年代中后期的文学史中徐志摩已经成为了"复活的僵尸欧化绅士们"，"表现出买办阶级的一副卑鄙无耻的奴才面孔。"②

唐弢的《晦庵书话》对自由主义作家，对有争议的作家，以及被目为反动的人物，也都有专文谈论。对朱湘诗作，都给予了很高也很贴切的评价："很多人把他（指朱湘——普光注）的诗和'新月派'的诗相提并论。从字锻句琢这一点看来，的确有点相似，尤其是和一多相似。但'新月'一派作品里，很少有子沉的凄苦和幽愤。"对朱湘的性格也有深切的理解与评论："要研究朱湘的思想，我觉得还可以读一读他的书信。……从这些信里，可以看出子沉贫困流连但又正直严肃的一生。他和别人讨论过诗，讨论过科学，讨论过人生问题，嬉笑怒骂，率性见真。因此，'他很需要朋友，又爱得罪朋友。'许多人都说他狂妄，同时不得不承认他的狂妄是一种严肃的狂妄。"③

通过以上书话版本的详细比较，我们看出，唐弢书话对新文学史上作家作品的评价随着时代政治氛围的变动，也相应发生了不少变化。但从整体上讲，我们则不得不承认，相比较文学史著对新文学大幅度的评价变动，甚至前后会有截然相反的意见，书话的评价观点在最大程度上保持了稳定性、客观性，前后的波动基本上属于微调。就是在五六十年代，唐弢书话

① 唐弢：《线装诗集》，《读书月报》1956年12期。该文《线装诗集》也收入了1980年版的《晦庵书话》，但有了一定的删改，故所引用的文字取《读书月报》上最初发表的。原发表在《读书月报》上的，在文末有一段话："用中国纸线装印书，在目前的情况下，先从诗集做起，我以为是不妨先来试一试的。"这里呼吁对线装书的提倡态度是再明确不过了。但是收入《晦庵书话》后，却将此末段删去。态度反而变得模棱两可了。

② 丁易：《中国现代文学史略》，作家出版社1957年版，第54页。

③ 唐弢：《诗人朱湘》，《晦庵书话》，三联书店1980年版，第50页。

对于新文学的评价还是相对客观审慎，态度也是比较平正通达，基本上能准确地反映新文学的真实情况。这对于当时在一定程度上廓清人们对新文学史的认识起到了比同期的文学史著更有益的作用。书话作为文学研究和文学史建构的别样途径，对文学的经典化相当重要，并且书话通过对文学史描述的变化折射出了时代的面影。

第五章
汲古求新：书话与文学变革的文化模式

传统历来是通过衍生而发展的。除非一个传统的所有拥护者都以同样的速率同步前进，并朝同样的方向变革现有传统，否则差异是不可避免的。有些人顽固地坚持传统的所有细节，有些人则偏离了它们；即使是在偏离细节的人中间，其偏离程度也不同。任何传统都有发生变革的众多可能性，从根本转变到细节上的变更。不管这些变革产生于修正，还是产生于通过概括化和分化而来的系统化，它们都不可避免地是传统的衍生，或者来自传统老根，或者来自更早的衍生。内部引起的变化总以衍生的形式出现。一种传统中诸如融合之类的联合式变迁范型亦导致衍生，部分地抛弃传统也会以衍生的形式出现。

——E. 希尔斯

第一节　文化继承与对话中的创造性误读

一、从事实到描述

书话作为一种对文化载体——书刊典籍的阐释形式，承担着对原文化形态再阐释的功能。此再阐释包括与外来文化的对话、对传统文化的继承两个方面。而这种对话与继承，决非原文化形态的"复制"，而是对原文化形态的重新解读。解读后的文化已经并非原文化形态的"事实"，而是原文化的一种"描述"，从事实到描述之间，存在着巨大的信息丢失与错位，从而造成了误读。而这种误读，在很大程度上往往是有意为之的，是为了当下文化的建设、变革的需要而对原文化形态进行"描述"。严绍璗在《文化的阐释与不正确理解的形态——18世纪中国儒学与欧亚文化关系的解析》一文中曾提出了一个"文化影响"与"文化继承"的对话模式。按照严绍璗的分析：

> 许多的文化在生成它的特定的"时间"和"空间"转移之后，它的"外观形态"或"内在精神"却以多种"变异体"继续存在，或者更以具有"普世价值"的"形态"遗留到后世。——这就是说，"文化"又具有"超越时空的延续性"。
>
> 使文化能够摆脱"时空的绝对性"而实现"超越时空的延续性"的最根本的原因，是因为存在着"文化的阐释"。可以说，"文化的阐释"是文化能够延续后世的根本的"生命力"。"文化阐释"之所以具有这样的"生命力"，是因为文明时代的一切的"文化阐释"都是建立在"不正确理解的基础上"。①

严绍璗提出了一个文化对话和文化继承的普遍规律，实现对话和继承的过程中，都存在着对原文化形态"不正确的理解"，亦即误读。

所谓历史，兼具客观与主观的层面，既包含事实的本身，也包含对事实的描述，而我们面对的历史往往都是"事实的描述"。相似的，"历史"中的"文化"在横向波及影响和纵向流动的时候，也只是波及和流动着"描述的文化"，如严绍璗所说："一切所谓的'文化的对话'，都是在'描述的文化'的层面上进行的。"② 因此，我们的"建立在不正确的理解的基础上"的"文化阐释"，才能真正地发生，也才能产生绩效。

书话的内容，一般分为两种，一种是对传统文学文化典籍的重读，一种是对域外文学文化典籍的引介。无论是对传统重读，还是对西方的引介，都是一种"文化阐释"，那么书话所进行的这种基于书刊典籍的文化阐释，毫无疑问地也是停留在"描述的文化"层面，所以这种阐释是建立在"不

---

① 严绍璗：《文化的阐释与不正确理解的形态——18世纪中国儒学与欧亚文化关系的解析》，《比较视野中的传统与现代》，孙康宜、孟华主编，北京大学出版社2007年版，第208页。
② 严绍璗：《文化的阐释与不正确理解的形态——18世纪中国儒学与欧亚文化关系的解析》，《比较视野中的传统与现代》，孙康宜、孟华主编，北京大学出版社2007年版，第211页。

正确理解的基础上"，从而产生了"误读"。在这里，重读传统与阐释域外文化的书话就扮演了"文化继承"和"文化对话"过程中的"媒体"作用，发挥"中间桥梁"的功能。而这一"媒体"的作用在于，经过书话建立在"不正确理解的基础上"的"文化阐释"之后，传统文化与西方文化仅仅作为一种想象性的符号，在中国文化中发生符合新文学家、思想家所需要的"化合"，从而变异成为服务于当下文学文化乃至社会变革的思想资源。一个典型的例子是，文艺复兴之后的西方文学文化，经过书话"媒体"的"文化阐释"后，在中国的时空中可以赋予其任何的意义，而与其西方文化本体的事实价值没有必然关系了。这中间的变化，就如同严绍璗在他的文章中所举出的两个完全相反的例子一样，同样是中国的儒学，既可以在欧洲发挥批判封建的理性作用，也可以在日本表现其维护封建的思想力量，而中国儒学在"同一个历史时代里产生完全相反的精神作用"，并不取决于儒学本体的价值，而取决于欧洲思想家和日本德川思想家的不同的"文化阐释"①。事实上，新文学家的书话也正发挥着这样的"中间桥梁"，也就是"媒体"的作用，从而使得西方文化成为符合新文学建设和新文化运动的理论

---

① 严绍璗举出中国儒学在欧洲和日本发生的不同精神作用："欧洲自文艺复兴以来，反宗教神学的思想力量一直在成长。……从 Descartes Rene（笛卡儿，1590—1650）开始，G.W.Leibnitz（莱布尼茨，1646—1716 年）、Christian Wolff（乌尔夫，1679—1754 年）、Charles Louis de Secondat Montesquieu（孟德斯鸠，1689—1755 年）、Francois Quesnay（魁奈，1694—1774 年）、Francois—Marie Arouet（阿鲁埃，1694—1778，此即 Voltaire）、Jean Jacques Rousseau（卢梭，1712—1778 年）、Denis Diderot（狄德罗，1713—1784 年）等，他们虽然代表着不同的思想流派，但是，他们几乎共同地对中国的儒学文化倾注着热情。当他们把'理性主义'作为自己的战旗的时候，他们从已经传入欧洲的中国文化中，看到了批判宗教神学的'理性之光'。特别是在 18 世纪法国的政治大革命中，思想界的先驱者们，曾经广泛而狂热地运用中国的儒学文化守护了欧洲近代启蒙思想的摇篮，唤起了民众的激情。当时，处在大革命前夜的法国知识界的启蒙主义者们，在为自己的理想而进行斗争的时候，他们把主要是从宗教传教士那里获得的中国的思想文化，其中主要是中国儒学的宗师孔子的学说及其人格，作为他们反对中世纪封建统治、争取实现资产阶级统治权力的精神力量。

几乎在同一个时期中，与欧洲相距极为遥远的日本德川幕府为确保其权力的永恒性，以'武功文治'为其统治的基本国策，确定以中世纪由佛教禅宗僧侣传入的中国的'程朱之学'即宋代儒学文化作为其官方哲学，以政治力量确定了中国宋代儒学在意识形态中的统治地位。德川幕府统治时期的几乎所有的高层官僚和知识分子，都接受了此种教育。"通过对比，从而严绍璗指出了"中国的儒学文化在特定的时空中可能具有何种社会意义，并不取决于儒学本体的价值，而完全取决于两次'对话'中的'中间桥梁'。"（参见严绍璗《文化的阐释与不正确理解的形态——18 世纪中国儒学与欧亚文化关系的解析》一文）。

167

资源。

由此可见，这种错位与误读是任何两种文化之间进行"对话"时都难以避免的现象。因为任何"文化的交流"都是建立在"不正确的理解"基础上的"文化阐释"，西方文化经过新文学家书话这一"媒体"——或者说"中间的桥梁"——的"阐释"，作为一种"描述的文化"被赋予新文学家变革现实抵抗传统所需要的文化和社会功能，这才是最重要的。比如说，当时的胡适们把欧洲文艺复兴肇始和成功归因于语言文字的变革①，其实就暗含着将变革语言文字作为五四文学革命的突破口，为提倡白话文而反对文言文寻找合法性依据的深意在。

二、书话：描述的中介与观察的途径

书话是作为文化描述的一个重要的中间桥梁存在。这种桥梁中介的存在，无疑给我们提供了研究描述是如何发生的，事实和描述之间到底有多大的差异等问题的路径。那就是通过书话，我们可以考察，在这个继承、交流、对话的过程中，"建立在不正确的基础之上的"的误读、阐释、"描述"，与"原文化形态的事实"之间到底发生了怎样的变化、偏移、甚至扭曲。一个典型的例子是，"四大奇书"在现代作家和明代文人那里截然不同的看法，说明了这一问题。"明代文人从不把'四大奇书'与当时民间的通俗文学如弹词、平话等量齐观，而把它们看成符合自己爱好和趣味的文学"。② 比如蒋大器《三国志通俗演义序》：

> 前代尝以野史作为平话，令瞽者演说，其间言辞鄙谬，又失之野，士君子多厌之。若东原罗贯中，以平阳陈寿《传》，考诸国史，

---

① 胡适在《文学改良刍议》中明确断言："欧洲中古时，各国皆有俚语，而以拉丁文为文言，凡著作书籍皆用之，如吾国之以文言著书也。其后意大利有但丁（Dante）诸文豪，始以其国俚语著作。诸国蹴兴，国语亦代起。路得（Luther）创新教始以德文译《旧约》《新约》，遂开德文学之先。英法诸国亦复如此。今世通用之英文《新旧约》乃一六一一年译本，距今才三百年耳。故今日欧洲诸国之文学，在当时皆为俚语。"（胡适：《文学改良刍议》，《胡适文集》第 3 卷，人民文学出版社 1998 年版，第 27 页）
② 林岗：《明清之际小说评点学之研究》，北京大学出版社 1999 年版，第 35 页。

自汉灵帝中平元年，终于晋太康元年之事，留心损益，目之曰《三国志通俗演义》。①

绿天馆主人《古今小说序》：

> 然如《玩江楼》《双鱼坠记》等类，又皆鄙俚浅薄，齿牙弗馨焉。暨施、罗两公，鼓吹元胡，而《三国志》《水浒》《平妖》诸传，遂成巨观。②

笑花主人《今古奇观序》：

> 至有宋孝皇以养太上，命侍从访民间奇事，日进一回，谓之说话人。而通俗演义一种，乃始盛行。然事多鄙俚，加以忌讳，读之嚼蜡，殊不足观。元施、罗二公，大畅斯道，《三国》《水浒》，奇奇正正，河汉无极。论者以二集配伯喈、《西厢》传奇，号四大奇书，厥观伟矣。③

从上面的时人议论来看，在当时明人对经过了施、罗等人编著的"四大奇书"与弹词、平话等，并不一样看待，分明有着雅俗之别。他们认为前者是雅的，而后者民间的流传，仍是上不了台面的"不文"的鄙俚野史。

但是在五四时期的新文学家（典型的如郑振铎、阿英）书话中，则将二者完全混同起来，认为《三国》《水浒》等章回小说，与平话弹词俚曲等一样都是民间的俗文学，将章回小说与平话俚曲等量齐观。之所以会出现这样的观念认识的不同，是因为新文学家急于从历史中寻找到符合自己变

---

① 蒋大器：《三国志通俗演义序》，《中国历代小说论著选》，黄霖、韩同文选注，江西人民出版社1982年版，第104页。

② 绿天馆主人：《古今小说序》，《中国历代小说论著选》，黄霖、韩同文选注，江西人民出版社1982年版，第217页。

③ 笑花主人：《今古奇观序》，《中国历代小说论著选》，黄霖、韩同文选注，江西人民出版社1982年版，第263页。

革需要的资源，从而产生这种对古代雅俗之别的观念的遮蔽与误读，且这种误读大致是有意为之的。

对于同一个原文化形态事实，在不同的人那里，或者同一个人在不同的时间却可能有多种多样的甚至是迥异的"描述"。从书话中，我们能看到不同的作家对同一个人、同一部书相异或相同的看法，更有价值的是，我们可以进而分析其相异或相同的原因是什么。如前面所举鲁迅在开给许世瑛的书单，更多的是反映鲁迅本人的阅读兴趣与读书时的着眼点。需要注意的是，他在推荐的每部书后，加上简略介绍，这些介绍恰恰就反映出鲁迅的着眼之处。书单中列有王充《论衡》一书：

《论衡》王充　内可见汉末之风俗迷信等 ①

附上的简略说明"内可见汉末之风俗迷信等"，是鲁迅认为最有价值之处，当然也是他认为之所以推荐此书的主要理由。这不能不让我们想到周作人。周作人也曾多次提及王充，并给予很高的评价，与李贽、俞正燮并列，推崇为中国古代思想界"三盏明灯"之一，认为王充《论衡》最突出的思想是"疾虚妄"。这里，我们就发现，同样是对王充《论衡》，周氏兄弟的着眼角度和出发点，颇不一致。周作人是从正面集中于王充著作体现出的思想倾向，而鲁迅则是从侧面考察王著中透露出的信息，去反观当时汉代的社会风俗。

书话作为文化继承对话交流的媒介，通过这一个媒介我们可以进一步了解客观上到底是哪种文化哪个传统对作家产生较大的影响及从哪些方面进行影响，也可以探究作家在其潜意识层面到底更流连于哪种文化与传统，而不是仅仅简单地凭借作者主观上有意识的自述（这种有意识的自我表白，往往可能是不可信的，是作家的主观认为而已，而在文化潜意识中的依恋与选择可能更能说明问题）。如鲁迅在报纸上发表文章《青年必读书》中宣称"少读——或者竟不——看中国书，多看外国

---

① 鲁迅：《开给许世瑛的书单》，《鲁迅全集》第 8 卷，人民文学出版社 1981 年版，第 441 页。

书。"但是私下里给朋友儿子开列的书目则全部是中国古书。如果我们去判断传统文化还是西方文化对鲁迅影响的时候，恐怕就不能仅仅依靠他在报纸上有意识的宣言，就武断地判定西方文化对鲁迅思想创作的绝对影响。

如果我们翻看《鲁迅全集》中所收鲁迅的书话及涉及谈论书刊的通信、购书日记，我们就会发现，中国传统典籍的分量占绝对多数。仅就孙郁编《鲁迅书话》（北京出版社 1997 年版）与林贤治编《鲁迅：刀边书话》（花城出版社 2007 年版）为例，进行统计。除掉为自己的著作所写的序跋、附记及谈论新文学书刊外，鲁迅书话涉及的主要有两类书籍：中国传统的典籍和西方的典籍。而其中涉及中国传统典籍的书话篇目占近 80%，而涉及西方的则占 20%。如果这个还不能说明问题的话，我们就来看鲁迅的通信和日记。我们知道，日记和私人通信是作者生活细节和内心真实情感得以显露的私语文本，对于个人历史的考察往往比公开发表的文章，更能窥出作者潜意识中的隐秘世界。鲁迅在通信中常常与友人谈论购古书的经历与爱好。他在 1911 年给居住北京的许寿裳的信中抱怨："吾乡书肆，几于绝无古书，中国文章，其将陨落。闻北京琉璃厂颇有典籍，想当如是，曾一览否？李长吉诗集除王琦注本外，当有别本，北京可能蒐得。如有而直不昂，希为致一二种。"① 如果我们翻看鲁迅的购书日记就会有更为深刻的印象。在鲁迅的购书日记中我们发现，鲁迅的兴趣几乎全在传统书籍上，想觅一则涉及西方文化书籍的日记都有些困难了。无怪乎孙郁在编选鲁迅的购书日记时说："通过日记可以看出先生梳理中国古代文化遗产的审美情趣和价值取向。"②

根据笔者上述粗略的统计，联系到有学者通过定量研究也充分质疑新文学家们对西方文学文化实质的接受程度和效果，③ 在这个意义上，如果

① 鲁迅：《致许寿裳》，《鲁迅全集》第 11 卷，人民文学出版社 1981 年版，第 331 页。
② 见《鲁迅书话》北京出版社 1997 年版第 302 页的页下孙郁所作的注释。
③ 宋剑华在《五四文学精神资源新论》（《中国社会科学》2006 年第 1 期）中通过大量的统计，提出："以五四文学革命为起点的新文学运动，在其发难之初，并不具备与西方近现代文学进行直接对话交流的可能"，并认为新文学家们顺利完成的仅仅是"中国文学的话语转换而不是思想转型。"

武断地认为新文学家们如何如何在极大程度上汲取了西方文化的滋养，并进而在思想上发生质的转型，这或许只是研究者一种一厢情愿的想象。比如，宋剑华就说："对于不通英文的郭沫若来说，他虽然洋洋洒洒列举了大量外国人名，但其文学创作与西方近现代人文精神之间，却并无必然的因果关系。综观他一生的思想经历与艺术实践，虽然不乏西方现代文明的个性因素，然而他反叛社会的主要思想动力，还是儒家的'入世'与道家的'出世'哲学（比如他早期诗歌的放浪不羁，就与李白的精神气质具有历史的承接性；而他后期话剧的直面现实，又强烈表现出了类似屈原的人格特征）。"①

对于同一个原文化形态事实，不仅在不同的人眼里有着不同的判断，而且同一个人在其不同的著述体例中也存在着相异甚或相反的"描述"。对于同一个文化形态事实，鲁迅在杂文与书话、学术论著中却有不同的"描述"和态度。鲁迅战斗性的杂文写作，高扬着他激烈反传统的大旗，同样对于传统，与杂文中对传统文化强烈反抗和诅咒不同的是，鲁迅的学术著述（包括中国小说史略、辑古录，以及题跋引言等形式的古籍书话）却显示出鲁迅对传统的"复归"及其"温情"、"冷静理性"的另一面：醉心于"钞旧书"，自封为"毛边党"。对于鲁迅的杂文"反传统"与学术"复古"的矛盾姿态，陈平原有自己的看法："将醉心于'钞旧书'的鲁迅和主张不读或少读中国书的鲁迅放在一起，无论如何有点不大协调。除了前后期思想变迁外，更因不同著述形式需要不同思路来应付不同的语境。鲁迅并非一般意义上的'国学大师'，对传统文化有过迄今为止最为尖刻的批评；可鲁迅对中国古代文化的眷恋又是如此深沉，单是翻阅其每年的书账便能明白这一点。就像鲁迅所说的，'菲薄古书的，惟读过古书者最力'；可赞赏古书的，不也是'惟读过古书者最有力'吗？因'洞知弊病'而菲薄之，与为'留其精粹'而赞赏之，二者之间并非完全势不两立。相对而言，在注重社会批评的杂文中，鲁迅更多地菲薄古人古书；而在发掘文化遗产的学

---

① 宋剑华：《五四文学精神资源新论》，《中国社会科学》2006 年第 1 期。

术著作中，鲁迅则倾向于理解与赞赏古人古书。"[1]

鲁迅发表《青年必读书》是在 1925 年，其中并未像胡适等其他人那样给青年人开列什么书目。他在 1927 年的一次演讲中再次谈到了这次开列书目的事情："先前也曾有几位先生给青年开过一大篇书目。但从我看来，这是没有什么用处的，因为我觉得那都是开书目的先生自己想要看或者未必想要看的书目。"这句话无疑就为两年前未列具体书目的事给了答案。但鲁迅在这次演讲中毕竟还是有意推荐了他的书目："我以为倘要弄旧的呢，倒不如姑且靠着张之洞的《书目答问》去摸门径去。"[2] 这句话意味深长。我们知道，《书目答问》一书与清代重视目录学的特殊实证学术语境有关。在某种意义上，它存在于中国传统知识分子以传统经学为主体而建构的学术世界。张之洞的一番话很能说明问题："泛滥无归，终身无得（虽多无用）；得门而入，事半功倍。或经，或史，或辞章，或经济，或天算地舆，经治何经，史治何史，经济是何条，因类以求，各有传注。至于经注，孰为师授之古学，孰为无本之俗学。史传，孰为有法，孰为失礼，孰为详密，孰为疏舛。辞章，孰为正宗，孰为旁门，尤宜决择分析，方不致误用聪明。此事宜有师承，然师岂易得？书即师也。今为诸生指一良师，将《四库全书总目提要》读一过，即略知学问门径矣。析而言之，《四库提要》为读书之门径。"[3] 由此可见，他对清代学术前辈的朴学成果的信任与尊重，他对清人运用目录学方法整理古籍的成就是十分熟悉并充分加以肯定的。他的《书目答问》是正统的儒家读书与治学之书。尽管如此，鲁迅仍然认为这是弄旧学的一个不错的门径。可见鲁迅内心中对传统典籍的复杂态度了。

在传统文化与当下文化的对话碰撞过程中，对传统文化的错位的"描述"是时常发生的，而且是有意为之的。尽管鲁迅曾宣称："我以为要

---

① 陈平原：《作为文学史家的鲁迅》，《文学史的形成与构建》，广西教育出版社 1999 年版，第 17—18 页。

② 鲁迅：《读书杂谈》，《鲁迅全集》第 3 卷，人民文学出版社 1981 年版，第 441 页。

③ 张之洞：《𫐐轩语》卷一，《语学》，《张之洞全集》卷二七二，河北人民出版社 1998 年版，第 9790—9791 页。

第五章 汲古求新：书话与文学变革的文化模式

173

少——或者竟不——看中国书，多看外国书"①。事实上，就鲁迅本人的学养看，他的提法与他自己的实际阅读修养和知识结构有极大的反差。难怪，对于鲁迅所列的《青年必读书》，周作人有自己的看法。他在给鲍耀明的信中说："'必读书'的鲁迅答案，实乃他的'高调'——不必读——之一，说得不好听一点，他好立异唱高，故意的与别人拗一调。他另外有给朋友的儿子开的书目，却是十分简要的。"②周作人所说的"给朋友的儿子开的书目"是指鲁迅给许寿裳的儿子许世瑛所开的书目。里面全部是中国典籍，包括《全上古三代秦汉六朝文》之类③。

同一个鲁迅，却开出了截然对立的两个书目。这种矛盾，似乎不应简单地归因于鲁迅"好立异唱高"，如果简单地这样看待，就过于皮相了。然而在笔者看来，既非真的是为了鸣高，也不仅仅是一种策略，更多的是爱之深责之切的激愤之词。我们都甚熟悉鲁迅关于魏晋文人的反礼教，是因为爱礼教之深缘故的评价："表面上毁坏礼教者，实则倒是承认礼教，太相信礼教。……不平之极，无计可施，激而变成了不谈礼教，不信礼教，甚至于反对礼教。"而当鲁迅之说出"不读中国书"时候的心理，大概与魏晋文人的心理相似："其实不过是态度，至于他们的本心，恐怕倒是相信礼教，当作宝贝，比曹操司马懿们要迂执得多"④。

从鲁迅书话所话之书，我们可以判断，在鲁迅的知识结构与阅读兴趣中，中国传统的典籍占了绝对多的分量，而所谓西方影响的世界性因素，可能只是鲁迅刻意的追求，而在深层次上对其创作起决定性影响的还是传统知识与传统文人气质。其实在中国传统的文人性格气质中，除了中庸礼让一脉传统外，历来存在着固有的狂狷反叛的性格传统链，这一传统链与鲁迅的个人性格气质、思维方式的关系甚深，可以说鲁迅是这一传统中的一个高峰。有学者判断鲁迅具有西方意义上的特异先锋性质，根据是，按

---

① 鲁迅：《青年必读书——应〈京报副刊〉的征求》，《京报副刊》1925 年 2 月 21 日。
② 周作人 1966 年 2 月 29 日致鲍耀明信。见《知堂书信》，华夏出版社 1994 年版，第 413 页。
③ 鲁迅：《开给许世瑛的书单》，《鲁迅全集》第 8 卷，人民文学出版社 1981 年版，第 441 页。
④ 鲁迅：《魏晋风度及文章与药及酒之关系》，《鲁迅全集》第 3 卷，人民文学出版社 1981 年版，第 513 页。

照波焦利的归纳，西方先锋精神表现为四种特征势态，即行动势态、对抗势态、虚无势态、悲怆势态。[1] 而鲁迅恰恰就完全符合这四种势态。事实上，中国自古以来具有这四种势态的作家有很多，那么，我们不能说因为他们显现出了与这几种态势相似的特征，就判断说中国作家受到西方的某某思潮理论的影响。明显的反例就是，中国魏晋时期的文人如竹林七贤，如明代的李贽等都有这些势态的表现。目前的研究界，往往会出现这样的有趣对比，研究中国现代文学与西方文学关系者，多强调对西方的接受；而研究中国现代文学与传统的关系者，则更愿意从传统中国文化的根源找依据，而且各自振振有词。之所以二者完全相异的理路都能说得头头是道，是因为这些研究往往只是凭借某些外在特征的相似性，或者依据大的历史背景，而作以笼统的判断，根本上置实际的证据和途径于不顾。而这个证据与研究途径之一即是能够在最大程度上使得研究判断坐实的重要依据——书话。

第二节　汲古求新：文学变革的模式

对于同一种文化在历史流动中的"继承"，也往往会存在着后代人对前代人"建立在不正确理解的基础上"的"文化阐释"，从而使得当下的文化得以推进和变革，同时使得固有的文化得以在后世"延续"，而这种"文化阐释"其实就是阐释者为了当前的文化变革而对以往的文化进行自觉的"阐释"与误读，而得以"延续"的文化也在很大程度上失却了原有的面目与价值，成为一种"描述的文化"而与"事实的文化"无关了。如周作人在自己的书话中一再推崇的李贽，周氏认为李贽"疾虚妄"的精神十分可贵，然而，周氏书话中的"李贽"，其实也与历史中本来面目的"李贽"并不一样了，当然，在周氏这里，是否符合历史原样的李贽并不重要，重要的是

---

[1]　参见赵毅衡：《雷纳多·波乔利〈先锋理论〉》，《今日先锋》第3辑，三联书店1995年版，第35页。

通过这种"榜样"的树立与推崇，进而能表达宣扬自己所主张的理念。①

在本书中，笔者把这种为了变革当前的文化（包括文学等），而从传统中寻找符合需要的资源，"建立在不正确理解的基础上"进行"文化阐释"，以推进当前文化新的发展的方式，称为"汲古求新"的文化变革模式。

具体到文学中，这种"汲古求新"的变革模式具有普遍的有效性。在文学发展的历史上，溯求往古及援求传统中非主流因素以实现反抗乃至变革现时的文学，这一模式十分常见。唐代以韩柳为代表的"古文运动"即是汲取传统以变革现实②，明朝前后七子的复古运动③亦属此类。这一模式在世界文学史上也不鲜见。14世纪欧洲文艺复兴运动的兴起也是以"恢复古代传统"为口号和旗帜，来寻找古代传统中的活力因素，最终为了获得文艺乃至精神的再生。根据法国保罗·富尔的考察："文艺复兴"（Renaissance）一词就其本义而言，指死去的上帝再生。它照搬了希腊神学中的"再生"这个词。此词是指在新的基础上重新开始，从16世纪开始"文艺复兴"渐渐被视为恢复传统，以致后来人们甚至"宁愿将文艺复兴约简为对古代的崇拜"。④所以有学者就说："若从纯粹学术的角度来看，文艺复

---

① 有学者曾认识到后人的想象性描述与历史本身的差异甚至相反的情况。如日本学者伊东贵之曾说："如果对照着'解放'意识形态'进行考虑，就会发现历来对李卓吾的评价尺度——要么认为他思想中存在着近代式'政治'的契机，要么认为他的思想具有从严格主义的道德主义'解放'出来的层面，其问题设定，无论在西欧的政治思想史学中还是在日本的政治思想史学中，都是很一般性和普遍化的；如果将他的上述思想在现实中加以彻底化，这时候就会出现一种和'解放'完全相反的事态。"（伊东贵之：《"秩序"化的诸相：清初思想的地平线》，见沟口雄三、小岛毅主编《中国的思维世界》，孙歌等译，江苏人民出版社2006年版，第246—247页）

② 其实钱谦益早就在评论明代前七子的文学复古主张的时候指出："弘、正之间，有李献吉者，倡为汉文杜诗，以叫号于世，举世靡然而从之矣。然其所谓汉文者，献吉之所谓汉，而非迁、固之汉也，其所谓杜诗者，献吉之所谓杜，而非少陵之杜也。彼不知夫汉有所以为汉，唐有所以为唐，而规模焉就汉唐而求之，以为迁、固、少陵尽在于是，虽欲不与之背驰，岂可得哉！"（钱谦益《牧斋初学集》卷七十九《答唐训导汝谔论文书》，上海古籍出版社1985年版）另可参今人袁行霈、罗宗强主编《中国文学史》（第二卷），高等教育出版社1999年版。是著第367页中有云："倡导复古而能变古，反对因袭而志在创新，乃是韩愈古文理论超越前人的一大关键。"

③ 参黄霖等主编，《中国文学史》（第四卷），第79—83页，高等教育出版社1999年版。其中第80页云："李梦阳等……以复古自命，在某种意义上具有重寻文学出路的意味，借助复古手段而欲达到变革的目的，这是前七子文学复古的实质所在。"

④ ［法］保罗·富尔（Paul Faure），《文艺复兴》，冯棠译，商务印书馆1995年版，第5页。

兴也是采取文化复古主义的口号"①。

由于晚清以来中国政治、经济的危机导致了人们对中国文化的认同危机，尤其是从"五四"开始，大批的先觉者欲引西方文化来重建新的文明。这一努力一直贯穿整个20世纪，而且至今远未结束。然而不容漠视的是，在这一西化的主潮下，一直存在着一批人正试图通过凭借传统的资源变革现实，以建立新的文化传统的努力。后者的努力尤其集中地体现在他们的大量书话类文字中，他们以章太炎、刘师培、周作人、郑振铎、阿英以及后来的孙犁、黄裳等为代表，构成了一条现代文学文化建构中独特的价值取向。这一"汲古求新"的文学变革策略，在五四文学革命中得以发挥。从晚清始到民初贯穿五四时期，直至30年代，都有一股思潮以传统反传统进而重塑传统的努力。这里的以传统来反传统，即通过找寻汲取传统中边缘具有生命力的因素来变革现时的文学现状，以达到新变的目的。

具体而言，"汲古求新"的变革模式大致体现出两种方式。一是"隔代遗传"，即越过离当前变革最近的一段历史，上溯到更早的历史传统中的资源和根据，以反抗和否定当前要变革的现实；一是"同情弱者"，即寻求传统中处于弱势和边缘地位的资源，以抗拒和否定当前正统的文学势力。

一、"隔代遗传"的求新策略

所谓"隔代遗传"策略，是典型的"汲古求新"变革模式。比如五四文学革命中，为了否定颠覆清代以来的文学传统，新文学家就将目光投向了清代以前更早的文学历史。以阿英为例，他的书话就特别留意于宋明两代的文人、文学。如《读〈狂言〉》中对袁中郎的议论，颇有新见；《屠赤水的小品文》明显着眼于为当时小品文的理论建设寻找资源；《旧书新话》第一则，抄录了宋袁褧《枫窗小牍》中的一段，并加以议论，在趣味幽默

---

① 陈来：《90年代步履维艰的"国学"研究》，《传统与现代：人文主义视界》，北京大学出版社2006年版，第271页。

之余，更有寓意，含沙射影地讽刺人性中易于失衡的隐秘心理。"明人笔记小话"组文 10 篇，分别谈论 10 部明代笔记类著述，这些书话之所以选择宋明两代的笔记小品，尤其是明代为多，不能不说阿英是为了当时散文的改革与新变寻找渊源。

"五四"风潮过去不久，兴起了对晚明文学、小品极度推崇的热潮。很多书话都是以晚明乃至更早的作品作家为谈论和挖掘的对象。例如周作人书话对明代文人笔记杂述的抄录谈论，不仅引起了当时很多的关注，而且一度成为追摹效仿的榜样，掀起一股晚明热。周作人在《新文学的源流》中就明确地将五四新文学的渊源，越过了清代而追溯到了晚明。这种策略和方式，即笔者所说的"隔代遗传"。打个最通俗的比方，如果"儿子"要反抗"老子"，那最好的最有效的办法就是诉诸"老子"的"老子"即"祖父"，用"祖父"的规则，打着"祖父"的旗号去否定"父亲"，于是"儿子"的合法性就能更好地确立。周作人说：明末的文学运动"和民国以来的这次文学革命运动，很有些相像的地方。两次的主张和趋势，几乎都很相同。更奇怪的是，有许多作品也都很相似。胡适之，冰心，和徐志摩的作品，很像公安派的，清新透明而味道不甚深厚。好像一个水晶球样，虽是晶莹好看，但仔细看多时就觉得没有多少意思了。和竟陵派相似的是俞平伯和废名两人，他们的作品有时很难懂，而这难懂却正是他们的好处。"① 于是，周作人试图勾勒出中国文学发展的一个模型来，中国长期的文学史内部矛盾运动中，"是像一道弯曲的河流，从甲处流到乙处，又从乙处流到甲处。遇到一次抵抗，其方向即起一次转变。"而矛盾的双方即是"诗言志——言志派"与"文以载道——载道派"，双方的此消彼长，共同促成了这个周期性发展的曲线。这可以说是他的"文学史观"②。而他的文学史观其实正是基于其文学观而建立起来的，他说："文学只有感情没有目的。"这一文学观是他的文学史观的支点，按照这一观点，"文学"是只有情感的，"非文

---

① 周作人：《中国新文学的源流》，河北教育出版社 2002 年版，第 27 页。

② 关于周作人的文学史观在中国文学史学史上的地位及其优缺点，参朱晓进《20 世纪中国文学史观的反思》（载《中国社会科学》2006 年第 6 期）。

学"只有目的；而"情感"是个人性的，"目的"则赋予了其全部社会意义。这里可以看出，说到底，文学与非文学的区分在于"个人情感"还是"社会目的"，而作为矛盾双方的"言志"与"载道"，周作人解释说："言他人之志即是载道，载自己的道亦是言志"①，换句话说，言志是言"个人情感"，载道是载"社会目的"。到这里，周作人的理论就显豁了："言志"、"载道"与"文学"、"非文学"就在这一点上统一起来了，"言志"、"载道"、"两种潮流的起伏"亦即文学与非文学的此消彼长，于是造成了中国文学史的发展。我们将周氏的推论提炼出来（见下图），其理论指向就可以看得更加清晰了：

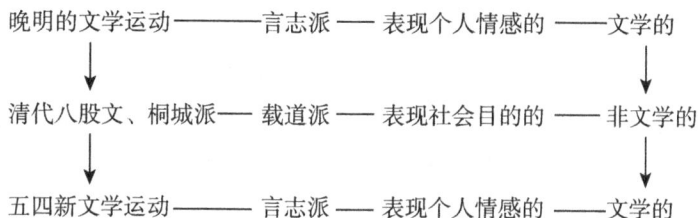

晚明的文学运动———言志派——表现个人情感的——文学的
　↓
清代八股文、桐城派——载道派——表现社会目的的——非文学的
　↓
五四新文学运动———言志派——表现个人情感的——文学的

　　既然在过去的文学发展中，按照"两种潮流的起伏"的运动曲线，如同清代文学的"载道"潮流替代过明末的"言志"潮流一样，那么今日五四文学之"言志"潮流理所当然地取代前清的"载道派"。

　　至此，周作人汲古求新的全部目的已经显示得十分清楚了。所以在这里，之所以"汲"晚明之"古"，引为同道，与其将清代桐城派定为否定批判的"靶子"的思路是一致的。只有将晚明的文学视为言志，将其纳入到自己的论述理论框架中，作为"描述的历史"的晚明文学自然成为了五四新文学的有利资源。所以，汲晚明之古，实在是为了立当下新文学运动变革之"新"的合法性。正如止庵所言："周氏如此议论，其立场仍在文学革命运动一方面，与其说是赋予公安派以新的特别的价值，不如说更是揭示

———————————

　　① 周作人：《〈中国新文学大系散文一集〉导言》，《中国新文学大系散文一集》，上海良友图书印刷公司 1935 年版，第 11 页。

第五章　汲古求新：书话与文学变革的文化模式

文学革命运动兴起并非出乎偶然。"①

这种"隔代遗传"现象的汲古求新模式具有普遍性。如专攻西方现代哲学的胡适，在阐释人的主体性价值观时，很少提及西方主体论哲学大师黑格尔等人的思想观点，相反却从传统的孔子儒家学说里寻找其历史根源，进而认定：个性本位的主体性思辨哲学，中国早在两千多年前就已然存在，只是我们不肖的后人没去加以理解和继承而已。② 从这个角度去理解，我们就会对中国人的思维模式有新的认识了。众所周知，我们常常抱怨中国人有"崇古"情结，总是认为旧的是好的，常常追摹三代以上的社会。其实用"汲古求新"模式，这或许在更多的时候是策略选择，他们并非不喜欢新，并非不求新求变，而总是习惯于借古人古代的名号去行自己的变革之实。他们深谙"名不正则言不顺，言不顺则事不成"的道理，所以正是为了求"名正言顺"，然后顺理成章地取得"事成"。如前所提及的，明七子认为唐以后的文章就衰落了，要恢复到唐前的气象，然而事实上，是不可能，而且唐之前的文章也是复杂多样的，绝非铁板一块统一无二的，但是在他们，已经把唐前的文章简化为一个符号，演变成"描述的历史"，而非"事实的历史"，在这个符号的保护下，行当下变革之实。

应该说，尽管胡、周二人在文学史观上颇有分歧，但二人的文学史研究为当下的新文学变革与发展寻找出路、依据和动力的目标上并无二致。胡适与周作人都是将文学发展作为"描述的历史"，而非"事实的历史"看待，途径有异，而目的则一。二人的区别可能更在于对自己理论阐释的态度，胡似乎更为霸道、决断、无可置疑，周似乎稍显冷静和通脱。如同胡适对自己书写文学史的真实性的怀疑，周作人其实对自己所谓的新文学运动的"来源"只是作为"描述的历史"，也有着清醒的意识，所以他在谈到废名、俞平伯等人与竟陵派相似处的时候提到："然而更奇怪的是俞平伯和

---

① 止庵：《关于〈中国新文学的源流〉》，《中国新文学的源流》，河北教育出版社 2002 年版，第 3 页。
② 胡适：《中国古代政治思想史的一个看法》，《胡适文集》第 12 卷，欧阳哲生编，北京大学出版社 1998 年版。

废名并不读竟陵派的书籍，他们的相似完全是无意中的巧合。"①他的这种回还，大有深意。也在这个意义上讲，周氏的文学史描述并不比胡适的更接近文学历史发展的真实性。所以周氏后来又一再补充说：新文学运动"与前一期的新文学运动即公安派全然相同，不过这相同者由于趋势之偶合，并不由于模拟或影响。"②

二、边缘与中心："同情弱者"策略

所谓"同情弱者"策略，即为了变革现实，寻求传统中处于主流之外和弱势边缘地位的资源，以抗拒和否定当前占主流的文学势力。这种现象和策略，在五四新文学运动中体现得更为明显。如鲁迅钩沉研究古小说，关注稗官野史时留下的思想性批评性书话，周作人遁入苦雨斋写作关于清儒笔记的"夜读抄"，郑振铎在搜集研究宋元以来的戏曲、评弹话本而写作的书话；阿英谈论晚清小说清儒笔记的书话。我们看到，这些新文学家们所关注的，都是中国传统中非主流文学的部分，甚至他们所推重的在古代从来就不进入"文学之大雅之堂"的东西。正如有学者指出的："古典文学历来有雅俗之分，晚清时期新因素的出现，主要是在俗的一边，如小说戏曲等……五四前二三十年中国的雅俗文学都在发生变化，比较显著的、或者说直接影响了新世纪文学走向的是俗文学发挥了前所未有的作用"③。

为什么如此？因为这些"俗文学"，在传统中国是边缘的，处处受到压抑，从来不被重视，无法进入到文学场域中心，更遑论占据文学场域中的话语霸权地位。那么传统中非主流、边缘文学的地位恰恰就与当前呼吁变革者具有某种相似，后者会对前者产生天然的亲近感与认同感。那么将同情与肯定投给历史中的"弱者"，为历史传统中受压抑的边缘成分争地位，

① 周作人：《中国新文学的源流》，石家庄：河北教育出版社 2002 年版，第 27 页。
② 周作人：《〈中国新文学大系散文一集〉导言》，《中国新文学大系散文一集》，上海良友图书印刷公司 1935 年版，第 11 页。
③ 陈思和：《试论五四新文学运动的先锋性》，《比较视野中的传统与现代》，孙康宜、孟华主编，北京大学出版社 2007 年版，第 239 页。

其实也正是为当前的变革者争话语权，争夺进入文学场域的入场券，进而为掌握话语权力做准备。这种思维方式，是变革者的自然需要。朱晓进在《20世纪中国文学史观的反思》中就注意到："胡适的《白话文学史》既然以白话文学为'中国文学的唯一的目的地'，就不能不否定或忽略非白话文学的存在意义和价值，这完全是带着五四时期反对文言文、提倡白话文的倾向的，如此描述出来的中国文学发展史，其真实性是很值得怀疑的。"① 朱晓进指出了进化论文学史观的巨大缺陷。在这里，笔者想说的是，也正是胡适们带着反对文言文、提倡白话文的明确目的，他们才如此描述中国的文学史发展的过程，正是依靠发掘在过去文学历史中处在"潜流"与边缘状态的白话文学，来为当前的语言革命提供历史支持，为当下的变革寻找合法性。对于激进的五四新文学家们，其描述的文学史是否符合历史的本来面貌，他们是顾不上考虑的了。因为在胡适《白话文学史》中文学的历史是为当前变革服务而"描述的历史"，而非"事实的历史"。应该说胡适对此是有清醒认识的，他对自己所描述的文学史的真实性，其实并不确信，否则他也就不会断言："历史是任人打扮的小姑娘"了。

基于此，明清的野史笔记成为当时新文学家书话中关注的一个重点。无论是鲁迅、周作人还是阿英等，在他们的书话中明清野史笔记是涉及的最重要内容之一。就连多谈域外文学的叶灵凤也曾明确表示对笔记的喜爱与关注。鲁迅对古代的笔记杂述等关注很多，研究亦深，借古讽今、以古鉴今是他书话的出发点。深谙传统笔记杂述的黄裳就曾说：野史笔记等"曾给先生（指鲁迅——笔者注）以不小的影响，正是鲁迅思想形成的重要来源之一。"② 以《书苑折枝》三组文章为例，鲁迅就选择了宋代张耒《明道杂志》、宋代周密《癸辛杂识》、宋唐庚《文录》、元代《东南纪闻》、明代陆容《菽园杂记》、清代褚人获《坚瓠九集》、清代严元照《蕙榜杂记》、清代陈祖范《掌录》中的"意有所会"、"录其尚能省记者"数则，并加上案语，加以评点与阐发，涉及历史、时事及文学、语言等诸方面。如鲁迅在摘录宋唐庚《文录》

---

① 朱晓进：《20世纪中国文学史观的反思》，《中国社会科学》2006年第1期。
② 黄裳：《谈"掌故"》，《珠还记幸》，三联书店2006年版，第31页。

中对《南征赋》的评论："《南征赋》,'时廓舒而浩荡,复收敛而凄凉。'词虽不工,自谓曲尽南迁时情状也。"后加上案语说:"今日用之《民气赋》或《群众运动赋》,亦自曲尽情状。"①时刻以关注现实的目光去透射历史上的笔记杂述文献。另如《书苑折枝》(三)引述明陆容《菽园杂记》四"僧慧暕涉猎儒书而有戒行,永乐中尝预修《大典》,归老太仓兴福寺……尝语坐客云:'此等秀才,皆是讨债者。'客问其故,曰:'洪武间秀才做官,吃多少辛苦,受多少惊怕,与朝廷出多少心力,到头来小有过犯,轻则充军,重则刑戮,善终者十二三耳。其时士大夫无负国家,国家负士大夫多矣。这便是还债的。近来圣恩宽大,法网疏阔,秀才做官,饮食衣服舆马宫室子女妻妾,多少好受用,干得几许好事来?到头全无一些罪过。今日国家无负士大夫,天下士大夫负国家多矣。这便是讨债者。'"对此鲁迅感慨道:"无论什么局面,当开创之际,必靠许多'还债的';创业既定,即发生许多'讨债者'。此'讨债者'发生迟,局面好;发生早局面糟;与'还债的'同时发生,局面完。呜呼'还债的'也!"②鲁迅的议论发挥,可谓深刻尖锐。过去的历史,较之今日,又何尝没有如是之慨叹。正如鲁迅曾在《忽然想到》(四)中所指出的:"至于唐宋明的杂史之类,则现在多有。试将记五代,南宋,明末的事情的,和现今的状况一比较,就当惊心动魄于何其相似之甚,仿佛时间的流驶,独与我们中国无关。现在的中华民国也还是五代,是宋末,是明季。"③

鲁迅还常常从笔记杂述中发现有关语言文学变革的启示,或者文学艺术的发展变迁。如从宋代周密《癸辛杂识》的一则故事而引出相应的议论来。故事是说:"盐官县学教谕黄谦之,永嘉人,甲午岁题桃符云,'宜入新年怎生呵','百事大吉那般者'。为人告之官,遂罢。"鲁迅由此引发,谈及当时社会上对于白话文的误解与菲薄,为白话文的存在与兴盛普及找历史根据:"元上谕多用白话直译,'怎生呵''那般者'皆谕中习见语,故黄以为

① 鲁迅:《书苑折枝》(二),《鲁迅全集》第8卷,人民文学出版社1981年版,第182—183页。
② 鲁迅:《书苑折枝》(三),《鲁迅全集》第8卷,人民文学出版社1981年版,第185页。
③ 鲁迅:《忽然想到》(四),《鲁迅全集》第3卷,人民文学出版社1981年版,第17页。

戏。今人常非薄今白话而不思元时敫，盖以其已'古'也。"① 在这里，鲁迅为当时的白话文呼吁，为其寻得了历史根据，其目的是非常明显的。在这个意义上，他的这则书话案语，其立场和着眼点与胡适的《白话文学史》实有某种程度上的一致。鲁迅不仅是思想家、文学家，不仅其读笔记杂记从社会着眼，也常常能从这些资料中发现文学艺术的变迁历史，某些推断都是很精辟的、可信的，显示出鲁迅的学问家素质与思想家的见识。如宋张耒《明道杂志》有则笑话遗闻，其中涉及有关关羽的影戏。鲁迅从这里敏锐发现了其中可资考证的重要材料。他说："由此可知宋时影戏已演三国故事，而其中有'斩关羽'。我尝疑现在的戏文，动作态度和画脸都与古代的影灯戏有关"。②

这实际上也表明，鲁迅等新文学家读古书的时候，是时刻保持质疑批判的思考状态的。鲁迅博览古书，寝馈传统，同时又时刻警惕着不为传统所化，不为古书所迷惑，有着自己的批判评判和主见。所以鲁迅才说："菲薄古书者，惟读过古书者最有力，这是的确的。"③ 对于文学史上一直推为经典的正统的"选本"，如《文选》《世说新语》乃至《古文辞类纂》，鲁迅抱有深刻的警惕与怀疑："选本可以借古人的文章，寓自己的意见。博览群籍，采其合于自己意见的为一集，一法也，如《文选》是。择取一书，删其不合于自己意见的为一新书，又一法也，如《唐人万首绝句选》是。如此，则读者虽读古人书，却得了选者之意，意见也就逐渐和选者接近，终于'就范'了。"、"读者的读选本，自以为是由此得了古人文笔的精华的，殊不知却被选者缩小了眼界"。④ 尽管鲁迅在文末说："这也许是研究中国文学史的人们也该留意的罢。"但是，这里其实鲁迅发此议论的原意恐绝非仅仅在于提醒从事文学研究的人，其深刻用意更在于指出今人对于传统文献的原则与态度，告诉今人以思考问题的方法：对于阅读和选择传统的典籍，要时刻警惕某些人会"借尸还魂"，要博览杂取，思维不为古人所限，才能时刻保持批判的态度，才能真正接近历史本相。这里面体现了鲁迅极为深刻的怀

---

① 鲁迅：《书苑折枝》（二），《鲁迅全集》第 8 卷，人民文学出版社 1981 年版，第 182 页。
② 鲁迅：《书苑折枝》（一），《鲁迅全集》第 8 卷，人民文学出版社 1981 年版，第 180 页。
③ 鲁迅：《古书与白话》，《鲁迅全集》第 3 卷，人民文学出版社 1981 年版，第 214 页。
④ 鲁迅：《选本》，《鲁迅全集》第 7 卷，人民文学出版社 1981 年版，第 137 页。

疑精神和一贯的批判思维。正因为如此，鲁迅对于《诗经》《世说》都表示了质疑："孔子究竟删过《诗》没有，我不能确说，但看它先'风'后'雅'而末'颂'，排得这么整齐，恐怕至少总也费过乐师的手脚，是中国现存的最古的诗选。"而《世说新语》则是"也是一部钞撮故书之作，正和《幽明录》一样。"接着他不仅指出了《文选》的限制，而且认为相似的《古文观止》《古文辞类纂》《唐人万首绝句选》等一样都是经过选者过滤了的，由此我们知道在这个名单下面还有长长的一大串鲁迅虽未点名，但实际上应归属此类的"选本"，而一大串的"选本"正是历朝历代士人学子们奉为圭臬的研读经典，是一套严整宏大的儒家正统文化文献典籍体系。然而这一套体系却被鲁迅点到了"死穴"，而轰然倒塌了。何其尖刻？何其"歹毒"？鲁迅批判传统正统的目标由此凸显出来。

正是带着对正统传统文化典籍的深刻怀疑，鲁迅必然关注到正统之外，处于边缘的野史杂记及其他非正统的资源。翻看鲁迅的购书日记等可以明显感觉到他读书的"别出手眼"，正是与周作人一致的"别择"读书法。当然，也许这话应该反过来说：周作人一直推崇的"别择"读书，正是受其兄长影响而来的。

周作人曾自述阅读的经验道："教我懂得文言并略知文言的趣味者，实在是这聊斋，并非什么经书或古文读本。《聊斋志异》之后，自然是那些《夜谈随录》《淞隐漫录》等假聊斋；一变而转入《阅微草堂笔记》……"① 尽管这里周氏所言都是文言小说，但在传统的分类法中仍是子部杂家，本也是属于野史笔记的②，在传统观念中是处于边缘地位的杂述。这些边缘著述与

① 周作人：《周作人回忆录》，湖南人民出版社1982年版，第622页。
② 刘叶秋的《历代笔记概述》把笔记分为三大类："第一是小说故事类的笔记。始魏晋迄明清的志怪、轶事小说，从晋干宝的《搜神记》、南朝刘义庆的《世说新语》到清纪昀的《阅微草堂笔记》、王晫的《今世说》等，都属于这一类。第二是历史琐闻类的笔记。始魏晋迄明清的记野史、谈掌故、辑文献的杂录丛谈，从晋人伪托汉刘歆的《西京杂记》、唐刘餗的《隋唐嘉话》、李绰的《尚书故实》到清王士禛的《池北偶谈》、褚人获的《坚瓠集》等，都属于这一类。第三是考据、辨证类的笔记。始魏晋迄明清的读书随笔、札记从晋崔豹的《古今注》、唐封演的《封氏闻见记》、宋沈括的《梦溪笔谈》、戴埴的《鼠璞》等到清钱大昕的《十驾斋养新录》、孙诒让的《札迻》等，都属于这一类。"（参见刘叶秋：《历代笔记概述》北京出版社2003年版，第4页）由此，可见刘叶秋所言的笔记都属于周氏博览的对象。

经书、古文读本的地位是不可同日而语的，不啻云泥之别。而在周氏的"搜书看书的准则"范围内"笔记类"书籍的范围甚广，"子部杂家大部分在内"。①他这一阅读趣味形成与鲁迅的影响关系甚大②。以致周作人一直庆幸这一阅读趣味带来一生的影响："不佞因为书房教育受得不充分，所以这一关也逃过了，至今想起来还觉得很侥幸，假如我学了八大家文来讲道学，那是道地的正统了，这篇谈杂学的小文也就无从写起了。"③

周作人的"别择"读书法，本身就暗含着选择寻求非正统、非主流的文学、思想资源的努力。周氏的阅读，尤其是对中国古代典籍的阅读选择都集中在笔记、小说、乡邦文献等非正统的杂述上面。这些按照传统的书籍分类是归于子部杂家的著作，而非正统的经书典籍。他在自述读小说经验时说："我的经验大概可以这样总结的说，由《镜花缘》《儒林外史》《西游记》《水浒》等渐至《三国演义》，转到《聊斋》，这是从白话转入文言的径路，教我懂得文言并略知文言的趣味者，实在是聊斋，并非什么经书或古文读本。"④这里必须要强调一点，周作人所举的这些古代小说，在今天看来自然是非常熟知了，在所有正统文学史讲述中都要作为重点去谈的，但是在周氏读书的年代，这些书籍依然是不入流的排斥于正统之外的东西，更遑论在诗文为正宗、小说为小道的古代了。周作人杂学中所喜读古代书籍，按他自己的说法有八类："一是关于《诗经》《论语》之类。二是小学书，即《说文》《尔雅》《方言》之类。三是文化史料类，非志书的地志，特别是关于岁时风土物产者，如《梦忆》《清嘉录》，又关于乱事如《思痛记》，关于倡优如《板桥杂

---

① 周作人：《我的杂学》，《苦口甘口》，河北教育出版社 2002 年版，第 62 页。

② 对于周作人所谈到的笔记小说、野史杂记，鲁迅大多曾专门论及。如《夜谭随录》，鲁迅谓其"记朔方景物及市井情形者特可观。"（《中国小说史略》，《鲁迅全集》第 9 卷，人民文学出版社 1981 年版，第 211 页）关于《淞隐漫录》等鲁迅认为："其笔致又纯为《聊斋》者流，一时传布颇广远，然所记载，则已狐鬼渐稀，而烟花粉黛之事盛矣。"（《中国小说史略》《鲁迅全集》第 9 卷，人民文学出版社 1981 年版，第 216 页）对《阅微草堂笔记》鲁迅的评价似乎更高："惟纪昀本长文笔，多见秘书，又襟怀夷旷，故凡测鬼神之情状，发人间之幽微，托狐鬼以抒己见者，隽思妙语，时足解颐，间杂考辨，亦有灼见。叙述复雍容淡雅，天趣盎然，故后来无人能夺其席，固非仅借位高望重以传者矣。"（鲁迅：《中国小说史略》《鲁迅全集》第 9 卷，人民文学出版社 1981 年版，第 213 页）

③ 周作人：《我的杂学》，《苦口甘口》，河北教育出版社 2002 年版，第 60 页。

④ 周作人：《周作人回忆录》，湖南人民出版社 1982 年版，第 622 页。

记》等。四是日记游记家训尺牍类，最著名的例如《颜氏家训》《入蜀记》等。五是博物书类，即《农书》《本草》，《诗疏》《尔雅》各本亦与此有关系。六是笔记类，范围甚广，子部杂家大部分在内。七是佛经之一部，特别是旧译《譬喻》《因缘》《本生》各经，大小乘戒律，代表语录。八是乡贤著作。"①阅读的"非正统的别择"，带来了思想的特异与批判，或者二者是互动相关的。周作人说："至于思想方面，我所受的影响又是别有来源的"，在儒家的"仁"与"中庸"之外，更看重"智"和"勇"。而具有"智"、"勇"者在中国尤显可贵，因为"这一种人在中国却是不易找到，因为这与君师的正统思想不合，立于很不利的地位，虽然对于国家与民族的前途有极大的关系与价值。上下古今自汉至于清代，我们找到了三个人，这便是王充、李贽、俞正燮，是也。"②在这里，周作人还提出："我想中国人的思想是重在适当的做人，在儒家讲仁与中庸，正与之相同，用这名称似没有什么不合；其实正因为孔子是中国人，所以如此，并不是孔子说教传道，中国人乃始变为儒教徒也。"此处，之所以周氏指出中国文化是产生孔子的土壤，换句话说，儒教"仁与中庸"的思想，或"适当的做人的思想"正是中国文化的产物，孔子是中国文化的产儿，实际上是在强调中国文化的巨大同化和侵蚀作用，在这种文化中，人人都很难摆脱它的改造与影响，更进一层，周氏在暗示他所找到的符合他的标准的王充、李贽、俞正燮的思想可贵与特异。

为什么鲁迅、周作人、阿英等人无一例外都把视线投向边缘的稗官野史，尤其是明代以后的笔记杂述呢？于正统之外寻得思想资源恐怕是最主要的原因。我们知道，古代官修的正史中正统思想倾向非常地明显，集中记载典章制度，帝王将相，为占据社会主流与话语权力的人和阶层歌功颂德，而对当时社会的下层情况、文人寒士的活动、朝野逸闻等涉及极少。尤其是"宋代以后的史书，只成其官样文章，动涉忌讳，或避而不谈"清修《明史》把清兵在江南的残酷血腥镇压，人民群众的抗清事迹等都删削殆尽，《清史稿》中对"清嘉庆年间川、陕、楚三省的白莲教起义及太平天

---

① 周作人：《我的杂学》，《苦口甘口》，河北教育出版社2002年版，第62页。
② 周作人：《我的杂学》，《苦口甘口》，河北教育出版社2002年版，第63—64页。

国的建立，记载不详，甚至加以污蔑……以失去修史的真相。""明、清时代的官修'正史'不但农民起义的事迹难以窥见全貌，就是一个时代的政治、经济状况，于'正史'记载中也看不清楚。"① 历史上的"正史"既然如此不可信，尤其是明清的"正史"更是失去应有的真实，后世的新文学家们自然要从历史上处于边缘地位的野史笔记中去披沙拣金了。难怪鲁迅说："历史上都写着中国的灵魂，指示着将来的命运，只因为涂饰太厚，废话太多，所以很不容易察出底细来。正如通过密叶投射在莓苔上面的月光，只看见点点的碎影。但如看野史和杂记，可更容易了然了，因为他们究竟不必太摆史官的架子。"、"那么，如去读史，尤其是宋朝、明朝史，而且尤须是野史，或者是杂说。"②

要指出的是，新文学家书话中关注明清野史笔记，并不仅仅是因为"正史"真的全部都是谎言，我们必须充分重视新文学家之前那个清朝的上层正统观念对于明代野史的看法，必须充分注意到有清以来笔记杂述地位的边缘与低下。其实在我国肇始于秦汉，盛行于唐代，尤其是在宋朝得到更大发展的野史笔记，③ 在唐宋的时代里，一般学人并不真的如后来的清朝人那样鄙视野史逸闻，"到了宋朝几乎是每一个作家都写一本笔记"。唐、宋、明的正统史学家都会自觉采用一些野史笔记的说法以扩充历史④。然而到了清代，正统官方的意见对于明代的笔记野史贬抑否定甚烈。如官修《四库全书总目提要》中说："明人恣纵之习，多涉疏舛"，"焦竑亦喜考证，而习与李贽游，动辄牵佛书，伤于芜杂"等等。由此可见，新文学家之前的清代，官方对于明代的文人、文风尤其是野史笔记是否定和忌惮的。笔记的写作来源是街谈巷语，内容博杂，而且不本经典，这就决定了笔记的边

---

① 谢国桢：《明清野史笔记概述》，《明末清初的学风》，上海书店出版社 2006 年版，第 86—87 页。
② 鲁迅：《忽然想到》（四），《鲁迅全集》第 3 卷，人民文学出版社 1981 年版，第 17 页。
③ 唐宋的笔记，在后世影响比较大的如唐王定保《摭言》、李肇《国史补》，五代王仁裕《开元天宝遗事》，宋孟元老《东京梦华录》、周密《武林旧事》、沈括《梦溪笔谈》、方勺《泊宅编》，这些即使在当时亦为正统史学家都认为具有重要的史学意义和文学价值。
④ 如宋代正统的史学家司马光著《资治通鉴》仍采信南唐尉迟偓《中朝故事》、刘崇远《金华子》等。元代修《金史》根据金刘祁《归潜志》为蓝本，宋濂修《元史》则博采朝野遗闻取材于笔记杂史的甚多（参谢国桢《明清野史笔记概述》，《明末清初的学风》，上海书店出版社 2006 年版，第 88 页）。

缘自由地位。按照著名学者刘叶秋的说法，古代"小说"和笔记其实是混淆在一起的，从来没有明确的划分的。他说："前人并不注意区分什么叫小说，何者为笔记"。而汉班固以来把"街谈巷语，道听途说者之所造"的作品归入小说，把这些不本经典的论述，比于小道，叫做小说，把琐闻、杂志、考证、辨订等无类可归的记录，也一律称为小说。既然将二者混为一起，自然所受待遇相似了，可见在正统观念里对于笔记历来也是轻视的，视为小道的。① 如此处于压抑边缘的野史杂记，却往往有深刻的思想、批判的锋芒，近于放诞不羁的叙述，往往更能以偏激的姿态接近历史本相。如李卓吾、何心隐等菲薄儒教的言论、逸事，非笔记杂述中不能见。这些边缘的东西就给新文学家们提供了难得的资源和启发。因为边缘的异端，本身就具有颠覆正统的作用。因为相对于新文学而言，此前的桐城派、复古派等在新文学家们是视为否定的对象靶子的。

应该注意的是，新文学家们关注的笔记野史，更多集中出现于明末清初那一段历史中。因为明清之际社会的气氛与"五四"有着一定的相似性，都是"王纲解纽"的时代，"天崩地解"的时期，思想自然活跃，而文人笔记杂述自然生动、丰富，同时这个时代更是一个动荡不安、民生凋敝，北方的清军大批南侵，血腥的屠城屠杀，在野史笔记中往往有更详细的记录，远不像清朝坐稳了江山、文字狱大兴之后的多无关痛痒的烦琐的学术考证，以及无关政治只关风月的消闲解闷的杂记。他们这种阅读取向的功利实用主义态度，实际上和近代以来人们对西方文化观念、传统文化等在新文化的建设中的作用功能，在启蒙过程中对实际效用的关注与迫切的愿望是一致的。带着这种"有色眼镜"和主观的目的，他们的所有阅读几乎都很少例外地纳入到启蒙的任务中去。正是如此，鲁迅才在对野史的爬梳中发现了嗜血的历史（《书苑折枝》），阿英在国难小说中呼吁民族主义的重生（《国难小说丛话》），周作人在遍览旧籍后发现王充、李卓吾、俞正燮的思想意义（《我的杂学》）。

---

① 参刘叶秋：《历代笔记概述》，北京出版社 2003 年版，第 2—3 页。

第六章
书话与域外文化典籍的引介

> 文化模式之形成基于地理、历史、民族等势力因素之凝
> 聚，因此中国文化有中国文化之模式，美国文化有美国文化之
> 模式。……凡自外传入的新文化，与固有文化模式相适应者，则
> 容易被接受，接受之后，且同化于固有的文化模式之中。……反
> 之，外来之新文化，如与固有文化模式格格不入，则往往遭到抵
> 拒而发生冲突……在东方文化的本身结构中，可以有体有用，有
> 本有末，此于西方文化亦然，但决不能说中国文化的是"体"是
> "本"，西方文化的是"用"是"末"。
>
> ——金耀基

　　书话所话之书多是传统和西方的经典，这对中国文学观念的现代转型
影响深远，可以说书话写作是现代文学思想、观念、理论的"胚胎库"。考
察作家阅读与写作的关系，对于作家的影响研究是极为重要的一方面，而
这种考察，书话恐怕是不可替代的角度。一个显而易见的道理是，作家的
阅读积累是创作的重要来源。而作家的阅读积累、观念和素材的来源等，
根据什么来判断呢？恐怕有一个直接标准，就是他的阅读情况，具体就是
他读过的书刊。比如作家叶灵凤就曾说：

> 　　作家的书斋，随着他的作品在变化；他的作品，也随着他的书斋
> 在变化。
> 　　我不能想象，一个没有几本书，一个没有一间书斋的作家，纵然
> 他的这间书斋，只是一只衣箱，一张破板桌也好，他必需有一个工作

场。不然，他从什么地方将他的生活制造成作品，供给他的读者呢？

我更不能想象一个不读书的作家。读书，是作家生活的一部分。他从书本上，为他的写作生命汲取滋养，使他的生活更加充实，也就给他的作品增加了光彩。

就这样，我就经常买书，也经常在读书，使我的书斋维持着它的生命，也使得我的写作生活获得新的滋养，希望我有一天能够写得出一篇较充实的富有新生命的作品。①

可见，叶灵凤在自己阅读与创作的实践中，很自觉意识到了二者关系的紧密，意识到了阅读是理论观念及创作素材的重要来源。②

那么我们再追问，作家读过的书，研究者又是如何能确切地得知？作家读过哪些书，这些书籍如何影响作家的创作，有没有一个具体明确的通道可以判断呢？答案是，有。其通道就是作家的书话文字。问题追问到这里，一切就显豁了：书话是判断作家阅读范围、知识结构的一个直观的途径。对于整个现代文学转型过程中，新文学的思想观念理论等层面的转型过程进行考察，书话都是一个不可替代的途径。

书话作为一种介于创作和研究之间的文体，展示了作者创作材料的积累、体验的深化、理论的清晰等方面的途径和过程。就如同普鲁斯特《驳圣伯夫》与《追忆逝水年华》之间的关系一样。目前的研究已经证实，普鲁斯特有关圣伯夫问题的写作，是与他唯一一部小说创作《追忆逝水年华》列在同一计划之中，出于同一创意③。作为理论研究的《驳圣伯夫》与创作《追忆逝水年华》之间存在着互动的关系，《驳圣伯夫》中表述的那些美学观点、文学思想，就在《追忆逝水年华》中得到体现。换句话说，创作的素材构思等其实在《驳圣伯夫》中已经有所思考和表述，能够找出其理论

---

① 在新的一年的开始时，他甚至给自己定的目标和要求："今年要少写多读。如果做不到，那么，就应该多读多写。万万不能只写不读。"见叶灵凤：《我的书斋生活》，《读书随笔》二集，三联书店1988年版，第4页。

② 叶灵凤：《今年的读书愿望》，《读书随笔》三集，三联书店1988年版，第16页。

③ 参王道乾：《〈驳圣伯夫〉译者前言》，《驳圣伯夫》，马塞尔·普鲁斯特著，百花洲文艺出版社1992年版。

思想的萌芽。

事实上，作家的书话和他的文学创作之间就存在类似这样的关系。书话往往显示出作家在某时期的阅读对象、兴趣所在、理论思考，而这些给我们去研究考察相关的作品提供了难得的途径和窗口。

第一节　书话与西方文学观念的借鉴

一、外国文学典籍是书话的重要内容

对西方文学的吸收借鉴学习模仿，一直是现代中国文学未曾消歇的风潮。外国文学书刊典籍和作家是书话所热衷谈论的重要内容。周作人、郑振铎等人的早期书话都是以介绍谈论域外文学文化为主的。郑振铎在旅欧期间，对西方的文学介绍颇勤颇丰。早在 1929 年，郑振铎以"西谛"为笔名在当年第 1-5 期的《小说月报》连续发表了 20 则《读书杂记》[1]，侧重西方典籍的引入。后来，叶灵凤、冯亦代、杜渐等陆续出版的书话集也都致力于西方文学的介绍。

周作人五四时期的书话主要侧重于介绍谈论西方文艺思想著作。黄裳曾说：(周作人)"早年著译以介绍外国文艺作品论文为多，这些劳作在文艺界所得的影响显而易见。"[2] 比如对阿拉伯文学经典《天方夜谭》，周作人情有独钟。他的翻译生涯其实就是从这部经典《天方夜谭》开始的。唐弢曾在书话《周作人最早的书》中说："现在一提到周作人最早书，大家总以为是《红星佚史》。《红星佚史》印于一九〇七年，比《域外小说集》早两年。……不过在这之前，周作人尚有三书，一为模仿雨果的长篇小说《孤儿记》，印于一九〇六年；另两种为译本，一曰《侠女奴》，译《天方夜谈》里的一篇，

---

① 郑振铎用笔名"西谛"在 1929 年《小说月报》20 卷的第一号发表 8 篇、第二号发表 4 篇、第三号发表 3 篇、第四号发表 4 篇、第五号发表 1 篇。

② 黄裳：《读知堂文偶记》，《来燕榭集外文钞》，作家出版社 2006 年版，第 165 页。

一曰《玉虫缘》，译爱伦坡的小说，均印于一九〇五年。"① 那么《侠女奴》与《玉虫缘》其中哪本书翻译得更早呢？他在《知堂回忆录》里给出了答案，周作人在不惜篇幅地引述了自己在"甲辰年只有十二月一个月，乙巳年至三月为止，在这寥寥一百二十天的即在里边"关于《侠女奴》和《玉虫缘》的译述记录，"由是可知《侠女奴》着手在前，因在报上分期发表，故全文完成反而在后了。"② 由此可见，周作人的翻译最早是从《天方夜谭》开始的。关于阿拉伯的《天方夜谭》对自己的影响，周氏一再谈及。他在入南京水师学堂后，就开始喜欢上了《天方夜谭》，"我是偶然得到了一册英文本的《天方夜谭》，引起了对于外国文的兴趣，做了我的无言的老师，假如没有它，大概是出了学堂，我也把那些洋文书一股脑儿的丢掉了吧。有些在兵船上的老前辈，照例是没有书了，看见了我的这本《天方夜谭》，也都爱好起来，虽然这一册书被展转借看而终于遗失了，但这也是还是愉快的事情，因为它能够教给我们好些人读书的趣味。"③ 这里周氏强调了《天方夜谭》对于自己读书兴趣的重要启发及引导作用。随后，他又谈道："我弄杂学虽然有种种方面的师傅，但这《天方夜谭》总要算是第一个了。我得到它之后，似乎满足一部分的欲望了；对于学堂功课的麻胡，学业的无成就，似乎也没有烦恼，一心只想把那夜谭里有趣的几篇故事翻译了出来。"④《天方夜谭》为什么得到如此青睐，一见如故，爱不释手呢？《天方夜谭》中的趣味性、博杂的内容，智慧的显示等，无疑契合了周作人的趣味和气质。同时，由于对《天方夜谭》的熟悉爱好，也进一步地促进了周氏这种气质的发展。周氏在自己的书话中不止一次谈及《天方夜谭》，并内化在他的思考和行文中。如他说："在我不知道编辑的甘苦的人看来，可以讲给儿童听的故事真是无穷无尽，就是一千一夜也说不完，不过须用理知与想象串合起

---

① 唐弢：《周作人最早书》，《晦庵书话》，三联书店1980年版，第357页。唐弢原文中《天方夜谭》即作"《天方夜谈》"。

② 周作人：《周作人回忆录》，湖南人民出版社1982年版，第130—131页。

③ 周作人：《周作人回忆录》，湖南人民出版社1982年版，第100页。

④ 周作人：《周作人回忆录》，湖南人民出版社1982年版，第129页。

来，不是只凭空的说几句感情话便可成文罢了。"①可见《天方夜谭》已经深入到他的思想和作文中了。我们知道，《知堂回想录》是周作人晚年最后一部重要的著作②，周氏在后记的末尾说："其有关于他人的事，有些虽是事实，而事太离奇，出于情理之外，或者反似《天方夜谭》里头的事情，写了也令人不相信，这便都从略了。……我是一个庸人，就是极普通的中国人，并不是什么文人学士，只因偶然的关系，活得长了，见闻也就多了些；譬如一个旅人，走了许多路程，经历可以谈谈，有人说'讲你的故事罢'，也就讲些，也都是平凡的事情和道理。他本不是水手辛八，写的不是旅行述异，其实假如他真的遇见过海上老人似的离奇的故事，他也是不会得来讲的。"③在此著作的后记中，作为八十多岁的老人他又一次絮絮叨叨起了《天方夜谭》，从年轻时期初试译笔，到了晚年依然不能忘情于此书。

叶灵凤的书话以介绍域外文学名家名著为最重要的内容。比如同样是对中东的文学，书话中的叶灵凤对《天方夜谭》也非常感兴趣。据不完全统计，叶灵凤仅仅谈及《天方夜谭》的书话就有四篇，《褒顿与〈天方夜谭〉》《〈天方夜谭〉里的中国》专谈《天方夜谭》，而《月天的〈故事海〉》《〈猴爪〉和三个愿望的故事》也涉及了《天方夜谭》。在《褒顿与〈天方夜谭〉》中，叶灵凤特别指出："《天方夜谭》的正式译名该是《一千零一夜的故事》。除了保顿的译本以外，其他的译本大都不曾保存这个'一千零一夜'的形式，但是理查褒顿却坚持这一点，认为这个形式最为重要。因为书中那位美丽机智的沙娜查德小姐确是将她的故事讲了一千零一夜，每逢讲到紧要关头，恰巧天亮了，她便停住不讲，等到天黑了再继续讲下去，就这样一连讲了一千零一夜，一点不折不扣。对于这形式，褒顿曾说过一句警句：'没有一千零一夜，根本也就没有故事'，因此他对于原文那种'说到这里，

① 周作人：《关于儿童的书》，《周作人书话》，中国人民大学出版社2004年版，第42页。
② 罗孚回忆道："《知堂回想录》是周作人一生中最后一部著作。1960年12月开始写作，1962年完成。这以后他虽然仍有写作，但作为完整的书，这却是最后的、也是他晚年著作中最重要的一部。"（参罗孚：《〈知堂回想录〉琐忆》，《在家和尚周作人》，萧南选编，四川文艺出版社1995年版，第168页）
③ 周作人：《周作人回忆录》，湖南人民出版社1982年版，第687页。

天已经亮了，于是沙娜查德就停止说下去'的形式，坚持保存原状。"① 需要特别留意的是，这不仅说明叶灵凤意识到褒顿对《天方夜谭》形式的看重，更表明叶氏对形式的关注与推崇，显示出了叶灵凤作为小说家的敏感。相比较而言，周作人也同样多次提及《天方夜谭》，但是却没有关注到形式问题，而更多地从内容、思想及故事的趣味角度着眼，说明周氏作为散文家、杂家身份的选择倾向，与叶灵凤形成了对比。

在这一点上，鲁迅与同为小说家的叶灵凤的着眼点很有些相通。鲁迅历来十分关注佛经的修辞形式。他曾说："佛藏中经，以譬喻为名者，亦可五六种，惟《百喻经》最有条贯"。对于他来讲也许佛经的形式远比内容佛理更重要些："尊者造论，虽以正法为心，譬故事于树叶，而言及法，反多拘牵；今则已无阿伽陀药，更何得有药裹，出离界域，内外洞然，智者所见，盖不惟佛说正义而已矣。"② 从形式技巧上着眼，并将域外典籍与中国传统文学进行对比，找出二者之间的关系，并进而为当下的文学变革提供依据，乃是当时新文学家所努力的一个方向，是他们自觉的价值取向。如胡适曾说："《华严经》末篇《入法界品》占全书四分之一以上，写善财童子求法事，过了一城又一城，见了一大师又一大师，遂敷演成一部长篇小说。"胡适举了两个例子后又说："这种无边无尽的幻想，这种'瞎嚼蛆'的滥调，便是《封神传》'三十六路伐西岐'，《西游记》'八十一难'的教师了。"③ 尽管在文中，胡适是对《华严经》对《封神传》《西游记》生硬、模式化的不良影响含有否定和讥讽意味，但是胡适毕竟在讽刺之前，客观地认为"《华严经》是一种幻想教科书"，"中国固有的文学很少是富于幻想力的；像印度人那种上天下地毫无拘束的幻想力，中国古代文学里竟寻不出一个例。……在这一点上，印度人的幻想文学之输入确有绝大的解放力。试看中古时代的神仙文学如《列仙传》，《神仙传》，何等简单，何等拘谨！从《列仙传》到《西游记》，《封神传》，这里面才是印度的幻想文学的大影

① 叶灵凤：《褒顿与〈天方夜谭〉》，《读书随笔》一集，三联书店 1988 年版，第 161 页。

② 鲁迅：《〈痴华鬘〉题记》，《鲁迅全集》第 7 卷，人民文学出版社 1981 年版，第 101 页。

③ 胡适：《白话文学史》（上卷），《胡适文集》第 4 卷，人民文学出版社 1998 年版，第 146—147 页。

响呵。"①

除了以书话写作为著的作家周作人、叶灵凤等以外，王统照也有一些书话写作实践。特别是王统照早年书话多涉及西方书籍，如《〈生命与性质〉》短文，谈论歌德随笔集《生命与性质》的书话，有观点、有批评、有版本。他写于1923年夏日的读书日记也都着力谈论阅读西方典籍后的思考，即使是论及中国传统文化书籍的，他也有意地与西方对比起来思考。可见其阅读有意识地将视野投到西方文学文化中。

二、技巧与观念：外国文学引入的实证研究

书话家是如何通过书话途径引入和介绍域外文学文化，进而对作家的文学创作产生影响的，对于这一问题，笔者主要选择叶灵凤的书话为中心来论述。之所以选择叶氏，主要原因是：叶灵凤既是著名小说家，又是典型的书话家。他早年是著名的小说家，创作了很多具有现代色彩的小说，与此同时，叶灵凤也写作随笔书话，尤其是到了后来移居香港，他的创作更是以书话为主，终成百年中国文坛很有影响的书话家。那么，在书话与小说之间存在着何种联系，谈论域外文化典籍的书话和小说创作的风格、观念有着怎样的关系？对于这些问题的探究，既事小说又作书话的叶灵凤无疑是很好的例子。

从书话可以看出作家的创作到底是不是对某个作家、某些理论方法进行有意识的借鉴，借鉴多少，从哪些方面进行借鉴。通过书话，可以知道作家对国外某个作家作品的谈论频率、正面或负面评价等等，使得这种影响研究落到实处，甚至可以对以前某些既定的文学研究结论起到纠偏或推进作用。例如关于叶灵凤对弗洛伊德心理分析方法的借鉴这个问题，有不少研究者和文学史著都曾认为叶氏明显受到弗洛伊德的影响，说叶氏有意地采用弗氏理论。但是从叶氏的书话看，这种判断是很可商榷的。叶氏极少在书话中论及弗氏，即使提及但也只是一带而过，鲜有

---

① 胡适：《白话文学史》（上卷），《胡适文集》第4卷，人民文学出版社1998年版，第144页。

任何的分析论说。据笔者所见，叶灵凤只有在《记莫娜丽沙》中提到："佛洛伊德说达文西的这张画，是对于他母亲的追念，他从莫娜力沙夫人的微笑中看出了他母亲的微笑，所以才有这样的成功。"① 目前所见，叶灵凤没有专门谈论弗洛伊德的文字。据此我们可以判断，叶灵凤没有系统读过弗洛伊德的理论。叶灵凤对自己喜爱的作家、理论、书籍等都会不厌其烦地在其书话中谈论，并会专门写作书话文章专论某人、某书，甚至用多篇书话来谈，如对王尔德、歌德、伊索寓言、纪德等。在他的小说创作中确实可见王尔德的现代派技法和歌德的浪漫主义的影响。而叶氏如果真的系统阅读弗氏，并自觉借鉴其理论的话，他没有理由不在自己的书话中细谈弗洛伊德的。

所以，从书话入手，可以考察一个作家的知识结构，进而探究其是否受到某些方面的影响，于是就有可能避免仅仅因为形式或思想内容的相似性，在没有证据的情况下主观臆断盲目比附的研究倾向。因为我们知道，人类的思维其实有着很大的相似性，具有同构性。包括任何地域任何文化任何种族的人，都具有这种同构性。否则比较文学文化就无法开展了。而这种同构性的存在恰恰又说明，有时候不同地域、文化背景下出现某些相似/相通的精神、文化现象时，二者之间并不一定必然存在着影响关系。而有些研究者就凭着二者的相似或同构进行比附，以为二者之间必然产生影响，可能不符合客观事实。那么如何证明二者之间的关系，到底是否存在实质的影响？其实从作者的知识结构可以作出较为准确的判断，而这个知识结构可以从其读书买书借书评书等进行统计，而这些又往往在作者的书话（包括读书札记、购书日记）中有着较为可信的反映。

需要说明的是，之所以选择书话为考察途径，而不选择翻译为对象，一是基于书话所话之书刊典籍的丰富性、广泛性，是翻译所不能比的。出现在书话中的书，必定是作者所涉猎的，而却并不一定被翻译进来，翻译的书籍毕竟占中国知识分子阅读西书的一小部分而已。如叶灵凤曾在书话中多次谈到的《黄面志》杂志，这是现代派艺术的重要阵地，从

---

① 叶灵凤：《记莫娜丽沙》，《读书随笔》一集，三联书店1988年版，第130页。

中可见叶灵凤及创造社对这一派艺术观念的熟悉和接受。这如同找到一把钥匙，进而具体探究考察二者之间的关系，前者是如何影响后者，后者是如何借鉴选择前者的。由此可见，书话所话之书更广泛，如此，也更易窥见西方观念的影响的诸多方面层次和影响过程。二是因为翻译最讲忠实于原文，不易看到译者的评价想法，而书话则更多主观介入，更易见评论者的意见。

（一）现代派技巧的借用

在已看到的叶灵凤书话中，根据笔者粗略统计，叶氏谈王尔德的最多，达9篇，其次是歌德8篇，然后依次是纪德7篇、比亚斯莱(比亚兹莱)6篇，《伊索寓言》5篇。叶氏书话不仅专谈上述艺术家，并多次谈论王尔德、比亚斯莱及《黄面志》之间的关系。我们知道，王尔德、比亚斯莱是19世纪重要的唯美主义派作家和艺术家，而创刊于1894年的《黄面志》是唯美主义运动的重要阵地。王尔德以其在这一时期的论述和创作，被公认为唯美主义的集大成者。以王尔德为代表的唯美主义艺术家敏感而脆弱，希望在超政治、超现实的艺术象牙塔里寻求安慰和满足。他们既反对艺术服务于政治，也反对艺术受制于金钱；既反对文学的政治功能，也反对文学的道德教化。于是，绝对的、崇高的艺术之美，便成了其追求的目标。这不能不让我们想起来当年叶灵凤曾与潘汉年分别编辑《象牙之塔》与《十字街头》二刊物。叶灵凤之所以选择前者，其实与其唯美主义的艺术追求是一致的。从叶灵凤的书话中，我们看到叶灵凤对王尔德、比亚斯莱一直津津乐道，尽管后来他不写小说了，也不作画，但对于这两位唯美主义的天才艺术家，依然无法忘怀。由此，可知其对这一艺术流派的观念、方法的喜爱。

这是我们研究叶灵凤其他创作的一把钥匙。叶灵凤之加入创造社，成为卖力而有才力的"小伙计"，是有着艺术观念主张上一致的地方，所以后来创造社转型时，叶氏退出，并成为海派的先声。如有学者说："叶氏小说……在创造社后期与三四十年代海派文学之间，他是一位衔接性作家，此种角色的特殊性与重要性值得治文学史者看重。"① 之所以如此，也是其艺术选择的一贯坚持，有着其必然性的。后来尽管叶灵凤加入左联，但旋被认为"完全放弃了联盟的工作"② 而除名，终于活跃于"《现代》同人"中，这都与其所秉持的唯美艺术观念有着内在的联系。而他这种观念可以从其书话关注的重点得到清晰印证。书话中，叶氏多次撰文专谈王尔德、比亚斯莱的，如《王尔德〈狱中记〉的全文》《比亚斯莱、王尔德与〈黄面志〉》《从王尔德到英外次》《王尔德案件的真相》《王尔德之子》《王尔德说谎的艺术》《王尔德笔下的英国监狱》《关于比亚斯莱》《比亚斯莱的画》《比亚斯莱的散文》《比亚斯莱书信集》《王尔德所说的基督故事》等等。尽管说叶灵凤似乎也曾经表现出对马克思、苏俄文学的热情，但是这种热情是有限的，而且有所保留③，他的热情与爱好更多的还是沉浸于王尔德、普鲁斯特、乔伊斯、纪德、歌德等西方现代主义名家的艺术中了，以致其创作手法也颇有渊源："亦错综多变，或亦真亦幻，诡奇迷离，或切换角度，多音交响，其《鸠绿媚》《菊子夫人》《落雁》等作品当时都予人别开生面新奇之感"④。

叶灵凤对域外意识流文学创作形式表现出了颇大的兴趣。他曾有多篇书话谈及普鲁斯特、乔伊斯等西方现代意识流的代表人物。比如他这样评价普鲁斯特："他（普洛斯特）的小说著重于内心分析，人物的活动不过是他所要描写的精神活动的佐证而已。在这方面，普洛斯特是继承着他的前辈斯坦达尔的遗产，远在乔伊斯的《优力栖斯》之前，为现代小说著重于内心分析的大路奠下了第一块基石。"⑤ 这里，叶灵凤并未单独就普鲁斯特个人谈，而是将普鲁斯特放置在文学史的框架中，关注到了普鲁斯特的继承和对后世的影响。由此可见，叶灵凤对西方意识流的来龙去脉是颇为熟

① 金宏达：《纪念一位注销过的作家》，《出版广角》1998年第4期。
② 《开除周全平、叶灵凤、周毓英的通告》，《文学导报》第1卷第2期，1938年8月5日。
③ 如收入《读书随笔》（三联书店1988年版）的《马克思和达尔文》《高尔基的信》《高尔基的托尔斯泰回忆》《震撼世界的十日》等少数几篇。就是在这些文章中，还主要集中在逸闻轶事上的讲述，也记录了高尔基的对契诃夫等创作的评价。
④ 金宏达：《纪念一位注销过的作家》，《出版广角》1998年第4期。
⑤ 叶灵凤：《谈普洛斯特》，《读书随笔》一集，三联书店1988年版，第50页。

悉的。我们知道《追忆似水年华》小说的主线是叙述"我"的追忆和联想，但又不限于个人的单线回忆，而是枝杈横生，主题交错，形成交响乐的结构。整部作品是对一种现实的逐渐发现，这种现实只存在于记忆之中："真正的天堂，是失去的天堂。"凡是感受到体验过的在艺术中得以再现的人、事和物，就是经历了时间的考验，就会产生出意义，焕发出光彩。正是在这个意义上，有人把小说的主题概括为"时间"和"回忆"。

叶灵凤《未完的忏悔录》中的追忆，心理的表白，意识的流泻等都是受到这些影响的，可以看到普鲁斯特《追忆似水年华》的影子。《永久的女性》更是对逝去的"天堂"的频频回顾，恋恋不舍，《女娲氏之遗孽》中女主人公的情感的表露抒发等，毫无疑问都有着现代意识流小说的痕迹，其借鉴有迹可循。从叶灵凤对自己小说的评价就可以看出，在他创作时，对于何种小说才是比较满意的。他出版的《灵凤小说集》前记中说："在这二十几篇短篇小说中，就我自己看来，……好的倒是在一九二八年和一九二九年之间所写的几篇，如《鸠绿媚》《妻的恩惠》《爱的讲座》《摩伽的试探》《落雁》等；这其中，我尤其喜爱上面所提出的第一篇和最后的两篇。这三篇，都是以异怪反常，不科学的事作题材——颇类于近日流行的以历史或旧小说中的人物来重行描写的小说——但是却加以现代背景的交织，使它发生精神综错的效果，这是我觉得很可以自满的一点。"紧接着他也不无得意地说："这几篇小说，除了它的修辞的精炼、场面的美丽之外，仅是这一类的故事和这一种手法的运用，我觉得已经是值得向读者推荐。"[①]之所以专门提出他说的《鸠绿媚》《摩伽的试探》《落雁》，因为这些小说在一定程度上体现了上述现代的意识流手法。由此我们似乎可以推断，叶灵凤的小说创作所借鉴推崇的技巧和流派，大致可以在他的书话所提供的"资料库"中找到实际的例子，得出清晰的线索。

意识流等文学观念和技巧对叶灵凤影响，还表现在叶氏小说的"梦"的意象的大量运用。梦境的意象在叶氏小说中曾反复出现。五四时期他的创作多心理活动的渲染，重意识的流动，而少情节的繁复和悬念。如叶灵

---

① 叶灵凤：《前记》，《灵凤小说集》，现代书局 1934 年版。

凤的《女娲氏之遗孽》，通行的《中国现代文学三十年》中就说："在新感觉派没有形成以前，叶灵凤是中国心理分析小说最早的推行者之一。"[①] 叶灵凤早期创作十分注重新奇的构思，越是怪异得使人"产生精神错综的效果"，便越觉自满。他的小说涉及男女恋爱心理、穷学生的困境、革命小故事以及鬼怪幻梦等。这时期叶灵凤写了不少新奇刺激的梦幻，如《鸠绿媚》《落雁》等。

叶灵凤书话《爱伦·坡》赞扬爱伦·坡"正是一位具有鬼才的作家。他的小说，都是他的诗的变形。他注重于情调和氛围气的制造，故事的发展还在其次。"[②] 叶氏小说《未完的忏悔录》则非常着重于小说情调和氛围的营造，对这方面的着意和用力，要远远大于对故事情节的重视。对此叶氏是有着自觉意识的，他在《未完的忏悔录》前记中就说："我的本意，要用浓重的忧郁和欢乐交织的气氛笼罩全书，要写出内心的挣扎"。[③] 可见，在创作之初，叶灵凤就有意将氛围的营造作为最终的目标。所以叶灵凤对爱伦·坡的"著重于情调和氛围气的制造，故事的发展还在其次"的评价，用在小说《未完的忏悔录》上也完全合适。由此，我们可以看出，叶灵凤的《未完的忏悔录》等小说，在艺术形式上有意地借鉴和模仿爱伦坡。这一点在对比其书话和小说的时候感受颇为强烈。

法朗士也是叶灵凤书话多次谈及的作家。法朗士小说的突出特点是，没有生动的故事情节，只有日常所见的平凡生活片断，人物对话多于故事的叙述，哲学的论辩超过事物的描写。叶氏评价法朗士说："我并不完全喜欢法朗士，我最厌恶他对于历史和考古知识的卖弄，以及一大套近于玄学的幽默。……反之，他的巧妙处理故事的手法以及随时流露的文字风格的精致，使我觉得他不愧是跨立在新旧时代的鸿沟上的最后一位大师。"[④] 这

---

① 钱理群、吴福辉、温儒敏：《中国现代文学三十年》，北京大学出版社1998年版，第323页。其实，心理分析方法和弗洛伊德对于叶灵凤来说其实并不是特别的熟悉。叶氏的书话极少提及弗洛伊德及其心理分析方法。提得更多的则是意识流的西方代表作家。他之所以写作更多的描述心理变态和本能冲动的小说，更多的还是源于五四风潮的影响，而不应过分强调弗洛伊德对他的直接影响。

② 叶灵凤：《爱伦·坡》，《读书随笔》一集，三联书店1988年版，第58页。

③ 叶灵凤：《〈未完的忏悔录〉前记》，《叶灵凤文集》第一卷，花城出版社1999年版，第512页。

④ 叶灵凤：《法朗士的小说》，《读书随笔》一集，三联书店1988年版，第52页。

不仅是对法郎士小说的看法，也显露了叶灵凤的创作观念、写作特点。叶灵凤毕竟是作家、艺术家，他的小说绝对找不到像法郎士那样的卖弄学识和形而上的玄思，也没有像某些学者型作家的炫学，如钱钟书那样不时在小说中插入学者的议论，难免有掉书袋之讥。叶灵凤自己的小说创作很是讲求技巧与结构，尤其是对手法的运用十分刻苦。

叶灵凤的书话《大钱》一文中谈到帕索斯的写作特点，他认为："这书中没有概念，没有叙述，都是事实衔接着事实。"叶氏十分关注帕索斯的新技巧的运用，并认为这些技巧的运用"使他的读者对于他的作品有一种立体感的尝试。他在《四十二纬度》和《一九一九》二书中运用的'新闻片'和'开末拉眼'的手法，在《大钱》中依然采用着，而且还有了更好的效果。"[1]叶氏之所以关注这些现代手法的采用，与自己的创作实践密切相关。叶氏本人的几篇小说也在一定程度上借鉴了这种事实组接的剪切手法，镜头的闪回，场景的切割，蒙太奇手法的运用等，无一不给当时的现代都市文坛带来了一些新的气息。所以叶氏在书话中敏锐地感觉到："对于复杂紧张的现代生活和社会机构，帕索斯的描写手法可说是十分恰当的一种，但这必须有敏锐的观察和巧妙的剪裁"。[2]

我们知道叶灵凤的小说《永久的女性》，围绕一个青年画家和女模特之间纯洁无暇和若有似无的美好情愫展开。尤其是其中对青年画家笔下的"永久的女性"和那位模特的姣好的面容，沉静的神态，高雅的气质等反反复复做极为完美的想象，完美得近乎失真。作家叶灵凤对那位女性的赞美和崇拜，近乎痴迷。这种反常，给读者印象很深。

如果我们阅读他的书话，就会恍然大悟他为什么在小说《永久的女性》中塑造和描绘一个完美的女性。这个完美的女性其实有着既定的"模特形象"在。而这个"模特"就是蒙娜丽莎。他这种对描绘中的美丽女性的膜拜，也源于一种特殊的情结，叶灵凤想象中的"永久的女性"，据此可找到根源。在书话《记莫娜丽沙》中，叶氏说："我正是世上无数的

---

① 叶灵凤：《〈大钱〉》，《读书随笔》一集，三联书店 1988 年版，第 97 页。

② 叶灵凤：《〈大钱〉》，《读书随笔》一集，三联书店 1988 年版，第 97 页。

'莫娜丽沙狂'之一，是这张画的爱好者。"他在逛旧书店时买的一幅"蒙娜丽莎"、"配起镜框挂在墙上"，① 作者对此画的喜爱之情可见一斑。叶氏小说《永久的女性》中的画家秦枫谷要画出一位极具艺术魅力的女性的想法也是受到"蒙娜丽莎"的诱惑和启示，而且，当倾注了他所有艺术努力的"永久的女性"绘成以后，这位画家也把这幅画作放在自己的住处终日欣赏。在另一篇书话《华萨里的〈画家传〉》中，叶灵凤不惜长篇引用华萨里对蒙娜丽莎的描写："凡是想看看艺术模仿自然，可以达到怎样程度的人，不妨去看看这幅画像。对象的每一个优点每一个特点都忠实的再现了出来。那一对眼睛是明朗而且盈盈滋润的，而环绕它们四周的却是在活人眼上可以见到的那种淡红色的小圆圈，睫毛和眉毛的描绘，都是无以复加的逼真，仿佛每一根毛发都是自皮肤上钻出，方向各自有别，连每一颗油泡都如实的被表现出来。鼻尖和美丽的嫩红色的鼻孔，看来很容易令人相信这是活的。那一张嘴，轮廓是值得令人羡慕的，色调是玫瑰红的，完全与康乃馨浅红色的面颊相称，这看来简直像是有血有肉，而不是画出来的．凡是向画中人的咽喉看得过分仔细的人，会仿佛觉得看出了它的脉搏在跳动。这是艺术的奇迹。"② 这种不惜篇幅的大段引用在叶灵凤的书话中是很少见的，因为叶氏的书话与经营文抄体的周作人书话不一样，较少直接的引用，叶氏大多是用自己的语言来复述，也就是采用暗引的方法。但是在此文却一反常规，这无疑暗示我们，叶灵凤对于"蒙娜丽莎"的欣赏正与瓦萨里的描绘相似，他是赞赏和赞同瓦萨里对蒙娜丽莎的艺术解读的。可见小说《永久的女性》中叶氏对永久的女性的描绘，无疑有着浓重的蒙娜丽莎的影子，或者说蒙娜丽莎的形象极大地影响和规约着叶氏对小说中绘画的想象。

在小说《永久的女性》中叶灵凤还不止一次地不自觉地将女主人公朱娴与蒙娜丽莎联系在一起，如当秦枫谷在《中国画报》封面上见到朱娴的

---

① 叶灵凤：《记莫娜丽沙》，《读书随笔》一集，三联书店 1988 年版，第 129 页。
② 叶灵凤：《华萨里的〈画家传〉》，《读书随笔》一集，三联书店 1988 年版，第 372 页。

感觉："握着葡萄藤的右手，完全是举世无比的莫娜丽沙的右手。"① 当秦在霞飞花店门口初次遇到朱娴时的观察："一张圣母型的脸，两道秀逸的长眉，松散的鬈发遮掩着右额和耳朵，微微的在颊上留下了一道可爱的阴影。捧着花在门口略略停留了一下，这一瞬间的姿态，于端庄之中更流露着优雅。"② 当他准备作画时的构图，也让人联想起了蒙娜丽莎："他要画一张胸像。面部占着画像的上半，身体微向右面偏着。左手抱了一丛百合花，百合花该向四面散开，一部分的叶子遮着左手的手臂和胸部。右手盖着握了花的左手。左耳被斜掠下来的头发遮住。眼睛微微下垂，嘴角带着一点微笑。背景是庄严的黑色，衣服是黯蓝。只有百合花和面部表现着青春的华丽。他不想多用娇艳的色调，因为他想表现的是女性的庄严和永久，并不是女性的诱惑和美丽。"③ 画作"永久的女性"绘成后，作者这样描述："无论在构图，色彩和笔触方面，都显得是精神饱满的力作。构图是单纯而严正，色彩在冷静中带着艳丽，但是却不流于奢华。画面上充满了女性的美丽和严肃，使人见了有一种高贵超越的感觉，像是在读一首古典诗人的抒情诗。"④ 小说中画作的描述的构图色彩和气质氛围，整个都与蒙娜丽莎有着惊人的相似。无怪叶灵凤多次在书话中谈及蒙娜丽莎，提及自己是不折不扣的"莫娜丽莎狂"。

叶氏在小说中一再借主人公表露自己对这幅画的爱好，而且对蒙娜丽莎的追慕的永久的女性形象，叶灵凤一直尽力地强调其美丽严正、高贵超越的古典意味。为什么如此？叶灵凤在书话中已经告诉我们了原因。"佛洛伊德说达文西的这张画，是对于他母亲的追念，他从莫娜丽沙夫人的微笑中看出了他母亲的微笑，所以才有这样的成功"，他想到了自己，说："如果佛洛伊德的精神分析论可靠，那么，早年丧母的我，也许从这幅画上寻出同样可宝贵的记忆了。"事实上，原来对于蒙娜丽莎的喜爱，除了艺术的原因外，还有叶氏这种难以割舍的情结：对已经逝去的母亲的追忆和怀念。

---

① 叶灵凤：《永久的女性》，《叶灵凤文集》第一卷，花城出版社 1999 年版，第 294 页。
② 叶灵凤：《永久的女性》，《叶灵凤文集》第一卷，花城出版社 1999 年版，第 308 页。
③ 叶灵凤：《永久的女性》，《叶灵凤文集》第一卷，花城出版社 1999 年版，第 330 页。
④ 叶灵凤：《永久的女性》，《叶灵凤文集》第一卷，花城出版社 1999 年版，第 350 页。

正是如此，所以叶灵凤在小说《永久的女性》中也有着这样的慨叹：（秦枫谷）"从小就死去了母亲，没有尝过最可贵的母爱的滋味。他画这幅画像，便是想纪念他的母亲，于描写女性的美丽和永久之中，更要显出普遍的母性的慈爱。所以他寻找对象的目的，不是要一个足以倾国倾城的诱惑女性，乃是要一个端庄淑静，仪态万方，能够得上古时候皇后资格的伟大的女性。"①

总之，通过他的书话《记莫娜丽沙》《华萨里的〈画家传〉》等，我们可以看出，正是对蒙娜丽莎画像的喜爱和理解，受瓦萨里《画家传》（今译作《由契马布埃至当代最优秀的意大利建筑师、画家、雕刻家的生平》，或简称为《名人传》《意大利艺苑名人传》《生平》等）的启发，而构思小说《永久的女性》的。

（二）艺术与人性：现代派文学观念的建立

关于人性的认知，在叶灵凤书话中这是叶氏非常关注的一个核心问题，他读的很多书都是与之有关的。如在书话《法朗士的小说》一文中，叶氏自谓："我最爱读的一部法朗士的小说，乃是他的古意盎然的《波纳尔之罪》"，因为："年老的爱书家波纳尔，坐在书城中，向他的爱猫诉说着他的珍藏，一面心中在燃烧着一缕怎么也不会灭熄的绝望的恋情。在法朗士的笔下，这可珍贵的人类的至情，实在被他写得太使人不能忘记了。"② 而叶氏在此文的开篇就声称自己并不完全喜欢法朗士，他的意见是有所保留的，但是叶氏偏偏又喜欢上这"法朗士最卖弄他的博学的一部著作"，这说明叶氏的阅读是有选择性的，他在阅读中更看重的是法朗士小说中那"实在被他写得太使人不能忘记了"的"人类的至情"。而对"至情"的展示、礼赞，其实恰恰是叶氏自己本人在小说创作中所努力追求的核心。如叶氏的《女娲氏之遗孽》《爱的战士》等运用大量的铺陈渲染，来努力展现人至情至性的无以遏制的本能冲动。因为，在他的理解中，"现代人的悲哀惟在怀疑与

① 叶灵凤：《永久的女性》，《叶灵凤文集》第一卷，花城出版社 1999 年版，第 343 页。
② 叶灵凤：《法朗士的小说》，《读书随笔》一集，三联书店 1988 年版，第 52 页。

第六章 书话与域外文化典籍的引介

苦闷，所以每有反常和变态的举动。"① 这种对人的理解，是其创作大量反映现代人心理问题、欲望与理性小说所有的出发点。

关于艺术与爱情关系的认知，也是困扰叶灵凤的一个重要问题，一度成为他小说创作的一个中心问题。如《永久的女性》所探讨的就是这样一个青春问题。而他的书话所谈及的不少作家艺术家及其创作，也与此相关。似乎在叶氏的大半生中，这艺术与恋爱，或曰美与爱都是他所关注的。

叶氏书话《天才与悲剧》一文由舞蹈家亚历山大·查哈洛夫的表演想到同样热爱肖邦音乐的著名舞蹈家邓肯的艺术天才及人生悲剧，一种"天妒英才"的感慨充溢于字里行间。按照叶氏看法，这里邓肯的悲剧不仅仅是生命的悲剧，因精神上的打击而遭遇意外——被自己的围巾缠住车轮而绞死——更是恋爱的悲剧，天才的诗人叶赛宁与天才舞蹈家邓肯的爱情悲剧，生命以艺术的方式结束了，却最终导致了近代艺术的双重损失。文章表达的一直是叶灵凤自己思考的一个问题：艺术与恋爱关系。文章引邓肯的话："我的一生受着两种原动力的支配——恋爱和艺术——恋爱时常摧毁了艺术，而迫切的艺术欲望又时常使我以悲剧结束我的恋爱。这二者正是不能一致的，只有永远的争斗"。事实上，艺术与恋爱的矛盾与关系正是叶氏一直思考的问题，邓肯的话也正是叶灵凤自己对艺术与恋爱的看法。叶灵凤在小说《永久的女性》中表达了在某种意义上是这种由于对艺术的追求而带来的恋爱的悲剧，毫无疑问，这也是人性悲剧的表现之一。小说中主人公秦枫谷正是处在这样的矛盾夹缝中而不能解脱自拔。叶氏则借其朋友张晞天的话来试图解决这样一对矛盾，而这个提出解决办法，也恰恰就是叶氏内心对这一问题的认识。小说第一〇六节标题即是"恋爱与艺术"。在这一节中，叙述张晞天为了挽救秦枫谷，避免他因恋爱上的挫折而影响到艺术上的追求。小说中说张晞天：

> 看着他的朋友因了这位女性而要动摇对于艺术的热忱的时候，他是不赞成而且不忍坐视。

---

① 叶灵凤：《女娲氏之遗孽》，《叶灵凤文集》第一卷，花城出版社 1999 年版，第 27 页。

他宁可朋友的心上留一道创痕，他不愿艺术的花园里因了一位女性而有所损失。

于是借张晞天之口，叶灵凤发表了如下议论：

古今有许多画家和文学家，他生平都遭受了精神上不可医治的创伤，但他们都竭力忍受，而将全副精神贯注到自己的作品上去，将全部的痛苦也寄托在作品中，于是自己一生便在寂寞中生活，而从自己的作品中获得安慰。这样，他们不仅战胜了自己的烦恼，同时还产生了不少的不朽杰作。所以对于你的这幅画，对于你的今后的作品，我希望你能用这种精神去振作自己。我们只能从恋爱中求艺术创造上的灵感，我们不能为恋爱所困。

这是作品中的人物张晞天的劝告，也是主人公秦枫谷最终的决定，同时我们需要注意，当然这更是作为作家和画家叶灵凤的看法。最终叶灵凤让秦做出了选择，尽管从人道上这样的安排是极为残忍的，但这个悲剧结局反映了叶灵凤对于艺术与恋爱、天才与悲剧的思考——艺术与恋爱是矛盾的一对，为了艺术放弃恋爱是正确的，而天才与悲剧总是相随的。正如他在另一篇文章中也一再强调："命运的悲剧正是一切艺术的一位知友。"[1]

关于美与死亡的思考，是叶氏书话常常谈及的问题。我们知道，埃德加·爱伦·坡（Edgar Allan Poe，1809—1949）的作品举凡小说、诗歌、文学评论都围绕一个主题展开——"死亡"与"美"，其对法国象征主义诗人波德莱尔的影响历来为人提及。奥斯卡·王尔德（Oscar Wilde，1856-1900）作为西方唯美主义的先锋，其作品对"死亡"与"美"的理解与热衷也是在同时代作家中少见的。阅读叶灵凤的书话，我们发现其中有关爱伦·坡的书话《读书随笔》就收入 3 篇；有关王尔德的书话《读书随笔》收入了 8 篇。这在其中占的比例是相当重的。这说明了叶灵凤对爱伦·坡

---

[1]　叶灵凤：《割耳朵的画家》，《读书随笔》一集，三联书店 1988 年版，第 81 页。

和王尔德作品的关注与喜爱。

在爱伦·坡和王尔德那里，美的梦幻与死的唯美是永远都说不完的话题，而且两位作家的生命行为本身就是"美"与"死亡"的表征，他们的行动在一定程度上很诗意化地完成了"美"与"死亡"的艺术过程。身为唯美主义的倡导者，作品充满迷梦般的童话气息也是很正常的，但王尔德的作品不仅形式美，甚至结局也十分凄美。叶氏《昙华庵的春风》中月谛对性爱的懵懂与向往，以及在向着那诱惑行进中的突然死去，渲染了一种迷人的梦幻之美。《鸠绿媚》中主人公小说家春野君的梦与神话传说中鸠绿媚、百灵斯之间的爱情，错杂交织，鸠绿媚、百灵斯为了爱情欣然赴死，小说家在现实与梦幻中的离奇遭遇，都构成了对死亡的唯美书写，并对艺术与美的梦幻作以展示。主人公小说家春野君，每天都拿着那个精致的小骷髅睡觉，这本是对死亡与梦的恐怖展示的开始，但是小说中却一再强调，骷髅是瓷的，而且制作得非常精致，完全是一件可贵的艺术品，这里面作者有意地消解恐怖感，而剩下的就只有神秘与幻美了。

在选材或创作方法、表达情绪上，叶灵凤的小说与爱伦·坡和王尔德表现出趋同一致。如对另类美的追求。所谓另类美包含忧郁美、怪诞美、恐怖美等。爱伦·坡和王尔德的作品中往往使处于极端的两种事物同时出现，比如裹着尸布的尸体与大量的鲜红色玫瑰，萧瑟的家族墓地与美丽的蝴蝶等，形成怪诞惊异的美学效果。叶灵凤的小说也在某种程度上存在着这一创作倾向。如《口红》对色彩的构图描绘，《鸠绿媚》《摩伽的试探》对神秘气氛的渲染，充满着忧郁、恐怖的气息。叶灵凤的小说广涉自性恋、同性恋、婚外恋、姐弟恋等非常态心理，体现出开放的性道德观，也应当有王尔德、比亚兹莱的影响。另如对美的冷酷与死的淡漠的表现。在名剧《莎乐美》中，一个圣经故事被演绎成了血淋淋的爱情悲剧，王尔德笔下的莎乐美，是美艳、性感、危险、颓废的。充满先锋实验色彩的《摩伽的试探》中的女子其实就是一位莎乐美式的人物，美艳性感，却极具颠覆性的女人。在这个女子的诱惑下，摩伽也最终在本能面前失败，落入了欲望的深渊之中。这里的氛围是冷气逼人的，冷静的笔调下，凸显的是对美的冷酷表现和对人性本能的剖析。

第二节　现代人性观念的建立

一、科学与趣味：性爱观念的转型

性爱观念科学化与理性化的程度，是现代人性观念的试金石。"五四"之后，性观念前所未有的转变，科学的性观念得以初步建立。西方很多著作传入，并被广泛阅读与传播。而在这个传播过程中，书话扮演了重要的角色。很多新文学家、学者，对性学书籍予以关注，表现出了极大的热情。

运用科学的观点加以认识和研究性，并进一步在创作中去深刻表现性心理、性现象、本能欲望等，是现代以来很多作家都乐此不疲的。周作人、叶灵凤、周越然等书话家都有相当数量的书话专谈性的书籍、涉性作品、性学知识等。叶灵凤很早就关注性的科学知识。尤其到了香港之后，他曾致力于性学书话随笔的写作，汇成《世界性俗丛谈》（广西师范大学出版社 2004 年版）。《世界性俗丛谈》以性知识、性文化为中心，旁涉人类学、民俗学，同时还结合现代医学、生理学等知识。在《世界性俗丛谈》里世界很多地域民族的风俗、逸闻、趣事尽收笔端，融趣味与知识、民俗与科学、人文与自然、艺术与科学为一体。

周越然在这方面的写作，成绩似乎更为突出。周越然写了大量的性学书话随笔小品，散见于 20 世纪三四十年代上海的《晶报》等，由其后人周炳辉编辑成册，名为《言言斋性学札记》。[①] 周越然最突出的是他热衷于收藏大量的古今中外的性学书籍，而这部性学札记即是周氏搜书、读书过程中的副

---

① 香港藏书家、书话家黄俊东曾在《猎书小记》中提到，周越然专门撰写了一部《性知性识》的书，黄俊东称此《性知性识》"是一本写得有趣而又有教育性的"，"用俏皮的笔调来写性故事的妙书"。（参黄俊东《〈性知性识〉》，《猎书小记》，云南人民出版社 2002 年版，第 190 页）但是，笔者到现在并未见到周越然所著《性知性识》原书，故只能主要参考周越然后人周炳辉编辑出版的《言言斋性学札记》（桂林：广西师范大学出版社 2004 年版）。

产品。关于周越然的性学书话，躲斋的评价并非过誉："言言斋……以其丰富的藏书介绍，在性学领域里成为一位普罗米修斯。言言斋主周越然并不是研究性学的学者，而是藏书家。然而他不同于一般藏书家之处，在于致力于搜集涉及性学的词曲小说以及域外禁书。在大量的西书中，有很多性学著作。言言斋鉴于人类的性决非淫秽而是科学，因而以其藏书为基本，或译或述，从生理、心理、病理、卫生、优育等等方面进行介绍，以裨益于对广大群众进行性知识的传播。"① 应该说，周越然的性学书话确实在一定程度上对科学性知识的传播、科学的性观念的建立起到了积极的推进作用。

周作人对性学书籍也很关注。周作人有《读〈性的崇拜〉》《〈性的心理〉》《〈沉沦〉》《〈旧约〉与恋爱诗》《香园》《再谈〈香园〉》《〈男化女〉》等书话。他在《我的杂学》中就曾坦承，性的心理方面的知识是他知识结构中重要的组成部分。他说："性的心理，这于我益处很大，我平时提及总是不惜表示感谢的。从前在论《自己的文章》一文中曾云：'我的道德观恐怕还当说是儒家的，但左右的道与法两家也都有点参合在内，外边又加了些现代科学常识，如生物学人类学以及性的心理，而这末一点在我更为重要。'"② 事实上，他确实对性学知识、现代性观念有着诸多的谈论，这在他的书话中表现得颇为充分。相关的书话如《读〈性的崇拜〉》《〈性的心理〉》等，说明他对西方现代科学性观念、知识的认识，科学的性观念的建立。由此，他对古今中外的性学名著以及涉性文学创作都作出了自己的评判。如《〈沉沦〉》对郁达夫的《沉沦》给予正面的评价，《情诗》《什么是不道德的文学》等书话当时对指责《蕙的风》的意见进行了回击，给青年诗人以强有力的支持。另外，周氏的《〈旧约〉与恋爱诗》《香园》《再谈〈香园〉》《〈男化女〉》等书话都显示了作者颇为理性、科学和符合人情物理的性的观念与认识。

周作人曾有书话专谈阿拉伯世界的古典性书名著《香园》。在对《香园》

---

① 躲斋：《〈言言斋性学札记〉序》，《言言斋性学札记》，广西师范大学出版社2004年版，第2—3页。

② 周作人：《我的杂学》，《苦口甘口》，河北教育出版社2002年版，第76页。

的谈论中，周氏首先想到的就是将之与中国的《素女经》相比较。通过比较，周氏认为与中国一些淫书的浅薄粗鄙低级趣味相比，《香园》态度是严肃的。他说："此书在欧洲出版皆非公开，唯照我们的眼光看去，其故事之描写虽颇直率，在中国旧小说中并非稀有，故亦不足惊奇，但与中国淫书有一相差极远的异点，即态度全然不同。中国的无聊文人做出一部淫书，无论内容怎样恣肆，他在书的首尾一定要说些谎话，说本意在于阐发福善祸淫之旨，即使下意识里仍然是出于纵欲思想，表面总是劝惩，所说的也就更是支离了。奈夫札威上人的意思却在编一部恋爱的教科书，指导人应该如此而不应该如彼"①。由此可见，周氏最为看重的还是《香园》中显示的对于性的科学倾向和严肃态度，其引进介绍的目的是为了一种健康的性爱观念的建立与形成，其批判传统文化，变革和启蒙的目标是显然的。所以，他怀着恨铁不成钢的心情说："我们看过这些书，觉得很有意思，……又因此感到一件事实，便是中国人在东方民族中特别是落后；在上面的两个比较上可以看出中国人落在礼教与迷信的两重网里，（虽然讲到底这二者都出萨满教，其实还是一个，）永久跳不出来，如不赶紧加入科学的光与艺术的香去救治一下，极少解脱的希望。"② 基于对中国固有文化的深切不满和怀疑，忧心忡忡的周作人寄希望于进行科学与艺术的双重疗救。紧接着周作人将人性中能否保持健康科学理性的问题，上升至社会变革进步的大关怀："其次觉得有趣味的是，这些十五六世纪的亚拉伯印度的古怪书里的主张很有点与现代相合。蔼理斯在他的大著上早已说过，随后经斯妥布思女士的鼓吹，在文明社会（这当作如字讲，我并不含有一点反意），差不多都已了解，性的关系应以女性为主，这一层在那异教徒所提倡的似乎也是如此。文明社会如能多少做到这样，许多家庭与恋爱的悲剧可以减少，虽然全体的女子问题还须看那普天同愤神人不容的某种社会改革能否实现才能决定，我们此刻无须多嘴的了。"③

---

① 周作人：《再谈〈香园〉》，《知堂书话》，中国人民大学出版社 2004 年版，第 403—404 页。

② 周作人：《再谈〈香园〉》，《知堂书话》，中国人民大学出版社 2004 年版，第 404 页。

③ 周作人：《再谈〈香园〉》，《知堂书话》，中国人民大学出版社 2004 年版，第 404 页。

对蔼理斯的名著《性心理研究》，周作人、叶灵凤都曾表现出异乎寻常的兴趣，他们都多次在书话中谈到这本书。叶灵凤曾为本书鸣不平："一直到今天，世界著名的大英博物院附属的图书馆仍然拒绝购藏蔼理斯的名著《性心理研究》，可证明另有一种恶势力仍在活动着。"① 说明，此时一种开明理性科学的性观念已经在现代文化人中牢固树立了。对于蔼理斯的性学研究及观点，周作人也格外推崇。周作人早在 1933 年写作《〈性的心理〉》一文中，就不惜笔墨地抄录了蔼理斯《性的心理》第六卷末尾的跋文中的两段：

"我很明白有许多人对于我的评论意见不大能够接受，特别是在末册里所表示的。有些人将以我的意见为太保守，有些人以为太偏激。世上总常有人很热心的想攀住过去，也常有人热心的想攫得他们所想像的未来。但是明智的人，站在二者之间，能同情于他们，却知道我们是永远在于过渡时代。在无论何时，现在只是一个交点，为过去与未来相遇之处，我们对于二者都不能有何怨怼。不能有世界而无传统，亦不能有生命在而无活动。正如赫拉克莱多思在现代哲学的初期所说，我们不能在同一川流中入浴二次，虽然如我们在今日所知，川流仍是不息的回流着。没有一刻无新的晨光在地上，也没有一刻不见日没。最好是闲静的招呼那熹微的晨光，不必忙乱的奔上前去，也不要对于落日忘记感谢那曾为晨光之垂死的光明。

在道德的世界上，我们自己是那光明使者，那宇宙的历程即实现在我们身上。在一个短时间内，如我们愿意，我们可以用了光明去照我们路程的周围的黑暗。正如在古代火把竞走——这在路克勒丢思看来似是一切生活的象征——里一样，我们手持火把，沿着道路奔向前去。不久会有人从后面来，追上我们。我们所有的技巧便在怎样将那光明固定的炬火递在他手内，那时我们自己就隐没到黑暗里去。"

周作人紧接着说："这两节我顶喜欢，觉得是一种很好的人生观，沉静，坚忍，是自然的科学的态度。"② 到了 1944 年，周氏写作《我的杂学》，其第 12 节他依然不厌其烦地将蔼理斯跋文中的这两段原封不动搬过来，并

---

① 叶灵凤：《乔治摩亚和三卷体小说》，《读书随笔》一集，三联书店 1988 年版，第 95 页。

② 周作人：《〈性的心理〉》，《夜读抄》，河北教育出版社 2002 年版，第 32 页。

且紧接着又一次强调说："这两节话我顶喜欢"①。至 1966 年，周作人完成《知堂回想录》。他在这部晚年最后的著作中，以"拾遗"为题重收了他的"我的杂学"一至二十，并未作改动。其中的第十二节，依然保留着蔼理斯的这两段话，并知堂的"我顶喜欢"的评价，这似乎意味着在周作人生命的最后，依然坚持着对蔼理斯的一贯评价，对性的一贯认识。

将周氏对这两段跋文的抄录及其简短质朴的"我顶喜欢"的评价，按时间排列一下，我们似乎可以得出这样的判断，终其大半生，周作人对蔼理斯表达的性观念是极为认同的，之所以一再引录，这也说明，蔼氏的这两节话，恰恰就表明了周氏自己对性的认识，更暗含着周作人根深蒂固的自我认同。即在周氏看来，自己从五四时期就提倡"人的文学"，呼唤建立健康的自然的包括性在内的人性观念，直到晚年都没有放弃，这一生的追求（用"追求"一词似乎对于周作人来讲，并不太合适，因为周氏缺乏一种浓烈的情感和热忱，他的坚持也是极冷静、理性和淡然的），就好像那传递火炬者或曰播火者一样的孜孜以求，甚至是有些献身的悲壮意味了。

无独有偶，与周作人形成颇有趣味的对照的是，叶灵凤也曾在《火炬竞走》中抄录过蔼理斯的那段跋文，即周氏所录的第二段。我们知道，在周氏书话中，这蔼氏跋文的出现总是在谈及蔼理斯的著作或性学研究时，但有意味的是，叶灵凤引录此段却是与蔼理斯或性学毫无关系的《火炬竞走》一文，叶氏发挥说：这段跋文是"对雅典人火炬竞走所涵蓄的人生意义"的赞扬②，而在叶灵凤专谈蔼理斯的《〈性心理研究〉作者蔼理斯》《蔼理斯杂感集》等书话中却对此段只字未提。即使是在这两篇专谈蔼理斯的书话中，对于蔼理斯及性问题，叶灵凤并未作什么议论和发挥，而仅仅止于介绍和抄录而已。那么，是叶灵凤有意歪曲蔼理斯跋文的意思？还是他误解了这段跋文？从这简单的对比中，我们就可以窥出，叶灵凤与周作人二人在性问题认识和观念上的分野来：周是着眼于理性健康的性观念的建设，热心的呼吁，颇有思想

---

① 周作人：《我的杂学》，《苦口甘口》，河北教育出版社 2002 年版，第 79 页。
② 叶灵凤：《火炬竞走》，《读书随笔》二集，三联书店 1988 年版，第 321 页。

家的深度与见识；而叶则更关注于其中的趣味，留意于对人性本能的肯定，这一点从叶氏《世界性俗丛谈》可以更为清晰地看出来。

　　所以，同样是对待性的问题，与周作人的启蒙理性和现实关怀不完全一样的，叶灵凤则更容易从趣味着眼来谈论，他写的很多性俗、性学书话，都普遍存在崇欲而抑理的倾向。如同样是对《香园》也有兴趣，他在《〈猴爪〉和三个愿望的故事》中，花了一半的篇幅讲述《天方夜谭》中来"源出《香园》的几个讽世轶闻"。其中"三个愿望的故事"：大意是说，某男子在"万圣灵日"，可以有三次实现自己任何愿望的机会。其妻子好性，妻子认为人生最大的幸福快乐出于男女之爱，丈夫就请求天神使他的器官扩大，愿望立时实现，但是太大了，超过了本人，连走路都无法走。于是只得求天神收回他的"恩赐"，哪知道，这次天神连本带利一块都收回去了，男子变成了"太监"。这样更糟，妻子只好让丈夫用了最后一个愿望，请求天神恢复他的本来"面目"。愿望实现了，但是三次实现了愿望之后的结果是"依然故我"。① 对于这个故事，叶灵凤首先想到的就是与《笑林广记》的类似，"有一点像中国《笑林广记》式的富于讽刺趣味的笑话。"但是叶氏并未由此进一步阐释发挥，而止步于有趣情节的介绍。另如叶灵凤《〈蝴蝶梦〉与风流寡妇的故事》，介绍古罗马作家柏特尼奥斯讽刺世情名作中的一篇《艾费苏斯的寡妇》，并由此引出中国旧京戏《蝴蝶梦》以及《警世通言》中的《庄子休鼓盆成大道》里庄生戏妻的故事。文章中叶灵凤毫无疑问是以开明通脱的现代眼光去看待故事中寡妇与人私通的行为，这是现代人性观念的表现："两个故事都是十分富于人情味的。我们当然可以说这两个寡妇都不太近人情，但是我们若从'死者已矣'，救生不救死的常理来看，她们的所为，实在是很合乎人情的。丈夫反正已经死了，既然有了新情人，则为了要挽救情人的生命，将已死丈夫的尸体加以废物利用，实在是很现实的举动。"② 接着叶氏引用新编《蝴蝶梦》中庄

① 叶灵凤：《〈猴爪〉和三个愿望的故事》，《读书随笔》一集，三联书店1988年版，第233—237页。
② 叶灵凤：《〈蝴蝶梦〉与风流寡妇的故事》，《读书随笔》一集，三联书店1988年版，第407—408页。

妻田氏的唱词："庄生空言齐物论，不责男人责女人！"反唇相讥，说庄子自己丧妻可以再娶，自己死了却一定要让妻子守节的荒唐逻辑。这里叶氏是带着赞扬的口气来言田氏，用揶揄的口吻来说庄子，其思想取向和感情倾向立判矣。当然，如果是周作人论及此故事，大概一定也会持与叶氏相似的观点，不过所不同的，恐怕周氏又会由此而生发，谈及更多与当下切近，与历史相关的深刻议论来。

二、建构放逐神灵的庙宇：书话对宗教典籍的功利性解读

宗教典籍是书话的重要内容。新文学书话之谈论宗教典籍，并非为了阐释宗教教义，而是为了从中汲取符合现代健康人性需要的营养，最终指向新文化建设及新文学发展。比如，周作人、叶灵凤等书话就体现了这种诉求，将对西方和传统经典的阅读选择指向建构新文学文化的需要，其功利性要求明确而迫切①：新文学家们有关宗教典籍的书话，给我们建构的是一座庙宇，庙宇中的神灵被放逐，而占据牌位主角的，则是现代的人性和

---

① 宋剑华在经过大量统计新文学家论及外国文学作家作品名称的状况之后，发现"外国作家的人名和作品在五四文学中比比皆是、汗牛充栋，但其思想和艺术特性却极少被展开论述或加以介绍。"由此他认为："五四作家并不真正了解西方近现代文学的精神本质，更不了解西方人文哲学的历史成因；他们主要是依据日本思维中的西方文化阅读体验，重新对西方文学进行思想定义与自我消化，进而间接获得了一些有关西方人文主义的零碎知识。"（宋剑华：《五四文学精神资源新论》，《中国社会科学》2006 年第 1 期）新文学家们与西方文化之间有着深重的隔膜，对西方文化存在着严重的误读。其实对于这一情况，五四作家当时有着清醒的自我意识的，胡适就坦言："那个时期，我们还没有法子谈到新文学应该有怎样的内容。世界的新文艺都还没有踏进中国的大门里，社会上所有的西洋文学作品不过是林纾翻译的一些十九世纪前的作品，其中最高的思想不过是迭更司的几部社会小说；至于代表十九世纪后期的革新思想的作品都是国内人士所不曾梦见。"梁实秋更是尖刻地指出：五四文学革命对"西学"阐释，不过是盲目地从日本进行的二手贩运："即将某某作者的传略抄录一遍，再将其作品版本开列详细，再将主要作品内容展转的注释，如是而已。"现在我们反过来冷静地看待那个时代新文学家们的这些看似轻率、盲目的做法，我们不由得会问，既然当时他们对自己与西方文学、文化的隔膜如此之深，在阐释过程发生严重的错位与偏差，但是为什么他们依然激情的、不知疲倦地进行这种介绍阐释活动呢？我们能不能仅仅因为在这种评介过程中的误读与偏差，不能将西方文学的精髓和实质原原本本的引进中国，就否定他们工作的意义了。然而，恰恰相反，新文学家们对于西方文化引入过程中的误读，有自知之明，但依然乐此不疲，在一定程度上说明他们的介绍引入域外文化的目的并非是忠实地复原西方文化的面目与本质，其目的是通过这些异质因素的融入来获得反抗既有的文学文化乃至社会现状的资源，颠覆既定主流文化的统治，为他们获得文化的话语权服务，具体到这种引入与域外文化的事实及本身价值的差异，就在所不顾了。

新文学。

比如对佛教经典和基督教《圣经》的阅读，叶灵凤坦言："不一定要做和尚做尼姑才应该去读佛经；佛经更可以不一定当作宗教经典来读。我在这里要向佛教的诸大德告罪一句，我就是将佛经当作文学作品来读的。当作寓言集、当作故事集，甚至是当作《十日谈》来读的。就是对于基督教的《圣经》，我也是如此。"[①] 叶灵凤还说过："我们平日以欣赏古典文学作品的立场去读基督教的《新约》和《旧约》，往往惊异于其中所包含的故事的丰富。西洋文艺作品和艺术品，以至近日的电影，取材于《圣经》者特别多，正是由于这个原因。同样，有机会翻阅过一些《佛经》的文艺爱好者，一定也会很惊异《佛经》里面所包含的故事和寓言之多，而且写得那么机智可爱。"[②] 其中的功利取向十分明确，这对于缺乏宗教信仰的中国作家来说，是在所难免的。这种"六经注我"为我所用的实用主义态度，一方面有利于对新文学的建构，但是另一方面也带来了某种程度的误读和浅层次的接受，未免有舍本逐末的遗憾。这也是为什么近百年来尽管曾一度大力引入，我们对西方文化的接受与消化仍流于皮相，隔膜甚深的原因之一。叶氏说："西洋文艺作品和艺术品，以至近日的电影，取材于《圣经》者特别多"，正是由于这些典籍中包含着丰富的故事。事实可能并非如此，至少深层原因不是这样的。叶氏这里的判断就没有考虑到其文化传统与信仰力量的深层因素，西方的文学艺术取材于圣经者，更多的原因在于文化的熏陶、传统的规约和信仰的力量等多重制约，如同中国的文艺难免常常取材于儒、道典故是一样道理，并非仅仅因为故事的丰富使然。

如顾随就曾说过类似的话："假如我们把所有佛经里面的故事，或大或小，或长或短，搜集在一起，那壮采，那奇丽，我想从古代流传下来的故事书，就只有《天方夜谭》可以超过了它……小泉八云说：研究《圣经》而专从宗教的观点去看，则对于其中'文学美'底认识反而成为障碍。我

---

① 叶灵凤：《美丽的佛经故事》，《读书随笔》一集，三联书店 1988 年版，第 428 页。

② 叶灵凤：《印度古代的〈五卷书〉》，《读书随笔》一集，三联书店 1988 年版，第 415 页。

想小泉氏这说法，我们拿来去看佛经，恐怕更为确切而适合一些。"① 有学者认为佛教《本生经》是古印度"民间寓言故事大集"②，并将之与希腊的伊索寓言、阿拉伯的《天方夜谭》等相比较，由此可见，中国的知识分子都是从佛经的艺术价值、文学价值、故事趣味等方面着眼③。

鲁迅在为《百喻经》作题记时说："尝闻天竺寓言之富，如大林深泉，他国艺文，往往蒙其影响。即翻为华言之佛经中，亦随在可见。"④ 鲁迅于1914年在金陵刻经处捐刻《百喻经》，并非为了佛教义理，而更看重的还是其对于中国文艺所产生的影响，研究实用的目的显而易见。周作人对于佛经的看法，与其兄长的目标是一致的——理性、实用的借鉴，但是具体路径和着眼的角度似乎还不相同。比如同样是对于佛经，鲁迅关注的是其形式修辞，关注其文学意味的借鉴价值。鲁迅有多篇书话文字来重提读佛经，如《〈大云寺弥勒重阁碑〉校记》《〈痴华鬘〉题记》《关于〈唐三藏取经诗话〉的版本》《〈百喻经〉校后记》等。

戴着文学的有色眼镜看待宗教典籍，成为那一代文学家的共同选择。对新文化的建设、现代人性的建立，也是五四之后新文学家、理论家所关注的核心问题。所以，五四一代自然从宗教文化中看出新文化建设、现代健康理性的人性重建的资源。

周作人早就宣称："佛经里的故事也正是如此，他比旧约更少宗教气味，比中国的讲得更好，更多文学趣味，我劝人可以读点佛经，就是为这

① 顾随：《佛典翻译文学选：汉三国晋南北朝时期》，《顾随说禅》，上海古籍出版社 1998 年版，第91 页。

② 季羡林主编：《印度古代文学史》，北京大学出版社 1991 年版，第 135 页。

③ 如胡适就一再强调佛经的文学性："鸠摩罗什译出的经，最重要的是《大品般若》，而最流行又最有文学影响的却要算《金刚》，《法华》，《维摩诘》三部。而其中《维摩诘》本是一部小说，富于文学趣味……这一部半小说、半戏剧的作品，译出之后，在文学界与美术界的影响最大。中国的文人诗往往引用此书中的典故，寺庙的壁画往往用此书的故事作题目。后来此书竟被人演为唱文，成为最大的故事诗。"（见《白话文学史》（上卷），《胡适文集》第 4 卷，人民文学出版社 1998 年版，第 131 页）还说："《法华经》虽不是小说，却是一部富于文学趣味的书。其中的几个寓言，可算是世界文学里最美的寓言，在中国文学上也曾发生不小的影响"（见《白话文学史》《胡适文集》第 4 卷，人民文学出版社 1998 年版，第 132 页）。

④ 鲁迅：《〈痴华鬘〉题记》，《鲁迅全集》第 7 卷，人民文学出版社 1981 年版，第 101 页。

个缘故。"①周作人把《圣经》的文学价值及其对中国文学的启示影响做了很多的发挥。在他看来，研究《圣经》不仅"可以给予中国治理旧文学的一个极大的教训与帮助"，而且在精神和形式的两个方面与中国新文学有着重要的联系：从思想精神层面上讲，《圣书》是探究文艺思想变迁情形极为重要的参考，同时"现代文学上的人道主义思想，差不多也都从基督教精神出来"；从形式上讲，《圣经》的中文译本对于新文学文体语言的变化发展起到不容忽视的影响与推动。②在这里，周作人对阅读与研究《圣经》的提倡，也完全是出于推动中国新思想变革和新文学建立的动机的。周氏进一步申述：除了《圣书》为代表的希伯来思想文学外，"实在据理讲来，凡是各国的思想，在中国都应该介绍研究；与希伯来对立的希腊思想，与中国关系极深的印度思想等，尤为重要。现在因为有《圣书》译本的一层关系，所以我先将他提出来讲，希望引起研究的兴味，并不是因为看轻别种的思想。中国旧思想的弊病，在于有一个固定的中心，所以文化不能自由的发展；现在我们用了多种表面不同而于人生都是必要的思想，调剂下去，或可以得到一个中和的结果。"③

对于佛经的文学意味的好处，周作人似乎比叶灵凤分析得更多更细。他认为佛经"说理而能与美和合在一起，说的那么好，真是难得。又有把意思寄托在故事里的，虽是容易堕入劝诫的窠臼，却也是写得质朴而美，只觉得可喜，即或重复类似，亦不生厌，有如读唐以前的志怪，唐代的传奇文只有少数可以相比。"对于佛经给人产生潜移默化的思想影响和情感的熏陶，周氏更有着切身的体会：读佛经受到的感动"总是特别的深而且久，却又是平静的，不是兴奋而是近于安慰的一种影响。这是宗教文学的力量吧，虽然我是不懂宗教的。"④

可见，尽管周作人也留意于佛经的文学性，认为是"文情俱胜"，甚至提出把佛经的一部分归入两晋六朝三百年间的文学创作中，但周作人则更

---

① 周作人：《佛经》，《知堂书话》，中国人民大学出版社 2004 年版，第 106 页。
② 参周作人：《〈圣书〉与中国文学》，《知堂书话》，中国人民大学出版社 2004 年版。
③ 周作人：《〈圣书〉与中国文学》，《知堂书话》，中国人民大学出版社 2004 年版，第 341—342 页。
④ 周作人：《佛经》，《知堂书话》，中国人民大学出版社 2004 年版，第 107 页。

看重佛经中宗教精神的净化作用。他说："至于经中所有的思想，当然是佛教精神，一眼看去这是外来的宗教，和我们没甚关系，但是离开凡人所不易领解的甚深义谛，只看取大乘菩萨救世济人的弘愿景行，觉得其伟大处与儒家所说的尧禹稷的精神根本相同，读了令人感激，其力量似乎比经书还要大些。"正因为更关注其深层次的精神内涵，所以他将佛经与中国的类似著作进行比较："根据个人的经验来说，在四十年前读了《菩萨投身饲饿虎经》，至今还时时想起，不曾忘记。……我记起《投身饲饿虎经》来的时候，往往连带想到《中山狼传》。这传不著撰人名氏，我在《程氏墨苑》中见到，题宋谢枋得，又见《八公游戏丛谈》中题姚合，恐怕都是假托，只是文章却写得有意思。看了这篇文章不会得安慰，但也是很有用的，这与上边的经正是两面，我们连在一处想起来，有如服下一帖配搭好的药，虽苦而或利于病也。"[①]佛教《菩萨投身饲饿虎经》宣扬的是一种无条件的舍生利他的宗教精神，而中国的《中山狼传》提倡的则是有前提的惩恶扬善的处世原则，在共同向善的总思想下这两个故事代表了中外文化中的宗教——人世、精神——现实、扬善——惩恶不同的取向。

周氏之关注佛经的文学、思想价值，其目的与意义不仅在于从佛经中发掘有益的可资借鉴的因素，同时也暗含着汲古以求新变，为当前文学文化的引入寻求合法性的目的。因为我们知道，汉朝以后，佛教传入东土，对社会、文化产生了重要影响，发生了很大变化，实质上是中国文化在发展过程中一次大的开放自我、吸收域外文化的重要过程。研究魏晋以来文学、文化的发展变迁，如果离开了佛经的翻译和佛教的输入，那是无法开展的。王国维在《论近年之学术界》中就指出："自汉以后，……佛教之东，适值吾国思想凋敝之后。当此之时，学者见之，如饥者之得食，渴者之得饮"。当时的士人如饥似渴地汲取佛教文化，以变革中国固有文化的迫切心情和生动情状，与19世纪与20世纪之交的中国知识分子阅读接受西方文化的情景，何其相似乃尔。事实上，佛教的引入和融合，确实为中国文化的发展起到了很大的推进作用。具体到文学上讲，刘熙载就认为："文章蹊

① 周作人：《佛经》，《知堂书话》，中国人民大学出版社2004年版，第107页。

径好尚，自《庄》《列》出而一变，佛书入中国又一变。"① 刘氏的判断是可信的。毫无疑问，佛经翻译为中国文学变革带来了新气象新变化。其积极作用，更为近代以来的许多文人学者所认同和推崇②。这一点，除了学者们基于历史事实的研究外，还有寻求当下文学变革的合法性，为进一步引入西方文化而造势的深意在焉。

这种态度与取向，也延及其他的宗教典籍。致力于新文学理论建构的周作人在对基督教的选择接纳，最看重其中倡扬人性解放、个性自由的成分。这是他汲取外来文化时的参照，反过来这种选择也会影响和促使他阅读兴趣和关注重心的形成。其间二者又发生着复杂纠合与变异。

众所周知，在现代文学史上，周作人"最突出的贡献是提出了'人的文学'的口号。"③ 周作人"人的文学"理论的提出是基于人道主义思想，而他的人道主义思想的萌发与确立又是与其接受基督教文化意识有关，这从其书话可清晰地看出来思想演变的脉络。

周作人以其特有的敏感早就认识到："现代文学上的人道主义思想，差不多也都是从基督教精神出来，又是很可注意的事。"④ 基督教文化中对"人"的肯定有着重要的意义。《圣经》公开承认和宣扬人的尊严。从文学的角度看，圣经中描写了真实的、历史性的人物，这些人物被赋予了很高的价值。"按照圣经的思想，灵魂的得救是一个个人的问题，因为被接纳到天堂的是个人，而不是集体。"⑤ 应该指出的是，《创世纪》告诉我们上帝在创造万物后的第六天创造了人，而且是按照自己的形象创造人，这无疑在暗示"人"的重要、独特与高贵。上帝说："我们要照着我们的形象，按着我们的样式造人，使他们管理海里的鱼、空中的鸟、地上的牲畜和全地，

---

① 刘熙载：《艺概·文概》。
② 单是简单的举例，就有梁启超、王国维、鲁迅、胡适、陈寅恪、顾随、台静农等等。如梁启超的《佛学研究十八篇》、鲁迅《中国小说史略》中有专门论述，胡适《白话文学史》中"唐以前"部分有两章专论《佛教的翻译文学》，陈寅恪《金明馆丛稿初编》《金明馆丛稿二编》中收有专论。
③ 温儒敏：《中国现代文学批评史教程》，北京大学出版社 1993 年版，第 31 页。
④ 周作人：《知堂书话》，中国人民大学出版社 2004 年版，第 338 页。
⑤ 勒兰德·莱肯：《圣经文学》，徐钟等译，春风文艺出版社 1988 年版，第 20 页。

并地上所爬的一切昆虫。"① 在上帝创造物中唯有人与上帝本人酷似。这句话意味深长，上帝是全能、永生的，是智慧、德性、创造力的化身，那么人天然地也具有这些美德和特性。人在万物中具有无与伦比的高贵、权威和智慧，且这些美德都是天赋的，是上帝给予的。从而这就使得个人独立自由，维护作为人的尊严、保持人格、尊重个人价值成为必然，也为周作人的"一种个人主义的人间本位主义"的"人道主义"提供了理论基础。

周作人不是基督徒，他对个人主义的维护并不是完全直接来自基督教的信仰，然而基督教在此方面却与周作人的观点很好契合，从而影响了周作人对基督教文学的选择和接纳。在周作人的书话中，他多次提及并倡扬圣经和基督教的人道主义精神。如他在1925年2月14日的《京报副刊》上给青年人开列出的十部书中就有《旧约》②。这都和周作人对个人独立、自由的坚守有关。他之所以明确反对1922爆发的"非基督教运动"亦更大程度上出于这一原因。

周作人是一位清醒的"爱智者"，理性主义是其思考问题的原则。与理性静观恰好相对的是，信仰是一种意志活动，具有狂热的非理性特点，其所有判断都是基于上帝/神这一不证自明的前提。宗教信仰是一种情感和意志活动，在一定程度上排斥理性。所以历史上，宗教（还有类似于宗教信仰的群众性崇拜）在大众化的过程中往往会出现盲目与狂热的病症，结果反而取消了个人主义和个性自由。对此周作人一直保持着高度警觉。他多次声明自己非基督徒的身份，声称自己"对宗教没有什么研究"。这一有意的行为，显露出周作人对宗教有限度的选择：限定在对个人自由与尊严的维护的范围内，"主张信教自由，并不是拥护宗教的安全，乃是在抵抗对于个人思想自由的威胁。"③ 故此，周作人对宗教的狂热一直抱有高度警惕性，自称怀有"宗教之恐怖"的情结④。同时周氏又是五四一代知识分子中较早自觉认识探求宗教思想并接受其影响的人，可见周氏对宗教的接纳

---

① 《圣经》，爱德印刷有限公司1998年版，第1页。

② 周作人：《青年必读书十部》，《京报副刊》1925年2月14日。

③ 周作人：《思想压迫的黎明》，《晨报》1922年4月11日。

④ 参周作人：《周作人散文》（第一集），中国广播电视出版社1992年版，第545页。

上有功利性的选择。换言之，周作人了解进而接纳宗教的因子是为了将其引入并服务于新文学思想的建设。所以笔者姑且不妨将周作人称为"拒绝上帝的信仰者"。正是基于此，他对宗教有着特别的感受：《圣经》"一方面当作文学作品来看，也是很有益的，特别是《旧约》里的抒情和感情部分，如《雅歌》《传道书》和《箴言》等"①。谈及佛经时，他还说："我这里所说的是读佛经，并不是念佛诵经，当然没有什么问题，因为经固然是教中的圣典，同时也是一部书，我们把他当作书来看看，这也会于我们很有益的……佛经里的故事……更多文学趣味，我劝人可以读点佛经，就是这个缘故。"② 周作人这种清醒、明确与功利的原则决定了他对宗教的吸收与接纳一直在抗拒信仰遁入理性间彳亍。这也使得我们通过周作人书话可以较清晰地看到其新文学理论建构与宗教观念间的对应与联系。与"神学家从他所遵循的圣经原则，从他对世界创造的信仰接受了指示，继续沿着这个方向从哲学上、本体上提出问题"③ 不同的是，周作人是在着力于思考传统"载道文学"之外是否从宗教中可以寻找出一种建构全新文学思想的途径，这种途径将更加密切、有效地与建构全面理智的"人"联系起来。

周作人在圣经与中国文学之间找寻基督教精神与形式的联系。与此相应的，他同时以一个启蒙者的眼光发掘基督教对中国国民性的改良作用，通过建构"人的文学"的理论体系以期实现"立人"的目标。其出发点如周作人自己所言的："中国人里面外国人太多，西崽气与家奴气太重；国民的自觉太没有，所以政治上既失去了独立，学术文艺上也受了影响，没有新的气象。"所以周作人认为"提倡国民文学同时必须提倡个人主义。"④ 尽管周作人认识到并坚持个人主义和个性自由对于改良民智人心的重要作用，但他对是否能真的达到目标信心不足，有所保留："对于一切提倡不免有点冷淡了。"⑤ 周作人书话作品多次倡扬尊重人的自然天性："关于物质生活，

---

① 周作人：《周作人回忆录》，湖南人民出版社 1982 年版，第 373 页。

② 周作人：《知堂书话》，中国人民大学出版社 2004 年版，第 106 页。

③ [瑞] 海因利希·奥特（Heinrich Ott）：《上帝》，辽宁教育出版社 1997 年版，第 47 页。

④ 周作人：《自己的园地》，人民文学出版社 1988 年版，第 308 页。

⑤ 周作人：《自己的园地》，人民文学出版社 1988 年版，第 310 页。

应该各尽人力所及，取人事所需。"① 强调人的灵与肉二元统一："人类的正当生活，便是这灵肉一致的生活"②。在性爱婚姻方面，他提倡以男女平等、自然的恋爱为根据。在基督教教义中，既然人是按上帝的形象所造，人是智慧、理性的，那么人的合理欲求等天性也是应该受到尊重和肯定的。在《圣经·创世纪》中亚当被上帝创造出来后，在各种飞禽走兽中未发现适合做自己配偶的，认识到自身的不完整性，于是上帝为他创造了夏娃。亚当曾用诗表达对夏娃的颂赞：

> 这是我骨中的骨，
> 肉中的肉，
> 可以称她为女人，
> 因为她是从男人身上取出来的。③

可见只有女人才能分享他的统一性，而且男人和女人显示出相同的本性及他们对于善恶的同等接受能力，这表明了男人与女人的相互依存及平等关系。周作人较早关注妇女问题，力倡男女平等，如他早在1904年5月的《妇女杂志》上就曾发表《论不宜以花字为女子之代名词》呼吁女性"脱依附之性。"男女平等、男人女人都是独立的个体等思想构成了周作人个人主义、个性自由的重要组成部分。

在基督教看来，人类的婚姻是上帝所应允的，"人要离开父母与妻子连合，二人成为一体。"④ 亚当、夏娃的结合，暗含着两层寓意：一是男女之间的信任、爱慕及情感的依恋（灵）；一是两者间肉体的结合（肉）。男女之间正当的欢爱与愉悦为上帝所应允。基督教这种婚姻爱情观在《圣经·雅歌》中有着重要的体现。《雅歌》中描写的爱情是性爱，这种产生于男女之间的爱包含着强烈的肉欲成分。从《雅歌》中我们可以发现两性

---

① 周作人：《艺术与生活》，河北教育出版社2002年版，第11页。
② 周作人：《艺术与生活》，河北教育出版社2002年版，第11页。
③ 《圣经》，爱德印刷有限公司1998年版，第2页。
④ 《圣经》，爱德印刷有限公司1998年版，第2页。

间肉体的相互吸引是上帝律法所认可和规定的，在这一范围内，性爱应起到一种美好而正常的作用。与动物的本能不同，所罗门与女子的爱情具有人类之爱的高雅，使人高尚，更重要的是双方的结合是发生在习俗婚礼之后的。无疑《雅歌》中对浪漫性爱的表现巧妙而有分寸，虽然没有对男女主人公的性关系作具体的描绘，却让人意识到浪漫爱情（包括性爱）的美好、神圣与魅力。所以有人曾言："基督教对于婚姻爱情的赞颂，超过了其他宗教；世界上几乎所有的伟大爱情的诗篇，无不出自基督教徒之手。"[①]在周作人的书话里，他对《雅歌》给予了很高的评价，充分肯定其在文学和人性上的重要价值。周作人曾引用美国神学博士谟尔的话来表明自己的立场：

> 美国神学博士谟尔（G. F. Moore）在所著《旧约的文学》第二十四章内说："这书（指《雅歌》）中反复申说的一个题旨，是男女间的热烈的官能的恋爱……在一世纪时，这书虽然题着所罗门的名字。在严正的宗派看来不是圣经；后来等到他们发现——或者不如说加上——了一个譬喻的意义，说他是借了夫妇的爱情在那里咏叹神与以色列的关系，这才将他收到经文里去。"这几句话说的很是明瞭，可见《雅歌》的价值全在文学上的，因为它本是恋爱歌集……我们不承认男女关系是不洁的事，所以也不承认爱与妒为不好。"爱情如死之坚强，嫉恨如阴间之残忍。"这真是极好的句，是真挚的男女关系的极致，并没有什么不好的地方。[②]

这段文字出自《〈旧约〉与恋爱诗》一文，发表于 1921 年的《新青年》8 卷 5 号。至此，周作人已形成了自己看待和评价恋爱诗歌的观点。这就为他以后评论情诗等描写性爱、性心理的文学作品提供了先在条件。1922 年，周作人在《晨报副镌》先后发表了《情诗》[③]、《什么是不道德的

---

① 勒兰德·莱肯：《圣经文学》，徐钟等译，春风文艺出版社 1988 年版，第 255 页。
② 周作人：《知堂书话》，中国人民大学出版社 2004 年版，第 343 页。
③ 《晨报副镌》1922 年 10 月 12 日。

文学》① 比较系统地阐述了自己的情诗观。这两篇文章不仅是为汪静之的《蕙的风》作学理辩护，更是他对人的自然天性合理欲求的维护。所以他说："我们对于情诗，当先看其性质如何，再论其艺术如何。情诗可以艳冶，但不可涉于轻薄，可以亲密，但不可流于狎亵；质言之，可以一切，只要不及于乱"。"我不明白为什么性爱是如此丑恶，至于不能说起，至于会增加罪恶？"可见，在周作人对宗教的选择接纳中，他最看重的是其中倡扬人性解放、个性自由的成分。这是他引入吸收外来文化时的参照系数，同时反过来这种选择也会影响和促使他阅读兴趣和关注重心的形成。在他的阅读视野里，有关两性、生物和自然等知识占有极重要的位置。如他的《二十五年我的爱读书》② 中列举的诸如《Men and Women》等书目。他在书话作品中还多次地提及《性的崇拜》《爱的艺术》《爱的成年》等等，并给予很高的评价。也正是基于此，周作人为郁达夫的《沉沦》正名，为湖畔派青年诗人辩护。

"爱"的哲学是周作人人道主义思想的又一重要组成部分。"爱"人亦是基督教义的核心思想之一。耶稣被钉十字架上受难是为人类"赎罪"，背负原罪的人不能自救，而是被耶和华拯救，但人却能爱人、助人、救人。基督教要求信徒要爱上帝、爱人类，如十条戒命的要旨就是感恩，其中自始至终表现着"爱"的主题："你们听见有话说：'当爱你的邻舍，恨你的仇敌。'只有我告诉你们：要爱你们的仇敌为那逼迫你们的祷告"（马太福音六章）。耶稣在总结旧约律法时告诫人们："伟大的戒命"是"你要爱你的上帝，尽心、尽性、尽意……其次是爱人如己。这两条戒命是律法和先知一切道理的总纲。"（马太福音二十二章）对此，周作人在《〈圣书〉与中国文学》一文中表明了他对基督教"爱"的思想的肯定，并认为这种"爱"的思想是"近代文艺上人道主义思想的源泉，一半便在这里，我们要想理解托尔斯泰、陀思妥也夫斯奇等的爱的福音之文学，不得不从这源泉上来注意考

① 《晨报副镌》1922 年 11 月 1 日。
② 周作人：《知堂书话》，中国人民大学出版社 2004 年版，第 99 页。

察。"① 然而与基督教的"爱"不尽相同的是，在周看来，人道主义之爱首要的和本质上是"爱己"——自我之爱。按照他的逻辑：爱己——爱人——爱上帝。故而他在《人的文学》中说："我说的人道主义，是从个人主义做起，要讲人道，爱人类，人须先使自己有人的资格，占得人的位置。"这又回到了他的"立人"思想和改良民智人心的初衷上去了。

---

① 周作人：《〈圣书〉与中国文学》，《知堂书话》，中国人民大学出版社 2004 年版，第 339 页。

第七章
书话文体的选择与现代文人身份心态

绝交流俗因耽懒，出卖文章为买书

——郁达夫

毫无疑问，美学生活并非处在人人各行其是的状态，它包含
着趣味的共同趋势，这种趋势可以把相隔很远的前人与后人联系
在一起，其中最为完整的形式就是人们所说的趣味大于线和总局。

——阿尔贝·蒂博代

对书话这种文体的选择经营，与选择者自身的身份、心态等有着密切
和复杂的联系。文人某种特殊的心态、身份，使得他更倾向选择一定的文
体进行写作和表达；而某一文体的选择和实践，在一定程度上也泄露了作
者在特定时期和特定背景下的文化心态与文化身份。

第一节　情感与理性的交战：
焦虑的文化守成心态

书话这种独特的写作形式颇富传统文化意味，这种文体的选择推动传
统对作家的规约影响，反过来，这也强化了作家对传统的认同。而这种认
同形成一种自觉的"文化潜意识"，时刻在发挥着潜在或显在的影响，进而
规约着现代文学史的发展。

整体上看，从古典的藏书题跋、读书杂记到现代的书话，其内容有很大的不同，所话之书大相径庭。古代如题跋、杂记等主要是谈古代典籍的版本、义理等，而近代以来的书话所涉之书籍开始由中国更多地转向西方，对传统典籍关注的内容也从经史子集等经典，扩展到杂著传奇戏曲小说等。从这种变化中，我们可以看出知识分子阅读选择的变化，知识结构的转变：从中国古代典籍到西方著述，从经史正典到杂著稗官野史。现代作家的阅读视野大致呈现出由单一向繁复，关注中心由研究向趣味，阅读重心由古典向西方及古代边缘的选择过渡。这个过渡说明：（一）近代以降，中国由独立的区域文化按自身规律自行运转，进入到统一的世界历史的过程；（二）知识分子开眼看世界的途径、过程，借鉴西方文化的某方面层次，以及在这个过程中艰难的心理选择与游弋彷徨；（三）中国传统文化的历史惯性之巨大，中国情结之作用于知识分子的过程。

由此，我们也可以明显看出，近代以来的文学、文化的变迁，决非单方面的由西到中，而还包含着由古到今的复杂纠葛。而从传统（古）到现代（今）的过程中，也不是单向的直接继承延续，而包含着现代人对传统的情感依恋、习惯遗存、理性拒斥，以及传统的巨大的惯性等复杂的层面。而这其中，现代人潜意识中的文化守成心态是诸多复杂层面中的突出现象。

一、传统情结渊薮

在民初及五四前后现代小说、新诗、话剧等新型文学体裁纷纷涌现，呼吁要与传统彻底决裂的理论宣言此起彼伏的时候，书话这一富于传统文人气质（当时被目为腐朽复古气）的形式却不仅为所谓"复古派"的喜爱，而且为大多五四新文学家们所采用。口口声声要推翻陈腐僵死的旧文学的新文学家们，却不自觉地在札记、随笔、序跋或研究古籍时所作的题跋心得中把自己与传统的血脉联系泄露。且不说周氏兄弟《域外小说集》翻译时所记的序言、按语、杂识、著者事略均用文言述之。清末民初梁启超、章太炎、蔡元培等都曾是激烈反传统者和革命论者，然而他们的书话文字多用文言，不仅在谈及古书时在论述西书时亦采用文言写作。如果说这是由于译文也都采用"雅洁"的文言，欲与之相配合之故。那么，更多的新文学家在为本是白话的作品作序跋时，运用"之乎者也"的文言，恐怕部分原因源于文人传统情怀的不自觉流露，文言似乎更是他们惯于抒发情愫表达心志的最佳方式，当然这里有传统的历史惯性使然，但亦有在这种文体形式中，文言文似乎更为上手的缘故。

　　五四之后的三十年代，亦即书话初步成型的时候。而三十年代亦是一个激进的红色年代。对抗性的反叛断裂情绪弥漫在社会及文坛中。颇有意味的是，同是在激进的三十年代，却有着一批文人自觉地选择了眷顾传统。于激进主义思潮汹涌澎湃的下面，有着一股守成主义的暗流与激进思潮逆向涌动。这种悖反表现之一是对书话这一文体的选择。周作人、阿英等的书话多论及古籍。前者多谈明清笔记，后者多论晚清小说，对明人笔记也有涉及。周越然及后来的黄裳更多的是以古旧书籍为对象谈论内容或考订版本等。尤其是郑振铎更为勤勉地致力于此，其《西谛书话》即是明证。《西谛书话》中的大部分篇幅是对古旧书籍宋明版本的辞典小说话本曲艺传奇等的考证与论述。在五四新文化运动如火如荼地向前推进的时候，向传统求变革的资源反而成为许多新文化者的追求，正如周越然所说的：此时"求获古籍以作研究者愈多"①。为什么会出现如此错位呢？这不能不引起我们的深思。

　　这就凸显了中国文学现代转型中一个复古与新变、传统与反传统的纠葛缠绕的复杂问题。历史注定了包括五四新文学家在内现当代作家们都不得不在中西文化交汇撞击的大背景下思考与发言。对此，陈平原说："理论上西方文学与中国传统文学并非真的你死我活、水火不相容……但作为一种倾向性情绪的表达，为突出锋芒，却又难免有所偏废。'新小说'家也罢，'五四'作家也罢，表达的都是一种倾向性情绪，而不是严谨的理论思考。对于'五四'作家来说，当务之急是旗帜鲜明地反对复古派，提倡学习西方文学——从思想意识到表现技巧。任何折衷公允的宏论都在强大的

────────────────

① 　周越然：《余之购书经验》，《书书书》，中华日报社1944年版，第1页。

习惯势力面前显得苍白无力，不利于运动的实际进展，因而'五四'作家不得不牺牲理论的完整性，而把倾向性推到第一位。"① 但是我想指出的是，这种"宁过正以矫枉"的激烈态度与言论，不仅遮蔽了五四文学家自身与传统的承续，同时也使当时的文学群体先验地被划为泾渭分明的西化派与复古派②。这种简单化约的划分方法，严重掩盖了当时复古与革新的复杂纠结。事实是，当时对垒的"复古派"与"革命派"本身各自都有着自己的"复古"与"新变"的因素。即使在各自阵营内部，其"复古"或"新变"的倾向与取向亦有重大差别。即如当时所谓"革命派"、"西化派"亦对传统致意，如五四新文学家中的胡适，可谓是新文学运动的发起者和领军人物，而梁启超在《清代学术概论》中以胡适为殿军："绩溪诸胡之后有胡适者，亦用清儒方法治学，有正统派遗风。"③ 胡适开创新文化运动后却力倡"整理国故"，汲古以求新变。可见新文化运动者也不可能不在借重传统资源的基础上实现目标，无法逃脱这一"历史中间物"的宿命。

对传统的情怀，成为一种无法抗拒的潜在情结。关注现代文学史与现代文化史的人都知道，郑振铎曾在抗战以及后来的内战期间，投入自己的财力精力，甚至拼上了自己的身家性命去尽力保护中国传统文化典籍免受兵火之厄。他的大量书话都是在这一抢救过程中的心灵情感历程的记录。书话家郑振铎之搜书、抢救典籍，尤其是在抗战期间的义举，本身其实就反映了他对传统文化难以割舍的痴恋。翻阅西谛书话，字里行间充溢着对中国文化的浓烈情感和保护典籍的强烈使命感。郑振铎说："余聚书二十余载，所得近万种。搜访所至，近自沪滨，远逮巴黎、伦敦、爱丁堡。凡一书出，为余所欲得者，苟力所能及，无不竭力以赴之，必得乃已。典衣节食不顾也。故常囊无一文，而积书盈室充栋。"④ 其对书之爱可见一斑。然而"'八·一三'大战爆发，则储于东区之书，胥付一炬。……烬余燋纸，

① 陈平原：《中国小说叙事模式的转变》，北京大学出版社 2003 年版，第 140—141 页。
② 实际上一般被认为是复古派的章太炎、刘师培等人并非完全的复古，这里只是暂时采用这一通用的称呼。
③ 梁启超：《清代学术概论》，中华书局 1936 年版，第 6 页。
④ 郑振铎：《劫中得书记·序》，《西谛书话》，三联书店 1998 年版，第 207 页。

遍天空飞舞若墨蝶。数十百片随风堕庭前，拾之，犹微温，隐隐有字迹。此皆先民之文献也。余所藏竟亦同此蝶化矣。""私念大劫之后，文献凌替，我辈苟不留意访求，将必有越俎代谋者。史在他邦，文归海外，奇耻大辱，百世莫涤。"①

　　这对我国传统文化文献的忧虑中包含着民族情感的重要因素，而这民族情绪也是中国中心化情结的某种体现。学者张法断言："中国传统文化给予中国现代性历程最大影响的是什么？答曰：中心化情结。"②与中心化情结相关的是形成了中国人特有的心理模式——以中国为中心。尽管从1840年以来，这种情结一再遭到重创，受挫的中国人并未真正完全放弃以中国为中心看待世界思考问题的心理模式。张法说："后发现代化的国家中，没有哪一个像中国这样，出现由最先进的知识分子群体发动一场全盘否定传统文化的运动。因为任何一个国家都没有像中国这样出现传统和现代在观念和心理上的剧烈对峙。一方面，中国世界的中心化情结为保持中心对世界史进程的抵抗越顽强越持久，它就越把自己摆在现代化的对立面位置；另一方面，世界中国的中心化情结在以实现现代化来重返中心的过程中遭受挫折越多，就越是感受到传统的负面'罪恶'。坚守传统和全盘否定传统都源于中心化情结，而全盘否定传统透出的是深刻地意识到落后的急躁心态。"③百年中国，由于中心化情结过于深重，过于焦急，也必然带来一种现代化焦虑的心理，这种心理引发的就是对传统的负面判断，带来的极端结果就是全面反传统。所以在西方学术语境中并不带贬义的说法——保守，却在中国被赋予了浓重的无可辩驳的贬义。以至于连西方的中国研究专家都不赞成把西文中的 cultural conservative 译为中文的"保守"，而希望用"守

————————

　　①　郑振铎：《劫中得书记·序》，《西谛书话》，三联书店1998年版，第207—208页。
　　②　张法：《互看的灵思》，中国大百科全书出版社2002年版，第127页。
　　③　张法：《互看的灵思》，中国大百科全书出版社2002年版，第132—133页。陈来也持相似的看法，他认为："不论'五四'前的'中学为体'，还是'五四'时的'全盘西化'，源出于一个共同的民族主义意识。这真是一个'吊诡'，激烈否定民族文化传统正是基于强烈要求复兴民族国家的危机意识。这种心理几乎支配着从'五四'到今天的每一代青年知识分子，激动着他们的热血和激情。发展中的第三世界国家中，很少有像当代中国知识分子具有的那种民族生存前景的危机感和对民族振兴与现代化的急迫关切。"（见陈来：《传统与现代——人文主义的视界》，北京大学出版社2006年版，第17页）

成"，即用"文化守成主义"来表达西文对应词的意义。①

必须看到，就是在全面反传统盛行之时，特别是非理性的全面否定传统的高潮之后，中国文化中心化情结最终还是会在人们心里占据上风，于是在观看打量世界的时候，中国就是中心的雄心又会昂扬起来了。在某种意义上，"文革"就是这种盲目乐观发展到极端的结果，而2008年奥运会的开幕，全民在喜迎和参与奥运的过程中，这种中心化情结得到了进一步的强化和提升。②

从个体而言，中国文化的情结必然促使个人最终难以摆脱传统的罗网。考察现代书话时，我们会发现一个有趣的现象：大量的西方典籍往往更多地出现在书话家们早年所写书话中，占有更大的比例，而作家们到了中年以后，尤其是晚年，书话中出现更多的则为传统典籍。书话家从早年阅读西方文化，到中晚年后逐渐回归传统，这种变化是与年龄的增长成正比的。这其中就不仅由于传统的根深蒂固的历史惯性原因，同时也因为顽强的中心化情结的巨大力量使然。而且这种中心化的意识进一步会反过来促使和强化传统的历史惯性。从书话的对象选择可以看出来西方和中国传统典籍的变化，进而说明中心化情结也与年龄相关。这里我想反过来指出中国文化的中心化情结会对知识分子的阅读选择发生潜在和显在的双重影响。从潜在的影响方面说，使知识分子早年在阅读理解西方文化时，首先就以中国文化作为参照系，这表现为用中国的心理图式，思维模式来阅读和观看西方。如叶灵凤、周作人书话对圣经、佛经的选择性阅读等等，这种选择汲取，实际上就是中学为体，西学为用的模式翻版。这在一定程度上增加了中国知识分子接受西方文化的现代性转变进程中的痛苦、徘徊、犹疑彷徨等心理体验。从显在影响来看，书话作者为代表的知识分子，越到晚年，越难以抗拒传统的惯性，习惯于从传统中寻求启示，最终在传统中寻得慰

---

① 陈来：《传统与现代——人文主义的视界》，北京大学出版社2006年版，第2页。

② 张法的话值得深思："有几千年历史的中国摆脱不掉中心化情结。中国精英一旦进入领导阶层，秦皇汉武的气概就压抑着他们。一旦进入思想领域，孔孟老庄的辉煌就激促着他们。中心化情结是使中国人永远要力争上游的源泉，又是1840年以来一再受挫的渊薮。"（张法：《互看的灵思》，中国大百科全书出版社2002年版，第137页）

安，以及最终无法摆脱对传统的皈依。

二、文化守成心态的潜隐与困惑

面对传统文化与西方文化，王国维曾面临着"爱所不信，信所不爱"[①]的矛盾心态。其实这种"爱"、"信"矛盾错位的心理现象，并非王国维一人具有，这是 20 世纪初期，乃至整个 20 世纪，中国文人知识分子普遍的心态。如列文森就认为这相当有代表性地反映出早期近代中国知识分子理性上承认西方文化长处，但在感情上拒斥它；在情感上爱恋传统文化，而在理性上排斥它的矛盾心理。[②]

这种心态在书话写作中又表现为一个颇有意味的现象。我们发现，现代的书话家、藏书家无一例外都强调藏书为了读书，读书为了实用这样一种观念。这其中的实用理性是非常明确的。这说明，在主观上，他们对读书是抱着实用的态度。如郑振铎等现代藏书家都很介意被人称为"藏书家"，他们都一再强调，收书不是为了藏，而是为了读，为了用。郑振铎多次申明："我不是一个藏书家。我从来没有想到为藏书而藏书。我之所以收藏一些古书，完全是为了自己的研究方便和手头应用所需的。"[③] 叶灵凤认为读书而不藏书："书斋的生命，是依赖书的本身来维持的。一间不是经常有新书来滋养的书斋，那是藏书楼，是书库，是没有生命的，是不能供给一个人在里面呼吸生活的。我的书斋生命，就经常用新书来维持。这是书斋的生命，也就是我的写作生命了。"[④] 唐弢也明确地说："我并不是一个藏书家；

① 王国维在 1907 年曾反省道："余疲于哲学有日矣。哲学上之说，大都可爱者不可信，可信者不可爱。余知真理，而余又爱其谬误。伟大之形而上学，高严之伦理学，与纯粹之美学，此吾人所酷嗜也。然求其可信者，则宁在知识论上之实证论，伦理学上之快乐论，与美学上之经验论。知其可信而不能爱，觉其可爱而不能信，此近二、三年中最大之烦闷。"（见王国维：《自序二》，《静庵文集续编》，《王国维遗书》第五册，上海古籍书店 1983 年影印本）尽管王国维此时的本意并不在中西文化冲突上，而是纯粹在于哲学问题上的认识。但这种心态用以描述王国维那一代人对于传统文化和西方文明的情感和理性上的冲突矛盾，无疑极具象征意味。

② 参 Joseph R.. Levenson : Confucian China and Its Modern Fate .Berkeley: University of California Press，1958。

③ 郑振铎：《劫中得书记·新序》，《西谛书话》，三联书店 1998 年版，第 203 页。

④ 叶灵凤：《我的书斋生活》，《读书随笔》二集，三联书店 1988 年版，第 4 页。

买书只是为了应用。"① 这种对"藏书家"的称呼避之唯恐不及的反应，其背后的原因在哪里呢？与当时书话写作的时代社会风气、政治倾向有关？还是受实用功利观念的驱使？

现代文学家们，从开始对西方和传统文化典籍汲取阅读的态度就抱着一种功利主义的目的，想从中寻求建立新文化的资源。这是近代已降就在知识分子中普遍存在的一种现代性焦虑情绪的反映。带着这种情绪，我们对任何知识的选择都是难以避免功利性，这种态度影响到书话家对书刊典籍的搜求，对书籍阅读时的角度与理解，从而也影响到书话写作的内容。

怀着这种现代化的焦虑，书话家们自然就会将西方文化与现代化联系起来，同时将中国传统的一切与落后、反现代性对应。这种对应直接导致了五四之后乃至整个20世纪的知识分子逐渐形成了一种潜意识：传统往往等于"反动"、"落后"，西方、现代自然代表先进、进步及未来。这种潜在的价值判断，使得20世纪中国知识分子在思考问题时，都难以避免地带着反传统的前提预设。尽管在情感上与传统无法割舍，但是在理智上却怎么也爱不起来。或者在理智上明白传统并非都毫不可取，但是表达中却往往还是不愿"明目张胆"地公开认同传统。于是书话家们，在不由自主中流露出对传统文化典籍的情感依恋的同时，他们似乎意识到这种依恋也许并非理所当然、理直气壮，于是总要加上一个声明："我不是一个藏书家。我从来没有想到为藏书而藏书。我之所以收藏一些古书，完全是为了自己的研究方便和手头应用所需的"云云。其实明眼人能够看得出，这几乎有些"此地无银"的嫌疑了。

这种"爱所不信，信所不爱"的情感和理性的矛盾冲突，表明现当代中国书话家以及几乎所有受到五四启蒙教育后成长起来的文人，思想深处都会对现代和西方产生或深或浅的认同感。部分原因是，20世纪初的东西文化论争中，出现东西古今的对应解释，并进而形成了被人普遍接受的观念，影响深远。在民国初年东西文化讨论之始，陈独秀、李

---

① 唐弢：《买书》，《晦庵书话》，三联书店1980年版，第472页。

大钊等将东西文明的差别归因于民族性与地域的差别。后来随着讨论的继续，胡适、常乃惪等提出，将东西文化的差别与古今历史发展对应起来，认为东方文明是古代的，而西方文明是当今的。常乃惪在《东方文明与西方文明》一文主张时人所了解的东方与西方文明的差异不是民族或地理的差异，而在于时代的差异。常认为东西文明的差别在当时是很明显的，"但这两个的关系是前后的，不是对峙的"。他说："一般所谓东洋文明和西洋文明之异点实在就是古代文明和现代文明的特点。"① 胡适也持相似的观点："在历史上我们看出那现在科学化的欧洲民族也曾经过一千年的黑暗时代，也曾十分迷信宗教，也曾经有过寺院制度，也曾做过种种苦修的生活，也曾极力压抑科学，也曾有过严厉的清净教风，也曾为卫道的热心烧死多少独立思想的人。究竟民族的根本区分在什么地方？至于欧洲文化今日的特色，科学与德谟克拉西，事事都可用历史的事实来说明：我们只可以说欧洲民族在这三百年中受了环境的逼迫，赶上了几步，在征服环境的方面的成绩比较其余的民族确是大的多多。"② 这种将"东西"与"古今"相对应的观点直接带来了一种价值上的判断，即东方文化文明是负向价值的，落后的，而西方文化文明则是正向价值的，先进的。因为这种古今的讨论与当时的"新旧"之争有直接关系，而二者背后的共同理念根源，更在于进化论的观念。汪叔潜就在当时明确宣称："新是是，旧是非"，他认为文化演进及社会伦理方面都是新旧"如冰炭不能相容"，③ 汪叔潜的论调颇有代表性，在当时显示了大多数知识分子的看法。

按照进化论的观点，新的、现在的是好的，而旧的、过去的则是落后的，而西方文明是今日之文明，东方文明是过去的。那么，自然西方的文明是进步的，而东方的是过去的，是旧的，是落后的。于是，对传统文

---

① 　常乃惪:《东方文明与西方文明》,《"五四"前后东西文化问题论战文选》(增订本),陈崧编,中国社会科学出版社1989年版,第288页。

② 　胡适:《读梁漱溟先生的东西文化及其哲学》,《"五四"前后东西文化问题论战文选》(增订本),陈崧编,中国社会科学出版社1989年版,第550页。

③ 　汪叔潜:《新旧问题》,《"五四"前后东西文化问题论战文选》(增订本),陈崧编,中国社会科学出版社1989年版,第10页。

化的否定则成为必然，成为现代中国文人的自觉选择。正如有学者说的，
"'五四'文化运动的重大意义的结果之一，是把对儒家文化的批判与否定
树立为一个不言自明的正面价值，使之成为整个 20 世纪文化运动的主题与
基调，从而也使得反传统主义成了后来知识分子的共同精神遗产。"① 那么
作为传统文化载体的古书旧籍自然成为传统文化的代表，是被否定的对象，
而书话是多谈及研究旧籍古书的，所以书话也就难免边缘化了。而这些新
文学家或经过新文化运动洗礼影响过的书话家们，自然会在自己的书话中
一再宣称，自己不是藏书家，自己读书、搜书、藏书是为了应用。这不仅
是基于外在压力的心理反应，而是基于内在的自觉认同。否定传统，以传
统为非，已经成为了 20 世纪知识分子的一种共同的精神认同和心理暗示。
借用韦伯的所谓"价值理性"（value rationality）与"工具理性"（instrumental
rationality）的提法，20 世纪中国的知识分子往往把工具理性的发展作为西
方文明的特点，从而拥抱工具理性，而拒斥价值理性。那么，书话家们在
拒斥与拥抱的选择时，显出了明显矛盾：他们从理性上都义无反顾地拥抱
工具理性，而在潜意识中，在情感上却又难以割舍对传统文化的依恋认同，
实际上在书话写作中往往流露出维护价值理性的倾向。比如丁帆在一本散
文随笔集的序言中就说：

> 90 年代以来，鉴于中国世纪末文化风景线的驳杂与斑斓，在每每
> 深有感触的一瞬间，我便激动地写下了一些被人叫做随笔和杂文的东
> 西，将就着把它归为大散文的概念之中。
> 这些不成文的东西满溢着一种"古典"的情愫，往往与一些"现

---

① 陈来：《贞下起元》，《二十一世纪》1992 年 4 月号。陈来不止一次地提出过类似的说法，如他在
另一篇文章中说："从'文革'看'五四'，'五四'最具历史意义的成果之一就是把对于孔子与儒家的批
判树立为一个知识分子认同的正面价值，使得在以后的 70 年中，除了极少数坚定的保守主义者外，多数
知识分子，不论其政治信仰如何，都在不同程度上承认批判孔子是一个积极的文化运动，这也是包括冯
友兰在内的知识分子在'文化大革命'中不能根本拒绝批孔的深刻原因。'五四'以后多数知识分子显然
认为，不管'打倒孔家店'或彻底否定儒家的价值是否过激或偏颇，对儒家的批判是中国走向进步不可
避免的一环，从而往往对激进主义持容忍态度。这里可明显看到'五四'精神的误导。"（参陈来：《20 世
纪文化运动的激进主义》，《传统与现代：人文主义视界》，北京大学出版社 2006 年版，第 75 页）

代"与"后现代"的时尚思想不合拍，被人指为"文化保守主义"的思潮，书一出版，说不定还会背上个"遗老遗少"的恶谥。若是，我亦终生不悔，因为这的的确确是我的文化心迹之一斑。①

作者这番内心剖白，其实就颇有意味，之所以声明即使被戴上"文化保守主义"的帽子，也不后悔，一方面说明在现代中国"保守"（不管是文化还是经济、政治上的）总不是一个很让人舒心的褒义词汇，一方面也说明文人与"古典"传统的无法割舍。而凡文人，其实都难免会有或多或少的文化保守，这种文人积习至今未绝，将来依然不会绝。②

　　20世纪80年代，由于中国改革开放初兴，人们打开封闭很久的国门，发现中国之外的西方，远非处于"水深火热"而需要我们去拯救的西方，于是人们开始意识到我们与西方的差距不仅没有缩小，反而增大了，由此产生的民族危机感和生存压力，以及现代化的焦虑，并不比世纪初稍减，于是，现代化的焦虑导致了1980年代的思潮：一方面是具有较深文化素养的文人学者基于对"文革"的反思，而对传统表达了有所保留的部分认同；一方面一些青年却强烈地以反传统为旗号，努力输入介绍西方的思潮。这两方面共同构成了1980年代重要的文化现象。前者如，"文革"结束后，孙犁、黄裳、李一氓等的书话悄然出版，并在一部分知识分子，尤其是老作家中得以传播。这实际上暗示了当时一股文化守成主义者的思想涌动和波澜。同时一些新的书话集也开始出版，这些作者多为青年人，他们书话所谈也多以西方书籍为主。这些人中有几位是居住于香港，他们的书话在大陆出版发行，并引起反响。这一书话写作，则说明了与文化守成主义者相对的，西化派的发言，如杜渐著《书海夜航》（三联书店1980年版）、《书海夜航二集》（三联书店1984年版）。

　　从新时期以来出版或发表的书话来看，需要关注的是，这批以书话家为主的文化人，他们对于政治与文化采取了不同的价值标准，分而待之。

---

① 丁帆：《自序》，《夕阳帆影》，知识出版社2001年版，第1页。
② 参赵普光：《斯文不绝，诗就永在》，《人民日报》2011年11月11日。

这也显示他们冷静的清醒的一面，从而避免了和文化激进主义者同路。事实上，五四以降的历次文化运动中的激进主义者，都往往将政治、社会与文化的发展变革等而视之，从而将不同的价值系统中的政治、社会文化混为一谈，最终导致了文化变革中的极端与片面。还以五四新文化运动为例，那时候提出的科学、民主的两大口号，而且以这两个口号和标准去衡量一切，包括文化、文学等等。我们知道"科学"、"民主"与"文化"、"文学"根本不在一个价值体系内，自然也不能用一个统一的价值标准进行衡量和评判，如果这样做了的话，其结果也只能是削足适履，同时对二者都有伤害。有学者已经意识到这个问题："文化遗产中包含的哲学、美学、伦理、文学上有普遍价值的成分不可能在'科学'、'民主'的典范下被承认，因而'科学'与'民主'并不能成为判断文化价值的唯一标准，更不用说'科学'与'民主'的标准在了解宗教文化价值方面的无能为力了。"[1] 这一论述是有启示意义的。应该说，文学是属于人文性价值／标准，科学是属于技术性、工具性价值／标准，"民主"是属于政治性、社会性的价值／标准。如此看来，用技术性和政治性的价值标准去衡量人文性的文学，其实本身不能不说是一大误会。由此，我们可以理解了，高举"科学"、"民主"两面大旗的五四新文化运动所要求的文学——新文学——从一开始就用了不适合自己的标准与框架来规约着它。从一开始就担负着所谓的政治、社会进步的使命，以致在"左"与"右"的拉锯战中无所适从了。而"新文学"作为一种特定的意义的概念，作为符合新文化运动任务目标要求的概念，自然失却了文学本身应该具有的许多特质，从而使之与中国古典文学、西方文学大相径庭，形成了特有的文学生成、评价的机制和形态。那么其文化的激进性、政治的"正确性"、社会的进步性、观念的科学性等等，就必定会被推崇到无以复加的地位，成为判断文学优劣、是否是文学的"最高指示"。

我们对此，必须充分估计到激进与保守、传统与现代、变革与守成等等问题和取向的纠缠在 20 世纪文人知识分子思想深处意识深层的极端复杂

---

[1]　参陈来：《20 世纪文化运动的激进主义》，《传统与现代：人文主义视界》，北京大学出版社 2006 年版，第 76 页。

性。辛亥革命以后有康有为等坚持孔学的价值，新文化运动中有梁漱溟等发扬孔学，40年代贺麟对儒家礼教进行新的阐释和张扬，冯友兰对中体西用重新诠释，在50年代依然坚持主张"抽象继承"的意义，尤其是80年代以来王元化等在深刻检讨文化激进主义的同时，肯定儒家伦理道德作为民族精神确实可以继承的提法，这些都是值得重视的文化理路。如此，我们也可以明白，为什么一些作家，他们的书话分明显示，越是后期，他们的书话中集中谈论古代传统典籍越多，越到晚年，他们其逐渐反思早年的激进，而逐渐归于从传统寻找思想重建的源泉和根据。这些书话家如周作人、孙犁、黄裳、张中行、邓云乡等，他们之对传统文化关注亲近，于是就不仅仅是一种文化情感上对传统的怀恋，而是有着文化重建的努力在焉。

第二节　趣味与功利之间：文人传统的重建

一、坐拥书山：文人永远的爱与恨

> 不久以前，我从辽远的纽约买来了一张原版的铜刻……
> 这张铜刻的题名是《书痴》。画面是一间藏书室，四壁都是直达天花板的书架，在一架高高梯凳顶上，站着一位白发老人，也许就是这间藏书室的主人，他胁下夹着一本书，两腿之间夹着一本书，左右持着一本书在读，右手正从架上又抽出一本。天花板上有天窗，一缕阳光正斜斜地射在他的书上，射在他的身上。①

这段话引自叶灵凤的一篇书话。《书痴》这幅铜刻中描述的情景，正为同样是书痴的叶灵凤所追慕向往。更让人感叹的是，这种情形不期然竟成了晚年叶灵凤生活的写照。或者说，这铜刻不仅仅是叶灵凤生活的写照，而且映出了许许多多的作家学者们的共同的追怀与梦想。

---

① 叶灵凤：《书痴》，《读书随笔》一集，三联书店1988年版，第132页。

现代文学家几乎都与书结下过不解之缘。鲁迅一生都在买书中度过，他的一生可以说是买书的一生。有学者指出，鲁迅"先生早期日记，十之五六是记访书之事。那时他常出入于琉璃厂，购旧书，买文物，这已成了生活一乐。"①鲁迅《病后杂谈》中曾谈及自己为了买《安龙逸史》费了很大的周折也在所不惜的故实。②没有对书籍和知识的热爱投入，何能如此？周作人的日记里就记录了鲁迅青少年时期购书读书的往事。③周作人本人也同样如此，甚至更为痴迷。厂甸是周氏最常去的地方："厂甸的路还是有那么远，但是在半个月我去了四次，……所走过的只是所谓书摊的东路西路，再加上土地祠，大约每走一转要花费三小时以上。"④在周作人，读书是其生活的最重要的方式，而谈书也是他中晚年写作的中心内容。郁达夫"卖文买书"是其近乎一生的生活形式⑤。卖文买书的决不仅仅只是郁达夫一人而已，郑振铎更是与书籍结下了前世的"孽缘"。⑥叶灵凤也有这样的经历：为了买下那张铜刻"几乎要花费了十篇这样短文所得的稿费，这在我当然是过于奢侈的举动"。⑦

于是，对于文人来讲，坐拥书山成了他们梦寐以求的一种生活方式。同样在书房"这小小的世界，暂时忘记了他一生的哀乐"⑧，叶灵凤说："书斋的生命，是依赖书的本身来维持的。……这是书斋的生命，也就是我的

---

① 孙郁：《〈鲁迅书话〉选编后记》，《鲁迅书话》，北京出版社1997年版，第376页。
② 参鲁迅：《病后杂谈》，《鲁迅全集》第6卷，人民文学出版社1981年版。
③ 参见周作人：《周作人日记（影印本）》（上中下），大象出版社1996年。周作人所著《旧日记里的鲁迅》有关鲁迅在南京及日本求学期间的购书、寄书、读书之事，见《书里人生——兄弟忆鲁迅》（二），周作人、周建人著，河北教育出版社2002年版。
④ 周作人：《厂甸》，《知堂书话》，中国人民大学出版社2004年版，第66页。
⑤ 郁达夫曾有自况诗云："绝交流俗因耽懒，出卖文章为买书"。关于郁达夫节衣缩食痴迷买书及勤奋读书的情况，可以参见《卖文买书——郁达夫和书》（陈子善、王自立编，三联书店1995年版）中的附录"郁达夫日记中关于图书记载摘编"部分。
⑥ 郑振铎对书的痴迷投入更是现代文人作家中的代表。他曾充满深情的回忆对书的感情，让人感慨唏嘘："我今日看到这一堆书，摩挲着，心里还十分的温暖，把什么痛苦，什么诬蔑的话都忘记的干干净净。"这句话是他后来在回忆抗战时期为了抢救文献典籍而尽心尽力疲于奔命却又遭受了诸多误解诬蔑打击的情景，而不由自主的表白。见《求书日录》，《西谛书话》，三联书店1998年版，第403页。
⑦ 叶灵凤：《书痴》，《读书随笔》一集，三联书店1988年版，第132页。
⑧ 叶灵凤：《书痴》，《读书随笔》一集，三联书店1988年版，第133页。

写作生命了。"①因为"读者在书中寻找他自己，把自己摆进书中去"②，所以才有郁达夫的理解："书即是人，人亦即是书。"③

书卷的气味，竟然对于文人有特殊的吸引力。姜德明甚至说："我相信书是有味的。刚印出来的新书不是带着油墨的香味吗？不要以为陈年旧书有一股潮霉味，只要耐心一点，你还可以在书页之间闻到那沁人的余香。……我乐于从旧书堆里去寻味那种余香，哪怕得到的仅仅是一点点，在我也是一种欣慰了。"④

没有对书籍视为知己、视为生命一部分的情感的融合，是不可能沉浸于书籍气味中而不能自拔。书籍的气味、书卷的气息，只有遇着书痴者才能化合成一种特殊的"荷尔蒙"，从而刺激文人最敏感的神经，激发最沉醉投入的情感。个中情感，非独中国作家然，凡是文人，人同此心，心同此理。如美国作家、藏书家的尤金·菲尔德如情诗般的抒情：

> 在我荟集到身边并使之成为我的忠实伙伴的这些书当中，我可以诚实地告诉你，你不可能找得到比它们更令人愉快的气息了。我徜徉在它们当中，一会儿摸摸这本，一会儿碰碰那本，以深情的赞许向它们全体致意。我幻想自己正漫步于一座堂皇华美的花园，满眼娇艳迷人的历历美景，一畦畦花圃中，绚烂的鲜花迎风绽放，令我心醉神迷，似梦似幻。确实没有别的气味像我的图书所散发出的气息那样令人愉快。⑤

英国作家兰姆也说过类似的话："对于一名真正的爱读书的人来说，那些污渍的篇页、破旧的外貌，甚至那里面的气味（不限于俄罗斯羊皮味），

① 叶灵凤《我的书斋生活》，《读书随笔》二集，三联书店，1988年版，第4页。
② ［法］朗松：《文学史与社会学》，《方法、批评及文学史》，［美］昂利·拜尔编，徐继曾译，中国社会科学出版社1992年版，第61页。
③ 郁达夫：《人与书》，《卖文买书——郁达夫和书》，郁达夫著，陈子善、王自立编，三联书店1995年版，第336页。
④ 姜德明：《〈书味集〉后记》，《书味集》，三联书店1986年版，第267—268页。
⑤ ［美］尤金·菲尔德：《书痴的爱情事件》，秦传安译，中华书局2005年版，第120页。

又会是多么迷人，如果我们从哪个老'流行图书馆'借到一部《汤姆·琼斯》，或者《威克斐牧师传》时，不因自己的过苛要求而忘记和那些老友的一番旧情！"①

书话的作者都是藏书家更是爱书家。"真正的爱书家和藏书家，他必定是一个在广阔的人生道路上遍尝了哀乐，而后才走入这种狭隘的嗜好以求慰藉的人。他固然重视版本，但不是为了市价；他固然手不释卷，但不是为了学问。他是将书当作了友人，将读书当作了和朋友谈话一样的一件乐事。"②

既然真正的爱书家是遍尝了人生苦乐之人，所以书话的作者大多是中年以后才能写得更蕴藉、有滋味、耐咀嚼。正是在这个意义上讲，书话也是一种老人文体，年龄越长，其文愈淳愈厚。因为越到老年，对书籍的爱好，离功利性越远，亦淘洗掉了少年的浮华，书籍成为一种寄托，成为一种与外界沟通与自我确证的方式。所以叶灵凤曾说："对于我，书的钟爱，与其说由于知识的渴慕，不如说由于精神上的安慰。因为摊开了每一册书，我不仅能忘去了我自己，而且更能获得了我自己。"③"我始终觉得，一个人能够有时间坐下来静静的读几页书，不仅是赏心乐事，简直是一种幸福。可惜这样的幸福，我在近年已经不大容易享受得到了。因为现在虽然每天并不曾离开书，但是并非在读书，而是在翻书、查书、用书，就是不是读书。由于对了许多书不能好好的去读，因此我觉得读书乃是一种幸福。"④毫无疑问，这种书痴对书籍的爱，是发自内心的，超越功利目的的，一种审美和生命融为一体的状态。

张中行忆及自己与书的一生纠缠，感慨地说："大致是由三十年代晚期到六十年代早期，每周总要挤出一点时间，骑车，逛卖旧书的摊店。上面说过，其时旧书多，价廉，出去逛几处，几乎没有空手而返的时候。用书

---

① ［英］查尔斯·兰姆：《札记一则——书与读》，《伊利亚随笔》，高健译，花城出版社1993年版，第264页。

② 叶灵凤：《书痴》，《读书随笔》一集，三联书店1988年版，第133页。

③ 叶灵凤：《书斋趣味》，《读书随笔》一集，北京三联书店1988年版，第136页。

④ 叶灵凤：《字字珠玑的名家散文选》，《读书随笔》二集，三联书店1988年版，第373页。

包装回，远交，所得是知识，可不在话下；难忘的是近攻的所得，或短期或长期的欢乐。说欢乐，或者还不够，因为时过境迁，有时回首，总浮生之帐，虽然外不少横暴，内不少穷困，而仍有勇气活下去，甚至感到人间还有情理，有温暖，有希望，就是（至少是一部分）因为还有'书'在，尤其是仍躺在书橱里的那些。近些年，我很少买书，因为一则无处安放，二则已经到了'及身散之'的时候。可是说到散，看看案头床下，尤其早年买的那些，已经相伴半个世纪了，又实在舍不得。这难割难舍的心情主要就是昔年长期享受的买书之乐的记忆来。"①

　　这种对传统的依恋、对文化典籍的痴迷，文人积习的深重难改、禀性难移，使得文人无论在多么不适宜、甚至恶劣的环境下仍然无法忘记书籍，无法忘记阅读，无法拒绝写作。我们知道，孙犁、黄裳的书话集是在"文革"结束后逐渐出版和产生影响的。其实他们的书话很多是在"文革"期间的潜在写作。姜德明亦然。他在"文革"期间，失去了原有的工作机会，或在干校改造，或在家中"休养"，但积习难改，他说："'文革'当中，……突然小病临身，于是不得不暂时离开干校，回到家里来休养。闲着太无聊，总要看点书吧，于是旧习难改，又翻出所藏的旧书。而且一看之下，立刻着了魔，好像'五四'新文学的传统不甘于某些人强加的污辱，变得更加富有魅力了。我觉得有很多我过去不曾发现的珍珠，正散置在寂寞的角落里；又像是在一片沙漠中发现了绿洲。于是我有情不自禁地作一个拾荒者，并想写一点什么了。我明明知道这不是为了发表，当时也无处可以发表，至少备忘吧，我还是随手记下了一点什么，足足用了好几个笔记本。当然这一切对周围的人都是保密的。"② 这里的读与写都完全是毫无功利的、积习难除的表现。选择以书话为代表的随笔杂述的潜在写作，最主要的目的就是在困苦却又不是自己所能改变和左右的环境中，求得最奢侈的一己之欢，求得安慰，使心灵得以暂时的放飞。

　　他们对读书与藏书乐此不疲，这是文人积习使然，是文人对传统文化

---

① 张中行：《书》，《桑榆自语》，人民日报出版社1996年版，第17—18页。
② 姜德明：《〈书味集〉后记》，《书味集》，三联书店1986年版，第266—267页。

的情感依恋使然。但是在近代以来的现代化焦虑和民族危亡的背景下，更有文人在对文化典籍在感情上心仪的同时，也曾有基于现实的怨恚："我为了找书不知道白跑了若干次，但如今北平图书馆却以'为国家搜集善本书的责任'自豪了。事实上像那用一千八百元的代价买来的《金瓶梅词话》，对于现今在生死关头挣扎着的中国人民会有什么影响呢？难道果如那些文化膏药式的学者所说，一民族的存亡全系于文化，而文化的精华就在于这般古董么？"① 这种对书籍的热爱迷恋，与对书籍实用应用的宣称，实际上构成了书话家们在情感与理性、审美与实用之间的取向分裂与矛盾。② 理性上，新文学家们，尤其是经过五四新文学运动洗礼后的几代人，受到新文学的功利观念影响。所以，鲁迅的书话就饱含着深广的幽愤在里面，有着明确的现实针对性。孙郁就曾评价："鲁迅的'书话'，除史识、史德、审美观令人企羡外，那种欲改变中国、以兴新学的忧患之心，常流于其间，令人感慨系之。"③

二、左右之间：当代书话家的复杂人格取向

前面多次提及书话家不愿被称为藏书家的现象，新文学家们之所以如此介意被人目为藏书家，被人视为对骸骨的迷恋，这背后有着更为深刻的文化人格、文化心理的原因。那就是对传统文化的批判否定意识的根深蒂固，化为五四之后知识分子的潜在意识。但又因为他们都是从古典传统文

---

① 巴金：《书》，《买书琐记》，范用编，三联书店 2005 年版，第 23 页。
② 丁帆对读书的看法就颇有代表性。他认为读书应该超功利的自由状态："读书的最高境界应是与社会保持一定的距离，是超越功利性的，甚至是一种永远和这一时代的统治思想呈悖反状态的文人'自恋'行状。"（丁帆：《读书的境界》，《夕阳帆影》，知识出版社 2001 年版，第 175 页）他还指出："作为一种精神活动，读书的目的并不完全在于使用。……我们虽然不必非议那种学以致用、立竿见影的读书方式和目的，但就读书的最高境界来说，却是精神徜徉在自由之海的审美愉悦。作为一种精神的漫游，当你进入一种特定的读书情境时，你享受到的是绝对的精神自由，它和那个红尘滚滚的现实世界保持着绝对的距离。"（丁帆：《读书的生存方式两面观》，《夕阳帆影》，知识出版社 2001 年版，第 178 页）可见，尽管丁帆一再强调读书的超功利观，但是最终他还是不得不认同于读书的现实介入：读书是读书人"介入现实世界的一种人生态度。"这种看似矛盾的看法是具有普遍性的。这也表现了现代知识分子对传统典籍文化的情感上的依恋无法割舍（价值理性）和强调实用的功利性（工具理性）的复杂心态。
③ 孙郁：《〈鲁迅书话〉选编后记》，《鲁迅书话》，北京出版社 1997 年版，第 378 页。

化的基础上成长，无法完全摆脱传统的文化基因，传统已经深深地化在他们的血液之中。这两方面从而形成了书话家们显意识中的批判和潜意识中的保守，在左与右之间游弋徘徊。

典型的如叶灵凤，沉浸于文化典籍中的他，曾与郭沫若、夏衍、潘汉年、乔冠华等一度过从甚密，不避被人以"左派"目之，1949年后多次参加国庆观礼，在港接待大陆来访文化界要人，此种姿态亦曾为其时"注"他为"汉奸"者所瞠目！后来有资料证明，叶氏还曾从事地下工作。令叶灵凤无限羡慕的和中共接触甚多的曹聚仁，也是典型的在左右之间钟摆状态的人。曹聚仁一方面与中共高层颇为亲密，一方面却又写了很多书话，对知堂老人的写作、生活极为关注，在思想及写作姿态文体选择上有意识地与政治等拉开距离。

黄裳在《〈别时容易〉续篇》一文中不惜笔墨地用大量篇幅解释自己"大索"周作人著作的原因，明眼人一看即知有"此地无银"的嫌疑了。此文写于"文革"刚刚结束不久的1983年，黄裳等这一批经历波折动荡甚至迫害的文化人的心并未真正放下。然而这只是外在的压力所产生的内心反应，属于被动的选择。而在其思想与思维意识中，也有自觉主动的认识和要求，这是历次运动"洗礼"之后的结果，是他们思想一次次经过革命的改造与规训之后的必然结果，这种思维植入他们的内心，化为自我的思想一部分，形成了思维的定势与惯性。所以他自问自答："我为什么要费力去大索这书呢？说来可笑。因为近来在重编过去的文集，有一篇一九四六年在南京写的通讯，是记到老虎桥去'访问'周作人的经过的，那次前往手边就带着这本在地摊上买来的《药味集》。记得这书中有几篇颇能反映他在当'督办'时期的复杂、变态心理。很想问问他写出这些文字时的心情与思想活动。他的动机到底是什么……我很想再看看这本书，证实一下当时的印象。"接着黄裳还进一步发挥道："周作人从'五四'走到三十年代那一段过程，就很值得分析。这是他'晚节'形成的准备阶段，也是一个人的头脑从清醒趋向昏愚终致'僵化'腐烂的过程。一个人的思想中正确的一面怎样被落后反动的因子逐渐包围、侵蚀，终于引起了质的变化的过程是很复杂的，也是完全可以加以说明的。这样的研究在今天也还是有用的。具体的时代特征、思想斗争的客观条件……是完全不同了，但有些发展规律还是近似甚至相同的。巴金写过一篇小说《沉落》，写的就是周作人。不，不是周作人一个，而是一群。这样的一群在三十年代确是存在的。但今天就完全消失了么？我看不见得。也许衣服换了，语言也有了变迁，但病毒的细胞依然潜伏在那里。我们有责任找出那病原体，制出有效的制剂加以抑制、克服、消灭。"① 我们看黄裳这段议论实际上并未突破既定的政治结论，其语言也是颇为意识形态化，应该说其见识也绝不高明，"左"的话语痕迹颇为明显。这是不是"文革"刚刚结束后不久，其说话时难免出于自保和忐忑的原因，而被动选择这样的话语呢？我们翻阅黄裳晚年的一部重要的文集的后记《我的集外文》就发现，在是文中，黄裳又一次表白了对周作人的厌恶和批评，他在比较鲁迅和周作人说："一个是不识'大体'，被捉将官里去，坐在牢房里还是写；一个则将剑戟森严、腥臭逼人的虎狼窟穴看做安乐窝，一头扎进去，偷偷地在写。二周所走的不同道路大抵如此。"尽管如此，黄裳还是表示："周作人则被一九二七年的血腥屠杀所吓退，在《永日集》里宣布'闭户读书'，但独立思考的宿志依然存在，提出过中国传统文化中不灭的思想上的'三灯'。后来即使被捆在林语堂一起，成为倡导晚明小品的祖师，也还说出过不同的意见。一般读者不大注意的一次思想上的交锋，是在钱锺书批评《中国新文学的源流》时，说在历举晚明作家作品时，不该漏掉了张大复的《梅花草堂笔谈》。周作人作出了回应。认为不应将大米白面与'不知何瓜之子'的苏式零食混同看待，不失为清醒的见解，可见其对晚明小品的真知。此后即埋头于苦雨斋中发议论，直至落水以后还不改旧习，时有良知发现，写出《许敬宗语》那样的笔记。活得艰难而辛苦，真是一种悲剧。"② 此文写于 2004 年，由此我们可以看出，此时的黄裳却已经能对周作人表示出应有的同情和理解的态度。但是诸如赞扬

---

① 黄裳：《〈别时容易〉续篇》，《珠还记幸》，三联书店 2006 年版，第 43 页。

② 黄裳：《我的集外文——〈来燕榭集外文钞〉后记》，《来燕榭集外文钞》，作家出版社 2006 年版，第 510 页。

鲁迅"直至晚年还与周扬等'奴隶总管'作殊死的斗争"，说周作人"被一九二七年的血腥屠杀所吓退"等这些话语词句的使用，出现在晚年的黄裳的文章中，还是让人很是惊讶的。当现在我们离那段政治斗争越来越远的时候，还能看到这些意识形态话语痕迹的遗留，应该说是黄裳完全无意识地自觉流露，这是意味深长的。这在一定程度上说明，那个时代的思维观念早已在他及他这一时代的人内心深处烙下了深深的印痕，一直伴随着他们最近 30 年的时间。"殊死斗争"、"血腥屠杀"、"吓退"等敌我壁垒分明的斗争思维依然深深地主导着黄裳及他人的思考。我们于是就会发现一个有趣的现象，有一部分作家"文革"结束后的文与行往往出奇的"左"，出奇的"革命"。事实上，在新中国成立之前，他们是远远游离于"革命队伍"之外的，"革命队伍"也从来没有把他们看成"自己人"，甚至"同路人"。他们一旦在文章中涉及政治敏感的人物、事情的时候，往往会变得十分敏感，自觉地将壁垒划分得黑白分明，并自觉地站在他们认为"白"的一边。

毫无疑问，这是一个悲剧，一个一直以"改造人的思想"为首要任务的时代实现了它的"改造"目的，在其中的"被改造者"的思想意识、思维方式真的深深地植入了"改造运动"所需要的因子。

然而，我们回过头来再看黄裳写于 30 年代中期的《读知堂文偶记》（原载《古今》第六期，署名默庵）、《读〈药堂语录〉》（原载《古今》第二十、二十一期，署名南冠），甚至是谈留守北平的周作人的《关于李卓吾——兼论知堂》（原载《古今》第十八期，署名南冠）三篇书话，前后对比意味深长。如黄裳曾自述："吾辈年纪尚轻，然似已自极浓之世味中度过，无复少年幼稚的情趣，也因此可以欣赏知堂翁。即如近来的生活，极闲荡之致，常常泡在 American Bar 里大半天，欣赏浮世男女的一灿一笑。即如今日，坐在酒吧里吃茶，在看《药堂语录》，并摊纸执笔写此小文，如此行径，称之为'遗少'固无不可，鄙人也不否认。……然而吾辈终不能与知堂翁全同，流连光景是很可爱的，而我则不能没有舍去的一日。"[1] 黄裳对知堂的欣赏之

---

① 黄裳:《读〈药堂语录〉》,《来燕榭集外文钞》,作家出版社 2006 年版,第 172 页。

情溢于言表，追慕之意也昭然若揭。文章对周作人心仪之至，且对周作人文章的体悟是很深刻很到位的。如他说：

> 知堂的文字，在苦郁之中每有滑稽的机锋在，这里也就不能免，而说得又是那么有风致，此所以难得欤？
>
> 这些读书小文，所谈无非常理琐事，而作者特拈出一点曰"真实"，加以特别的注意，这精神在写《知堂说》时即如此，似乎是自认为最值得珍视的一点。因为当时他反对一般口是心非的高调者。现在时异事迁，而他还特地要提出这一点来，我看那意思大概是够悲哀的，在知堂的文字中，直至而今还一直保持住没有改变者，也只有这"真实"一点吧，这可以解释他近年写文章的范围为什么总不离古书，因为除此以外，实亦无甚可谈，即可谈而仍能保持其"真实"者也。①

可见，年轻时候的黄裳，不仅在文风上直追知堂风韵，更对周作人的体悟甚深和贴己，其对周氏文章与人的体悟之贴切都远远超越晚年的黄裳。早期对周氏的持平之论与"文革"之后黄裳谈到周作人即激愤不已的态度形成了鲜明的对照。可见新中国成立后思想改造力量之巨大，效果之明显。尽管如此，其与知堂近似的文人趣味并未根除，甚至不时仍顽强地流露。所以，我们阅读黄裳"文革"结束后的书话文字就会发现，既充盈着类似知堂的文人风致和趣味，亦不乏政治意识形态化了的话语，后者并且在整个文章中往往会显得突兀，与其内容和趣味形成矛盾，而颇为刺眼和醒目了。

经历"文革"之后的这些作家文人，"文革"的遭际和闻见，政治的无常，毫无疑问深刻地影响着他们的思想、心灵，表现在创作中，其对创作文体的选择和思想的言说都极可玩味。我以为，经历"文革"的文人们，尤其是从解放区走来的作家，经历了"整风"、"反右"、"文革"等一次次的运动，他们的内心里，理想与现实的冲突分裂程度远远大于新文学30年间。理想

---

① 黄裳：《读〈药堂语录〉》，《来燕榭集外文钞》，作家出版社2006年版，第173页。

的幻灭感无时无刻地包围着他们。尽管人们在对 80 年代的思想思潮做判断的时候，总会说那是一个思想激进的充满理想主义的时代，然而我们必须看到，高扬理想主义大旗的绝少经历历次运动后的幸存下来的老人，而多是在"文革"中并没有完全释放激情的年轻一代。

三、书话与传统文人气质的隐现

笔者认为文人气质至少包括趣味癖、隐逸气、通人倾向及异端性等。这种特质是一脉不断层积流传的过程，从而形成文人传统。所谓文人传统，主要指的是传统文人精神、气质背后的连接链。传统文人的趣味、隐逸、名士风流、异端倾向等精神气质，在长期的流衍中，形成一个传统的链条。

首先谈谈五四之后书话中的趣味癖。文人往往都有特殊的趣味和癖好，或酒，或茶，或故纸旧书，或陋室、雅舍，不一而足。这种文人趣味，很多书话家不自觉地流露和自觉地认同。朱自清夫子自道："买书也是我的嗜好，和抽烟一样。"[1] 施蛰存则引用别人的诗句而自况："吾乡姚鹓雏先生有句云：'暇日轩眉哦大句，冷摊负手对残书。'近来衣食于奔走，殊无暇日，轩眉哦句之乐，已渺不可得，只有忙里偷闲，有时在马路边看见旧书店或旧书摊，倒还是高兴驻足一番。我觉得这'冷摊负手对残书'的确是怪有风味的。"[2] 以书为癖，则是现代文人依然留存的一种趣味，一种传统。谢六逸的话更是在苦涩的幽默中饱含对书的特殊情趣："在如像我这种不会著作的人看来，一切小书店都是好的，我每逢走过小书店的门外，我总觉得愉快，虽然没有钱去买。"[3] 王辛笛说得更为明确："一个人是要有点'好癖'（Hobby），甚至积习既久，垂老难忘，而且也不尽然都是以无益之事，来遣有涯之生的。以我个人为例，平生最爱的就是逛书店，尤其是逛旧书店，往往一入其中，便好像有无数老友在期待着我良晤交谈，大有莫逆于心，

---

[1] 朱自清：《买书》，《买书琐记》，范用编，三联书店 2005 年版，第 25 页。
[2] 施蛰存：《买旧书》，《买书琐记》，范用编，三联书店 2005 年版，第 28 页。
[3] 谢六逸：《大小书店及其他》，《买书琐记》，范用编，三联书店 2005 年版，第 35 页。

相视而笑之感。"① 周作人也说："我很看重趣味，以为这是美也是善，而没趣味乃是一件大坏事。"② 那么周氏眼中的趣味是什么呢？周作人曾有具体阐述："这所谓趣味里包含着好些东西，如雅，拙，朴，涩，厚重，清朗，通达，中庸，有别择等，反是者都是没趣味。"③ 这趣味在他不仅是品藻人物的重要标准，更是生活的境界。前者，对笠翁（李渔）的肯定，对随园（袁枚）的讥讽，都是据自己趣味的标准来评判的；后者，他对自己阅读的选择和生活的方式也都与这一趣味标准关系莫大。文人离不开笔墨书籍等必备之物，对这些东西，周氏更有近乎奢侈的趣味要求。袁枚对印与墨的看法，就令周氏十分不屑。对此，他发表议论：有趣味的读书人（文人），对于印与墨应该"爱惜，实用之外更有所选择，精良适意，珍重享用。这几句话说的有点奢侈，其实不然，木工之于斧凿，农夫之于锄犁，盖无不如此，不独限于读书人之笔墨纸砚也。"④ 周作人的"实用之外更有所选择，精良适意，珍重享用"的文人雅趣，也不独限于"笔墨纸砚也"。书籍、茶、吃食饮馔之于周作人，其意更在实用之外，在"精良适意，珍重享用"，如传统的"趣味"文人一样，他把这些生活中的实物赋予审美和诗意。

周氏书话中对书及读书的趣味态度体现得非常明显。书是周作人情之所钟。他说，"我以前常说看闲书代纸烟，这是一句半真半假的话，我说闲书，是对于新旧各式的八股文而言，世间尊重八股是正经文章，那么我这些当是闲书罢了"。⑤ 这里的"闲"并不仅仅指书内容本身，也暗含着阅读心态的闲适，完全是趣味使然。正是抱着这种趣味性，在周作人看来，临睡前两个钟头枕上翻书就是一种极难得的享受⑥，幼时学包书与订书也成为自己温馨的回忆⑦，把入厕读书当作是一种读"闲书"的悠然消遣，谈论起

① 王辛笛：《旧书寻梦》，《买书琐记》，范用编，三联书店 2005 年版，第 100 页。
② 周作人：《笠翁与随园》，《苦竹杂记》，河北教育出版社 2002 年版，第 60 页。
③ 周作人：《笠翁与随园》，《苦竹杂记》，河北教育出版社 2002 年版，第 60 页。
④ 周作人：《笠翁与随园》，《苦竹杂记》，河北教育出版社 2002 年版，第 60 页。
⑤ 周作人：《我的杂学》，《苦口甘口》，河北教育出版社 2002 年版，第 62 页。
⑥ 参周作人：《枕上看书》，《饭后随笔》（上），河北人民出版社 1994 年版。
⑦ 参周作人：《包书与订书》，《亦报》1951 年 4 月 20 日。

来更是引经据典、妙语连珠①。这种趣味性，乃是传统文人生存的重要方式。喜爱乃至发痴的癖好，手不释卷的习性，都是传统文人的诗意化生活的一部分，且常为历代文人津津乐道的。如欧阳修的《归田录》就曾记钱思公的怪癖："坐则读经史，卧则读小说，上厕则阅小词"。而永叔自己则作文于"三上"，即"马上"、"枕上"和"厕上"。

读书是周作人极重要的生活内容，自然书也成了他作文的中心话题，大量的周氏书话就由此产生。第一个为陶渊明编文集的萧统曾说"渊明之诗，篇篇有酒"②，而相似的，我们可以说，周作人的散文中十之七八与书相关，尤其是"民国廿一年以后，只写随笔"，开始专心经营自己的"看书偶记"后的书话写作，更是"篇篇有书"了。对书的热爱，使得淘书成为历来文人的一种习惯，如明钟惺说自己与挚友谭元春有"书淫诗癖"，不作诗文便无"生趣"。③周氏更不例外。他的书话中多次谈及北京的琉璃厂。他说："厂甸的路还是有那么远，但是在半个月中我去了四次"，可见其去厂甸之频繁。而且"所走过的只是所谓书摊的东路西路，再加上土地祠，大约每走一转要花费三小时以上。"④虽还是知堂式的极平淡的语调，然稍有淘旧书经历的人都可以体会得到他"冷摊负手对残书"的极大耐心和悠然。文人多有对书籍近乎恋物癖一般的兴趣，否则如何能有这种耐心与从容。

书话中隐含着浓郁的隐逸气。书斋一隅，苦茶一杯，往往是文人在现实中碰壁后的避难港湾，所以或退隐山林或遁入书斋就成了文人隐逸的最后选择。周作人书话中的隐逸气息表明了周氏难脱这种选择。阿英对于二十年代末之后的周作人与传统文人隐士的关系，有过一番精彩论述："读最近出版的周作人短信，宛如置身于深山冰雪之中，大有'无思无为，世

---

① 参周作人：《入厕读书》，《苦竹杂记》，河北教育出版社 2002 年版。
② 《陶渊明集》一百四十余篇诗文，有近一半的作品都写到了饮酒，参陈洪：《诗化人生：魏晋风度的魅力》，河北大学出版社 2001 年版，第 389 页。
③ 参夏咸淳：《情与理的碰撞：明代士林心史》，河北大学出版社 2001 年版，第 242 页。
④ 周作人：《厂甸》，《夜读抄》，河北教育出版社 2002 年版，第 153 页。

缘都尽'之感。"①

周作人 1928 年《闭户读书论》云："苟全性命于乱世为第一要紧"，"宜趁现在不甚适宜于说话做事的时候，关起门来努力读书，翻开故纸，与活人对照，死书就变成活书，可以得道，可以养生，岂不懿欤？"② 此反讽的语调，当然有批评的深意在焉。但其选择隐逸，关起门来读书，亦难脱传统文人的消极反抗、追求超脱的趣味。"苟全性命于乱世"，尽管最初可能是文人无奈的选择，"养生"、"得道"最终成为文人逃避现实的托辞。对此，有学者的论述颇具启发性："周作人常说自己心中摇摆着两个鬼：'流氓鬼'和'绅士鬼'，但基本制约着他的依然是'绅士鬼'。他是一个生活道路平坦的学者，他不象鲁迅那样，经历了中国革命失败的惨痛教训以后跨入文坛，对中国现状的改革那么敏感和富有经验；他也不象胡适那样，在自由竞争环境中成熟起来，对自己的功名前途充满自信。周作人是属于别一种学者，他留恋自己的书斋，自矜于渊博的学识和广泛的兴趣，五四初期来之颇易的盛名给他带来了养尊处优的物质条件与知足常乐的精神哲学，使他的社会责任感与个人功名性处于萎缩状态。"③ 其实何止周氏一人？这种"躲进小楼成一统"的心愿恐怕每一读书人都曾心有戚戚吧。

第三节　文体与人：书话言说方式的选择

对某一文体的选择，意味着写作者寻找到一种适于自己的言说方式。其背后更深层的意义在于：这种选择源于言说者对自我身份、审美趣味、生存方式的认同。书话家对书话文体的经营和选择，实际上既显示了作者身上所包含的精神气质，也表明其对文人传统审美趣味、生存方式的自觉

---

① 阿英：《〈周作人书信〉》，《夜航集》，中国文联出版社 2002 年版，第 79 页。事实上，阿英之外，当时还有很多人已经注意到了周氏与传统隐逸之士的气味相通之处。如废名《知堂先生》、许杰《周作人论》、曹聚仁《周作人先生的自寿诗——从孔融到陶渊明的路》等，参见陶明志编《周作人论》，北新书局 1934 年版。

② 周作人：《闭户读书论》，《永日集》，河北教育出版社 2002 年版，第 115 页。

③ 陈思和：《读〈知堂杂诗抄〉》，《中国现代文学研究丛刊》1988 年 2 期。

追寻。正如布封所说的："文体却是人本身"。[1] 文人在不同的年龄阶段，其心态也有相当的差异变化，这种年龄因素与书话的文体选择有着某种内在联系；文人的身份（包括职业、社会地位、影响力等诸多因素）及变迁也牵动着书话文体的"神经系统"。杨洪承曾关注到这一问题，他指出："现代作家在某一时期选择某一文类进行创作，不是一个简单的文类问题。……现代文学中不乏更换文类，改变自己创作的作家，有些作家发表过某一个文类作品，以后就不写了，这些作品有的成功，有的也不过仅仅是试笔之作，为什么？如小说家茅盾、诗人徐志摩写过一、两个剧本，小品文的周作人早年发表过几篇小说，戏剧家陈白尘写过不多的中短篇小说，散文家李广田也写过不错的《金坛子》等短篇小说集，长篇小说《引力》等等。当我们在整理编纂作家'文集'和'全集'过程中注意到了这一问题，但是纳入作家研究中就很值得回味。我们对作家作品的理解，往往还是不太看重作家非主导的创作样式，忽略作家量少的文类作品与作家创作的整体关系，这显然对准确把握作家作品有害而无利。"[2] 同样，我们从现代作家对书话文体的选择，从"文体"与"人"的关系出发，来考察作家的思想、创作等方面的变化，是一个颇有意义的途径。

一、文章老更成：作家年龄与书话文体的选择

很多作家在中老年放弃了新文学主流文体的写作，而转向了传统意味最深厚的书话随笔的写作，这在 20 世纪中国文坛是一个非常普遍的现象。比如，周作人中年以后的创作也收起了早年的"叛徒"的锋芒，而转向了"隐士"的文体——书话随笔了。阿英、郑振铎、孙犁等等都是这样从小说、批评等的写作逐渐转向书话写作。

这些作家文人的气质兴趣的变化，从其阅读的喜好、选择能够寻其轨迹。从作家的书话来看作家阅读范围与对象的选择是极好的角度。叶灵凤

---

① C.D.Bufon: Discourse on Style，见 H.S. 巴布编：《文体研究论文选》（Essays in Stylistic Analysis ），1972 by Harcourt Brace Jovanovich, Inc, p.17.

② 杨洪承：《编后记》，《王统照全集》第七卷，中国工人出版社 2009 年版，第 571 页。

毫无疑问是典型的从小说家到书话家的成功转型者。有人评价叶灵凤的时候说:"作为作家,他很早就写小说,但后来,至少是进入四十年代以后,也就几乎不再写小说,却不是搁笔不写文章,不仅写,还写得很勤,写的多是散文、随笔,而其中绝大多数是读书随笔。"① 需要思考的是,中年以后的叶灵凤为什么转向书话随笔的写作? 年岁的逐增,带来性情的变化,而这种变化与文体的选择一定存在着深刻的联系。叶灵凤 1963 年 3 月 16 日在香港《新晚报》上发表的《我的看书趣味》夫子自道:"近几年来,我的文艺书看得不多,小说看得更少,所看的多数是传记、回忆录和一些小品散文集。我的读书口味已经渐渐的变了。……近二十多年来,我已经很少写小说,也很少再看小说,对于要成为一个小说家的野心,我早已放弃了。我想,为了要成为一个什么家的野心才去看什么书,那是可笑的,只有年轻人才会有那样的想法。……我觉得看书就是看书,为了要看这一本书,为了喜欢这一本书,就不妨揭开来看,这里面是不该有什么功利观念的。"② 这一段话很耐人寻味,抛却了功利观念,任意的读书,那么此时的阅读爱好是什么呢? 却是小品散文,而下笔成文的也多是读书随笔。在谈到对纪德作品的阅读选择时,叶灵凤也说:"如果要我推荐我所喜欢的十个作家,他可能是其中之一。不过,到时我就不免也要象他对待别的作家那样,我宁可选取他的散文、日记,不选他的小说了。"③

晚年的叶灵凤多次撰文谈论中国传统笔记的重要价值,如《杂学与笔记》《笔记的重印工作》等。对笔记的阅读兴趣越到晚年越大。笔记内容广泛,经史政治、天文地理、文学艺术、虫鱼鸟兽、狐鬼神仙等逸闻逸事无所不包,都是他后来兴趣所在。以致叶灵凤当手捧《世界著名作家散文选》时认真地宣称:"如果是一部小说集,一部论文集,我不会说宁愿受人埋怨,也不肯放弃这机会的,而且也不会说读书乃是一种幸福的。可是这时一部散文小品集,又是选自那许多自古至今最擅长写这类作品的作家的,

---

① 丝韦:《读书随笔·前记》,《读书随笔》,叶灵凤著,三联书店 1988 年版,第 1 页。
② 叶灵凤:《我的看书趣味》,《叶灵凤书话》,北京出版社 1998 年版,第 274—275 页。
③ 叶灵凤:《纪德谈法国小说》,《读书随笔》二集,三联书店 1988 年版,第 193 页。

你随手翻开一处，只要读几行，你就会顿然觉得自己心里充实了许多。因为一点不夸张的话，简直是字字珠玑。"① 早年爱读小说的叶灵凤，可是到了中晚年以后更多地读随笔、杂述、笔记、日记等史料性强，体式也较为短小的文字了。并将将散文随笔推崇到如此高的地位，这种变化是极耐人寻味的有趣现象。如他早年还曾读龚古尔兄弟的小说，他说："我那时候还年轻，所以还有那么好胃口。"可是到了后来，叶氏却逐渐觉得："龚果尔弟兄合作的那些小说，实在不看也罢。至于他们两人合写的那部日记，那倒是值得我来读的。"② 从三册的《读书随笔》也能清楚地看出这阅读趣味的变化。这三册读书随笔，基本上是按照叶灵凤的写作时间顺序而编排的。第一集到第三集，谈小说的书话逐渐减少，谈论书札、传记、日记、旅行记、随笔 ③ 和地方志书 ④ 等纪实性、学术性、回忆性的书籍的比重渐次增加。书话所话对象出现的变化，实际上证明了叶氏阅读的变化。

这种阅读兴味之变化与作者写作风格、个人气质转变及文体选择关系莫大。关于自己写作的缘起，叶灵凤夫子自道："我是从学习写抒情小品文开始的。我的'老师'是当时新出版的冰心女士的那本《繁星》。"⑤ 早年的《读书随笔》（上海杂志公司 1936 年版）上的书话还饱含比较强烈的抒情气息，然而从《文艺随笔》（香港南苑书屋 1963 年版）开始，尤其是到了后来的出版《北窗读书录》（香港上海书局 1970 年版）和《晚晴杂记》（香港上海书局 1971 年版）等时，抒情气息几乎已经很难找到踪迹了。这时候，他开始关注的是传统性很强的笔记杂述等，其抒情气质淡化了（当然，尽管如此，叶氏的书话总还是难免有些抒情的痕迹在的。特别是与知堂书话相比，

---

① 叶灵凤：《字字珠玑的名家散文选》，《读书随笔》二集，三联书店 1988 年版，第 372 页。

② 叶灵凤：《龚果尔弟兄日记》，《读书随笔》一集，三联书店，1988 年版，第 380 页。

③ 如《画家果庚的札记》《画家的书翰和日记》《华萨里的〈画家传〉》《纪伯伦与梅的情书》《龚尔弟兄日记》《马戛尔尼出使中国日记》《高尔基的信》《高尔基的托尔斯泰回忆》《纪德的自传和日记》《哥庚的〈诺亚诺亚〉》《比亚斯莱的散文》《比亚斯莱书信集》《两部未读过的自传》《字字珠玑的名家散文选》《吉辛小品集的中译本》。

④ 如《能不忆江南》（姜德明编，江苏古籍出版社 2000 年版）中关于金陵等地的乡邦文献的谈论和《香港书录》中关于香港历史现状民俗民风的论述，以及有关广东粤地的涉等等。这些文字大部分收入了《叶灵凤文集》第二卷"散文小品"和《叶灵凤文集》第三卷"文史"中。

⑤ 叶灵凤：《读少作》，《读书随笔》三集，三联书店 1988 年版，第 10—11 页。

更能看出这一点）。

这种变化并不独叶氏一人而已。新文学家到了晚年，不仅仅是文体的兴趣在发生转移，由小说等转向笔记杂述札记等，而且阅读视野也在向乡邦文献、乡贤著作地方民间文化等方面转移了。如王统照早年对西方现代理论抱以极大的热情。其花费很多精力和抱以巨大热情写作了《美学浅说》《美与两性》《美性的表现》《叔本华与哈儿特曼对于美学的见解》《俄罗斯文学的片面》《太戈尔的思想与其诗歌的表象》《夏芝的生平及其作品》等等，涉及近世西方很多著名的作家作品。而随着年岁逐增，其阅读兴趣则发生了一百八十度的转弯，我们通过他的书话随笔等文章，可以看出他开始集中在地方戏曲民间故事（如《略谈〈吕蒙正赶斋〉》《越剧〈盘夫索夫〉的构材》《〈山东民间故事〉序言》）、传统文学典籍（如《"诗"话》《宋末词谭》《〈离骚〉中婵媛二字的用法》）、乡贤著述（如《有关蒲松龄的几则琐谈》）等方面。王统照早年的书话多论及西方文学文化，但是到了四十末期年代以后，也就是他创作的晚期，他则更多地在阅读中向传统靠拢回归。如其《观庐笔录》一组书话，作为典型的传统辨证、辑佚、考索的读书札记体例，内容也是集中于传统的典籍。而《炉边文谈》也是谈论中国传统文学作品及理论。他在 1957 年接受《前哨》杂志记者的采访时还对记者明确地提出写小说必须仔细研究古典作品。① 同样的，汪曾祺、孙犁等都将自己的阅读视野转向了笔记杂述。

传统如同一个挥之不去的影子，终于还是将新文学家们全部罩住了。有人在评价张中行的文章时，曾说：

> 孙犁说过，散文是老年人的专利。因为散文是写人生，寿高者在这方面占有天然优势。张老生于帝制，长于忧患，饱经世纪沧桑，人生荣辱，心底自然会滚过不少的波澜。而这些或大或小的波澜，到了接近入海的时候，也会平缓宁静，有一种长河落日的气象。此时，太阳虽然依旧辉煌，但不再炙人，而是温煦如水，散发着黄金的光彩，

---

① 参王统照：《一得之见》，《前哨》1957 年 7 月号。

有种特殊的魅力。回首往事，激情归于平淡，会有一种陌上花开缓缓归的情致。此时的心，是平静的。①

这种评价用在书话上则更为适合。"文章老更成"，对书话，这句话再贴切不过了。书话更适合年长者写作，也为年长者所喜读。书话总不离书刊典籍，而背后更折射人生世事的沧桑变迁。书话仅话书，则未免会失之过分学术化，而少了人生况味，就少了耐人咀嚼的韵味；书话若仅谈人生世事，多了火气，少了书卷气，则会沾染过多的抒情、议论，而失去应有的蕴藉。我们知道，人的一生，总是在阅读有字之书和无字之书，青年多通过阅读有字书而走向社会，长者天然地具备了对无字之书的深入领会。而真正达者，则是将有字书与无字书相贯通融汇，通过有字书去认识无字书，通过无字书去印证有字书。正如贺麟说的："书广义讲来，有成文的书和不成文的书，……须以读成文的书所得，作读不成文的书的参考。以读不成文的书所得，供给读成文的书的指针。"② 而在这二者贯通的实现，唯有经历世事沧桑者方能为之。而书话，真正有韵味的书话，则都是在行文中将二者贯通融合，给人以趣味、智慧、知识。所以，书话的作者多为老者，而老者才是书话真正的写作主体。

二、在人生边上：边缘身份与边缘文体的相得

必须注意到一个现象，作家由对新体文学形式的追捧，逐渐转向书话随笔类的著述，这个转变过程除了上述年龄逐增的因素外，往往会伴随着作家身份的变迁。换句话说，他们阅读兴趣的转换与身份的变化的过程是一致的，伴随着从新文学家到研究者、从创作转向研究的历程。身份的变迁，成为书话文体选择的重要原因之一。如郑振铎就是很典型的一位，早年的他写小说散文，甚至是诗歌，但后来就致力于学术研究。叶灵凤到香港后就放弃了早年的小说创作开始搜集有关香港的书籍，有关家乡的乡邦

---

① 徐秀珊：《〈桑榆自语〉编后记》，《桑榆自语》张中行著，人民日报出版社1996年版，第424页。
② 贺麟：《读书方法与思想方法》，《文化与人生》，商务印书馆1988年版，第173—174页。

文献，地方志等进行研究，尽管还在报社，但他的文章已经有相当多的学术性文字，黄裳早年是记者，而且也写作过很是优美的散文。后来就转成了研究者，而这一转变，是从书话看出来的，也是与他开始写书话而开始的。

他们的这种身份变化与兴趣转向，在一定意义上则表征着他们正在从社会话语核心地带逐渐的向边缘地带滑动和位移。需要正视的一个事实是，书话家一般都与社会的中心问题、文化思想的滚滚大潮保持着疏离，他们往往不具备一呼百应的话语影响力。而书话这种文体也是处于诸种文体的边缘上。于是，边缘的文与边缘的人，就构成了天然的生存群落。

与不从事书话写作的作家们相比，书话作者的身份构成有着鲜明的群体特征。经济上属于中产阶级，有世家的背景。但是这种身份，在50年代之后，往往被社会的主流政治话语抛弃轨道之外。因为共和国之初的改革和建构，将保持中国传统文化的土壤清扫了。而当代的小说、诗歌等文体创作者（亦即我们一般意义上的作家），恰恰是"文化的暴发户"，他们没有文化之根，[①] 他们的创作更多地依靠个人的生活经历和情绪感受。而书话家们的生活决定了，他们更多地从书籍文化、书斋文化汲取营养来写作，也借书来表达个人的思想。书籍恰恰是民族文化传统最重要的承载体。尤其旧书故纸的韵味，它的稀缺性在当代中国更加突出，于是书话家更多地从传统找资源，用传统来言说和表达对现实的看法。这是从作者自身来讲。

---

① 阿城的一番话，颇耐人寻味。他在论及80年代"寻根思潮"的时候说："韩少功有点像突然发现一个新东西。原来整个在共和国的单一构成里，突然发现其实熟视无睹的东西。包括刚才说的谭盾、美术、诗歌，都有类似的现象。我知道这个根已经断了。在我看来，中国文化已经消失了半个世纪了，原因是产生并且保持中国文化的土壤已经被铲除了。中国文化的事情是中国农业中产阶级的事情，就是所谓的地主、富农、上中农，这些人有财力，就供自己的孩子念书。艺术啊文化啊什么的是奢侈的事情，不是阿Q那种人能够承担的。结果狂风暴雨式的土地改革是什么意思？就是扫清这种土壤，扫清了之后，怎么长庄稼？谁有能力产生并且继承中国文化？不可能了嘛。……剩下的其实叫文化知识。"（语见查建英：《八十年代——访谈录》，三联书店2006年版，第33—34页）事实上，这里阿城从自身体验出发，在当代中国一般意义上谈了传统在当代的断层问题。就具体而微的层面看，传统在当代不能不说仍有延续的表现，可谓是藕断丝连式的隐现，那么本文所论及的这些书话家，与传统文化的距离就显得更为近了。书话是他们挖掘传统继承传统，并借助传统来表达、言说的方式。

这在书话家以外的人看来，就会蒙上一层神秘的色彩，或敬而远之，或讥为"遗老"。于是，在断裂了中国文化的土壤中，在政治话语意识形态话语盛行的时代，书话及书话家就会被束之高阁；而在九十年代以后，商业化的时代，则更被严重边缘化。

五四以降，大多数时间里，我们不能不说，文人在整个社会的政治生活中是边缘的。在百年文学历史中，除了"反右"、"文革"等极端历史时期外，文人作家大多时间里具有一种特殊的生活形态，有着相对宽松的言论环境，相对优越的物质条件，特别是1990年代开始，文人更多了游离于政治核心及主旋律之外的自由闲适。也就是说他们越来越边缘化了。这种边缘化，反而给文人提供了更为自由的私人空间，给文学发展带来了契机。这种私人话语表现在现当代文学批评上，其显著表现之一就是书话体式写作。新时期以来，对于学者而言，书话的写作也是批评家对学术体制的一种拒斥的姿态。书话这种个人化的言说方式，其边缘性是由其私人性话语来体现的。

书话多是个体化、随意性的性灵之见，多谈及个人的阅读体验，具有很强的私人性。姜德明自道："买书和读书，一直是我生活中不可缺少的活动，还在少年时代便开始了。当时只是爱好文艺而已，后来长大了，当上了编辑，志趣所关，于公于私，两无妨害，于是利用了业余时间就自己的所得写了不少读书随笔，好像对一本读过了的书总算有了个交代。正因为这在业余时间进行的，所以全凭个人的爱好，喜爱什么书就买什么，想写什么就写什么，确实不曾受到过任何约束，真是自得其乐。"[1] 唐弢在1960年代初曾更为明确地宣称："说句老实话，我并没有把《书话》当作'大事业'，只是在工作余暇，抽一支烟，喝一盏茶，随手写点什么，作为调剂精神、消除疲劳的一种方式。因此我也希望读者只把它看做是一本'闲书'。"[2] 书话家郑振铎生前在当时的学界也是处于边缘的地位。如他曾于1930年代受聘于清华燕京两校，但终于因不被"主流"学术界所见容，而

---

① 姜德明：《〈书味集〉后记》，《书味集》，三联书店1986年版，第264页。
② 唐弢：《〈书话〉序》，《晦庵书话》，三联书店1980年版，第5—6页。

不得不很快回到上海①。在现实和人事中的边缘被排斥，是人走入书斋和书籍世界的外在动力之一。

这些曾致力于书话写作的文化人，其身份是边缘的，心态也是边缘的。身份的边缘强化了心态的边缘化，心态的边缘又进一步促使身份的边缘。宋人张戒有云："建安、陶、阮以前诗，专以言志；潘、陆以后诗，专以咏物。兼而有之者，李杜也。言志乃诗人之本意，咏物特诗人之余事。"②张戒的话，实际上表明古代士人因为社会政治地位的改变，而引起了他们文学品格、功能的改变。同时，也说明了即使是他们被边缘化之后，不得不以"咏物"为事，但他们仍然以为言志乃本分。另外，这也暗示，既然他们的"咏物"为不得已的选择，而并非主动的取舍，那么，他们所咏的，必然还是内心不平之气，言的还是内心之"志"。

作为文学创作和研究双重性质的书话，是作家文人在被边缘化之后，退回书斋开始的写作。这种往书斋的退守，使得文人的言说隐去了宏大叙事和公共话语的浓烈色彩，更多了个人话语的特质，更多地指向了心灵，指向了自我。明人李贽在《读书乐》一诗的阅读心态，就颇有代表性：

> 天生龙湖，以待卓吾。天生卓吾，乃在龙湖。龙湖卓吾，其乐何如？四时读书，不知其余。读书伊何？会我者多。一与心会，自笑自歌。歌吟不已，继以呼呵。恸哭呼呵，涕泗滂沱。歌匪无因，书中有人。我观其人，实获我心。……③

李卓吾是至情至性之人，其所写情绪可能有夸张成分，但是在书中找到知己，通过对书的评点，来抒发自己心中块垒则是无疑的。实际上边缘身份的文人这种不得已在书中寻得无限乐趣的边缘心态，古今一致。

---

① 参陈福康：《郑振铎传》，十月文艺出版社 1994 年版，第 304—213 页。其中讲述在北平任教时之"遭忌与被排斥"的过程。

② （宋）张戒：《岁寒堂诗话》，《中国历代诗话选》第二卷，王大鹏等编选，岳麓书社 1985 年版，第 512 页。

③ （明）李贽：《读书乐》，《焚书》卷六。

当然，作家文人们在与书籍对话中，实现自我的慰藉的同时，也不可能完全弃绝世事和现实。只不过，他们对现实关注的方式发生了根本的变化，通过对书籍典籍的批评谈论，来投射现实。如欧阳修"退居汝阴"，始得撰写《六一诗话》。李渔写作《闲情偶记》自谓："庙堂智虑，百无一能；泉石经纶，则绰有余裕。惜乎不得自展，而人又不能用之。他年赍志以没，俾造化虚生此人，亦古今一大恨事。故不得已而著为《闲情偶记》一书，托之空言，稍舒蓄积。"这夫子自道，实际上说明了文人退出公共话语领域后，主动选择一种边缘化的生存方式，以及与这种边缘化生存方式相应的表达言说话语，以寄"闲情"，以舒"蓄积"。现当代书话家的写作状态，与之很有些相似。特别是当代的书话作者，更是在商业化的大潮中，主动退守。如孙犁，在他的晚年几乎有了全部的精力致力于书话写作和文体创制，尽管没有放弃对现实的关注，但毕竟回到了陶冶性情自我享受的闲适一路了。对此，还是鲁迅说得明白深刻，他曾不无尖刻地说过："中国文学从我看来，可以分为两大类：（一）廊庙文学，这就是已经走进主人家中，非帮主人的忙，就得帮主人的闲；与相对的是（二）山林文学。唐诗即有此两种。如果用现代话讲起来，是'在朝'和'下野'。后面这一种虽然暂时无忙可帮，无闲可帮，但身在山林，而'心存魏阙'。"[①] 文人企图以超功利、超政治地生活于书斋之中，安于其艺术文学的象牙塔之内，然而现实是无法超离的，现实往往迫使人们必须做出选择，而且是正确的选择，否则将如无尽的深渊。但是由于文人柔弱的根性，他们往往会因为过于沉浸于自己种种趣味而失却了方向感，在大的历史面前栽了跟头。这正如鲁迅早就说过的，想拔着自己的头发离开地球，那是不可能的。周作人、周越然、周黎庵，甚至叶灵凤，他们都在历史上有或多或少不清楚的地方，或多或少也有着这方面的原因。在当时的民族战争背景下，每一个人都不可能超离现实世界，每一个人都必须在现实面前作出自己的判断和抉择，或此或彼，是不允许有非此非彼，既此又彼的选择。在必须作出抉择时不做抉择，其实就是一种选择，这种选择最终会推着你陷入与最初完全相反的

---

　　① 鲁迅：《鲁迅全集》第7卷，人民文学出版社1981年版，第383页。

另一种选择，最终误入泥淖，而无法自拔，累及终身。

边缘的身份与边缘的表达，也有它的便利在，而且往往能发挥其他形式无法代替的独特作用。边缘本身就意味着对正统和主流的抗拒。我们知道，新中国成立之后的 30 年间，我们的文学充斥着政治话语，文学创作被严格地限制在政治意识形态所允许的范围内，而这个范围又极其狭窄，除了为当时的政治话语服务外别无它途，整个文学面貌政治化庸俗化。而且，这 30 年间，对五四以来新文学的认识也是愈加片面偏执，最终文学史书写给我们描述的是一个文学的革命史斗争史。前面已经谈过，20 世纪 50 年代，从王瑶的《中国新文学史稿》到蔡仪、丁易、刘绶松、张毕来等的文学史著越来越简化为"两条路线"的斗争史。当时的作家学者被迫违心地写了一篇又一篇或批判、或检讨的文章。而就是在五六十年代，唐弢在几个报纸上相继发表新文学书话。这样一些看似短小、随意的断章零篇，却意外地受到了当时文学界、文人圈子内（尤其是从五四新文学文坛中走来的那些人）的追捧和推崇。唐弢在《晦庵书话》的序言中，就提到自己发表系列书话及出版《书话》后，王伯祥、侯金镜、赵家璧、叶圣陶等的关注："王伯祥先生……每次见面，总要谈到《书话》，还介绍一些刊物向我约稿。""……侯金镜同志……恍然大悟地望定我说：'是你呵！我每次都将《书话》剪贴在本子上，赶快写下去吧。'""记得《书话》在《文汇报》副刊《文化街》发表的时候，有一次在开明书店遇见叶圣陶先生，他说：'古书讲究板本，你现在谈新书的版本，开拓了版本学的天地，很有意思。'"①这些人对书话如此关切和喜爱，至少反映了书话所话的作家、书话的内容侧重，与文学史和当时的文学批评（严格意义上是文学批判），差异很大，很多无法进入当时文学史的作家作品，也在书话中得到了体现。同时，书话写作中这种自娱式的雅事闲情，投合了作家文人等上层知识精英的审美

---

① 分别见唐弢：《〈晦庵书话〉序》，《晦庵书话》，三联书店 1980 年版，第 2、3、5 页。在提到赵家璧的时候，唐弢说："我也还得谈到赵家璧同志。据《阿英文集》编者吴泰昌同志告诉我，家璧看到目录后提了个意见，说是别的都很齐全，可惜把书话给漏掉了。"（见唐弢：《晦庵书话》，三联书店 1980 年版，第 3 页）这里尽管唐弢是在澄清晦庵是自己的笔名而非阿英的，在表明赵家璧等人误将"晦庵"作阿英，但从客观上，这也反映了赵家璧等人对书话的喜爱、关注、推重，认为书话是一个重要的创作。

需求和阅读习惯。尤其是在新中国成立后创作遵循政治政策、歌功颂德等带来的政治化、统一化、假大空而导致的文学审美丧失的背景下，这种需求则更为突出了。比如当时郭沫若、茅盾、巴金、老舍等五六十年代的跟风应景之作，都充满了虚假硬伤，形式也僵硬。当时兴起的民歌大跃进运动，更是充满了审美粗鄙化的现象。

"文革"后新时期的书话恰恰在一定程度上表现出非市场化、抗拒市场化、抗拒主旋律化的趋向。新时期以来，小说等创作显示出高度市场化的倾向，尤其是90年代以后，市场化程度更高了。但是这个时期的书话写作恰恰相反。一般读者更喜于阅读刺激性故事性强的叙事作品，书话这种文体处于冷落的边缘。报纸杂志上喜欢登载更多的也是这类作品。这个时期的书话作者不仅为体制所抛弃，为政治主旋律所遗忘，同时也不为市场所青睐。当被政治和市场都抛弃之后，回到真正的自我就成了他们的唯一选择了。

结　语
回到中心：反思刚刚开始

东方终是东方，西方终是西方，双方是永远合不来的。

——R. Kibling

　　本书导言一开篇，就表明了研究的原则与目的，此前的论述也尽可能贯彻之。这一原则就是：在本书中，书话既是研究对象，更作为研究途径，以边缘的书话为切入口，进而去考察现代中国文学的诸种复杂面相。从边缘的书话切入，经过对书话及现代文学的整体研究考察，我们清楚了：作为边缘文学体式的书话的特征及意义；作为文学批评方式的书话对现当代文学批评研究带来的启示；作为文学史料的书话的价值及其对新文学文献学建构的意义；作为汲取传统和引入域外理论思潮观念的重要途径的书话，如何展示了中西文学文化对现代中国文学产生至关重要的影响及这一影响互动中发生的种种变异、错位；作为新文学经典化路径的书话如何建构和影响着人们对文学史的想象；对书话文体的选择经营与 20 世纪作家身份心态的复杂关系等。

　　经过一系列地考察，现在需要将论述回到最终的落脚点：上述诸多层次、角度、方面的探讨，对我们认识现代中国文学、认识现代中国文学史以及认识以往现代中国文学的研究，会带来怎样的反思性的启迪；将书话引入文学研究，给我们既有的现代文学观念和认识会带来怎样的挑战，以及应对挑战的可能性。

一、世纪误会：西方概念与中国文学的拉郎配

我们的文学史研究，有着诸多的矛盾误区没有解决和澄清。我们现当代文学研究的对象范围是什么？边界在哪里？这一研究对象范围认识上的矛盾误区，从文体角度讲，主要是集中于散文研究方面，或者说是对小说戏剧诗歌以外的文体的认定与选择上。关于研究对象的认识，在当代古典文学史研究者那里，根据研究对象的实际情况，是持文章的概念，照单收入的。而现代文学研究则将许多不符合现代西方意义的文学概念的著述创作统统予以清除，于是出现了有学者说的情况："在文学史研究上我们就出现了两种标准：对古代文学史，我们采取的是泛文学的标准，凡属文章，不论文学非文学，我们都收进去；对现代文学，我们采取的是较为狭义的文学的标准，只收文学作品。这样一来，从古代到现代，我们的文学史在逻辑上便衔接不起来。各讲各的，而从来也没有人细究这个逻辑上矛盾的问题。究竟什么是文学，哪些文章应该收进文学史，这只是文学史编写的立足点问题。这个开端就无法避免的问题不解决，文学史的编写便无从谈起。因为它关系到什么是我国文学的特点和它如何的流变。"① 这个矛盾的

① 罗宗强：《文学史编写问题随想》，《文学遗产》1999年第4期。罗文中还就古代文学史界对散文的暧昧复杂的态度，指出了当代学者对散文的界定上的困难。他说："那么，什么是文学散文，什么是非文学散文呢？要解决这个问题，不外两种可能：一是划清文学散文与非文学散文的界限，然后一以贯之，用以衡量整个古代的散文，作为取舍的标准；二是把散文的历史看作一个发展的过程，说明它的初期形态与成熟形态的不同特点，按不同的特点进行取舍。按第一种处理方法，那么有许多的作家作品就要被排除在文学史之外，不仅先秦时期如此，直到唐宋明清都如此。按第二种方法处理，那么就必须说明，我国的散文如何从初期的文学散文与非文学散文不分的状态，发展到分开的形态。从什么时候分？分了之后就不应再将非文学散文收进文学史中。但是，从现在可见的文学史，这两种处理方法似都未见认真的采用。大体说来，已有的文学史近于第二种方法，即把散文的发展看作是一个过程。说'近于'，是就它把初期的非文学散文也收进去，显然是把它们看作是散文的初期形态。但是它又没有研究散文的成熟形态，既没有说清何时进入文学散文的阶段，也没有在后期将文学散文与非文学散文分开。也就是说，在中国古代文学史里，散文这样一个文学式样始终是义界模糊的。"事实上，我们必须看到，罗宗强所说的第一种可能中的文学散文、非文学散文界分的提出，还是基于五四之后的文学意识而来的；第二种方法，则是仍然没有摆脱进化论的、目的论的影响，认为文学的发展是朝着某个目标前进的，而从非文学散文到文学散文的演进，是一种进化的过程，是历史的必然。其实对散文的认识，今人之所以与古人不一样，主要是五四以后西方现代文学观念的影响所致，并非完全源自文体本身。而很多传统的文学文体、文章并非真的随着五四的发生而真的就消失了，而是换了新的面目出现，但其实实质上依然保持着最大程度上的延续。

出现，古代文学和现代文学文体对象的严重断裂，其主要源于我们研究者的文学概念认识发生了变化，而文体自身的演变并非唯一的原因。

中国现当代文学研究正在遭遇危机。从 1990 年代的如何面对和处理通俗小说在文学史中的地位，到旧体诗给现代文学所带来的挑战，再到书话杂述等文体我们应如何放置？其中，书话等杂述如何对待的问题的提出，可能带来的挑战会更大、更根本，也更具颠覆性。因为这里书话杂述等文体，与通俗小说、旧体诗还不一样。至少在一般研究者看来，通俗小说、旧体诗是文学没有任何人提出异议，其是否入史，更多限于"新文学"的学科性质。但书话能否作为一个现代文学研究的对象存在争议，它引出的不是文学史和文学研究接纳抑或拒绝的简单问题，也不仅仅是文学边界的扩充或退守等问题，更关涉了对现当代文学性质的认识、对现当代文学史研究框架、文学研究体系体例等一系列更为根本、更为整体性的问题，从而也引起了传统文体如何继承、传统以何种形式呈现等一系列文化思索和挑战。这关系到对整个中国文学研究的重新认识。

书话源远流长，作为一种传统著述，在中国有着长久的创作历程，有极为丰富的创作资源。将书话纳入现当代文学研究，这必将涉及到文学研究界如何对待传统的藏书题跋、古代文人笔记、古代诗话词话、评点等批评体例。而目前，对于藏书题跋、笔记杂述，尽管古代文学研究界有着很多的研究，但还是将其作为研究的工具和资料来用。之所以如此，主要因为五四以来西方的"文学概论"、文学理念的引入并成为一种统治性的、权威性的、无可置疑的观念。这是对于文学的"现代"的看法。作为现代人，作为五四之后西式教育中成长起来的古代文学学者，自然也是秉持这样的"现代"、"文学"观念和学科认知。带着这种观念去衡量传统古代文学，自然也对何者是文学、何者非文学进行了现代性的剪裁。于是，包括书话在内的文人笔记等杂述就被排除在文学之外。

这里，之所以如此追根究底，并非想真的推翻文学既定观念，因为这是一个巨大的工程，非一人一时所能为之。我只是想对现代的"文学"观念保持必要的"警惕性"，而不能对这种由来并不太久的观念，毫无戒备的认为其真的是理所当然、无懈可击。笔者想追问：现在通行的"文学"的内涵和外延从来如此吗？这样的"文学"概念真的完全符合现代中国文学著述的实际情况吗？急急忙忙与西方接轨的整个中国文学研究界，用西方的文体概念文学观念来衡量中国文学，会带来哪些弊端？① 对这些问题，我们必须有足够清醒的意识。那些中国固有的文体文类，在五四以后就真的如以往现当代文学史叙述的那样，完全消失了么？事实上，这些中国式的固有的文体并没有因为西方现代"文学"观念的流行真的就灭绝了。那么，问题是，这些依然存在的著述，我们作为当代的文学研究者，该如何面对？是掩耳盗铃，充耳不闻，武断地将其抛弃在研究的视野之外，还是审慎地进行考察，寻求其存在之故、变迁之由，探寻其给我们的研究提供启示借鉴？

事实上，现代的"文学"观念不是从来就有的，它在中国的产生变化有其过程。我们现在所持的现代"文学"概念，与中国传统的"文学"概念所指并不是完全相同的。现代"文学"观念是近代以来特别是"五四"以后，受到西方现代"文学"观念影响的结果。

在中国，关于文学的概念，我们还得从源头说起。我们知道，"西学东渐之前，中国并无西方文化意义上的所谓文学概念……说到底，是文而不是文学这一概念奠定了中国文学观念最坚实的基石。"② 许慎《说文解字》中说："文，错画也，象交文。"③ 后来在此原初意义的基础上，形成和衍生除了多重的意义，即刘若愚所说的"一系列光谱般的意义"。④ 诸如"大人虎变，其文炳也……君子豹变，其文蔚也。"（《周易·象传》）"古者庖牺氏之王天下也，仰则观象于天，俯则观法于地。观鸟兽之文，与地之宜。近取诸身，远取诸物，于是始作八卦。"（《周易·系辞下》）"观乎天文，以察

---

① 陈平原也说："以西方的文体观念来剪裁中国文学，提倡'小说'而冷落'文章'，这一学术转型既带来了无限生机，也隐含着蔑视中国固有文类的陷阱。"（见陈平原：《"文学史"作为一门学科的建立》，《文学史的形成与建构》，南宁：广西教育出版社1999年版，第6页）

② 彭亚非：《中国正统文学观念》，社会科学文献出版社2007年版，第3页。

③ 许慎：《说文解字》，中华书局1963年版，第185页。

④ 参刘若愚：《中国的文学理论》，田守真、饶曙光译，四川人民出版社1987年版，第30页。

时变；观乎人文，以化成天下。"（《周易》）"叁伍以变，错综其数，通其变而成天下之文。"（《周易·系辞下》）① 对此，刘师培曾总结道："三代之时，一字数用，凡礼乐、法制、威仪、言辞、古籍所载，咸谓之文。是则文也者，乃英华发外，秩然有章之谓也。"② 直到刘勰从文化的意义上转向了审美意义上文的用法，《文心雕龙·原道》："傍及万品，动植皆文：龙凤以藻绘呈瑞，虎豹以炳蔚凝姿，云霞雕色，有逾画工之妙；草木贲华，无待锦匠之奇——夫岂外饰，盖自然耳。"③

到了近代，对文的认知依然有着不同的指称。一种依然延续着传统观念，将文看作是与一切文化领域相关，采广义之说。如章太炎说："文学者，以有文字著于竹帛，故谓之文；论其法式，谓之文学。凡文理、文字、文辞皆称文；言其采色发扬，谓之彣。以作乐有阕，施之笔札，谓之章。"④ 而在此前后，窦警凡《历朝文学史》、林传甲《中国文学史》、黄人《中国文学史》等最早的三部中国文学史著陆续出现。其中，黄人的文学史在文学观念的现代转型，亦即将现代西方文学观念传输过程中更具有先锋性。正如有学者说的：黄人"可以说是第一次比较系统地从文学的目的、文学与历史等学科的关系、文学史的效用等方面，来为文学与文学史作一全新的界定，这与窦警凡《历朝文学史》仍以儒家经书为'千古文学之宗'，以'文章即经济'的标尺斟衡集部价值的传统文学观念，与林传甲《中国文学史》将新导入的相当模糊的'文学史'概念与考究'历代文章流别'相对接，通过辨体以求正变，而于'文学'观念摇摆于'学问'与'词章'之间，仍强调尚实致用的立场相比，其差距不可以道里计。"⑤ 黄人已经意识到文学之为文学的重要特性："审美"，"从文学之狭义观之，不过与图画、雕刻、音乐等"，属于"美术"之一部分；同时兼具"真"、"善"之功能，

---

① 有关考古表明，"叁伍以变"本是商周时期人们描述编织纹样的专门术语（参于民：《春秋前审美观念的发展》，中华书局 1984 年版，第 131 页。）

② 刘师培：《文说·耀采篇第四》，《刘申叔遗书》上册，凤凰出版社 1997 年版，第 707 页。

③ 刘勰著，詹锳义证：《文心雕龙义证》，上海古籍出版社 1989 年版，第 8 页。

④ 章太炎：《国故论衡》，商务印书馆 2010 年版，第 73 页。

⑤ 陈广宏：《黄人的文学观念与 19 世纪英国文学批评资源》，《文学评论》2008 年第 6 期。

故"自广义观之，则实为代表文学之要具，达审美之目的，而并以达求诚明善之目的者也。"黄人在1911年编的《普通百科新大辞典》"文学"条说："文学虽与人之知、意上皆有关系，而大端在美，所以美文学亦为美术之一"。与黄人暗合的是，王国维提出"感情之最高之满足，必求之文学、美术；知识之最高之满足，必求诸哲学"[①]。相似的，鲁迅《摩罗诗力说》谓："由纯文学上言之，则以一切美术之本质，皆在使观听之人，为之兴感怡悦。文章之为美术之一，质当亦然，与个人暨邦国之存，无所系属，实利离尽，究理弗存"[②]。周作人《论文章之意义暨其使命因及近世论文之失》也提出过类似的看法。由于"别求新声于异邦"的诉求，可见在近代知识分子的观念里，西方现代文学观念已经得到相当程度的认识接受。学者金克木对这一概念的引入及权威的确立有着敏锐的认识："五四运动以来，讲骈文的'选学妖孽'和讲古文的'桐城谬种'一同都被扫荡了。从此文学的范围标准便是从欧洲来，而推翻了从第一部文学总集《文选》以来的传统。"[③]

至此，近现代学人已经开始有意识地按照现代西方的文学观念来建构和判断中国的文学事实，新的文学观念确乎在"五四"时期已经建立。但是，与此同时，"名"与"实"的矛盾也由此出现了。这些概念含义在表述和区分的时候，似乎明确清晰，但一旦具体指向某种文学作品、文体文类的时候，就不那么明确奏效了。比如说传统的志怪如何归类，轶事逸闻类的笔记如何归类，例如沈括的《梦溪笔谈》是小说，还是笔记，是人文还是科学？面对这些情况，近现代学者也往往棘手惶然。这一方面是由于文学本身的复杂性，文学概念自身有着诸多的悖论矛盾在，恐怕永远也无法真正搞清楚；更重要的方面还在于由于中国文学自身的特殊性，完全套用西方现代文学观念，会产生诸多的不合之处。

---

① 王国维：《奏定经学科大学文学科大学章程书后》，《王国维论学集》，中国社会科学出版社1997年版，第377页。

② 鲁迅：《摩罗诗力说》，《鲁迅全集》第1卷，人民文学出版社2005年版，第73页。

③ 金克木：《古文中的疑"散文"》，《文化卮言》，金克木著，周锡山编，中国人民大学出版社2006年版，第214页。

近人蔡正华曾在《中国文艺思潮》一书开篇坦言文学的复杂性及中国与西方的文化背景等方面的差异，而导致了文学史书写种种难以解决的困惑悖论与问题。他说："什么叫中国文艺思潮？思是思想，潮是潮流，写一部中国文艺思潮，至少须把已有的文艺作品，一一分析其思潮背景，以求能找到一个线索，然后说明其嬗递转变之故。可是谈何容易：第一，中国文艺上的遗产，最为丰富，要在这浩如烟海之中，找寻一个线索，已是一件很不容易的事情；第二，构成这背景的原因又很复杂，非在宗教、哲学、社会、经济各方面，都有相当的认识不可；第三，中国民族，自有他的特性，就思潮的转换与变迁而言，便和西方民族，完全不同，根本上决不能用西方文艺上的各种主义，来衡量一切的。"[①]蔡正华已经敏感地意识到了西方文艺的概念与中国传统固有的文学事实之间并非真的就能实现无缝对接。

而这种焦虑似乎到后来就消失了。焦虑的消失并不意味着这种西方概念和中国文学之间的矛盾获得了解决，而是问题与矛盾被搁置了，搁置的方式就是将不适合西方现代"文学"概念的中国文学事实剪裁干净。在这个基础上建立起来的"现代"中国文学在某种意义上只是一种想象，是一个被"五四"及其以后的学者建构起来的"文学神话"。叶舒宪曾有过相当有启发的论述：

> 被业内大多数人视为理所当然的"中国文学"这个学科，其实是在西方literature（文学）观念输入的背景下，被认为建构出来的一套现代学术话语。按照这套话语所讲述、所传播的"中国文学"，相比这套外来的学科话语进入中国之前的时代，究竟距离我们中国文学的现实存在更切近一些呢，还是更遥远一些？……现有的被当作合法化和权威化的学科划分，原来是未经过我们本土文化立场论证和筛选的舶来品。……
>
> 从人类学认识所提倡的本土立场看，当今的文学专业人士在思考

---

① 蔡正华：《中国文艺思潮》，世界书局1936年版，第1页。

"中国文学"、"中国文学史"问题时，只有对象素材是中国的，而思考的概念、理论框架的问题模式都是照搬西方的、现代性的。这样的一种理论观念上的先天限制，使得无论"重写"的动机如何，都无法获得超越的基础条件。这就难免使形形色色的"重写"蜕变成换汤不换药的局部变化和总体重复。①

基于文学认识与文学史书写的严重偏差，金克木曾认为 21 世纪的中国文学史写作应该回到刘师培《中古文学史》②的写法③。不管他的预测是否正确（现在看来似乎过于乐观了），至少他的意见提醒我们，近百年来的中国文学史尤其是中国现当代文学史的写作，过于依赖西方的文学观念理念，而忽略了中国文学本身的实际情况。回到刘师培的写法是不可能了，但是我们现代学人却需要明白，必须根据我们中国文学的实际情况来看待中国文学，而不是完全按照西方的眼光打量自身。

叶舒宪曾对现在被奉为圭臬的西方现代"文学"观念对于中国文学实际的有效性提出过质疑："植根于西方现代文学创作实践的现代的文学观是以典型的四分法来规定'文学'之领域的，那就是诗歌、散文、小说与戏剧。这样的四分法文学观传入我国以后，迅速取代了本土的民族的传统文学观，成为推行西化教育后普遍接受的流行观念，即无须为其在中国语境中的适应与否做任何调研或论证。一部又一部的文学概论，一部又一部的中国文学史，都是以同样的舶来的四分法模式来切割和归纳中国文学的实际。其结果就是我们文科师生多少代人沿袭不改的教学模式：带着四分色的有色眼镜来看待自己民族的传统文学发生发展的历史。于是，大同小异地要从先秦诗歌和先秦散文开始，因为戏剧和小说都是在非常晚的时代才进入文学创作并成熟起来的。小说与戏剧在中国文学历程中的这种晚熟性，也就注定了先秦两汉魏晋南北朝的文学主流只能是'诗歌''散文'这样的二分天下了。于是，诸子散文与史传散文

271

---

① 叶舒宪：《本土文化自觉与"文学"、"文学史"观反思》，《文学评论》2008 年第 6 期。

② 参刘师培：《中国中古文学史》，《刘申叔遗书》下册，凤凰出版社 1997 年版，第 2364—2406 页。

③ 金克木：《试测下世纪文学史研究》，《读书》1998 年第 1 期。

相区别，也就把先秦文学的散文一面基本穷尽了。《论语》被光荣地纳入到'诸子散文'的范畴之中，殊不知孔子自己的时代还根本没有这样一种'散文'的概念和相应的意识，更不用说写'散文'的闲情雅致了。"①刘东则从语言的角度论及中西文学的"拉郎配"的现象："……我们一上来没有特别批判性地来了解语言的关系，误以为翻译是可以对等的。在这种翻译对等的认知前提下，art 就和中国的艺术连上了，literature 和文学就连上了，这个文学连上了以后，文学下边又有一大堆东西比如说 poem 和诗又连上了，连上以后我们就建立了这么一堆联系。可是最后在这个翻译对等的前提下，我们发现它指涉的是不同的东西。于是一个追问就赖了，就是中国人的史诗呢？中国人没有史诗啊？它就不管你有没有司马迁了。"②

他们提出的问题是值得思考的，但问题的关键更在于，这种照搬西方现代文体观念来切割中国的文学实际，不仅仅会误读中国传统文学，而且会削足适履，其严重的结果更在于，戴着这种西方有色眼镜去观照中国文学，就会将很多原本属于优秀的、有益的、丰富复杂的文学成分与文学层次抹煞，置之不顾，这会带来很大的遮蔽，很多原本属于中国文学的东西却视而不见，或者根本无法看见。

本书所论的书话就是长期以来被抛弃在研究视野之外的。这不仅会带来认识传统文学时的极大遮蔽，同时也会对我们认识研究五四以后百年中国的文坛时造成不必要的遮蔽，那就是将那些被延续下来的传统著述体例、写作事实、创作现象文人作者摒弃于文学史书写和文学研究范围之外，这严重影响到了对现当代文学创作实际的全面认识。所以说，一次次的文学史重写，一次次文学研究的反思，都是在既定的五四之后西方文学文体观念框架内展开的，无法彻底地认识中国文学的独有特征及其丰富性复杂性。

---

① 叶舒宪：《"学而时习之"新释》，《文艺争鸣》2006 年第 5 期。

② 见《海外汉学的视野：以普实克、夏志清为中心》，《抒情传统与中国现代性》，王德威著，三联书店 2010 年版，第 318 页。

二、"文学"观念的调适与中国意识的重建

长期以来，现当代文学研究界的文学观特别是文体观存在着一定的盲区，这在相当程度上影响着我们对现代中国文学研究对象的开掘与选择。我们对于研究对象和范围的判断，实际上存在着双重标准。文本是否进入到研究者的研究范围，往往是身份决定论，看作者是否是作家。而对于非典型的作家，如一些文化人、杂家、学人的文章尽管从文体风格上艺术审美上颇有造诣，但依然进入不了研究视野，更难以入文学史书写。如黄裳就是最突出的一位。这个现象实在让人疑惑不已。在现有的当代文学史教材中，余秋雨的"学者散文"是必不可少的，并占据了相当重要的章节。然而与黄裳的书话随笔相比，余秋雨的那些散文无论从内蕴还是审美上其实决不及前者，借用废名的话，其实余文多抒情，黄文才多合礼。但是为什么余秋雨能进入文学史，而黄裳却不能？如果以文体为标准，那么同样是多写书话或曰读书记，周作人是现代文学史无法绕开的新文学家，黄裳却不能进入文学史，这又是为何？当然我这里绝不是为黄裳鸣冤，而是我们的现当代文学研究界的文学观、文体观可能真的值得反思与追问。

同样的例子还有很多。比如从不进入文学史视野的郑逸梅。郑逸梅的"艺林散叶"系列多记前彦逸事，"散叶"很多其实就是书话，在最大程度上保留了文坛的真实性、原生态，为近现代文坛保留着一份份极为珍贵的纪录片断。陈子善曾评价郑逸梅的写作："少则十余字，文字精炼，耐人玩索，吉光片羽，足资启迪。他写人物，只描画其一眉一目，一笑一颦；记事件，只择其涉笔成趣的精彩部分加以渲染；抒情怀，也是含蓄浓缩，以格言点缀其间。如最短的一条：'许地山擅弹琵琶'，寥寥七字，就把许地山鲜为人知的特长和盘托出。……既继承了六朝刘义庆《世说新语》和清代张潮《幽梦影》的传统，又有郑老自己的创造和风格，推陈出新。"[①] 陈子善还进一步发挥说："就独创性而言，'郑公体补白'其实是开拓了一种

---

① 陈子善：《"人淡似菊，品逸于梅"——浅说郑逸梅先生》，《文人事》，陈子善著，浙江文艺出版社1998年版，第51—52页。

新文体。20 世纪的文学家中，鲁迅是文体家，周作人是文体家，沈从文是文体家，老舍是文体家，郑老又何尝不是文体家？……这在文学史上理应大树特树一笔。"① 然而陈子善的呼吁倡导并未真正引起研究界重视，是因为郑逸梅的"旧派"身份，还是研究界的文体偏见？这个问题发人思考。

评价衡量一些文字是否文学并不能依照写作者是否是文学家、作家来定。比如英国丘吉尔曾被授予诺贝尔文学奖，当然毫无疑问这个诺贝尔文学奖只能授予给一个文学家，而丘吉尔的身份是政治家，而政治家身份的丘吉尔创作的却是回忆录、传记文学。由此可见，身份并不能成为限制我们文学研究对象的标准。同样的，之所以很多研究者不把现代书话写作作为文学看待，其实更多的是因为研究者介意于书话作者的身份，而不仅仅是书话本身。

在现当代文学中，处境尴尬的并不仅仅是书话一家。由书话而引发开去，其实还有大量与书话类似的现代当代文人笔记类的著述也亟须我们开拓和研究。这就提醒我们，重新认识文学的边界，提出现代"杂文学"概念对于新文学史料的发掘，对于现当代文学研究的深入拓展是很有必要的。止庵就将周作人的鲁迅研究三书当作他的散文对待："这就是周作人的散文，是周作人晚期的重要作品，在整个周作人散文中是不可或缺的一部分"②，而不仅仅是研究资料。同样典型的还有很多，比如浦江清的文章许多都属于美文一类，但却不为人所察。目前的研究现状，正如止庵感叹的："咱们关于散文的概念未免也太偏狭了。文学散文应该是一个范围之内的文体，介乎散文诗与非文学的论文之间，依次（从最接近于诗的一端说起）包括抒情散文、叙事散文、随笔和具有文学色彩的论文即美文在内"③。

尽管已经有学院派学者意识到这一问题，如杨洪承就呼吁："中国现当代文学和其学科面临文学边界的扩大和文化研究的开拓"④，但是在实际的研究中仍然难有突破。关于现当代文学研究界文体观念局限产生的原因，

---

① 陈子善：《郑逸梅先生"三忆"序》，《博览群书》2002 年第 5 期。
② 止庵：《周作人有关鲁迅之作》，《如面谈》，东方出版社 1997 年版，第 112 页。
③ 止庵：《散文家浦江清》，《如面谈》，东方出版社 1997 年版，第 75 页。
④ 杨洪承：《谈中国现当代文学的学科意识及其研究困境》，《文艺争鸣》2008 年第 5 期。

拙文《关注随笔的文学成就》已经有所申述①。我想进一步指出，五四以来，由于受到西方文学观念的影响，在现代人视野里，更多地只限于现代意义上的小说、诗歌、戏剧等文学体裁。而中国传统的文学体例在现代中国的延续往往无法看到，即使看到，也不敢越雷池一步。目前要想使现代文学研究得以进一步拓展深入，文体范围的开拓、视野的拓展就变得十分迫切。

要还原中国文学固有的特点，用开放的历史的眼光突破现有文学视野边界，我们有必要追问：书话以外，还有哪些传统的文体及文学现象还处于被遗忘的角落？我们如何看待传统文体在现代中国文学的延续？传统著述在现代中国以何种方式存在的？如陈平原就在《学术史上的"现代文学"》一文中谈到"中国现代文学"学科的发展局限及面临的挑战②，这也是现代文学界的普遍焦虑。如何面对这种被取消的危机，突破现有的文学的边界，也许不失为一种有益的思考。金克木曾经在一篇文章中提出近现代文学研究要全面反映文学历史。他说：

> 讲中国现代文学史的大都只重新文学。若将文学作为现代中国的历史现象的一部分而不是只讲文学，那就不能不全面考虑，不能先定优劣和主从，只讲新的、好的，不讲旧的、不好的，不顾那些拥有相当多一般读者的通俗文学。从戊戌政变或辛亥革命到全国解放，中国文学处于变革时期，包括两方面内容：一是旧文学传统的翻新，一是外国文学传统的中国化。后者大家都知道，前者就未必。前者还应当分为两支：一支是仍然用文言传统体裁写诗词小说等。作者中也有进步人物，并不都是封建遗老。另一支是通俗小说，是旧传统的又一面。从李伯元、吴趼人、《九尾龟》《广陵潮》到张恨水、刘云若、还珠楼主的作品，为什么不像文言小说如《玉梨魂》那样断了种？通俗小说和新小说看来对立，其实未必。赵树理可算一例。对坏东西采取不承认主义，效果不会很好。好坏、高低、雅俗、流行不流行，是不

---

① 参拙文《关注随笔的文学成就》，《人民日报》2008 年 4 月 24 日。

② 陈平原：《学术史上的"现代文学"》，《文学史的形成与建构》，广西教育出版社 1999 年版。

同层次的问题。关汉卿、罗贯中一生都未被认为高雅。①

尽管说金克木在这里着重谈的是通俗小说被新文学史忽略的问题。他说这些话的时候是在 1987 年，到现在已经过去二十多年时间了。通俗文学在一定程度上也已经被新文学研究者所认可，而且有相当一些人已经在致力于通俗文学的研究，并取得了不小的进展。比如苏州大学的范伯群曾经提出"两翼论"，② 认为在中国现代文学史上有新文学和通俗文学两个翅膀，两个流脉共同组成了现代文学的发展。在此，笔者想补充指出：范伯群先生在文学史观上迈出了极可贵的一步，但真正的历史可能远比这更为复杂。近现代文学的发展也并非"两个翅膀共同飞翔"，在"两翼"之外，还有很多部分存在。因为现代文学的发展是一个非常复杂多元的多种体裁、多种层面的混合体。不仅仅是雅、俗两脉，也不仅仅是新、旧二元。

事实上，重建一个杂文学、大文学观念似乎是很必要与迫切的了。日本太田善男所著《文学概论》，其中"文学的分类"一节对于文学的界分似乎在今日对我们认识文学仍有很重要的启发意义。太田氏首先将文学分为纯文学与杂文学两大类，以纯文学为诗的别名，其内容为美的思想，而外形由吟式诗与读式诗两种区分可得，前者为所谓律语（Verse），包括叙事诗、抒情诗、剧诗及种种交叉变体。后者为散文诗（Prose），包括叙事文、抒情文、小说等。纯文学的特色，其内容、外形不仅皆为美的体现，而且一般落实于"情的"这一点，即诉之于情。杂文学为纯文学以外之总称，

---

① 金克木：《近现代文学的全面》，《文化呓言》，金克木著，周锡山编，中国人民大学出版社 2006 年版，第 214 页。

② 关于"两个翅膀论"的提出经过，范伯群曾说："'两个翅膀论'不过是重提了文学史上的一个常识。1994 年，我们编了一套《中国近现代通俗文学评论丛书》，中国作协江苏分会的前主席艾煊为我们写了一篇评论，散文家写评论自有许多形象的比喻，题目就叫《找回另一只翅膀》（记得是分两个刊登在《扬子晚报》上）：'现代文学并非独臂英雄。文学向来是两翼齐飞，振双翅而飞翔的。这两翼就是严肃文学与通俗文学。此两翼齐飞，并非始自今日，应该说，这种现象贯穿于文学史的始终。只是由于某种偏狭之见，在文学界往往只肯承认严肃文学的一翼，不愿承认通俗文学一翼的存在。……'"（见范伯群：《"两个翅膀论"不过是重提文学史上的一个常识》，《文艺争鸣》2003 年第 3 期）。范伯群先生在很多的论著与文章中多次论及"知识精英文学与市民大众文学双翼展翅翱翔的'两个翅膀论'的中国现代文学史观"，并在文学研究界引起重大影响，也引起很大争论。

其性质与诗异；杂文学的分类，亦可由叙述文与评论文二种而得。杂文学的特色在"知的"这一点，换言之，与诗的以感动为目的相反，它是以教导为目的。①

金克木在上面谈到旧文学传统的翻新，认为这方面还应当分为两支：一支是仍然用文言传统体裁写诗词小说，另一支是通俗小说，是旧传统的又一面。事实上，旧文学传统在现当代延续的表现形式，并非仅仅是旧体诗词和通俗小说。如果说仅仅限于诗词小说这种体裁在现代有存在的话，那也未免太狭窄了。其实在诗词小说形式以外，还有大量的散文，这里说的"散文"，当然并非仅仅是新文学的所谓"美文"了。而是传统的小说诗词之外，与传统创作方式有着密切继承关系的大量写作著述。对此，当前的现当代文学研究者还没有足够的重视。比如说美文、小品文、抒情散文之外的，由传统藏书题跋发展而来的现代书话及读书札记，还有延续传统文人笔记体例而来的现当代文人笔记。对于前者，我在本书前面已经做了很多探讨。对于后者，笔记体例尽管有着大量的写作，但更少有文学研究者去关注。比如郑逸梅的"艺林散叶"中对近现代文人的逸事雅好等的追记，赵景深、赵家璧等人对文坛故实的回忆，邓云乡对旧京风貌的点滴留影、对鸟兽虫鱼等的些许感触，如此等等。这些都直接承续着传统笔记杂述体例，可以说是传统文人笔记的现代转换了。

对于中国现代散文与传统文人笔记的关系，郁达夫早在 20 世纪 30 年代就已经意识到了。他在《中国新文学大系散文二集》的导言里曾提到中国现代散文在接受西方（主要是英国散文）的影响时，有个很重要的基础，那就是中国有发达的笔记。他说："英国散文的影响于中国，系有两件历史上的事情，做它的根据的：第一，中国所最发达也最有成绩的笔记之类，在性质和趣味上，与英国的 Essay 很有气脉相通的地方，不过少了一点在英国散文里是极普遍的幽默味而已。"② 郁达夫的话，其实说明他已经意识

---

① 具体评析参见陈广宏：《黄人的文学观念与 19 世纪英国文学批评资源》，《文学评论》2008 年第 6 期。

② 郁达夫：《中国新文学大系散文二集·导言》，《中国新文学大系散文二集》，良友图书印刷公司 1935 年版，第 11 页。

到了中国传统笔记体例与现代散文的血脉关系。尽管说他更强调中国现代散文所受西方（英国）的影响，但是实际上，传统笔记与西方散文二者对中国现代散文的改造作用，到底哪个更大些也未可知。也正是五四那个时候的新文学家强调其西方的渊源，以显示与传统中国的异质特点，所以往往忽略和不愿意承认传统文学体例在现代中国乃至当代中国存在的事实。

民国期间，因为彼时离开传统未远，新文学家对于传统文体的熟悉和自觉借鉴是非常自然的，而且时人对于传统文体的现代延续是有着自觉和清晰认识的。比如夏丏尊、叶圣陶出版于1934年的《文心》一书第二十五节中专谈"读书笔记"。在这一部分中，作者借故事的主人公王仰之的口对读书笔记传统的源流、现代的延续及呈现论述甚详。主人公王仰之将传统读书笔记类的著述分为两种，一种是关于阅读"经史子集"的心得考证，一种是专谈诗词的："古人所作的读书笔记，普通都是关于'经史子集'的，另外还有一种，是专关于诗词的"。前者如王应麟《困学纪闻》、杨慎《丹铅总录》、顾炎武《日知录》、赵翼《廿二史札记》、王鸣盛《十七史商榷》、王念孙《读书杂志》、王引之《经义述闻》、钱大昕《十驾斋养新录》等。对于后者，《文心》中说："另外还有一种，是专关于诗词的，叫'诗话'或'词话'，这也可以说是读书笔记。词话不多，古今人所作的诗话数量却不少。这里有一部《苕溪渔隐丛话》，是比较古而有名的东西。"紧接着，《文心》对现代人的一类著作发表了看法，将传统读书笔记与现代文学中的一种写作联系在一起了："这类笔记，现代人作的也很多，不过大概都收在文集里，不是单行本罢了。这里有俞平伯的《杂拌儿》和胡适的《胡适文存》，其中就有许多关于读书的文字。你们但看目录吧，如《杂拌儿》里的《孟子解颐零札》，《长恨歌及长恨传的传疑》，《胡适文存》里的《尔汝篇》《吾我篇》《诸子不出于王官论》，但看题目，就可知道是属于读书笔记的文字。"[①] 这里，夏丏尊、叶圣陶很明确地将现代文人写作的这类文字溯源于中国传统的读书笔记。考虑到夏、叶二人在文学创作、研究及文学教育上的影响，以及二人写作的时代，这部书在很大程度上可以反映当时人们对

---

① 夏丏尊、叶圣陶：《文心》，中国青年出版社1983年版，第194—195页。

于各种文体的普遍认知。由此可见，其实在现代文人学者眼里，无论是创作者，还是研究者，对于很是宽泛驳杂的写作著述非常包容甚至喜爱。而绝对不像后来者那样将散文文学完全限制于一个非常狭隘的范围里，忽视传统中国文体在现代乃至当代的延续，对于这些创作，如果无法纳入到既定的西方现代文学观念里，就将其忽略抛开不谈。

到了1944年，学者浦江清曾在文章中谈到笔记杂述作为文学体例的渊源："在文言文学里，小说指零碎的杂记的或杂志的小书，其大部分的意旨是核实的，虽然不一定是正确性的文学，内中有特意造饰的娱乐的人物故事，但只占一小部分。用现代的名词来说明，小说即是笔记文学或随笔文学。"①

进入当代，学者吴调公在1950年代末期也曾提出了中国散文发展中，正统散文一脉之外，还有一路非正统的流脉。他说："以先秦诸子和史传为渊源的作品，一般可以说是属于正统一类的散文。在正统散文以外，还有一种出于'杂书'的散文，即所谓笔记散文。这类散文肇始魏、晋。有许多作品是小说的雏形，也是笔记散文。"接着，吴调公指出五四后的一类随笔杂感的始祖也正是这类文章，"它们和今天的散文的关系比起正统散文来是要密切得多了。"②他的意见不仅强调了新文学创作某一流脉与传统的紧密联系，实际上更启发我们，现当代文学中的书话写作与传统笔记文学的血缘关系。

时至新时期，姜德明在80年代中期谈及当代散文发展的时候也曾呼吁扩大对散文笔记的认识："值得庆幸的是今天我们的文坛上北有《散文》，南有《随笔》两个刊物。真是各有特色。人们不再担心小品文的传统会中断了。现在看来，《散文》似乎更重游记和抒情散文，那么《随笔》岂不正好发展自己的所长。《随笔》应该更杂一些，多一些文史随笔和掌故轶闻。现在有很多青年读者不熟悉笔记文学，有的编辑对此也不感兴趣，因此更值

①　浦江清：《论小说》，《浦江清文录》，人民文学出版社1989年版，第193页。

②　吴调公：《文学分类的基本知识》，长江文艺出版社1959年版，第160页。

得重视和提倡。"① 黄裳在阅读了陈垣的《通鉴胡注表微》之后，称赞陈著"是一部历史学名著，不过我几次翻阅总不能不醉心于他的文章之美。……正是成就极高的散文。"由此黄裳对时下过于狭窄的散文概念提出质疑："我一直有一种感觉，按照今天的通常概念，散文的范围已经狭到难以想象的程度。仿佛只有某一种讲究词藻、近于散文诗似的抒情写景之作，才可以称为散文。其实按照过去的传统，无论中外，散文的门类和风格都非常繁复，并不如此单一。即以史学著作而论，我们就曾有不同风格、色调的散文名篇在。记事、议论……即使是科学性很强的著作，也完全不妨碍它称为美文。"② 其实已经有学者意识到这一问题，如丁帆曾指出："散文文体的边界是随着时代的变化而不断变化的，近年来许许多多的学术散文为什么开始受到青睐……像广州的《随笔》和近年来三联的《读书》上发表的许多具有审美阅读性的文章，你能说它们不属于散文吗？我以为，即使是在商品化的阅读时代，有深度思想和审美效应的学术随笔仍然能够获得它固定的阅读群体。"③

如果我们实事求是地从现当代文坛上的创作实绩出发，其实很容易发现在小说诗歌等核心文学文体之外，有着大量非主流的、边缘的创作存在。从五四到当下，从来都不缺少这一类创作。比如现代有学者也曾暗示笔记类杂述在现代文坛依然占有一定的地位："清人的随笔偶记，其开山祖大概由于晚明文坛盟主的王弇山（世贞），而乾嘉之时集其大成。以后道咸同光四代，一时盛极，差不多有些文名的文人除其所谓正当著述外，都要来一本笔记叙叙其见闻的书，这种流风余沫至民国初元还未尽泯，不过到现在受了西洋文学介绍的影响而寿终正寝吧了！这种辅助正统文学的著作，在十七世纪到 20 世纪在中国文坛上着实占些地位，不容我们忽略的。"④ 他的话告诉我们，笔记杂述一直存在，尽管一直以来都是处于文学的边缘地位，都是核心文学文体的周边地带，不仅古代如此，现代如此，当代亦然。尽

---

① 姜德明：《〈小品文与漫画〉》，《书味集》，三联书店 1986 年版，第 191 页。
② 黄裳：《海滨消夏记》，《黄裳书话》，北京出版社 1997 年版，第 132—133 页。
③ 见丁帆等：《高尔泰达到了散文的顶峰?》，何晶等采写，《羊城晚报》2013 年 6 月 17 日。
④ 周黎庵：《谈清人笔记》，《雪夜话读书》，曾煜编，吉林人民出版社 1996 年版，第 51 页。

管其文体地位边缘，但并非不受到很多文人学者的重视。其中一个重要原因是它的边缘地位恰恰也给了这种文体以自由，笔记杂述书话等，往往是不载道的，甚至是"非道"的，对当时的主流之"道"甚至是颠覆和解构的，往往带有一些叛逆色彩和异质因素。所以鲁迅曾提出，看二十四史的正史，其"涂饰太厚，废话太多，所以很不容易察出底细来"，"但如看野史和杂记，可更容易了然，因为他们究竟不必太摆史官的架子。"① 周黎庵也说过类似的看法："当晚明文学在出版界活跃的时候，我就有想起清人笔记的念头，其目的在于要使大家于消遣之中寓以知识的意义，因为有几部清人笔记，罗一代故实，凡不取详实，要研究一件事实还在于野史中搜罗，例如研究太平天国时代的历史，湘军志，平定粤寇记略这种书也只能窥其大略，真真的实在客观情形，远不如在野的私家记载和客卿的书籍。"② 而且对于文人而言，在笔记杂述中的面目也往往更为真实，更见个人性情："文人好作短篇的随笔偶记，……其原亦在于每日板起面孔做正统派的神道碑，墓志铭，征，启，疏，牍，没有自己性灵寄托的地方，他们的真面目在笔记中才可流露出来，我以前亦颇非议纪昀朱竹垞之鄙贬明人文章，后阅清人笔记所载，则竹垞晓岚固皆是风雅人物，全不是正统书中一副面目，因此悔悟读《曝书亭集》不如看《竹垞小志》，买《曾文正全集》，不如花几个子买其家书也。"③

实际上，现当代文坛存在的这些书话、随笔、笔记杂述等边缘性文学创作，其源远流长，且至今生生不息。关于其渊源，本文第一章第一节已有论述。在此，笔者想进一步补充，去澄清一个文体源流上的问题。这一问题的清理，对我们认识书话等边缘文体的历史根源和合法性存在无疑起到相当重要的证明作用。

众所周知，现代以来的学者，无一不把五四之后出现的现代意义上的"小说"的渊源归于传统中的笔记杂述野史稗乘。这一判断，似从鲁迅的《中

---

① 鲁迅：《忽然想到（四）》，《鲁迅全集》第 8 卷，人民文学出版社 1981 年版，第 17 页。

② 周黎庵：《谈清人笔记》，《雪夜话读书》，曾煜编，吉林人民出版社 1996 年版，第 51 页。

③ 周黎庵：《谈清人笔记》，《雪夜话读书》，曾煜编，吉林人民出版社 1996 年版，第 55 页．

国小说史略》起就成为不刊之论，成为权威性的结论。著名学者浦江清尽管已经意识到了传统意义上的"小说"与现代"小说"的根本不同，但他坚持认为："《汉书艺文志》的小说家并非与后世小说家绝无关系，而确是中国小说之祖，因为从魏晋到唐宋所发展的内容至为庞杂的笔记小说，正与之一脉相承。"可是问题是，庞杂的笔记小说与现代意义上的小说有着质的差别。当然，浦江清意识到了这种巨大的差异，于是他竭力想从传统的笔记小说等杂述中寻找出现代小说的渊源。如他在《论小说》一文中梳理传统小说笔记的观念变迁时，先引桓谭的话："小说家合残丛小语，近取譬喻，以作短书，治身理家，有可观之辞"，后谈胡应麟对小说的分类："一曰志怪：搜神，述异，宣室，酉阳之类是也；一曰传奇：飞燕，太真，崔莺，霍玉之类是也；一曰杂录：世说，语林，琐言，因话之类是也；一曰丛谈：容斋，梦溪，东谷，道山之类是也；一曰辩订：鼠璞，鸡肋，资暇，辩疑之类是也；一曰箴规：家训，世范，劝善，省心之类是也。"浦江清对比桓谭与胡应麟的分类后指出胡应麟比起桓谭更强调了志怪、传奇而不太看重箴规一类，于是浦江清接着认为："胡应麟虽没有将箴规一类遗忘，却放在最后，与桓谭的特别看重，态度不同。他把志怪传奇卓然前列，与现代的看法相近。也许他原想把传奇放在第一，因为比较晚起而抑在第二的。……这里面就包含有观念的演化。明朝人的特别看重传奇是受了宋元以后白话小说的影响，在当时人的观念中渐渐地把虚构的人物故事作为小说的正宗。"[1] 他的这种找寻和梳理可谓用心良苦，但是不得不说，浦江清还是犯了一个错误，那就是为了证明一个既定的结论，即传统古代笔记小说杂述向现代小说的观念和形态演进的必然历史趋势，而不惜大胆的臆测，尽管他的根据的寻找是用心良苦的，但仍有深文周纳的臆断之嫌。

　　之所以提出质疑，这里，笔者并非要完全彻底地推翻这种观点，而是想补充指出的是，中国古代传统的笔记小说等杂述的后裔中需要重新加上一条直系的后代和直接的流脉，且有必要认识到现代意义上的小说可能只不过算笔记的一个远房的后代，而非直系亲属。事实上，如果不论中国现

---

[1]　参浦江清：《论小说》，《浦江清文录》，人民文学出版社1989年版，第182—185页。

代小说的西方资源，而仅从传统找渊源的话，中国现代小说的传统基因更多遗传自古代的话本、平话等民间口传文学一脉①。古代的"小说"和现代意义的"小说"，同名而质异。②也就是说虽然同为"小说"之名，但实质上几乎没有多少共同性。不必非要将现代小说认祖归宗为古代的笔记小说稗官杂述。古代的小说（包括传统的笔记杂述野史稗乘等）著述体例传统流脉，在五四之后，并非转换为现代意义的小说。尽管其名称被现代小说所继承，但它的基因更多的分为两脉遗传下来：一脉是书话、随笔和一部分的小品文；一脉是依然以传统笔记形式延续下来的现代、当代依然存在的文人笔记。前者如周作人、林语堂、金性尧、黄裳、唐弢等人的书话和随笔等等。后者除了晚清、民初的大量近人笔记（如徐一士《一士类稿》、刘禺生《世载堂杂忆》、陈渠珍《艽野尘梦》）以外，更有在现当代文坛并非不活跃的郑逸梅、邓云乡、张中行、谢兴尧、谢国桢等人，还有出版界的徐铸成、赵家璧、赵景深等现代报人、作家。与平话、话本等口传文学相比，笔记小说杂述稗乘尽管是残丛小语，但灌注着更多的文人情趣兴味。后来二者各自的后裔一个是现代小说，一个是书话随笔、文人笔记，依然还保留着类似的遗传基因：现代当代小说更多倾向于大众的阅读习惯，而书话等更贴合文人学者的兴趣爱好。现在的文学研究界一般认为中国现代小说是由古代的笔记稗乘发展而来的，然而事实上，这二者之间的差异是一望而知的。所以，说后者是前者的后裔，这个只能存疑。但是笔记野史

---

① 具体分析参见叶舒宪：《本土文化自觉与"文学"、"文学史"观反思》，《文学评论》2008 年第 6 期。类似的，著名文史学者浦江清也承认："白话小说或称章回小说，出于说书人所用的底本称为'话本'的一种东西。在中世纪的中国，开始发展，它的历史和上面所说的文言小说并不啣接，而是另外开了一个头"（浦江清：《论小说》，《浦江清文录》，人民文学出版社 1989 年版，第 188 页）

② 对此，浦江清早在 1944 年就意识到这一问题，他指出："文学上的名词的意义随着时代的推移和文学的演化或发展而改变。现代中国文学正在欧化的过程中，新旧共同的名词，老的意义渐渐被人遗忘，而新的定义将成为定论。所谓新的定义实际上是从西洋文学里采得来的，一般人既习惯于这种观念，于是对于原有的文学反而有隔膜不明了的地方，回头一看，好像古人都是头脑糊涂观念不清似的，而不自觉察自己在一个过渡时代里。假如你问小说是什么，人会告诉你许多个西洋学者的定义，例如'虚构的人物故事'、'散文文学之一种'等等，而且举出长篇小说、短篇小说几种不同的体制和名目。但这些都是新名词，或旧名词的新用法。'小说'是个古老的名称，差不多有两千年的历史，它在中国文学本身里也有蜕变和演化，而不尽符合于西洋的或现代的意义。"（浦江清：《论小说》，《浦江清文录》，人民文学出版社 1989 年版，第 180 页）

小说稗乘有它们的直系后代存在，那就是五四之后依然未绝的现代文人笔记、随笔及本书所论的书话，这些无论在外在形态还是内在气质趣味上都与传统的稗乘野史笔记札记等有着血缘上联系。

那么，既然有直系的后代在，那何必非要为它们认一个"旁系"的现代小说呢？主要的原因在于，五四之后西方的文学观念、文体观念引入后，而现代文人笔记从文学性上，满足不了西方文学观念的要求，自然笔记杂述等进入不了现代性的文学评价体系，于是就不被纳入现代文学和当代文学的考察中。在1980年代初，姜德明曾在一篇书话中谈及笔记文学的意见。他说："近三十年来，笔记文学似乎不怎么景气。原因当然很多，其中或与编辑、出版家误为街谈巷议、轶闻逸事不足以登大雅之堂有关。其实这当中亦有高低之分，格调高的不仅具有文学价值，且有学术价值。可惜多年来出版无多，不能形成风气。近人所作几乎更难见到了。"①姜德明所指的笔记文学，更多是有文人情趣、有韵味、有文化含量、有史料价值、有书卷气息的包括书话在内的随笔杂述等写作体式。尽管姜氏说，这种体例不景气的原因与"编辑、出版家误为街谈巷议、轶闻逸事不足以登大雅之堂有关"，然而在笔者看来，姜氏并未指出"笔记文学"不景气的深层原因。

书话等笔记杂述，作为边缘性的存在，其不景气、被遗忘的原因是值得深思的。首先，文学观念的狭隘化单一化。笔记杂述不是五四之后的意义上的文学创作，而是非常边缘的东西。因为文体有核心与边缘之分，而核心和边缘地位的不同文体所受到的重视程度当然也迥然有异。这些笔记杂述，处于边缘地位，受到歧视，尤其在高度体制化的1949年以后，所有的创作、写作也都被纳入了体制之中，在这个评价制度内，笔记杂述自然难以很顺畅地进入评价的机制。这种文体的"歧视"，抑制了它的繁荣。另外，笔记杂述是传统意味的中国文人常用的文体著述，与传统的文人情趣、传统趣味等是一体的。而这些情趣趣味往往被视为"复古"，"复古"往往又被认为与"倒退"一体两面，而成为一个负向的价值判断。承载着这种非主流的甚至有可能是负面价值判断的笔记杂述，自然也得不到重视。第

---

① 姜德明：《〈世说燕语〉今安在？》，《书梦录》，安徽人民出版社1983年版，第161页。

二，"笔记文学"等边缘性的文学文类被遗忘的更深层次的原因可能还在于，五四之后，尤其是新中国成立以来，（姜德明所说的近 30 年间，其实就是指 1949 年到 1980 年间的那段时间）严格的苏式学校教育体制，培养出来的是应试性的学生，这些学生的知识面越来越窄，离文化传统越来越远，培养出的更多是专家型的应用性的为四个现代化服务的技术人才，而非个性的文人。新中国成立后"文革"等历次的批判运动也使知识分子将自己的棱角、个性、锋芒自觉地磨平消退，当知识分子越来越庸众化的时候，我们不得不慨叹："世间已无真名士"，当没有真"名士"的文坛艺林，笔记文学怎么会有创作素材和写作主体群落呢？如此一来，笔记文学如何能不萎缩乃至消失呢？

由此看来，21 世纪的今日，以书话研究为契机，我们现当代文学研究界真的有必要回顾和反思现代中国文学的"现代"、"文学"概念的误区以及由此带来的巨大遮蔽。在新文学之外，不仅有着通俗文学，有着大陆之外的台港文学，更有着传统文学遗传下来的书话、随笔、笔记等诸种著述形式丰富的顽强的存在。提出对书话随笔笔记等传统体例的研究和评估，不仅仅使我们得以进一步反思五四以来主流的现当代文学研究中文体认知的狭窄，重新对现代中国文学的内涵、外延、边界等进行思考认定，更重要的是：这提醒我们研究现代中国文学应该实事求是地着眼于中国文学的本土化建设，而不能先入为主概念先行的主观臆断 ① ；这提醒我们要充分认识到中国现当代文学中多样多元复杂的创作事实及其背后的文化意蕴和文学史意义；充分注意到书话笔记杂述在现代中国对于文人知识分子思考、言说的特殊意义，充分认识到书话笔记等著述为现代中国保留一抹人文绿

---

① 近年来，已经有更多的中国学者意识到这个问题的重要性，并开始有意识地致力于学术研究本土化的尝试，努力建构符合中国实际的学术体系和话语，尽管步履维艰，收效甚微，动辄陷入新的西方话语之中，但毕竟有一个好的倾向了。邓宏琴曾说："'本土化'是近年来社会科学研究中的一个核心词汇。众所周知，西方理论对中国现代学术的发展影响至深，学者在进行学术创作时，常常会有意无意地从西方理论中寻求答案，或者套用西方理论框架解释中国的历史事实。有学者曾戏言中国的学术研究永远无法逃出西方理论的魔掌。对于完善而成熟的西方理论，我们无法视而不见，但是若将其奉为圭臬，不加思辨审慎地运用，不仅无助于学术的发展，使中国学界的研究成为西方社会科学理论的注脚，而且也伤害了自身的学术品质。"（邓宏琴：《社会史研究的本土化取向》，《读书》2008 年 12 期）

色而具有的重要价值。

所以，书话研究，刚刚启航……

现代中国文学研究，反思正在路上……

参考文献

一、书话及相关读书类著述

阿　英：《阿英全集》附卷，安徽教育出版社 2006 年版。

阿　英：《阿英书话》，北京出版社 1996 年版。

阿　英：《夜航集》，上海良友图书公司 1935 年版。

巴　金：《巴金书话》，北京出版社 1996 年版。

曹聚仁：《北行小语》，三联书店 2002 年版。

曹聚仁：《曹聚仁书话》，北京出版社 1998 年版。

曹聚仁：《书林新话》，三联书店 1987 年版。

曹聚仁：《文坛五十年》，东方出版中心 1998 年版。

常　风：《逝水集》，辽宁教育出版社 1995 年版。

晁公武：《郡斋读书志校证》，上海古籍出版社 1990 年版。

陈　原：《陈原书话》，北京出版社 1998 年版。

陈　原：《人和书》，三联书店 2006 年版。

陈　原：《书和人和我》，三联书店 1994 年版。

陈　原：《书林漫步》（续编），三联书店 1984 年版。

陈　原：《书林漫步》，三联书店 1979 年版。

陈建华编：《俄苏书话：凝眸伏尔加》，江西教育出版社 1999 年版。

陈平原：《大书小书》，广东旅游出版社 1992 年版。

陈平原：《漫卷诗书：陈平原书话》，浙江人民出版社 1997 年版。

陈平原：《书里书外》，浙江文艺出版社 1988 年版。

陈平原：《书生意气》，汉语大词典出版社 1996 年版。

陈平原编：《读书读书》，复旦大学出版社 2005 年版。

陈四益：《瞎操心》，汉语大词典出版社 1996 年版。

陈振孙：《直斋书录解题》，上海古籍出版社 1987 年版。

陈子善：《海上书声》，东南大学出版社 2002 年版。

陈子善：《捞针集：陈子善书话》，浙江人民出版社 1997 年版。

陈子善：《生命的记忆》，上海教育出版社 1998 年版。

陈子善：《文人事》，浙江文艺出版社 1998 年版。

陈子善编：《爱黄裳》，上海书店出版社 2008 年版。

邓伟志：《人比雀儿累》，汉语大词典出版社 1998 年版。

邓云乡：《书情旧梦》，东方出版中心 1996 年版。

邓云乡：《水流云在琐记》，辽宁教育出版社 1995 年版。

邓云乡：《云乡话书》，河北教育出版社 2004 年版。

邓之诚：《桑园读书记》，辽宁教育出版社 1998 年版。

丁　帆：《夕阳帆影》，知识出版社 2001 年版。

丁　帆：《枕石观云》，经济日报出版社 2002 年版。

董　康：《书舶庸谭》，辽宁教育出版社 1998 年版。

董　桥：《书城黄昏即事》，辽宁教育出版社 1996 年版。

董鼎山：《西窗漫记》，三联书店 1988 年版。

董乐山：《边缘人语》，辽宁教育出版社 1995 年版。

杜　渐：《书痴书话》，香港三联书店 1991 年版。

杜　渐：《书海夜航》，三联书店 1980 年版。

杜　渐：《书海夜航二集》，三联书店 1984 年版。

范　用编：《爱看书的广告》，三联书店 2004 年版。

范　用编：《买书琐记》，三联书店 2005 年版。

冯亦代：《书人书事》，三联书店 1985 年版。

冯亦代：《听风楼读书记》，三联书店 1993 年版。

冯亦代：《听风楼书话》，浙江文艺出版社 1988 年版。

傅增湘：《藏园群书经眼录》，中华书局 1983 年版。

傅增湘：《藏园群书题记》，上海古籍出版社 1989 年版。

谷　林：《情趣·知识·襟怀》，三联书店 1988 年版。

谷　林：《书边杂写》，辽宁教育出版社 1995 年版。

顾炎武：《日知录集释》（影印本），上海古籍出版社 1985 年版。

何　焯：《义门读书记》，中华书局 1987 年版。

洪丕谟：《读书是福》，汉语大词典出版社 1998 年版。

胡　适：《读书与治学》，三联书店 1999 年版。

胡　适：《胡适书评序跋集》，黄保定、季淮龙编，岳麓书社 1987 年版。

黄　裳：《笔祸史谈丛》，北京出版社 2004 年版。

黄　裳：《春夜随笔》，成都出版社 1995 年版。

黄　裳：《黄裳书话》，北京出版社 1996 年版。

黄　裳：《来燕榭读书记》，辽宁教育出版社 2001 年版。

黄　裳：《来燕榭集外文钞》，作家出版社 2006 年版。

黄　裳：《来燕榭书札》，大象出版社 2004 年版。

黄　裳：《前尘梦影新录》，齐鲁书社 1989 年版。

黄　裳：《清代版刻一隅》，齐鲁书社 1992 年版。

黄　裳：《书林一枝》，山西古籍出版社 1998 年版。

黄　裳：《音尘集》，辽宁教育出版社 1996 年版。

黄　裳：《榆下说书》，三联书店 1982 年版。

黄　裳：《榆下杂说》，上海古籍出版社 1992 年版。

黄　裳：《珠还集》，香港三联书店 1985 年版。

黄　裳：《珠还记幸（修订本）》，三联书店 2006 年版。

黄　裳：《珠还记幸》，三联书店 1985 年版。

黄　裳：《妆台杂记》，中国社会科学出版社 1997 年版。

黄成勇：《沐浴书香》，海南出版社 1995 年版。

黄丕烈：《士礼居藏书题跋记》，潘祖荫辑，书目文献出版社 1989 年版。

贾植芳：《暮年杂笔》，汉语大词典出版社 1997 年版。

姜德明：《姜德明书话》，北京出版社 1998 年版。

姜德明：《猎书偶记》，大象出版社 2002 年版。

姜德明：《流水集》，上海远东出版社 1997 年版。

姜德明：《梦书怀人录》，汉语大词典出版社 1996 年版。

姜德明：《书边草》，浙江人民出版社 1982 年版。

姜德明：《书廊小品》，学林出版社 1990 年版。

姜德明：《书梦录》，安徽人民出版社 1983 年版。

姜德明：《书摊梦寻》，北京燕山出版社 1996 年版。

姜德明：《书味集》，三联书店 1986 年版。

姜德明：《书香集》，华夏出版社 1997 年版。

姜德明：《书叶集》，花城出版社 1981 年版。

姜德明：《文林枝叶》，山东画报出版社 1997 年版。

姜德明：《文苑漫拾》，宁夏人民出版社 1999 年版。

姜德明：《闲人闲文》，湖南文艺出版社 2000 年版。

姜德明：《新文学版本》，江苏古籍出版社 2002 年版。

姜德明：《燕城杂记》，浙江文艺出版社 1987 年版。

姜德明：《余时书话》，四川文艺出版社 1992 年版。

蒋星煜：《文坛艺林知见录》，汉语大词典出版社 1997 年版。

焦　竑：《焦氏笔乘》，李剑雄点校，上海古籍出版社 1986 年版。

金克木：《蜗角古今谈》，辽宁教育出版社 1995 年版。

金性尧：《不殇录》，汉语大词典出版社 1997 年版。

金性尧：《伸脚录》，辽宁教育出版社 1995 年版。

李　辉：《人·地·书》，人民日报出版社 1988 年版。

李　辉：《深酌浅饮》，汉语大词典出版社 1997 年版。

李广宇：《纽约寻书》，国际文化出版公司 1998 年版。

李书磊：《重读古典》，河北人民出版社 1997 年版。

李一氓：《一氓题跋》，吴泰昌辑，三联书店 1984 年版。

林　真：《林真说书》，中国友谊出版公司 1988 年版。

林语堂：《林语堂书评序集》，季淮龙、黄保定编，岳麓书社 1988 年版。

刘半农：《刘半农书话》，陈子善编，浙江人民出版社 1998 年版。

刘乃银编：《英国书话：泰晤士河畔的智慧》，江西教育出版社 1999 年版。

刘心武：《边缘有光》，汉语大词典出版社 1996 年版。

鲁　迅：《集外集拾遗补编》，人民文学出版社 1998 年版。

鲁　迅：《鲁迅：刀边书话》，林贤治编，花城出版社 2007 年版。

鲁　迅：《鲁迅全集》，人民文学出版社 1981 年版。

鲁　迅：《鲁迅书话》，孙郁编，北京出版社 1996 年版。

鲁　迅：《鲁迅书话》，朱正编，湖南教育出版社 2007 年版。

鲁　迅辑：《鲁迅辑录古籍丛编》（1—4 卷），人民文学出版社 1999 年版。

伦　明：《辛亥以来藏书纪事诗》，上海古籍出版社 1990 年版。

罗常培：《苍洱之间》，辽宁教育出版社 1996 年版。

罗钦顺：《困知记》，阎韬点校，中华书局 1990 年版。

茅　盾：《世界文学名著杂谈》，百花文艺出版社 1980 年版。

牧　惠：《且闲斋杂俎》，汉语大词典出版社 1998 年版。

倪墨炎：《现代文坛内外》，汉语大词典出版社 1998 年版。

钱　曾：《读书敏求记》，书目文献出版社 1984。

钱大昕：《十驾斋养新录》，上海书店 1983 年版。

钱文忠编：《印度书话：倾听恒河天籁》，江西教育出版社 1999 年版。

钱钟书：《谈艺录》，中华书局 1984 年版。

秦弓、孙丽华编：《日本书话：富士山风韵》，江西教育出版社 1999 年版。

施康强编：《法国书话：塞纳河的沉吟》，江西教育出版社 1999 年版。

施蛰存：《沙上的脚迹》，辽宁教育出版社 1995 年版。

舒　芜：《串味读书》，辽宁教育出版社 1995 年版。

思　果：《偷闲要紧》，辽宁教育出版社 1995 年版。

孙　犁："耕堂劫后十种"（系列丛书），山东画报出版社 1999 年版。

孙　犁：《书林秋草》，三联书店 1983 年版。

孙　犁：《书衣文录》，山东画报出版社 1998 年版。

孙　犁：《孙犁书话》，北京出版社 1996 年版。

孙殿起：《贩书偶记》，上海古籍出版社 1982 年版。

孙殿起辑：《琉璃厂小志》，北京古籍出版社 1982 年版。

参考文献

291

唐　弢:《晦庵书话》,三联书店 1980 年版。

唐　弢:《书话》,北京出版社 1962 年版。

唐　弢:《唐弢书话》,北京出版社 1996 年版。

唐德刚:《书缘和人缘》,辽宁教育出版社 1998 年版。

唐振常:《轻俗集》,汉语大词典出版社 1998 年版。

唐振常:《饕餮集》,辽宁教育出版社 1995 年版。

王鸣盛:《十七史商榷》,中国书店 1987 年版。

王念孙:《读书杂志》,中华书局 1991 年版。

王士禛:《重辑渔洋书跋》,陈乃乾校辑,中华书局 1958 年版。

王应麟:《困学纪闻》,栾保群等点校,上海古籍出版社 2008 年版。

王元化:《清园近思录》,中国社会科学出版社 1998 年版。

王元化:《清园夜读》,中国社会科学出版社 1997 年版。

王元化:《人物·书话·纪事》,人民文学出版社 2006 年版。

王元化:《说文短简》,辽宁教育出版社 1998 年版。

王佐良:《中楼集》,辽宁教育出版社 1995 年版。

吴小如:《书廊信步》,辽宁教育出版社 1995 年版。

夏　衍:《风雨故人情》,汉语大词典出版社 1996 年版。

谢国桢:《瓜蒂庵文集》,辽宁教育出版社 1996 年版。

谢国桢:《瓜蒂庵小品》,北京出版社 1998 年版。

谢国桢:《江浙访书记》,三联书店 1985 年版。

谢国桢:《明清笔记谈丛》,上海古籍出版社 1981 年版。

谢六逸:《谢六逸文集》,商务印书馆 1995 年版。

谢兴尧:《堪隐斋随笔》,辽宁教育出版社 1995 年版。

辛　笛:《夜读书记》,陕西师范大学出版社 1998 年版。

熊玉鹏编:《美国书话:自新大陆放飞》,江西教育出版社 1999 年版。

徐　雁:《沧桑书城》,岳麓书社 1999 年版。

徐　雁:《苍茫书城》,河北教育出版社 2005 年版。

徐　雁:《开卷余怀》,东南大学出版社 2002 年版。

徐　雁：《秋禾书话》，书目文献出版社 1994 年版。

徐　雁：《雁斋书事录》，南京师范大学出版社 2008 年版。

徐　雁编：《悦读书吧》，青岛出版社 2007 年版。

徐玉明编：《拉美书话：幽香的番石榴》，江西教育出版社 1999 年版。

杨宪益：《译余偶拾》，三联书店 1983 年版。

叶昌炽：《藏书纪事诗》，王欣夫补正，上海古籍出版社 1989 年版。

叶德辉：《书林清话 书林余话》，岳麓书社 1999 年版。

叶德辉：《叶德辉书话》，李庆西标校，浙江人民出版社 1998 年版。

叶灵凤：《读书随笔》（一、二、三册），三联书店 1988 年版。

叶灵凤：《能不忆江南》，江苏古籍出版社 2000 年版。

叶灵凤：《世界性俗丛谈》，广西师范大学出版社 2004 年版。

叶灵凤：《叶灵凤书话》，北京出版社 1998 年版。

叶廷芳编：《德国书话：悠悠莱茵河》，江西教育出版社 1999 年版。

隐　地：《快乐的读书人》，台北尔雅出版社 1975 年版。

俞　樾：《春在堂随笔》，方霏点校，江苏古籍出版社 2000 年版。

俞　樾：《九九消夏录》，崔高维点校，中华书局 1995 年版。

俞平伯：《杂拌儿》，开明出版社 1992 年版。

郁达夫：《卖文买书：郁达夫和书》，王自立、陈子善编，三联书店 1995 年版。

郁达夫：《郁达夫南洋随笔》，秦贤次编，台北洪范书店有限公司 1978 年版。

曾　煜编：《雪夜话读书》，吉林人民出版社 1996 年版。

张　岱：《夜航船》，浙江古籍出版社 1987 年版。

张元济、傅增湘：《张元济傅增湘论书尺牍》，商务印书馆 1983 年版。

张元济：《涉园序跋集录》，古典文学出版社 1957 年版。

张中行：《负暄三话》，黑龙江人民出版社 1994 年版。

张中行：《负暄琐话》，黑龙江人民出版社 1986 年版。

张中行：《负暄续话》，黑龙江人民出版社 1990 年版。

张中行：《负暄絮语》，江苏文艺出版社 2004 年版。

赵景深：《海上集》，北新书局 1946 年版。

赵景深：《文人剪影》，北新书局 1936 年版。

赵景深：《文人印象》，北新书局 1946 年

赵景深：《文坛忆旧》，北新书局 1948 年版。

赵景深：《新文学过眼录》，广西师范大学出版社 2004 年版。

赵绍祖：《读书偶记　消暑录》，赵英明、王懋明点校，中华书局 1997 年版。

郑逸梅：《书报话旧》，学林出版社 1983 年版。

郑逸梅：《艺林散叶》，中华书局 1982 年版。

郑逸梅：《逸梅丛谈》，校经山房书局 1935 年版。

郑逸梅：《郑逸梅选集》（第 1、2、3 卷），黑龙江人民出版社 1991 年版。

郑逸梅：《郑逸梅选集》（第 4、5、6 卷），黑龙江人民出版社 2001 年版。

郑振铎、傅东华编：《我与文学》，生活书店 1934 年版。

郑振铎：《西谛书话》，三联书店 1983 年版。

郑振铎：《郑振铎全集》第 4、5、6、14、17 卷，花山文艺出版社 1998 年版。

郑振铎：《郑振铎日记全编》，陈福康整理，山西古籍出版社 2006 年版。

郑振铎：《郑振铎书话》，北京出版社 1996 年版。

止　庵：《樗下随笔》，中国对外翻译出版公司 1995 年版。

止　庵：《苦雨斋识小》，东方出版社 2002 年版。

止　庵：《六丑笔记》，东方出版社 2000 年版。

止　庵：《如面谈》，东方出版社 1997 年版。

止　庵：《相忘书》，山东画报出版社 2006 年版。

止　庵：《向隅编》，春风文艺出版社 2003 年版。

止　庵：《远书》，大象出版社 2007 年版。

止　庵：《云集》，南京师范大学出版社 2008 年版。

钟叔河：《偶然集》，凤凰出版社 2003 年版。

钟叔河：《青灯集》，湖北人民出版社 2008 年版。

钟叔河：《书前书后》，海南出版社 1992 年版。

周　劭：《清明集》，辽宁教育出版社 1996 年版。

周越然：《书书书》，中华日报社 1944 年版。

周越然：《书与回忆》，辽宁教育出版社 1996 年版。

周越然：《言言斋西书丛谈》，辽宁教育出版社 2003 年

周越然：《言言斋性学札记》，广西师范大学出版社 2004 年版。

周越然等：《蠹鱼篇》，辽宁教育出版社 1998 年版。

周作人：《秉烛谈》，河北教育出版社 2002 年版。

周作人：《风雨谈》，河北教育出版社 2002 年版。

周作人：《苦茶随笔》，河北教育出版社 2002 年版。

周作人：《苦口甘口》，河北教育出版社 2002 年版。

周作人：《苦雨斋序跋文》，河北教育出版社 2002 年版。

周作人：《苦竹杂记》，河北教育出版社 2002 年版。

周作人：《谈虎集》，河北教育出版社 2002 年版。

周作人：《永日集》，河北教育出版社 2002 年版。

周作人：《泽泻集》，河北教育出版社 2002 年版。

周作人：《知堂回想录》，河北教育出版社 2002 年版。

周作人：《知堂集外文·〈亦报〉随笔》，岳麓书社 1988 年版。

周作人：《知堂书话》（上下册），岳麓书社 1986 年版。

周作人：《周作人日记（影印本）》（上中下），大象出版社 1996 年版。

周作人：《周作人书话》，北京出版社 1996 年版。

朱文育编：《读书漫话》，江西人民出版社 1984 年版。

朱自清：《经典常谈》，北京出版 2004 年版。

二、连续出版物

《读书杂志》（北京，1922—1924 年）

《小说月报》（上海，1929 年）

《读书月刊》（上海，1930—1933 年）

《涛声》（上海，1931 年）

《时与文·艺文志》（上海，1947 年）

《图书评论》（南京，1932—1934 年）

《益世报·文学副刊》（天津，1935 年）

《万象》（上海，1941—1945 年）

《文汇报》（上海，1945—1947 年）

《文艺复兴》（上海，1948—1949 年）

《亦报》（上海，1949—1952 年）

《读书月报》（北京，1955—1958 年）

《人民日报》（北京，1954—1963 年）

《业务通讯》（上海，1959 年）

《古旧书讯》（上海，1979—1989 年）

《开卷》（香港，1978—1980 年）

《读书》（北京，1979—2008 年）

《博览群书》（北京，1985—2008 年）

《书品》（北京，1986—2008 年）

《书屋》（长沙，1995—2008 年）

《书与人》（南京，1993—2001 年）

《散文世界》（北京，1988—1989 年）

《开卷》（南京，2000—2008 年）

《藏书》（南京，2007 年—2008 年）

《崇文》（武汉，2006—2008 年）

《芳草地》（北京，2003—2008 年）

《书脉》（北京，2007—2008 年）

《文笔》（江西进贤，2007—2008 年）

三、理论与资料专书

Michel Hockx. Questions of Style: Literary Societies and Literary Journals in
 Modern China, 1911-1937, Leiden: Brill, 2003.

Stephen Greenblatt, Giles Gunn. Redrawing the Boundaries: The Transformation of English and American Literary Studies . New York : The Modern Language Association of America, 1992.

阿　英:《晚清文艺报刊述略》,古典文学出版社 1958 年版。

阿尔维托·曼古埃尔(Manguel):《阅读史》,吴昌杰译,商务印书馆 2002 年版。

艾尔曼(Benjamin A. Elman):《从理学到朴学》,江苏人民出版社 1995 年版。

安妮·弗朗索瓦(Annie Francois):《闲话读书》,俞佳乐、唐媛圆译,广西师范大学出版社 2001 年版。

拜尔(Peyre. Henri)编:《方法、批评及文学史:朗松文选》,徐继曾译,中国社会科学出版社 1992 年版。

波　丢(Pierre Bourdieu):《人:学术者》,王作虹译,贵州人民出版社 2006 年版。

查尔斯·麦格拉斯(McGrath)编:《20 世纪的书》,朱孟勋等译,三联书店 2001 年版。

陈　来:《传统与现代:人文主义视界》,北京大学出版社 2006 年版。

陈　崧编:《"五四"前后东西文化问题论战文选》,中国社会科学出版社 1989 年版。

陈登原:《古今典籍聚散考》,商务印书馆 1936 年版。

陈平原:《从文人之文到学者之文》,三联书店 2004 年版。

陈平原:《文学史的形成与建构》,广西教育出版社 1999 年版。

陈平原:《中国现代学术之建立》,北京大学出版社 1998 年版。

陈望道编:《小品文与漫画》,生活书店 1935 年版。

陈寅恪:《金明馆丛稿二编》,上海古籍出版社 1980 年版。

陈子善:《这些人,这些书:在文学史视野下》,湖北人民出版社 2008 年版。

程靖宇:《新文学家回想录》,沈云龙主编《近代中国史料丛刊》第 954 辑,台北文海出版有限公司 1983 年版。

程千帆、徐有富:《校雠广义》,齐鲁书社 1998 年版。

褚斌杰:《中国古代文体概论》,北京大学出版社 1984 年版。

戴　燕：《文学史的权力》，北京大学出版社 2002 年版。

丹　纳（H. A. Taine）：《艺术哲学》，傅雷译，人民文学出版社 1963 年版。

杜维明：《现代精神与儒家传统》，三联书店 1997 年版。

凡勃伦（Thorstein Veblen）：《有闲阶级伦》，蔡受百译，商务印书馆 1964年版。

费正清（John King Fairbank）、赖肖尔（Edwin Reischauer）：《中国：传统与变革》，江苏人民出版社 1996 年版。

高路明：《古籍目录与中国古代学术》，江苏古籍出版社 1997 年版。

高永年：《中国叙事诗研究》，江苏教育出版社 2002 年版。

关爱和：《古典主义的终结》，上海文艺出版社 1998 年版。

哈佛燕京学社编：《儒家传统与启蒙心态》，江苏教育出版社 2006 年版。

何文焕编：《历代诗话》，中华书局 1981 年版。

何言宏：《中国书写：当代知识分子写作与现代性问题》，中央编译出版社2002 年版。

贺　麟：《文化与人生》，商务印书馆 1988 年版。

贺仲明：《中国心像：20 世纪末作家文化心态考察》，中央编译出版社 2002年版。

亨利·柏格森（Henri. Bergson）：《材料与记忆》，肖聿译，华夏出版社 1999年版。

胡　适：《胡适留学日记》，岳麓书社 2000 年版。

胡　适：《胡适文集》第 2、3 卷，人民文学出版社 1998 年版。

黄修己：《中国新文学史编纂史》，北京大学出版社 1995 年版。

贾植芳、俞元桂主编：《中国现代文学总书目》，福建教育出版社 1993 年版。

蒋星煜：《中国隐士与中国文化》，中华书局 1947 年版。

康有为：《新学伪经考》，中华书局 1988 年版。

雷蒙德·查普曼（Raymond Chapman）：《语言学与文学：文学文体学导论》，春风文艺出版社 1988 年版。

李泽厚：《中国古代思想史论》，人民出版社 1979 年版。

李泽厚：《中国近代思想史论》，人民出版社 1985 年版。

李泽厚：《中国现代思想史论》，人民出版社 1987 年版。

梁启超：《中国近三百年学术史》，中华书局 1936 年版。

梁漱溟：《中国文化要义》，学林出版社 1987 年版。

林　岗：《明清之际小说评点学之研究》，北京大学出版社 1999 年版。

林毓生：《中国传统的创造性转化》，三联书店 1988 年版。

林毓生：《中国意识的危机》，贵州人民出版社 1986 年版。

刘金镛、房福贤编：《孙犁研究专集》，江苏人民出版社 1983 年版。

刘梦溪：《传统的误读》，河北教育出版社 1996 年版。

刘叶秋：《历代笔记概述》，北京出版社 2003 年版。

刘义庆：《世说新语汇校集注》，刘孝标注，朱铸禹汇校集注，上海古籍出
　　版社 2002 年版。

刘增人等：《中国现代文学期刊史论》，新华出版社 2005 年版。

卢　前：《卢前笔记杂钞》，中华书局 2006 年版。

卢贤中：《古代刻书与古籍版本》，安徽大学出版社 1995 年版。

罗根泽：《中国文学批评史》，上海书店出版社 2003 年版。

罗志田：《裂变中的传承：20 世纪前期的中国文化与学术》，北京：中华书局
　　2003 年版。

罗宗强：《明代后期士人心态研究》，南开大学出版社 2006 年版。

马克斯·韦伯（Max Weber）：《学术与政治》，三联书店 2005 年版。

牟宗三等：《中国文化的危机与展望：文化传统的重建》，台北时报文化出版
　　事业有限公司 1984 年版。

潘树广：《古典文学文献及其检索》，陕西人民出版社 1984 年版。

浦江清：《浦江清文录》，人民文学出版社 1989 年版。

秦　晖：《传统十论》，复旦大学出版社 2003 年版。

阮无名编：《中国新文坛秘录》，上海书店出版社 1983 年版。

斯蒂芬·茨威格（Stefan Zweig）等：《书的礼赞》，叶灵凤译，三联书店
　　1998 年版。

斯文·伯克茨（Sven Birkerts）：《读书的挽歌：从纸质书到电子书》，吕世生等译，中国对外翻译出版公司 2001 年版。

孙郁：《百年苦梦》，群言出版社 1997 年版。

孙康宜、孟华主编：《比较视野中的传统与现代》，北京大学出版社 2007年版。

汤一介编：《论传统与反传统：五四 70 周年纪念文选》，台北经联出版事业公司 1989 年版。

唐弢等：《鲁迅著作版本丛谈》，书目文献出版社 1983 年版。

陶东风：《文体演变及其文化意味》，云南人民出版社 1994 年版。

童庆炳：《文体与文体的创造》，云南人民出版社 1994 年版。

王　跃：《变迁中的心态：五四时期社会心理变迁》，湖南教育出版社 2000年版。

王成玉：《书话史随札》，河北教育出版社 2006 年版。

王尔敏：《近代文化生态及其变迁》，百花洲文艺出版社 2002 年版。

王欣夫：《文献学讲义》，上海古籍出版社 1986 年版。

王余光、徐雁编：《中国读书大辞典》，南京大学出版社 1993 年版。

王跃、高力克编：《五四：文化的阐释与评价》，人民出版社 1989 年版。

威廉·詹姆斯（William James）：《彻底的经验主义》，庞景仁译，上海人民出版社 2006 年版。

韦勒克（R. Wellek）：《批评的诸种概念》，四川文艺出版社 1988 年版。

韦勒克（R..Wellek）、沃伦（A.Warren）：《文学理论》，刘象愚等译，三联书店 1984 年版。

温儒敏：《中国现代文学批评史》，北京大学出版社 1993 年版。

吴承学：《中国古代文体形态研究》，中山大学出版社 2000 年版。

吴家荣：《阿英传论》，安徽教育出版社 2002 年版。

希尔斯（Edward Shils）：《论传统》，傅铿、吕乐译，上海人民出版 1991 年版。

奚椿年：《中国书源流》，江苏古籍出版社 2002 年版。

夏丏尊、叶圣陶：《文心》，中国青年出版社 1983 年版。

萧　乾：《书评研究》，商务印书馆1935年版。

谢　泳：《杂书过眼录》，中国工人出版社2004年版。

谢国桢：《明末清初的学风》，上海书店出版社2006年版。

徐　雁：《中国旧书业百年》，科学出版社2005年版。

许倬云：《中国古代文化的特质》，台北联经出版事业公司1988年版。

杨洪承：《废墟上的精灵：前现代中国知识分子思想文化的理路（1898-
　　　1918)》，人民出版社2006年版。

姚名达：《中国目录学史》，上海古籍出版社2005年版。

应国靖：《现代文学期刊漫话》，花城出版社1986年版。

尤金·菲尔德（Eugene Field）：《书痴的爱情事件》，秦传安译，中华书局
　　　2005年版。

余嘉锡：《目录学发微》，中国人民大学出版社2004年版。

余英时：《士与中国文化》，上海人民出版社1987年版。

余英时：《文史传统与文化重建》，三联书店2004年版。

余英时：《中国思想传统的现代诠释》，江苏人民出版社1989年版。

俞元桂主编：《中国现代散文理论》，广西人民出版社1984年版。

约翰．温特里奇（John T.Winterich）：《书与人》胡丹等译，辽宁教育出版社
　　　1997年版。

约瑟夫·皮珀（Josef Pieper）：《闲暇：文化的基础》，刘森尧译，新星出版
　　　社2005年版。

张君炎：《中国文学文献学》，江西人民出版社1986年版。

张舜徽：《广校雠略》，中华书局1963年版。

张舜徽：《汉书艺文志通释》，湖北教育出版社1990年版。

张舜徽：《清人文集别录》，中华书局1963年版。

赵　园：《明清之际士大夫研究》，北京大学出版社1999年版。

赵　园：《制度·言论·心态：明清之际士大夫研究续编》，北京大学出版社
　　　2006年版。

赵家璧主编：《中国新文学大系》，上海良友图书印刷公司1935—1936年版。

赵志伟:《书声琅琅:中国古人的读书生活》,上海人民出版社 2002 年版。

周策纵:《五四运动:现代中国的思想革命》,江苏人民出版社 1996 年版。

周作人:《中国新文学的源流》,河北教育出版社 2002 年版。

朱金顺:《新文学资料丛话》,河北教育出版社 2006 年版。

朱金顺:《新文学资料引论》,北京语言学院出版社 1986 年版。

朱维铮:《音调未定的传统》,辽宁教育出版社 1995 年版。

朱晓进:《找寻中国现代文学史研究的独特角度》,中国文联出版社 2003 年版。

朱晓进:《政治文化与中国 20 世纪三十年代文学》,人民出版社 2006 年版。

宗白华:《美学散步》,上海人民出版社 1981 年版。

索　引

后　记

这本书是在我的博士论文基础上修改而成的。付梓之际，照例要在书的末尾写上一些话，即所谓的后记。

这是我生命的又一个节点。每到一个节点，总会不自觉的回顾过去。或许这就是一种"提前怀旧"？于是，我想起了五年前的春夏之交、毕业之季。那时候我在给刚刚成稿的博士论文写后记。那篇后记很长，抄在这里，聊以怀旧吧。

在时间的单向直线流动中，结束就是开始。

在这个结束和开始的质点上，我不由自主地回顾那被时间冲刷带走的过去。

一

在对过去的重温中，我蓦然意识到，其实选择书话为研究对象，并不是偶然的。在书话研究过程中"越陷越深"，这也许是因为此选题恰好暗合了自己内心深处的某种情结。

记得在开封上学的时候，除了书店街两旁的林立的新旧书店，还有更多的是错落于潘杨湖岸边的旧书摊，一个挨着一个，围绕着这个满溢历史的湖，成为故都汴梁独有的风景，徜徉其中是我最大的乐趣。在河南大学西边的小巷子里，常常有些推着三轮车出来卖旧书的小贩，他们大多是以此为生的"老油条"，也有补贴家用的下岗工人。当然偶尔还会有爱书者因为家庭的变故不得不出卖自己积累半生的藏书。

在一个春天的午后，乍暖还寒，我去小巷子淘书。巷子口边停着一个三轮车，车上码着整整齐齐的一车书。看到这么品相极好的旧书，我不由得驻足翻阅。书摊主是位六七十岁的老太太，白发苍苍，但是打理得非常整洁，就连三轮车都极干净，车上的油漆颜色丝毫没有擦碰的破损痕迹，完全不像那些"油条"书贩的车子，黑漆漆，油乎乎，一点不讲究。看到这样一个卖书人，我不由得就多问了几句，终于从老太太口中得知，原来这些书籍都是她老伴辛苦淘得的。她老伴一辈子爱书，爱看书，爱买书。但是前不久得了一场大病，为了筹集钱来治病，在她的一再劝说下，老伴忍痛同意将这大半生积攒起来的藏书卖掉。

这是古城与其他一些城市不同的地方，有着一个爱书的民间社会。在如开封这样的老城中，有很多市民不带有功利性的完全出于自己的喜好兴趣而买书、读书，他们往往既非学者也非作家，甚至连一般意义上所谓的文化人都不是，从事着与文字毫不搭界的工作，但依然对书籍钟情。而一个城市所谓文化底蕴、文化氛围的形成，在很大程度上不得不归功于他们。我最终挑选了品相很好的《西厢记》《长生殿》等几本，尽管真的想再多买一些，但是苦于囊中羞涩，不得不作罢。付完钱，走出好远，我禁不住回望卖书老太太瘦弱的身躯，寒风中我似乎能听到她的叹息，能感到她的无奈。

那一刻，我抚着怀中刚刚买得的书籍，怅然不已，我隐隐明白了书籍在无数次的买卖流转中，阅尽了人世间的沧桑，书籍就是历史和人生的见证者。于是，我知道了书刊典籍所承载的不仅仅是物理性的字迹，也不仅仅是知识性的内容，更充溢着读书人爱书者的悲欢宿命，历史与人世变幻的面影。郁达夫所谓书即是人，人即是书，说的大概就是这个意思吧。

后来每每想起开封，我最感温暖，最为怀念的还是：阳光微煦，和风习习，波光粼粼，龙亭湖旁摆满的书摊，摊主或看书或饮茶或闲聊或叫卖，风一吹过，书摊上的书页被轻轻翻动，簌簌作响，牵引着过往行人驻足流连。

负笈南京，旧书店散落在南大、南师旁边以及朝天宫附近，淘书

的乐趣依然。然而，真正意义上的旧书摊却几乎找不到了。于是，我还是怀念开封的书摊。从旧书摊到旧书店，其实是有着质的区别的，旧书店没有书摊的那种淳朴，尽管说与书摊主相比，旧书店的店主往往分外的精明，对所售书籍、读者往往刻薄，一分一毫都精打细算。旧书摊尽管所售参差不齐，品相也常常并不讲究，但偶然看到自己喜欢的，在细细寻觅中往往有一种忽然发现的惊喜。而旧书店则缺少了民间的人情味。作家石舒清曾有长文曰《淘书记》（《中国作家》2009年第3期），文中叙述与旧书摊主的种种交往，展示了摊主们的细碎、凡俗却也朴素温情的生活，石舒清所写的只能是旧书摊而绝对不能是旧书店，一旦从"摊"高升至"店"，不仅意味着规模的扩大、经营的现代化，还伴随着书贾与买书者之间地位和关系的变化。在我，是很愿意流连于书摊的。尽管上面也许落满灰尘，但在阳光普照或和风吹拂的街头巷尾、湖畔河边，书与大自然、与民间社会有着交融，进而成为一体，构成文化古城的独有风景，这在淘书者是一种极为惬意的享受。这样的淘书，其目的往往不仅仅是淘得几部好书，而且更多的是能享受这一过程。

正是这种对书的情结，我开始特别留意于作家学者们有关淘书的记述，进而关注书话文体，再深入到书话在现代中国文学史中的意义，尤其是书话与现代中国文学之间的复杂而密切的联系，乃至扩展到书（文化典籍）与人（现当代中国作家学者）间的血脉联系，以及阅读史与文学史的互动与融合等等诸多层面的问题。而这些问题，也正是这篇博士论文所试图考察、研究和解决的。论文的写作，尽管费力很大，然而还是留下了不少的遗憾。

我们知道，意义的表达、理论的阐述，往往不得不借助前人的话语来表述，对于学术论文而言，更是如此。理论和意义在一代代人的阐述中衍生，进而一层层的累积和扩大。所以，对于当代的学者，我们的学术话语的表述往往都是在前人的基础上的进一步的提升。尤其是，现代以来，西学的涌入和普及，西方理论化的表述方式更是成为我们写作的常态。然而，在这篇论文的写作过程中，我却无法很好的借助理论话语来表述自己的思想。我想，除了笔者理论储备不足以外，也有着研究对象的客观原因在焉。书话，在现代学界尤其是文学界，几乎无人专门研究，是一个空白，其前期的理论积累更复阙如，笔者在写作过程中几乎没有现成的理论话语资源可供借鉴，以致本论文的行文和表述极少现当代文学研究中通行的理论话语，这样的表达和论述也许会让看惯了艰涩理论表述方式的读者认为是肤浅，但也只能如此了，从另外一方面看，这是个特点或亦未可知也。

二

论文即将完成，我却丝毫没有如释重负的感觉，反而一次次在拷问自己：拿出这样一篇并不成熟的"作品"，是否能够面对一直以来给予极大关爱的师长、朋友、亲人么？那一张张或慈爱、或严厉、或亲切、或可爱的面庞一一浮现于眼前。

写这篇后记的时候，恰值清明节前夕。做为父亲唯一的儿子，我又一次无法在清明时节回老家给父亲上坟了。尽管论文并不成熟，我还是想把它献给父亲的在天之灵，但愿在天堂里父亲能得到些许的安慰。记得父亲生前曾教我，要在生活上向最低标准看齐，在学习上向最高标准看齐。这好像是"革命时代"的话语，但在他，确实是最真诚最认真的。从大学到博士，十年来我也尽力去按照他的要求去做。这样做，在我，不为别的，只为让父亲能在另一个世界里安心。

在人生路上，起点往往就决定着未来的走向。

父亲生前是民办教师，教的是语文，他才是我的文学启蒙老师。我之所以后来真的读了文学专业的博士生，这一切都是命中注定的，对文学的那份喜爱都源自父亲的影响。父亲曾是真正的"文学青年"，他有两个理想，一个是当作家，一个是成为书法家。在作为孩子的我的眼里，父亲曾写了不少的诗歌，还买了很多的稿纸准备写小说。父亲的书法写得很好，在我们老家当地颇有点名气，有这样的父亲，我一直引以为自豪的。然而坎坷不幸正值壮年的父亲病逝，这两个理想永远的成为了梦想。

父亲爱书。清楚的记得，在我小时候，父亲每每进县城或开封，都一定会带着我去逛书店。其实，说"逛书店"实在不准确，因为完

全没有"逛"的悠闲从容的心境。那个时候，农村人进一次城不容易。父亲每次进城，大多是拉着架子车为了卖自己地里产的如红薯、大蒜、粉条等农产品，只有卖了这些东西，才能有些余钱去买书。书对农民来说，是奢侈品，对于当民办教师的父亲同样如此。每次进书店，得等把农产品卖完，所以都是极匆忙的。农贸市场往往离书店很远，等卖完东西拉着架子车赶到书店时，往往离书店打烊的时间也都很近了。然而书摊并不这么循规蹈矩，只要有主顾，往往是华灯初上的时候还在照常"营业"。于是，到书摊看看则就成了父子俩最好的选择了。父亲的背有些驼，直到现在，伏在书架前贪婪地翻书的父亲那如弓的背影，一直清晰地留在我的记忆深处。

我直到现在都固执地认为，父亲对文学的爱好、对书籍执着的基因，一定是遗传给了我。求学至今的我，每写完一篇文章，或每有文章见诸报刊的时候，不仅没有兴奋，竟会涌出一丝惆怅：要是父亲还活着，要是他能够看到该多好！然而这一切都不可能了。我常常会在梦里见到父亲，每次出现的都是极和蔼极慈祥的笑容，他把笑容留给了我，而把苦难一个人带去承担。所以，我想把这篇博士论文献给父亲，我想天堂里应该没有人世间的种种不幸与不公吧，愿他在那里安息。

之所以抄在这里，是为了存下当时的心情档案。博士论文后记，现在再翻出来看看，刹那间自己把自己感动了。现在的我怎么也写不出来这样的文字了。是不是自己少了那时的敏感之心、"惊异"之心？怀旧之中，若有所得，又似有所失。

从硕士学位论文到博士论文，再到现在本书出版，转眼十年过去了。这十年间，自己关注最多的是书话研究。初写硕士论文的时候，学界特别是现当代文学研究界，关注书话的极少极少。从2009年博士论文成稿到现在，这四、五年间，逐渐有了更多的人开始加入到书话研究中来，新的研究成果不断出现，对书话各个层面的问题的开展也就更加全面了和大大推进了。我欣喜地发现自己似乎不像最初时那么孤独了。因此，我决定出版这已经搁置很久的博士论文，也算对自己十年来学术研究入门之路的一个交代、一个小结。否则，我真的不舍得就此抽身而去转向其他课题。

人的点滴成长，从来都不全是自己努力的结果，这背后包含着老师、亲人、朋友的关爱支持。在博士论文出版之际，我要感谢杨洪承师和丁帆师。杨老师是我的博士导师。随园十年，杨老师对我学习、研究及生活关心很多，我心中的感激非言语所能表达。为小书的出版，杨老师又拨冗赐序，序言中的过誉之词，是对我的鼓励与鞭策。丁老师是我的博士后导师，从硕士论文答辩，到博士论文写作、答辩，丁老师给予了很多指导。本书即将付梓，丁老师的题签，为这本小书平添许多文化气息。还要感谢朱晓进先生，在我的论文写作、答辩，以及毕业后的教学研究中，朱晓进师的关心和指导，让我感念至深。感谢高永年师、谭桂林师以及教研室的其他老师，感谢参加我博士论文答辩的何言宏教授、贺仲明教授，他们对我的学习、研究、成长帮助很多。当然，需要感谢的老师、朋友还有很多，在这里无法一一列出，但他们的关爱、帮助我都会铭记在心的！

写到这里，我又想起了自己博士论文后记的结尾，依样录下，权作结尾：

在时间的单向直线流动中，结束就是开始。

在这个结束和开始的质点上，我必须正视即将被时间冲刷带走的未来……

赵普光

癸巳年冬于金陵随园槐香斋

责任编辑:宰艳红
装帧设计:雅思雅特
责任校对:史 伟

图书在版编目(CIP)数据

书话与现代中国文学/赵普光 著. -北京:人民出版社,2014.4(2024.5 重印)
ISBN 978－7－01－013335－5

Ⅰ.①书…　Ⅱ.①赵…　Ⅲ.①书评-研究②中国文学-现代文学-文学研究
　Ⅳ.①G256.4②I206.6

中国版本图书馆 CIP 数据核字(2014)第 052807 号

书话与现代中国文学

SHUHUA YU XIANDAI ZHONGGUO WENXUE

赵普光　著

人民出版社 出版发行
(100706　北京市东城区隆福寺街 99 号)

北京中科印刷有限公司印刷　新华书店经销

2014 年 4 月第 1 版　2024 年 5 月北京第 2 次印刷
开本:710 毫米×1000 毫米 1/16　印张:20.75
字数:295 千字

ISBN 978－7－01－013335－5　定价:70.00 元

邮购地址 100706　北京市东城区隆福寺街 99 号
人民东方图书销售中心　电话 (010)65250042　65289539